KIDNAPPING EN DIRECT

Emmanuel Caldier
KIDNAPPING EN DIRECT
Autobiographie

Mentions légales

En application de l'art. L.137-2.-I. du Code de la propriété intellectuelle,
toute reproduction et/ou divulgation de parties de l'oeuvre dépassant le volume prévu
par la loi est expressément interdite.

© Emmanuel Caldier, 2025

Relecture : Éditions Caldier
Correction : Éditions Caldier
Autres contributeurs : Éditions Caldier

Édition : BoD · Books on Demand, 31 avenue Saint-Rémy, 57600 Forbach,
bod@bod.fr
Impression : Libri Plureos GmbH, Friedensallee 273, 22763 Hamburg (Allemagne)

ISBN : 978-2-3225-3536-1
Dépôt légal : Novembre 2024

DU MÊME AUTEUR

MOI, MANU LE GITAN
2004
AUX ÉDITIONS FLAMMARION

Emmanuel Caldier, dit "Manu le Gitan", n'est pas un héros de fiction. C'est plutôt un voyou, un vrai, avec tous les attributs du genre ; revolver prêt à dégainer, joncaille en or autour du cou, le Code pénal comme Bible et une faconde digne des meilleures séries noires. Voleur de voitures à l'âge de dix ans, perceur de coffres-forts à quatorze, escroc, trafiquant d'armes, cette ex-barbouze " au service de la France " a défrayé la chronique, voilà trois ans, en revendiquant haut et fort le kidnapping d'un banquier suisse égaré dans une affaire de détournement de fonds au détriment... d'une fondation pour les enfants autistes. Un enlèvement savamment organisé avec hommes de main plus vrais que nature, filatures rocambolesques, techniques dignes de James Bond... Dans cet ouvrage au ton digne d'Audiard, où l'on voit apparaître les noms du juge Halphen, de Xavier Dugoin, de Pierre Falcone, il raconte son parcours, cette histoire "suisse", bref sa vie d'homme de l'ombre aujourd'hui retiré des voitures, " voyou justicier " qui ne déparerait pas dans de nombreux films à rebondissements. À la différence qu'il s'agit ici d'une histoire vraie, d'un polar dans le monde sans scrupule, redoutable et peu connu des recouvrements de dettes et des malfrats aux casiers judiciaires fournis comme des longues peines

MES PRISONS
2005
AUX EDITIONS FLAMMARION

Après *Moi, Manu le Gitan*, le voyou au grand coeur revient avec un livre coup-de-poing sur les prisons.

Du Centre pour jeunes détenus de Fleury-Mérogis en passant par la maison d'arrêt de Fresnes, jusqu'au quartier VIP de Fleury, Manu raconte son parcours du combattant derrière les barreaux.

Dans un style haut en couleurs, ce récit authentique dévoile les vérités de la vie en prison : la sexualité, la surpopulation, l'insécurité, les évasions...

Un témoignage sans langue de bois pour découvrir les secrets et les dérives du système carcéral français.

PRÉFACE

Michel Mary

*Grand reporter, journaliste d'investigation au journal
Le nouveau Détective, chroniqueur judiciaire
et spécialiste des faits divers*

N'importe qui, ne peut pas prétendre à une telle affirmation ! Et ce n'est justement pas n'importe qui Emmanuel Caldier, dit Manu le Gitan, qui nous offre le « luxe » de sa liberté de parole.

J'ai trop souvent lu des ouvrages qui n'en n'étaient pas, je veux dire que des pseudos auteurs s'approprient la plupart du temps le vécu des autres sans l'avoir par eux-mêmes effleuré ! Ils deviennent alors des légendes sur des faits qui ne leur appartiennent pas.

Pour une fois l'auteur Emmanuel Caldier est légitime pour écrire ce qu'il écrit.

Je l'ai connu dans des circonstances un peu particulières.

C'était au début de l'année 2001. Je travaillais pour le journal *Détective*, et une consœur, Fabienne Uger du *Parisien*, m'appelle pour me proposer un sujet qui sortait de l'ordinaire. Fabienne est une journaliste sérieuse, elle assurait la rubrique des faits divers sur le Val-de-Marne. A l'autre bout du fil, elle me raconte une histoire à dormir debout : un voyou aurait kidnappé un banquier suisse dans des conditions dignes d'un polar noir. Le voyou dont parle Fabienne, c'est Emmanuel Caldier.

Les circonstances de l'affaire me semblaient peu crédibles, malgré la confiance que j'avais envers ma consœur, je me suis dit qu'elle s'était peut-être un peu faite embarquer par un gros mytho.

Je note les coordonnées du prétendu kidnappeur et je l'appelle. Bon contact dès le début, malgré un flot de paroles ininterrompu, il a l'air sympa. Nous avons pris rendez-vous pour déjeuner le lendemain, dans un petit restaurant situé à Saint-Maur. Il est en face de moi, avec sa gouaille, j'avoue qu'il me fait beaucoup rire. Il me déballe son histoire d'un trait, il cite des noms, des lieux, des circonstances, un certain nombre de choses vérifiables.

Tout le long du repas je guette le moment où il va aller à la faute, en vain.

Il me donne des noms de policiers qui l'ont interpellé, des poulets de l'OCRB, parmi eux, deux flics que je connaissais bien. Dans ma tête, je me suis dit : « Un coup de fil, et je vais être vite fixé ! »

En résumé, Manu le Gitan aurait avec des complices, selon ses dires, kidnappé un banquier suisse, pour l'obliger à rembourser un couple de médecins qui avait placé de l'argent en vue de le faire fructifier. En réalité, c'était une arnaque. Je ne me souviens plus de la somme « investie », mais c'était du lourd ! Particularité de ce dossier, les fonds étaient destinés à une association dirigée par les médecins au profit d'enfants en difficulté.

C'est ce dernier point qui avait convaincu Manu le Gitan de « donner » de sa personne !

Un Robin des bois des temps modernes.

Plus tard, dans la journée, je contacte mes sources au sein de l'OCRB. J'attaque franco : « Dis-moi, j'ai rencontré un mec, je pense que c'est un mytho, mais je préfère en être sûr !

J'énumère les exploits de Manu le Gitan, et à ma surprise l'ensemble des faits qu'il m'avait relatés étaient rigoureusement vrais.

Je me mets immédiatement à l'ouvrage et publie un papier qui a fait sensation au sein de la rédaction.

Je suis resté en contact avec Manu, nous sommes petit à petit devenu potes. Sa vie n'est pas un long fleuve tranquille, lorsque je vois son numéro s'afficher sur mon téléphone, j'ai toujours la même réflexion : « Aïe, qu'est-ce qu'il a encore fabriqué ? Dans quel merdier il s'est encore fourré ? »

Quelques années plus tard, il m'explique avoir fait couler plusieurs tonnes de béton devant son domicile pour créer un ralentisseur. Sa compagne de l'époque avait été victime d'un accident à cause d'un usager qui roulait trop vite devant chez lui.

La mairie du village traînait à prendre des dispositions, lui non !

J'ai encore à cette occasion fait deux pages sur le sujet.

Des souvenirs avec lui, j'en ai mille. Il est parti en Afrique, j'ai su par un ami commun qu'il s'y trouvait incarcéré, et puis il est rentré, je le pensais « rangé des voitures », j'ai dîné plusieurs fois avec lui et ses deux amis dont il parle dans son ouvrage, Pascal et Stan, et puis il a encore trouvé une idée dont lui seul a le secret, dans la même veine que la première qui me l'a fait connaître !

Il m'explique l'histoire au téléphone, et plus il entre dans les détails plus je me dis qu'il n'allait pas tarder à retourner à la case prison !

Même si une fois encore, il avait volé au secours de gens qui s'étaient fait arnaquer, les méthodes employées par Manu étaient fermement répréhensibles !

Cette fois, il avait mis un sérieux coup de pression à un type, un escroc, son équipe l'avait malmené. La séquence avait été filmé. On y voyait l'escroc en mauvaise posture.

Manu était assez satisfait de son action, persuadé que la « victime » je veux dire l'escroc ne porterait pas plainte.

Sans être voyant, j'étais persuadé du contraire, et la suite m'a donné raison.

Deux jours plus tard, Manu m'appelait en me demandant de le rejoindre dans un café situé pas très loin du 1ère DPJ, la Direction régionale de la police judiciaire.

Je le retrouve attablé avec ses amis Pascal et Stan, dont il parle longuement dans son livre, il y avait également mon ami Éric Pelletier, confrère au *Parisien* à l'époque.

Nous avons passé un long moment, c'était quelques jours avant Noël 2017, Paris scintillait !

Je regardais Manu, j'étais un peu triste à l'idée qu'il passe les fêtes de fin d'année derrière les barreaux.

J'avais beau lui dire que ce n'était pas ma lecture des choses, qu'il devait s'attendre à une garde à vue, et sûrement à un déferrement suivi d'un mandat de dépôt, il affichait un optimisme forcené, persuadé que les choses allaient s'arranger.

Il est parti avec son sac par un froid glacial, et hélas, mes prévisions se sont avérées conformes, il a été incarcéré à l'issue de sa garde à vue.

Avant de se rendre à la police, il m'avait laissé tous les éléments, si je voulais faire un papier, j'avais même la vidéo de la séquestration !

Je ne vais pas faire ici la liste des aventures de Manu, il les raconte très bien dans son livre.

Je pense que vous avez compris qu'au fil du temps, nous sommes devenus amis. Le personnage est complexe, turbulent, souvent à la marge, mais il est honnête et droit, fier et fidèle. Il a des vraies valeurs, qui ont tendances à disparaître.

Et après des années en marge de notre société, il a su se construire un autre univers, entrer dans le monde du travail par la petite porte, et à la force de l'homme, il a appris à se lever tôt et à travailler dur.

Dernière anecdote, il décide de rompre avec la solitude qu'impose le célibat, alors Manu qui décidément ne sait pas faire comme tout le monde, va pour rencontrer « l'âme sœur » utiliser un moyen une fois encore pour le moins surprenant.

Cette histoire, il me la raconte lors d'un dîner où il est venu accompagné d'une très jolie femme qu'il présente comme sa compagne, alors que 8 jours plus tôt, il était encore célibataire.

Assis en face de lui, au milieu du repas, je lui demande naïvement, avec une nuance de malice, comment il avait connu cette ravissante créature. Je m'attendais à tout, avec mon gugusse, mais la réponse qu'il m'a faite ce soir-là, reste à jamais gravée dans ma mémoire.

Manu se rapproche un peu et me dit : « Je l'ai trouvée sur Leboncoin, je cherchais une femme de ménage, et voilà. »

Parfois, avec lui, les mots me manquent.

Pour en revenir à ce livre, je tiens à vous dire que je suis fier qu'il m'ait demandé de lui écrire sa préface.

Lui que je connais depuis 2001, dont je connais les galères, que j'ai vu se réinsérer courageusement, qui mieux que lui peut écrire sur la réinsertion ? Et surtout, il nous prouve que c'est possible.

Respect, Monsieur Manu, enfin, je veux dire Monsieur Caldier, qui aujourd'hui est régisseur de marchés. Il est loin, le temps où il montait sur des affaires, et tant mieux !

Il est la preuve vivante que la réinsertion est possible.

Ils ne sont pas nombreux à pouvoir prétendre écrire un tel livre.

Il l'a fait. Bravo, l'artiste.

Avertissement au lecteur

Vous ne tenez pas entre vos mains un livre, mais deux !

Kidnapping en direct est un récit se présentant en deux livres réunis en ce diptyque autobiographique. Il vous plonge dans un monde où les frontières entre la légalité et l'illégalité sont souvent franchies, parfois par nécessité, parfois par choix.

Chaque mot, chaque phrase relate des événements réels vécus par l'auteur, parfois brutaux, souvent intenses. Il s'agit de mémoires écrits sans filtre, à cœur ouvert, avec la volonté de partager une vérité, aussi difficile soit-elle. Certaines scènes et décisions pouvant être choquantes, il est recommandé de lire avec discernement.

Il est important de souligner que ce récit ne cherche en aucun cas à glorifier le crime ou à encourager qui que ce soit à suivre le chemin que l'auteur a parcouru. Bien au contraire, il s'agit ici d'un témoignage personnel, d'une rétrospection sur une vie marquée par des erreurs, des dilemmes, mais aussi par la volonté de réinsertion et de rédemption.

Ces deux livres sont le reflet d'un homme déchiré entre le passé et l'espoir d'un avenir différent. Nous vous invitons à les lire avec l'ouverture d'esprit nécessaire pour comprendre les raisons qui peuvent pousser un homme à se retrouver à la croisée des chemins.

Lecteurs, préparez-vous à une aventure semblable à nulle autre…

Pour Aliyah

LIVRE I

La vie est comme un livre, certains chapitres sont tristes, certains sont heureux et certains sont très intéressants. Mais, si vous ne tournez pas la page, vous ne saurez jamais ce que le prochain chapitre vous réserve.

Céline Legault

CHAPITRE 1

Nouveau départ

Décembre 2017. Ce soir, c'est Noël.

Qui aurait pu penser ou miser sur le fait qu'un jour, un vieux garçon comme moi aurait placé des petits souliers vernis, taille 24, au pied d'un sapin, en attendant le Père Noël ?

Vieux garçon, façon de parler. Moi, je me décris plutôt comme un célibataire endurci, et un citoyen du monde. Un orphelin, en quelque sorte, plus par choix que par l'absence de famille, qui a toujours vécu sans attache, sans adresse connue ni fixe... sauf pour les Amis.

La dernière fois que j'ai dû attendre le Père Noël – déjà sans trop y croire –, c'était en 1975, chez mon père. J'avais tout juste 8 ans, et je préparais ma première fugue... pour aller vivre ma vie, quitter cette belle petite maison bourgeoise, et tout ce qui va avec.

J'avais un papa banquier, directeur de l'association des parents d'élèves. Un papa en costume cravate. Mais un papa super, ouvert, qui m'a laissé prendre ma majorité à l'âge où tous les enfants rentrent en CE1.

Tous les autres Noël, je les ai passés un peu partout dans le monde, en Afrique, dans les pays de l'Est, etc. ; entouré de ma famille de cœur et de mes Amis.

Mais j'en ai aussi passé plus de dix sans sapin, sans Père Noël. Seul. Pour être honnête, je devrais écrire « seul de chez seul ».

Dans une cellule de neuf mètres carrés. Dans les quartiers d'isolement des prisons françaises...

Même si ces jours-là, le dîner servi par l'administration pénitentiaire était un repas amélioré, ça restait des Noël un peu tristes.

Vous l'aurez compris : aux yeux de la justice, je ne suis pas seulement un vieux garçon. Je suis un multirécidiviste.

Un individu plutôt dangereux, même, fiché, et très souvent classé DPS : Détenu particulièrement surveillé.

Mais ça, c'était avant.

Aujourd'hui, donc, en ce matin du dimanche 24 décembre 2017, je suis dans ma cuisine, concentré sur mes fourneaux. Je prépare le super repas de Noël.

J'ai toujours gardé cette passion pour la cuisine. J'ai eu la chance, à l'âge de 15 ans, de faire une très belle formation pour obtenir un CAP de cuisine. Et ce dans une des plus grandes écoles françaises : le CJD de Fleury, le Centre de jeunes détenus.

À l'époque, j'avais été libéré plus vite que prévu grâce à un vice de procédure qui fit monter mon avocat au créneau. Ce fut pour moi la chance du débutant, dans le dangereux monde de la délinquance juvénile.

Mais je ne suis pas resté jusqu'au diplôme. Donc je n'ai pas obtenu le CAP. Étant libre, je me voyais mal taper à la porte de la prison pour leur demander de m'incarcérer quelques heures, le temps de l'examen ! En plus, c'est le genre d'endroit dont on ne sait jamais vraiment quand on va sortir : y retourner de mon plein gré, c'était au-dessus de mes forces.

De toute façon, mon CJ, casier judiciaire, a été et sera toujours plus long que mon CV, curriculum vitae. Alors ça n'a jamais été et ce ne sera jamais facile pour moi de trouver un emploi...

Aujourd'hui, tout le monde – politiques ou autres – parle de « réinsertion ». Pour être plus justes, on devrait parler d'«insertion». Car la plupart des détenus n'ont jamais été insérés.

Durant des années, les politiques ont fait des discours sur les prisons, l'impact psychologique et économique de l'incarcération, etc. Mais ils ne savaient pas de quoi ils jactaient.

Maintenant, ils savent davantage ; pas juste en tant qu'observateurs extérieurs, non : en tant qu'observateurs intérieur. Car de plus en plus nombreux sont les politiques qui viennent eux-mêmes purger leurs peines.

Je voulais mettre les petits plats dans les grands, je voulais un beau Noël. On avait décidé de le célébrer à la maison et d'inviter des amis. On voulait faire une très belle fête.

Vous avez remarqué ? Je n'ai pas écrit que « je », mais « on ».

Il faut que je vous explique qui est ce « on ». Mais avant que vous ne poursuiviez la lecture, je vais vous préciser certaines choses.

D'abord, je dois vous rappeler que les ouvrages qui sont entre vos mains sont autobiographiques. Autrement dit : tout ce que vous lirez est vrai.

Je le répète : c'est du 100 % vérité. Avec mes mots. Vous les trouverez peut-être crus, mes mots, mais c'est la rançon d'un récit écrit à cœur ouvert. L'écriture est devenue une thérapie, pour moi.

Et que les choses soient claires : en aucun cas je ne fais l'apologie du crime ; en aucun cas je ne veux influencer qui que ce soit à suivre mon chemin.

Je vous écris cette autobiographie depuis ma cellule D 4.15, au quartier d'isolement du Centre pénitentiaire de Fleury-Mérogis, où je suis désormais devenu, aux yeux de l'administration, le numéro 441305.

Je suis incarcéré depuis le 29 décembre 2017. Mes chefs d'inculpation en empêcheraient plus d'un de dormir (moi, ça va aller, je n'ai pas besoin de beaucoup de sommeil) :

- *Séquestration suivie d'une libération volontaire avant le 7ᵉ jour au préjudice de Jordan Besingue.*
- *Extorsion avec arme au préjudice de Jordan Besingue.*
- *Tentative d'extorsion avec arme, au préjudice de Jordan Besingue et Jean-Pierre Besingue.*

Les deux victimes portent le même nom, c'est peut-être une histoire de famille. On dit bien tel père, tel fils, non ? Question : lequel est le pire des deux ? Et que fait-il dans la vie ?

La vraie question à se poser est plutôt celle-ci : pourquoi ai-je franchi la ligne blanche en pleine réinsertion ?

Pour le fils, il s'agissait d'une invitation contre son gré à « une petite séquestration partie » dans un luxueux appartement parisien. Le père, lui, avait eu le plaisir de la vivre en « conférence sonore », en direct depuis l'île de Saint-Martin (il avait décliné mon invitation en présentiel). Un grand homme, courageux. Le genre d'hommes qui, en cas de naufrage, envoie plutôt les femmes et les enfants d'abord. Là, c'était son bon petit rejeton.

Je vous parlerai de ces délits que j'ai commis d'ici un peu plus de 200 pages ; et surtout des raisons pour lesquelles je les ai commis. Je vais aussi vous parler d'amour. D'amour pour une femme nommée Namiz, pour une petite princesse nommée Aliyah, et pour ma fille chérie de 15 ans, Valérie, en pleine force de l'adolescence. Je vous parlerai aussi d'amitiés fraternelles pour des hommes nommés Pascal, Stan et Polo.

Je vous inviterai aussi dans mon univers, qu'il s'agisse de mes relations professionnelles ou amicales, ainsi que certains de mes pères spirituels, dont le grand Maître Philippe van der Meulen. Toutes ces belles personnes qui, malgré ma vie marginale, risquée, cabossée – et pourtant si riche – m'ont accepté, adopté.

Sans oublier mon papa génétique.

Je vous parlerai aussi d'une magnifique rencontre avec une femme vêtue de noir. Une femme redoutable. Une jeune avocate du nom de Hiba Rizkallah. Depuis le 28 décembre 2017, elle assure ma défense dans un dossier sulfureux.

Il y aura aussi une femme perverse, diabolique : Elsa Johnstone. C'est ma juge d'instruction, elle veut ma peau. Je lui apprendrai qu'il ne faut pas vendre la peau de l'ours que je suis avant de l'avoir tué.

Alors, qui est ce « on » que j'utilise pour les préparatifs de Noël ? « On », c'est Namiz et moi.

Namiz, c'est le prénom d'une jeune femme née à Abidjan, en Côte d'Ivoire. Quand elle faisait ses premiers pas dans la cour d'une belle maison familiale climatisée, entourée d'une famille noble, moi, je faisais les cent pas, entouré de surveillants pénitentiaires... dans une petite cour d'isolement de la prison de Fresnes.

Et lorsque, quelques années plus tard, elle entrait en première année de maternelle, moi, j'étais apprenti boulanger pour quelques heures... afin de pouvoir m'évader de Fresnes avec le camion de la boulangerie.

Une première : une évasion propre, sans violence, sans bris de prison et sans corruption ; dans les formes. Le Code pénal écrit par Napoléon est très clair : si aucun de ces trois éléments ne peut être retenu contre vous, l'évasion ne peut être condamnée ; l'évasion devient un droit.

Alors, vous l'aurez compris : Namiz et moi avons près de 20 ans d'écart ; et je connais le Code pénal.

Après la maternelle, elle a fait son chemin pour finir avec un Bac+7 ou 8 option finances. On n'avait donc aucune chance de se croiser. On aurait eu plus de chances si elle avait choisi le droit. Mais la vie en a voulu autrement.

Après réflexion, j'aurais aussi pu la rencontrer dans une banque, lors d'un retrait, par exemple. J'écris « un retrait » parce qu'à l'époque, je vidais plus les coffres des banques que je ne les remplissais.

De plus, de 2007 à 2012, alors que ma future chérie Namiz enchaînait ses diplômes en France, moi, je vivais en Afrique. Pas dans les capitales plus ou moins développées, non, dans ce qu'on pourrait appeler la brousse. Sûrement mon ras-le-bol de la civilisation, de cette société de consommation. Besoin de méditer, et surtout d'être tranquille.

Disons plutôt que j'étais en cavale. Mais juste une cavale « au cas où », pour des condamnations passées et supposées.

Les flics d'Interpol, eux, ne supposaient pas. Ils était sûrs d'eux : quatre mandats d'arrêt internationaux contre moi. En 2012, Interpol, accompagnée de la DIC, Division des investigations criminelles de Dakar, au Sénégal, me présenta une notification. Pas par mail, en mains propres... avant de me passer les bracelets aux poignets et de me jeter à la prison de Reubeuss, à Dakar.

Dans les prisons africaines, la loi est claire ; et le Sénégal a des accords d'extradition avec la France. Pour que je rentre au pays, il fallait donc que le président sénégalais signe les documents de la procédure... et surtout qu'il donne son accord d'extradition. Mais Wade ne valida pas mon extradition. Il voulut me garder près de lui – j'étais protégé par le président Wade !

Trois mois plus tard, il y eut des élections présidentielles. Le nouveau président n'allait peut-être pas vouloir d'un fidèle serviteur comme moi.

Wade tomba du trône, Macky Sall y monta... mais il refusa, lui aussi, de signer pour mon retour en France.

Pourtant, cela n'empêcha pas mon départ, le système judiciaire français n'hésitant pas à violer les accords de convention d'extradiction entre le Sénégal et la France. Je me retrouvai alors kidnappé à mon tour par six molosses en uniforme bleu-blanc-rouge et embarqué dans un avion d'Air France – dans la précipitation, je n'ai pas fait pas attention si c'était en classe éco ou affaire.

TRAFIC D'ARMES : Manu le Gitan à Rebeuss

Après Frédéric Laffont, qui avait fait un séjour remarqué à Dakar au mois d'août dernier, Emmanuel Caldier, un autre trafiquant d'armes a suivi ses traces. Mais il a été moins chanceux que Laffont.

La maison d'arrêt et de correction de Rebeuss a accueilli hier un hôte de marque. Il s'agit d'Emmanuel Caldier, un Français spécialiste du vol armé. Le mandat d'arrêt servi à «Manu le Gitan», comme on le surnomme, a été exécuté. Ce bandit de grand chemin est ainsi mis à la disposition de la justice sénégalaise Emmanuel Caldier est décrit comme un voyou avec tous les attributs du genre: revolver prêt à dégainer, joncaille en or autour du cou, le code pénal comme bible et une histoire digne des meilleures séries noires.

Son parcours est atypique. Voleur de voitures à l'âge de dix ans, perceur de coffres-forts à quatorze, et escroc, trafiquant d'armes. Mais ce qui a rendu célèbre cette ex-barbouze au service de la France», c'est sa revendication du kidnapping d'un banquier suisse égaré dans une affaire de détournement de fonds au détriment…d'une fondation pour les enfants artistes.

Un enlèvement spectaculaire savamment organisé avec homme de main. « Lucky Luke », son autre surnom ex-taulard, dix-sept fois condamné pour vol, détournement, trafic d'armes, séquestration et braquage, a d'ailleurs publié ses mémoires. Le livre «Moi, Manu le Gitan», mémoires d'un voyou justicier sorti en 2004, est un récit d'un parcours débuté à l'âge de 10 ans, lorsque, gamin plutôt nanti, il choisit de rejoindre les camps de nomades.

Plus tard, il se spécialise dans de très spéciaux recouvrements de dettes... «J'assume mon passé de voyou, mais toute cette violence, c'est fini », assurait-il. Manu, 35 ans, dit le Gitan, a été remis en Liberté en compagnie, notamment, de l'homme d'affaires international Pierre Falcone, poursuivi pour; «trafic d'armes» dans le dossier de l'Angolagate, aujourd'hui devenu son ami. Comment cet homme dangereux est entré au Sénégal et y séjourner ?

Mame Gor NGOM, « Manu le Gitan à Rebeuss », La Tribune, *Leral.net*, 9 Février 2012
https://www.leral.net/TRAFIC-D-ARMES-Manu-le-Gitan-a-Rebeuss_a27571.html (Consulté le 01/08/2024)

Nb : (2007/2012 constituera une autre autobiographie, sous le titre Manu l'Africain blanc. Je vous l'offrirai sûrement un jour).

Après cinq heures de vol et un petit repas servi par une hôtesse craintive, direction Roissy, puis le tribunal de Bobigny. Et terminus au quartier d'isolement de la prison de Villepinte. Une histoire de fou.

Cette fois, mon pote Napoléon et son Code pénal ne me servirent pas à grand-chose. Il fallut un homme, un seul, pour m'accompagner dans cette mésaventure internationale. Un père spirituel : le grand maître Philippe van der Meulen. Ainsi, j'aurais dû être enfermé pour de très longues années, mais douze mois plus tard, je fus libre de chez libre.

C'est ainsi que juste avant l'été 2013, je revins à la civilisation, sur le territoire français, après plus de cinq ans d'absence. Sorti de prison une main devant, une main dernière, raide comme la justice.

Que faire ? Telle fut la question. Réinsertion ? Insertion ? Récidive ?

J'étais parti de chez mon père à l'âge de huit ans, je ne me voyais pas y retourner. C'est là qu'il faut prendre la bonne décision. Les premiers coups de téléphone que l'on passe sont décisifs pour notre futur.

J'ai rassuré en premier lieu mes familles et frères africains. Dans la foulée, j'ai téléphoné à Philippe VDM, ce papa avocat qui m'avait donné de son temps, avait affronté la tempête judiciaire pour me sortir de ce piège et me rendre la liberté. Je l'ai remercié mille fois.

Lui m'a répondu tout simplement :

« C'est normal, fils ».

Et d'ajouter :

« Ce soir, je t'invite dans ma cantine, on va fêter ça, tu auras une belle surprise ».

La surprise fut de taille : à notre table, le grand, le très grand Michel Mary. Un repas avec l'avocat et le journaliste, deux légendes de la justice ! Deux pères spirituels.

On a tout bonnement passé la soirée à refaire le monde. Pourtant, lorsqu'on s'est quittés vers 2 heures du matin, je savais dans quelle direction je partais : insertion et réinsertion.

Même si dans la vie, on choisit de prendre une direction, c'est parfois compliqué de la suivre jusqu'au bout. Surtout lorsqu'on n'a pas d'argent, pas de voiture, pas de toit.

Cela n'arrive pas qu'aux voyous, mais aussi à des gens très honnêtes. Ainsi, dans les affaires de divorce, quand un homme ose mettre femme et enfants à la porte, une bonne mère de famille, qui n'a pas commis de délit, pleine d'amour maternel, se retrouve dans le même scénario, avec en plus des enfants sur les bras.

Remettre le pied à l'étrier du banditisme via mes connaissances et mes amitiés, c'était facile. Il suffisait d'appeler Pierre le Casseur, Tino le Braqueur, ou pourquoi pas Loulou la Brocante ? Toutefois, je n'en avais pas envie ; je gérais mes vieux démons. Pourtant, cela aurait été tellement plus simple ! Mais certainement moins constructif.

De plus, ces vies et ces amitiés sont bien souvent superficielles... les temps ont bien changé. Quand on brille et que tout va bien, on est super entouré, on a beaucoup d'amis ; oui, quand on brille... seulement. C'est un peu partout pareil.

J'étais réaliste : cela allait être compliqué de trouver un employeur. J'ai sollicité malgré tout quelques anciennes relations politiques. Pas pour devenir fonctionnaire, mais parce que ces gens ont des relations ; même un maire, avec les entreprises de sa ville.

Pourtant, en cinq ou six ans, ils avaient oublié qu'on était « amis » (Enfin, je l'avais cru.). Ils avaient tout simplement oublié tous les services légaux ou illégaux que je leur avais rendus. Parfois même seulement trois mois après, il ne s'en souvenaient plus. Sûrement juste zappé. Alors imaginez cinq ans après…

J'avais posé mon balluchon chez une amie. Une super copine, qui était venue me voir plusieurs fois en Afrique, durant ma cavale. Elle m'avait mis à l'aise : « Tu es ici chez toi, voici ma carte bleue et mon code, et si tu as besoin de ma voiture, tu me déposes au boulot, et surtout tu viens me chercher le soir », etc. Cela ne pouvait qu'être provisoire, pour la première semaine.

Pour me faire plaisir, elle m'avait offert un smartphone. Pour moi qui m'étais arrêté au Nokia 1512, c'était du matériel bien trop évolué ! Après quelques heures de cours, je m'y étais fait.

Dans ma quête d'insertion, j'ai appelé mon ami Polo ; André Paul, pour l'état civil. Corse, 1,92 mètre, 98 kilos de muscles. Un esprit sain dans un corps sain, carré de chez carré (peut-être les origines corses ?). Bref, le genre d'ami dont tout le monde rêve. Il y a 30 ans, Polo était banquier ; il y a 25 ans, il est devenu régisseur : il gère les séances de marché. Ce n'est pas un métier facile : levé tôt, grand talent de médiation, etc.

Quand il a répondu à mon appel, j'ai tout de suite senti sa joie :

- Putain, tu es dehors… j'espère que tu ne t'es pas évadé !

- Non, non, Polo, sorti par la grande porte !

- Tu es où ? J'arrive !

Une heure après, nous étions ensemble autour d'un bon café. Je lui explique la situation. Et d'un calme olympien, l'homme sage qu'il est me demande :

- Es-tu prêt à faire les marchés ? Te lever à 4 heures et venir déballer sous le soleil, la pluie, et dans le froid ?
- Oui, mon Polo.

Je suis prêt, mais il me faut un camion, de la marchandise et une place sur les marchés.

Et là, avec son sérieux légendaire :
- Il te faut surtout une structure juridique ! C'est juste ça, mon problème. La place, je te la donne cinq jours par semaine ; le camion, je te le paye avec les amis, Laurent et compagnie. C'est pas un prêt, c'est un don d'amitié ; et la marchandise à vendre, on va la trouver.

Je suis un peu désarçonné. Ne préférant pas gérer moi-même le juridique, je prends mon téléphone pour expliquer la situation à papa Philippe VDM, en présence de Polo. Réponse de papa :

« Autoentrepreneur, dans un premier temps, ça ira : tu ne comptes pas gagner des millions ? Donne-moi une adresse réelle avec une boîte aux lettres – pas un camp de gitans, hein ! Je te fais ta déclaration, et dès demain, tu peux commencer. Tu iras faire un stage à la Chambre de commerce, ça te fera un diplôme, un vrai. »

Et voilà qu'avec Polo et Philippe, j'avais mis les deux pieds aux étriers, j'étais remonté à cheval. Polo avait le sourire jusqu'aux oreilles et moi aussi. Et là, il me dit :
- Choisis un camion sur Leboncoin.
- Le quoi ?
- Leboncoin
- Tu ne connais pas ? Il n'y a pas ça, en Afrique, il n'y a pas Leboncoin ?

C'est là que je découvre l'existence de ce site en vogue où l'on trouve tout, dans toutes les catégories : voitures, motos, camions, meubles, etc.

Moins de dix jours après nos retrouvailles, j'avais le camion, ma carte de commerçant ambulant, un peu de marchandise que Polo avait trouvée auprès d'amis grossistes, qui eux aussi déballent sur les marchés. Il avait tout négocié... et tout casqué. J'étais debout à 4 heures tous les jours : déballage, vente, remballage, petits billets dans la caisse. La vie était repartie.

J'ai remercié mon ami Polo mille fois, mais à chaque fois, il me disait : « Manu, pas de merci entre nous ». Ça doit faire partie des us et coutumes corses.

J'avais loué un petit mobil-home à un ami gitan et posé mes valises : je vivotais dans la légalité. J'avais une vie un peu marginale, ou disons originale, mais j'étais libre et en règle.

Pourtant, très vite, j'ai compris que je n'allais pas faire fortune avec la marchandise que je déballais. Le commerce était dur. Si j'avais été à la même enseigne que tout le monde, avec un crédit sur le dos pour le camion ainsi que tous les autres frais (que, bien souvent, mon ami Polo payait en douce à ma place pour ne pas me décourager sur mon chemin de croix), je ne vois pas bien comment je m'en serais sorti.

Et il était pour moi hors de question de me résigner à manger des pommes de terre tous les jours. En somme, avec les idées de grandeur qui sont les miennes – même si je ne pense pas avoir de problème d'ego – il allait falloir que je passe à la vitesse supérieure.

Il était également hors de question que je trouve de la marchandise volée ou que je tape un semi-remorque rempli de marchandises pour alimenter mes étalages. Non seulement c'était impensable vis-à-vis de mon ami Polo – sachant que je déballais sur *ses* marchés et sous *sa* « protection » – mais d'autant plus avec ma nouvelle religion de bon citoyen.

J'ai donc cherché de gros fournisseurs de déstockage. Je n'avais pas le financement en main, mais je savais que je pourrais en acquérir si l'affaire était bonne. De plus, j'avais retrouvé une vingtaine de potes à qui je pourrais emprunter 1 000 euros, ce qui ferait 20 000 : un beau pactole pour acheter un lot de marchandises !

J'ai pris le temps de tourner chez les grossistes d'Aubervilliers. Les choses se présentant bien, je me suis décidé à me lancer dans le financement par les amis. En trois heures, c'était réglé.

La vie allait être plus belle. Sauf que très vite, je fus confronté à un gros problème technique : tous les lots se mirent à me passer sous le nez. Un fou furieux du métier achetait tout, et avant moi ; les grossistes lui vendaient même les lots qu'ils m'avaient promis ! Je constatais que de nos jours, tout se perd, même la parole.

En fait, j'étais « un épicier » à leurs yeux : je voulais acheter 100 pièces du lot, alors que l'autre, le fou furieux, achetait tout le lot, qu'il fasse 1 500, 2 000 ou 3 000 pièces ! Non seulement il raflait tout, mais il payait encore moins cher que moi.

Celui-là, je ne l'avais pas prévu sur mon chemin. En lot de consolation, je me dis que je n'étais pas si mauvais sur le choix des articles, puisqu'un professionnel redoutable les voulait et les achetait. Après cela, les grossistes voulurent me refourguer d'autres articles, mais vu que le fou ne les avait pas achetés, je n'allais pas m'y risquer ! Pas de pitié dans le monde des affaires.

A ce moment-là, je retrouvai un de mes vieux amis, Éric, restaurateur de père en fils. Éric venait me voir au parloir quand j'étais à Fresnes en 1994. Souvenirs, souvenirs... Il faut que je vous raconte cette histoire.

Deux jours avant mon évasion de prison, j'avais annoncé à demi-mot à Eric, lors d'une de ses visites, que je débarquerais dans son restaurant la semaine suivante. De retour du parloir, il avait dit à tous les potes que j'avais pété les plombs. Il faut dire que j'avais exprimé cela un peu bizarrement : je lui avais dit que j'allais venir casser la croûte chez lui, en passant à travers les murs de Fresnes.

Il avait dû trouver d'autant plus difficile que je joue les passe-murailles que lui mettait plus de trente minutes à se rendre ne serait-ce que de l'entrée de la prison au parloir (sans parler des fouilles et des détecteurs). Et il faut savoir que ma date de libération sur le papier était 2024.

Évasion audacieuse à Fresnes

Emmanuel Caldier roule les surveillants dans la farine

Ce Samedi 11 Juin 2004, Emmanuel Caldier, surnommé "Manu le Gitan", réussit une évasion spectaculaire de la prison de Fresnes en s'infiltrant à l'arrière du camion de la boulangerie. Travaillant dans l'atelier de la prison, il profita d'une faille dans la sécurité et s'échappa sans violence, sous le nez des surveillants.

Auteur inconnu, « Évasion audacieuse à Fresnes »,
Le Parisien, 11 Juin 1994

Il se trouve que j'ai tenu ma parole. J'étais tellement grimé, quand je suis arrivé – en costume cravate – qu'il ne m'a pas reconnu, sur le coup. Ah, que de bons souvenirs !

Courant 1993, j'avais été interpellé par l'OCRB (Office Central de Répression du Banditisme). Des mecs plutôt sympas, bons flics de terrain. Des bonshommes bien entraînés, patients. Ils en avaient passé, des heures en planque à me filocher, à bouffer des casse-croûte jambon-beurre dans leur sous-marin (véhicule banalisé) garé discrètement en face du bon restaurant – où moi, je m'enfilais des côtes de bœuf avec de bonnes frites maison.

À l'époque, j'étais garagiste ; eux prouvèrent devant la justice que j'étais un gros trafiquant de voitures. J'avais une super secrétaire qui gérait mon administratif ; eux expliquèrent que j'étais un très bon faussaire. A cette époque, j'étais un passionné d'armes ; eux ont établi que j'étais trafiquant d'armes.

On n'avait pas la même définition des choses, mais je les respecte.

La suite prouve que la justice leur donna raison sur leur manière de voir les choses : j'ai pris cinq ans ferme. Ce jour-là, ils ont dû aller à leur tour se taper une bonne côte de bœuf avec des frites maison et du champagne. Moralité : la roue tourne – ce ne sont pas toujours les mêmes qui gagnent.

Éric, c'est un type super honnête. Un grand chef cuisinier devenu, au fil des années, agent immobilier puis entrepreneur en bâtiment. Et toujours dans la même ville : ça prouve que le mec est *clean*. Trois ou quatre « divorces » de mémoire, une vie d'artiste.

Sa compagne actuelle est une femme très sympa. Quinze ans auparavant, elle était la femme d'un autre type qui avait des magasins de solderie. Ce gars, Pascal, avait fait ça toute sa vie et

Éric s'entendait bien avec lui. Alors il s'était engagé à l'appeler, un jour où je serais avec lui, pour voir s'il pouvait me filer un coup de main ; ou s'il y avait des fins de série dans ses magasins qu'il pourrait me vendre à bon prix...

C'était très sympa de sa part, donc comme convenu, je me suis pointé chez mon pote. Il me présenta sa nouvelle femme. Je la connaissais de vue, mais impossible de la relier à quiconque. Le temps passe, la mémoire nous joue des tours – c'est l'âge. En revanche, ma trogne ne disait rien à cette jolie dame. Elle émit l'idée que j'avais dû la croiser avec son ex Pascal, justement.

Il est vrai qu'avec les multiples vies que j'avais eues, je connaissais pas mal de monde et de Pascal ; mais franchement, je ne remettais pas l'individu.

Alors qu'on y allait de nos petites hypothèses sur les probabilités de s'être croisés à tel moment ou à tel endroit, la sonnette du portail sonna... Or, qui entra dans le salon façon Belmondo ? Le fameux Pascal.

On se regarde ; on éclate de rire. On se prend dans les bras : « Mon Pascal », « Mon Manu », « Qu'est-ce que tu deviens ? », etc. Bref, les retrouvailles : on se connaissait depuis des années ! Une histoire de fou.

Éric, super content pour nous, s'est dit que ça faciliterait les affaires. Mais l'ex-femme, elle... s'est posé mille questions ! Éric m'avait en effet présenté à elle comme l'ennemi public numéro un, l'évadé de Fresnes, et j'en passe.

Même si elle n'était à présent plus que l'ex de Pascal, elle était bel et bien en droit de demander à ce dernier comment lui, le bon et honnête commerçant, avait pu faire les 400 coups avec un acolyte comme moi. Inquiète, la dame, de découvrir que celui avec qui elle avait gardé des attaches, le père de leur jeune et jolie fille était en réalité un bad boy ! Un puissant moment de vie.

Avec Éric, on s'est éclipsés vite fait sur la terrasse, les laissant tous les deux dans le salon : apparemment, ils avaient des choses à se dire. Puis Pascal est venu nous rejoindre. Alors je lui ai expliqué mes histoires : Aubervilliers, les marchés, Polo, les lots, le type qui me coupe l'herbe sous le pied, etc ; et que je venais de rater un lot de vaisselle au top, et un autre de couettes en percale.

Il a souri :

« T'as rien raté ! Tu viens à mon dépôt – c'est là-bas –, tu charges ton camion ; et c'est cadeau ».

Et de m'expliquer la vie, les lots et les soldeurs. Il avait lui-même commencé par les marchés à l'âge de seize ans.

Une belle journée : j'avais retrouvé mon pote Pascal, et de la belle marchandise !

On est restés plus de deux heures à discuter sur la terrasse d'Éric. Pascal aussi sortait d'une situation compliquée : une rupture sentimentale et des amis qui l'avaient trahi et lui avaient volé des affaires. Il avait chuté et se relevait doucement. On avait aussi, au milieu de cette discussion émouvante, refait le monde.

J'avais rencontré Pascal en 1990 : il était venu plaider la cause d'un de mes débiteurs. À l'époque, j'avais une boîte de recouvrement et j'étais chaud bouillant... et mes méthodes aussi.

Pascal, décontracté, était venu plaider la cause de son ami agent immobilier : franchement, ça se respecte. Sans compter que cet agent immobilier, pour le coup, était clean. Entre nous, ça a dû être l'une des rares fois où mes requêtes et mes démarches furent erronées. Sacré Robert... pour ne pas le citer.

À la fin de la discussion, Pascal m'a regardé droit dans les yeux : « Tu es vraiment rangé ? Si tu en es sûr, viens me voir à mon bureau lundi. On parlera. Mais déjà, va demain matin à mon dépôt pour charger ton camion. Tu vas faire un bon week-end ,sur les marchés avec les couettes : tu vends les une place 15 balles et les deux places 30 balles, et tu vas faire un carton.– Mais le fou d'Aubervilliers me les vendait à 15 balles les une place ! Et je devrais les mettre à 30 pour faire la culbute ?!– Fais ce que je te dis : tu vas tout vendre en deux heures. T'occupe pas du prix d'achat, c'est cadeau. »

Le vendredi matin, le réveil a sonné à 4 heures. La nuit avait été courte, j'avais quitté Pascal vers minuit ; le temps de rentrer et de rêver de mes couettes percale tant désirées, c'était vite passé.

Petit café puis direct dans le camion, destination le marché. Polo est arrivé vers 7 heures : je lui ai expliqué l'histoire et les retrouvailles, puis lui ai demandé une belle place pour le samedi car j'allais déballer de la bombe. Réponse de Polo :

« T'inquiète, je gère. »

Le temps n'était pas terrible ce jour-là. Je bricolais avec un reste de lot de sacs à main chinois. Vers 11 heures, désespéré, j'ai commencé à casser les prix. Pour finir, de 10 euros on est passés à 5 puis à 5 euros les deux. Et là ce fut foule. C'est bien souvent une histoire de prix.

Souvent, en fin de marché, on avait des discussions « philosophiques ». C'est vraiment un sage Polo, avec lui c'est réconfortant.

Puis j'ai filé au dépôt de Pascal pour charger mon camion : il avait prévenu son magasinier qu'on allait charger la mule jusqu'à plus soif. De retour au bercail, je lui ai envoyé un SMS pour lui confirmer le chargement et le remercier. Sa réponse :
- À toi de jouer demain. Pas de merci entre nous, frère.
- Tu es corse ?
- Non, pourquoi ?

Sur le coup, je n'ai pas répondu. Mais en quelques semaines, deux de mes amis qui ne se connaissaient pas m'ont aussi dit : « Pas de merci entre nous ». Ce n'est pourtant pas courant. À méditer…

J'ai bien dormi cette nuit-là. J'avais juste peur qu'un petit délinquant ne me vole mon camion. Il était équipé d'une alarme : on ne sait jamais. L'insertion (enfin, la réinsertion), c'est le monde à l'envers.

Samedi matin, j'ai déballé mon matériel sur une place royale, juste à l'entrée du marché. Vers 11 heures, mon étalage était déjà vide. C'en était au point où les autres commerçants venaient eux-mêmes acheter ma marchandise pour la revendre le double sur un autre marché !

J'envoie un SMS à mon ami Pascal pour lui faire un compte-rendu de la situation. Réponse immédiate :

« Super ! Mais tu comptes pas faire la grasse matinée, dimanche ? Vas recharger vite fait – cette fois tu prendras la vaisselle. Je vais te faire la liste. »

Puis :

« La vaisselle c'est lourd et fragile, donc prends aussi des couettes pour tout caler dans le camion, et roule tranquille. Couettes :

toujours au même prix ; vaisselle : 15 balles le service de six assiettes ; saladier, 5 balles ; service à fromage, 10 balles… »

Ça c'est du SMS de pro. Il connaît le boulot par cœur. C'est un métier.

J'ai donc filé au dépôt pour charger, et là j'ai constaté que Pascal le pro s'était planté : il m'avait mis très peu d'assiettes creuses et trop d'assiettes plates. Ça ne collait pas. Je le lui signale donc par SMS. Réponse instantanée :

« Tu manges souvent de la soupe ? Et dans une assiette creuse ? Les assiettes creuses, ça ne se vend pas, sauf dans la campagne profonde. Or il me semble que tu déballes à Paris demain. Bise, frère. »

J'aurais mieux fait de me taire : quand j'ai remballé dimanche, il ne me restait en effet que des services d'assiettes creuses… C'est le métier qui rentre.

Bref, en un week-end j'avais explosé le chiffre d'affaires de l'auto-entrepreneur que j'étais. Mais je n'avais pas de facture d'achat… car Pascal me donnait la marchandise. Difficile d'expliquer ça à mon papa Philippe l'avocat, pour les futures déclarations !

Le lundi matin, je devais déjeuner avec Pascal pour faire le point. En arrivant au bureau, grandes accolades, la bise, etc. Puis il m'a présenté Patricia, sa collaboratrice, tout sourire. Il m'a expliqué que c'était une amitié et une coopération de longue date.

J'allais très vite découvrir que cette charmante Patricia était une assistante de choc : non seulement elle gérait avec brillo tout ce qui était administratif, comptable et social, mais elle était la grande sœur, la nounou, l'ange gardien des lieux... et du boss. Il y avait donc une Wonder Woman dans le bureau.

On a pris la route du restaurant, une des cantines de Pascal. On s'est posés tranquillement, et comme un vieux couple, on a parlé de toutes ces années passées, des joies, des tristesses, des emmerdes. Ça fait tellement du bien de parler sans tabou, à cœur ouvert. Il m'a expliqué ses projets professionnels, son envie et son besoin de se développer. Il m'a redemandé :

« Tu es rangé ? Tu es sûr de ton choix ? Ça ne va pas être trop dur, frère ? »

J'ai mis cartes sur table. J'ai exposé mon état d'esprit avec le plus de clarté et d'honnêteté possible. Je lui ai dit qu'en l'état actuel des choses et sauf en cas de légitime défense, je n'avais nullement l'intention de faire quoi que ce soit. Il m'a demandé ou je plaçais le stade de la légitime défense : je lui ai répondu que si mes enfants, mes amis, mes proches étaient victimes de quelque chose, je ferais certainement justice moi-même… car j'avais du mal à croire en la justice française.

Je ne sais pas si ma réponse fut claire, mais il n'a pas cherché à en savoir davantage.

Puis il m'a demandé si je voulais faire partie de son aventure.

J'ai répondu par l'affirmative... avant de préciser que je ne savais pas spécialement mettre les articles en rayon ni passer les commandes de produits divers – or son domaine relevait de la grande distribution.

En fait, je ne voyais pas en quoi je pourrais lui être utile. Il m'a affirmé que lui savait, que cela se préciserait dans les six à douze mois ; et que pour le moment, il voulait simplement que je sois bien. Il fallait juste que je réfléchisse à un projet que l'on pourrait jumeler à son magasin...

– Tu ne fais pas d'alimentaire donc on peut tenter l'alimentaire, lui ai-je suggéré du tac au tac.

– Ok, on monte un magasin alimentaire !

Et on est partis là-dessus.

– Le temps qu'on mette tout en place, je te fournis la marchandise pour continuer tes marchés, comme ça tu es pénard. En plus, tu es entre de bonnes mains avec Polo ; et puis tu t'organises pour trouver un logement dans le coin, tu te poses...

Dit comme ça, ça avait l'air simple. Mais dans la vie, ça l'est moins. Déjà, pour trouver une location c'est compliqué : le proprio ou l'agence nous demandent des tonnes de paperasses.

Certes, j'avais des potes qui fabriquaient tous ces documents (pour ceux qui font des carambouilles ou des crédits balourds), ils pouvaient donc bien me faire ça en souvenir du bon vieux temps ; et c'était juste pour louer une baraque, il n'y avait pas trop de risques. Mais bon, c'était franchir la ligne blanche du chemin que j'avais pris.

En même temps en cas de force majeure, il faut bien prendre des risques ! Oui, mais je courais moins de risques à rester dans mon mobil-home chez mon vieux pote gitan du 93. Or ma parole lui avait suffi pour me le louer. Le problème, c'est que le mobil-home était un peu loin de la région où on allait monter le magasin alimentaire...

Je décidai donc de ne pas trop chercher de maison à louer, pour ne pas être trop tenté et ne pas réveiller mes vieux démons. Alors quand Pascal ou Patricia, sa collaboratrice de choc, parlaient de mon futur logement, j'esquivais. A tel point que je craignais qu'ils finissent par croire que je ne voulais pas venir m'installer dans le coin...

Un matin, en arrivant au bureau, Patricia m'a dit :« J'ai vu un truc sympa sur Leboncoin ».

Encore Leboncoin ! Et de me montrer une annonce de maison plutôt cool, quelque peu isolée avec jardin, et à quelques kilomètres du magasin… Elle me ressemblait bien. Normal, Patricia est très fine et doté d'un septième sens.

Elle m'a imprimé l'annonce. Je suis sorti du bureau j'ai téléphoné discrètement. Tombant sur la femme de l'annonceur, j'ai commencé à préparer le terrain, à la mettre en confiance, etc. Mais c'était son mari qui gérait tous leurs biens immobiliers, et la maison était préréservée. Il fallait donc rappeler le lendemain. Bref, ça commençait mal.

Puis Pascal, qui avait demandé à me voir à 13h30, est arrivé au bureau. Sourire aux lèvres, petit blazer noir, chemise blanche et élégante... le boss. Partions-nous pour un rendez-vous galant ou chez le banquier ? Bien souvent l'habit fait le moine. Et, s'adressant à Patricia :

« Tu m'as préparé mon dossier pour la banque ? »

Elle, comme toujours opérationnelle, lui avait fait un truc au top, bien classé, avec des Post-it et des explications claires et nettes :

« Voilà, Kbis de moins de trois mois, impôts ceci, cela, etc. »

J'avais bien senti venir le rendez-vous à la banque. Mais entre nous, je ne comprenais pas trop la raison de ma présence, surtout que le dossier avait été bien préparé : on n'y allait pas pour un braquage.

On est monté vite fait dans le Range Rover, Pascal précisant qu'on irait manger après à Courtepaille : ils servent en continu.

Puis, sur le chemin, il a commencé à faire un petit discours philosophique : il allait falloir qu'on avance vite sur nos projets, qu'on ne perde pas de temps ; ce qu'il voulait c'était que je sois bien et posé, etc. :

« Pour bien repartir et reconstruire ta vie, il te faut des fondations solides, frère. »

Et d'ajouter cette phrase si forte et si vraie :« Si tu as mal, j'ai mal, si tu es bien, je suis bien, frère. »

On suivait le GPS qu'il avait programmé : « Tournez à gauche dans 800 mètres ; vous êtes arrivé à destination ». Drôle de coin – paumé, un peu désertique – pour trouver une banque !

Et voilà que nous sommes arrivés devant une belle maison… ressemblant étrangement à celle de l'annonce que Patricia m'avait proposée. J'ai regardé Pascal avec un sourire :

- C'est quoi l'histoire, frère ?
- On va visiter et si ça te plaît, on prend. Tu me laisses faire, s'il te plaît.

Après avoir vu les lieux, difficile de dire que ça ne me plaisait pas : plusieurs chambres, une cuisine ouverte, une cheminée dans le salon : la totale ! Une maison où l'on respire…

Le proprio était plutôt classique, loin du pro de l'immobilier et de la négociation. Il avait dû hériter de biens familiaux.

- Ça te va, tu es sûr ?
- Bien sûr que ça me va !

Et là Pascal a enchaîné, expliquant qui il était, qu'il voulait louer cette maison pour un collaborateur qui venait de province, etc. En bon négociateur et en bon soldeur qu'il est, il a convaincu le proprio… Sachant qu'avec Pascal, les documents ne sont pas artificiels, c'est du dur. Résultat : baisse du loyer, bail signé, clef en main. Opération logement terminée.

Assommé, je suis remonté dans le 4x4. Difficile de trouver les mots dans une telle situation : – Merci frère, c'est vraiment top. – Pas de merci entre nous. Tu comptes payer le loyer ? Alors, il est où, le problème ?

Et il a programmé le GPS destination Courtepaille. Il était 15 heures : merci le service continu.

Le temps était au beau fixe et la belle hôtesse nous a proposé de déjeuner en terrasse. Elle nous a dressé une belle table, on aurait dit un vieux couple perdu à la campagne, vu toute l'émotion, toute l'amitié et tout l'amour fraternel qui faisaient briller nos yeux...

Pascal a téléphoné à Patricia pour lui dire que l'affaire était conclue – mais pas que :

« Patricia, si tu peux gérer l'EDF et la Compagnie des eaux. Et arrange-toi pour que ce soit au nom de Manu, pour qu'il ait des justificatifs de domicile. Il va bien falloir qu'un jour il existe sur les fichiers de l'État et qu'il ait un domicile fixe. Moi je ne m'associe pas avec un SDF ! »

Si tout était dit sur le ton de l'humour, je savais déjà que Patricia allait régler tous les problèmes administratifs dans l'heure.

La gentille serveuse nous a amené les carpaccios, un indien pour moi, et un quart de vin de pays pour Pascal. Et là :

- C'est quoi ton problème avec l'alcool ?
- J'en ai pas. Depuis toujours je ne bois pas une goutte d'alcool. Ça ne m'a jamais attiré.
- Tu as eu des bars, des boîtes de nuit, tu fais la fête, etc. et tu ne bois pas ?! C'est pas normal, tu as un problème, frère !

- Je suis assez barjot comme ça sans boire une goutte ; alors si je bois, je pense que je serai dangereux.
- Je t'interdis de boire une goutte. Et tu vas devenir mon capitaine de soirée, ok ?

Et il a éclaté de rire.

Au moment du dessert – cerise sur le gâteau –, il m'a regardé à nouveau et, le plus simplement du monde :

« Quand tu as quitté la prison à Villepinte, tu n'es pas sorti avec les meubles, et j'ai pas envie que tu dépouilles le mobil-home de ton vieux gitan. Alors tu prends tout ce dont tu as besoin au magasin – on est des spécialistes de l'aménagement intérieur. J'ai rentré de belles collections : tu fais faire un bon de tout ce que tu prends pour que je sorte ça des stocks, et on verra après pour le règlement. Tu as du fric pour tout ce qui est électroménager ? Car ça on n'en vend pas. »

Et voilà : j'étais refait à neuf ! Je l'ai remercié. Et comme toujours :

« Pas de merci entre nous. »

Je l'ai rassuré pour le financement de l'électroménager : j'avais fait de bonnes journées couettes et vaisselle sur les marchés parisiens, et pour cause…

J'ai réalisé que dans les 48 heures qui suivraient, les fondations de ce nouveau grand départ allaient être sèches, fixées – des sacrées fondations en béton armé... Le tout en étant resté sur le chemin choisi, sans jamais avoir franchi la ligne blanche.

Chance ? Destin ? Bonne étoile ? Certains diraient « Dieu seul », je le sais.

Mon grand, très grand ami Pierre Falcone, qui lui aussi avait bousculé ma vie en 2001 – bousculé en bien – me disait souvent : « Si Dieu veut, fils ; et Dieu voudra… ».

J'ai beaucoup de respect pour toutes les religions. J'ai appris à lire sur le Code pénal et la Bible que mon grand-père pasteur m'avait expédiée lorsque j'étais en prison à l'âge de quinze ans, au CJD de Fleury. Lors de toutes mes années passées en Afrique, j'ai eu la chance de découvrir le Coran, grâce à la rencontre d'un imam extraordinaire. Grâce à des amis grands commerçants du Sentier, j'ai parcouru la Torah.

Mais confidence pour confidence : j'ai plutôt approfondi ma lecture et la théologie du Code pénal...

Durant ma vie, j'ai été plusieurs fois au sommet ou en haut de l'affiche, comme le chante si bien Aznavour... mais aussi plusieurs fois tout en bas. On dit qu'il est bien plus dur et plus long de gravir le sommet que d'en dégringoler – souvent en quelques fractions de seconde.

Par le passé, j'ai eu la force, le courage, la détermination de remonter rapidement à chaque fois : un mois plus tard, je retrouvai le standing du beau voyou que j'étais ou que je voulais bien laisser paraître : villa, moto, voiture de luxe, et j'en passe. Tout cela dans l'illégalité la plus totale, avec les risques que cela encourait et bien sûr, avec l'aide de mes potes voyous de tous horizons…

Cela faisait près de six mois que j'étais sorti, en SDF avec mon baluchon, de la prison de Villepinte ; 180 nuits que je me battais contre mes démons ; 180 journées aussi, car les délits peuvent tout à fait être commis en journée. Sachant qu'en une heure, un « bon » malfrat comme je l'avais été peut rapidement faire un faux pas, cela faisait en tout et pour tout, 4 320 heures que je menais cette lutte intérieure.

Or là, en 48 heures, en plus de mon super camion, j'allais avoir ma jolie maison meublée. Et surtout un boulot, une vraie identité, une carte d'autoentrepreneur, une quittance EDF. Un avenir serein s'ouvrait : ce n'était pas le moment de faire le con. 48 heures, c'est rien ; mais pour moi c'est le temps d'une garde à vue.

Alors, chers lecteurs, si je veux être honnête avec moi-même et surtout avec vous, je dois dire que dans le passé, chaque fois que je suis remonté en haut du sommet avec toute ma rage de vaincre et d'exister (et de paraître et de parader), je n'avais en réalité aucune force, aucun courage ; et ma détermination était biaisée... Car le chemin que je prenais était le plus facile.

À l'époque j'avais en effet des potes, des frères d'armes, mais surtout des frères de méfaits ; et je construisais avec eux sur des fondations en chocolat, des fondations qui fondent au soleil... sous la lumière des projecteurs. Là, j'étais sur la pente la plus dure. Même si à ce moment-là les solides fondations en béton étaient formées, je devrais encore puiser la force, le courage, la détermination, pour continuer à lutter contre mes démons, et construire, étage après étage, les murs permettant de construire cette nouvelle vie. Mais cette fois, j'avais des Amis, des Frères de cœur et de bienfaits.

« Merci Pascal, merci Polo ». Je connais leurs réponses : « Pas de merci entre nous, frère ».

CHAPITRE 2

Réinsertion en direct

Je m'étais bien installé dans ma nouvelle demeure et ma nouvelle vie.

Comme c'est agréable de se coucher le soir et de dormir en paix – même si on a une adresse fixe et connue des autorités – et de se dire : si ça tape à la porte à 6 heures, ça ne peut être ni le GIGN, ni la BRI (Brigade de Recherche et d'Intervention), ni la BRB (Brigade de Répression du Banditisme). Remarquez, des fois ils ne tapent pas à la porte, ils la défoncent direct. Question de sécurité.

Philippe VDM m'avait fait blanchir de chez blanchir et mes deux amis, Pascal et Polo, m'avait aidé à couler des fondations solides et propres. Ils étaient à présent comme les deux murs porteurs de la reconstruction, de la réinsertion (ou de l'insertion) de leur frère de cœur.

Ce jour là, on devait se voir avec Pascal pour étudier les modalités et l'organisation de l'activité alimentaire que nous allions lancer. Le projet me plaisait beaucoup car je connaissais bien le domaine.

J'avais souvent donné dans la restauration par le passé – j'ai toujours eu des affaires commerciales, même quand je faisais le bandit de grand chemin. J'ai toujours été un bosseur, alors quand j'avais un restaurant, j'étais aussi bien en salle qu'en cuisine.

Idem lorsque j'ai eu des garages : je mettais les mains dans le cambouis. Je ne l'ai pas fait juste pour avoir une couverture : j'aime le boulot, je suis perfectionniste.

J'ai aussi des millions de défauts et trop souvent, je confonds recettes et bénéfices – alors j'alimente mes affaires légales avec les financements de mes activités illégales. En somme, je suis un très mauvais gestionnaire – mon comptable s'arrachait les cheveux... et dès qu'il devenait chauve, je déposais le bilan.

Avec le recul, je me suis rendu compte que toutes les entreprises que j'avais montées étaient éphémères : des affaires papillon qui s'envolaient et mouraient aussi vite qu'elles étaient nées. Le tribunal de commerce avait même constaté à plusieurs reprises que j'avais de gros problèmes psychologiques avec la TVA : qu'elle soit à 5,5 ou à 19,6, à l'époque je la gardais pour mes faux frais.

En fait, je n'aime pas redonner l'argent que je gagne légalement. Par contre je suis très généreux avec celui que je gagne illégalement, que ce soit en ma faveur ou en celle de mes amis – quitte à flamber un peu trop.

Ça doit être contagieux : j'ai vu cela chez 99 % des voyous. C'est pour ça qu'on sort de prison une main devant, une main derrière... et bien souvent des dettes chez l'avocat : on n'a pas pu finir de payer sa défense. Et c'est pour cela que dès la sortie, on est un récidiviste en puissance : prêt à tout pour se refaire une santé financière au plus vite.

Alors le ministre de la Justice nous répondra qu'il a remédié à cela. Car un décret est appliqué à propos de l'argent que l'on reçoit de nos proches, quand on est incarcéré : si on reçoit plus de 300 euros par mois, on nous prélève environ 10 %, que l'administration pénitentiaire bloquera et nous débloquera le jour de notre sortie. Cela s'appelle le pécule libérable.

Sur 65 000 détenus en France, le pourcentage de détenus ayant le bonheur d'être prélevés de ces 10 % est très faible. J'écris « bonheur d'être prélevé » car si on vous ponctionne, c'est que vous êtes riche… or dans les prisons, ça ne respire pas vraiment l'oseille.

Mais pour les riches détenus, s'ils reçoivent 400 euros par mois pour leurs dépenses quotidiennes, on leur en bloquera environ 20, au nom du pécule libérable. Donc si vous êtes riche en prison et que vous y restez un an, on vous remettra en espèces la somme de 120 euros à la sortie, pour vous reconstruire et tenter une réinsertion.

Pour vous donner une idée plus précise, cela représente la course du taxi pour rentrer chez soi, deux paquets de clopes et quelques cafés au comptoir pour fêter la libération. Et si vous laissez un pourboire au serveur, vous êtes une main devant et une derrière ; juste prêt pour la réinsertion… Voilà l'image et la réalité du scénario d'un détenu en fin de peine.

Comme prévu, j'ai retrouvé Pascal au bureau ce jour-là. Je savais que ce que j'allais lui dire risquait de le contrarier sur la forme – pas forcément sur le fond.

Pourtant, j'allais avoir une alliée dans ma démarche d'honnêteté : la grande Patricia, la collaboratrice de choc. Redoutable, elle était le gendarme de l'audiovisuel à elle toute seule : elle vérifiait chacune des activités de Pascal. Lui avait un grand bureau, mais attention : tout au fond à gauche, il y avait un autre poste de contrôle : le bureau du CSA ! Je pense que Patricia s'était arrangée pour avoir la maîtrise de la situation... pas bête, la guêpe.

On s'est posés autour d'un café. Pascal a ouvert le débat : « L'amitié et la fraternité, c'est une chose ; les affaires, c'est les affaires... ».

Et c'est là qu'il me propose qu'on crée une SARL ensemble. J'en serai le gérant. Puis il me demande si son comptable et sa banque me conviennent.

Bref, je me retrouve dans une vraie discussion entre hommes d'affaires associés sur le point de créer une activité.

C'était super droit de sa part. En même temps, je ne m'attendais pas à autre chose : avec lui, tout est carré.

Et de poursuivre avec les idées qu'il avait pour le local, tout en précisant que lui ne connaissait rien à l'alimentaire, et qu'il ne savait même pas ce qu'était un frigo, etc. Il n'a posé qu'une seule exigence, la clause de confidentialité :

« Tu ne dis pas à ma femme qu'on fait dans l'alimentaire, elle va me demander tout le temps de faire les courses, ça va me fatiguer ! »

C'était la seule condition qu'il posait : du grand Pascal...

Je l'ai écouté avec attention, respect et admiration même : c'est un sacré homme d'affaires. Je me suis injecté trois expressos d'affilée, puis lui ai répondu en lui donnant ma vision des faits.

Si on ouvrait un magasin alimentaire, c'était juste pour me créer une activité, un boulot, un revenu ; certes j'en avais besoin, mais lui, quel intérêt y trouverait-il ? Ce n'était pas quelques *royalties* sur des paquets de gâteaux ou des tranches de jambon qui allaient changer sa vie.

Là, j'ai pris mon courage à deux mains : il allait falloir que je lui fasse comprendre combien c'était dangereux pour lui de s'associer avec un type comme moi. Parce que lui, il me regardait avec les yeux de l'amour fraternel, comme une femme *in love* devant son mari, capable de tout faire pour le rendre heureux.

J'ai donc dû passer à la vitesse supérieure et faire appel à Google. J'ai regardé droit dans les yeux mon frère Pascal et lui ai demandé de taper « Emmanuel Caldier » dans la barre de recherche, puis de valider. Ainsi, il pourrait vérifier mes analyses et mes craintes. Sa première réaction :

« Bordel, il y en a une tartine ! Je n'avais jamais regardé. »Je savais que le CSA allait taper directement et discrètement pour maintenir son contrôle sur la situation. Dès lors, elle deviendrait mon alliée dans la discussion.

Et là, tous deux ont pris la réalité en pleine face : des centaines d'articles de presse, de vidéos sur mon histoire, ma vie de barbouze, de braqueur, de kidnappeur – certes aussi d'écrivain chez Flammarion à mes heures perdues... en prison – et j'en passe. Google peut vous servir... tout comme vous crucifier, net.

Le kidnappeur qui se croyait justicier.

Un couple peinait à récupérer une créance. Manu l'a «aidé». Et raconte.

Emmanuel Caldier (33 ans), dit «Manu», ou encore «Maxime» lorsqu'il est sur un coup, jongle avec deux portables en sonnerie constante. C'est Sandrine, puis Nathalie, il les rappellera tout à l'heure. Maintenant, de ses mains couvertes de lourdes bagues en or, il range les téléphones dans la sacoche de médecin qui lui sert de cartable. En sort des documents, des «preuves». «J'ai tout en main, explique-t-il, ce sont les poulets qui m'ont formé.» Il veut raconter sérieusement pourquoi il est devenu kidnappeur.

Manu est un ex-braqueur, un repris de justice. Il totalise dix-sept condamnations et une évasion depuis l'âge de 15 ans. Des vols, des escroqueries, des trafics en tous genres. «Je n'ai pas de morale, mais j'ai une éthique, avance-t-il, je ne fais pas la came, ni la prostitution.»

En ce moment, Manu est dans le collimateur de l'Office central de répression du banditisme (OCRB). Il est poursuivi pour «enlèvement» (il a kidnappé un courtier le 11 janvier à Orly), «séquestration» (il a gardé son otage attaché à un tuyau de radiateur jusqu'au 17 janvier), «tentative d'extorsion de fonds» (il demandait une rançon de 233 000 euros, car il compte en euros), «association de malfaiteurs» (il avait quatre complices), «violence avec armes» (il ne s'étend pas trop sur le sujet). Et, pour finir, «menaces de mort» à l'égard du patron de son otage, un banquier suisse établi dans la ville de Bâle.

Les policiers l'ont arrêté alors qu'il venait de libérer le courtier après six jours de séquestration. Manu a lu le code pénal. Il sait qu'«avant le 7e jour accompli», un kidnapping est passible du tribunal correctionnel et réprimé par 5 ans d'emprisonnement. Au-delà, ce sont les assises et 20 ans de réclusion criminelle.

Comme il dit, «le droit, c'est ma deuxième bible». Manu est donc arrêté, puis relâché deux jours plus tard à la suite d'une entorse dans la procédure. Son avocat, Patricia Torgemen, du barreau de Créteil, connaît aussi le droit. Le parquet a fait appel à cette décision de remise en liberté. Le tribunal a jugé l'appel vendredi dernier, Manu est allé à l'audience, il en est reparti libre. Les juges lui ont annoncé qu'ils décideraient de son éventuel emprisonnement aujourd'hui, 22 février.

«Peace and love». Jusque-là, le kidnappeur va et vient à sa guise, ou presque. Son contrôle judiciaire le contraint à pointer tous les lundis au commissariat de Saint-Maur-des-Fossés (Val-de-Marne). Les autres jours de la semaine, il bavarde. Avec le kidnapping, il reconnaît: «On est allé un peu loin». Mais, pour lui, l'enjeu était de taille. Quand il est en liberté, Manu fait du recouvrement. Il assure qu'il peut récupérer des sommes irrécupérables, avec des moyens pas toujours avouables et en empochant 50% de commission à la sortie. Dans cette affaire de kidnapping, il travaillait pour un couple de médecins de la banlieue parisienne.

Le mari et la femme avaient confié quelques milliers de dollars à la société de gestion de fonds privés, Packaline, de Bâle, et avaient apparemment du mal à recouvrer leur placement. Manu jure que les deux médecins sont des gens formidables, «ils sont peace and love», que leurs dollars d'origine tout à fait honorable étaient destinés à «une fondation pour enfants autistes».

Qu'ils ne savaient rien de l'enlèvement et que, s'il y a des gens pas clairs, il faut les chercher du côté de Bâle. «J'espère que tous ceux qui ont placé de l'argent chez Packaline rentrent en contact avec nous, ou avec la justice, et qu'ils aillent porter plainte, propose Manu, en ajoutant: si je dois faire cinq piges de placard, que ce soit pour quelque chose». La justice tranchera, en attendant, les deux médecins sont aussi mis en examen.

Malle, menottes et 11.43. Le jour de l'enlèvement, Emmanuel Cordier se faisait appeler «Maxime». Avec quatre hommes, «des mercenaires» de ses amis dont il n'a jamais révélé les noms, il loue deux chambres contiguës à l'hôtel Ibis d'Orly. L'équipe se fait passer pour une troupe de magiciens. Du coup, leur grosse malle n'intrigue pas le personnel de la réception. De son côté, Raymond André Schmitt, 45 ans, demeurant à Colmar (Haut-Rhin), gérant de portefeuilles pour le compte de Packaline, va confiant au rendez-vous avec monsieur Maxime. Raymond Schmitt pensait rencontrer un futur client qui l'avait contacté au téléphone en se présentant comme un riche brasseur à la recherche d'un placement sûr, mais qui avait peur de passer la frontière. Deux minutes plus tard, le courtier est plié dans la malle, menotté aux mains et aux pieds, la bouche scotchée. «Il était dans sa boîte, saucissonné, raconte Manu, on est ressorti de l'hôtel vers 16 heures pour aller dans une planque dans la région parisienne. Là, on l'a attaché à un tuyau de chaufferie avec une chaîne d'un mètre. Un mètre, ça suffit, parce que si l'otage se pend, qu'est-ce qu'on fait?» Le récit qu'il fait des six jours de séquestration est plutôt détendu: «D'habitude, à ceux qui le méritent, je coupe un doigt. Mais là, on est resté avec lui jour et nuit, je suis fin psychologue, il avait toujours des repères, tout ce qu'il voulait, il l'avait. On lui a acheté, avec sa carte bleue, un portable, un pyjama, des chaussettes, il a pu appeler sa femme pour la rassurer, il lui a dit qu'il était retenu à Paris. Je lui ai même acheté des journaux de Bourse, sa fille avait un devoir à faire pour l'école, comme ça, il a pu l'aider.

Je lui ai aussi offert un bon Saint-...milion parce que c'était quelqu'un qui connaissait les vins. Je lui ai fait la galette des rois, j'avais mis une balle de 11.43 à la place de la fève, ça l'a fait rigoler. «Six jours de terreur». Contacté par Libération, Raymond Schmitt n'a pas souhaité donner sa version des événements. Mais, quelques jours après son retour chez lui à Colmar, indigné de la liberté accordée à «monsieur Maxime» et aux médecins, il est allé faire le récit de sa séquestration à un journaliste des Dernières nouvelles d'Alsace. Loin d'avoir «rigolé», il en garde le souvenir de «six jours de terreur», lumières éteintes, rideaux tirés, sous la menace permanente de cinq hommes armés et cagoulés, se présentant comme les agents d'une «organisation puissante et internationale liée à la franc-maçonnerie».

Si l'opération kidnapping a finalement échoué, c'est qu'à la demande de rançon par Manu, le patron de la société Packaline, Gunter Tschudin, ne s'est pas exécuté. Il a alerté les services de la police suisse. Et comme l'otage, il a porté plainte pour «menace de mort et tentative d'extorsion de fonds». Manu hausse les épaules: «J'ai confiance parce que je sais que la justice fera son travail et qu'elle sera juste.».

Brigitte VITAL-DURAND, « Le Kidnappeur qui se croyait justicier »,
Libération, 22 Février 2001
https://www.liberation.fr/histoires/2001/02/22/le-kidnappeur-qui-se-croyait-justicier_355557/ (Consulté le 01/08/2024)

J'ai jeté un regard sur le CSA derrière moi : elle avait les couettes remontées, les yeux sortis des orbites et, je crois, la fumée qui lui sortait des oreilles.

Elle n'était pas choquée, pas de jugement, non. Elle avait juste très bien compris qu'il était impossible, voire dangereux de coller le nom de Pascal au mien sur un Kbis. Rappelons que c'est elle qui gérait tout l'administratif et qui affrontait les représentants 80 % du temps.

Nos regards se sont croisés, elle m'a fait un petit clin d'œil : elle avait deviné en partie ce que j'allais dire à Pascal. Dès le premier jour, j'avais compris que Patricia était une grande dame et l'ange gardien féminin de Pascal.

Nous étions sur la même longueur d'ondes puisque moi, je comptais devenir son ange gardien masculin – et ça, elle l'avait très bien compris. Elle était donc bien contente de savoir qu'après 20 piges de bons et loyaux services, elle allait enfin bénéficier d'une aide pour « gérer » le phénomène Pascal et ses vieux démons.

Après quelques minutes passées sur le traître Google, Pascal, décontracté, s'est exclamé :

« Putain, tu as pris un coup de vieux et t'as perdu tes cheveux – j'ai vu une belle photo quand tu étais jeune. Et t'as perdu ta joncaille, tu avais une belle tête de gitan à l'époque, frère ! »

Son analyse et sa réaction ne furent pas celles que j'attendais. J'allais donc devoir passer à la vitesse de la lumière. Pour qu'il y voie bien clair, j'ai surenchéri : s'il collait mon nom au sien, la réactivité de Google serait telle que son nom allait bien vite remonter en première page, collé au mien ; du K de Kbis il allait bien vite passer au K de « kidnapping » !

J'ai ajouté que si le banquier, les fournisseurs ou autres tapaient mon nom, ça clignoterait rouge fluo sur les écrans ; que vu mon passif et ma médiatisation, les choses allaient très vite devenir compliquées ; que le mieux et le plus sage pour nous était qu'il reste ce qu'il est, à savoir le boss, et moi un employé lambda ; et que cela m'allait très bien.

La réaction impulsive du frère fusionnel et entier n'a pas tardé à tomber :

« Tu es mon frère, et tu oses penser que j'ai honte de toi ? C'est le passé. On est ensemble. Toi, mon employé : tu as vu la Vierge ? Moi je veux que tout soit équitable : les parts d'une société, ça vaut de l'argent, une histoire entre frères où j'ai la meilleure place, ça ne me convient pas ; ça doit être équitable. »

J'ai jeté à nouveau un œil sur le CSA derrière, et j'ai reçu un autre clignement d'œil. L'ange gardien connaissait bien le petit diable au fond de celui sur lequel elle veillait ; elle connaissait bien ses réactions.

Après la tempête, quelques lueurs d'espoir et de compréhension sont apparues : j'ai pu expliquer à mon frère qu'au contraire, c'est moi qui aurait la meilleure place en étant employé. Ainsi je ne serais pas responsable juridiquement, les banquiers ne me demanderaient pas de caution personnelle et je ne risquerais pas de bouffer ma maison familiale… ou de me retrouver aux prud'hommes – parce que de nos jours, chef d'entreprise est un métier à risque : certains très honnêtes arrivent même à se retrouver en prison.

Côté financier, on pouvait rendre les choses équitables avec deux salaires égaux ; et en fin d'année, en tant que big boss, il pourrait partager avec le petit personnel les bénéfices. Et pour le faire sourire :

« Si tu ne le fais pas, je t'attaque aux prud'hommes. J'ai le droit ! »
Enfin, j'allais être victime... Il a souri, puis :

« T'es trop con ! Mais je t'aime. »

Et là un ange est passé... et s'est arrêté juste devant nous. Patricia, l'ange gardien, le CSA en personne, s'est exclamée :

« Bon les garçons, les frères de cœur, parlons peu, parlons bien, mais écoutez-moi. »

Les couettes étaient retombées, les yeux rentrés dans leurs orbites, la fumée ne lui sortait plus des oreilles. Le CSA avait tranché, les frangins n'avaient plus qu'à écouter le rapport et l'appliquer. Elle était debout devant nous. Les deux mains sur la taille lui gonflaient la carrure : on aurait dit une championne olympique sur le podium, médaille sur le torse.

Alors elle nous a balancé un discours très puissant : c'était tout juste si on n'allait pas se faire engueuler de ne pas lui avoir déjà donné un bilan prévisionnel, les RIB des fournisseurs, afin qu'elle règle les factures ! Elle nous a demandé l'adresse du local commercial, alors que nous ne l'avions même pas encore cherché, et encore moins trouvé. Elle était en fait en train de nous expliquer que si elle n'était pas tout à fait à jour administrativement, elle le serait le soir-même ; et que nous autres avions intérêt à nous bouger. Bref, le monde à l'envers !

Depuis quelques semaines, Pascal et moi parlions de notre projet ; alors comme toujours, elle avait tout anticipé et pris le temps de préparer sa copie... et de concevoir plusieurs scénarios.

On est sortis du bureau comme deux gamins, avec un sacré mal de crâne (le CSA ne fournit pas le Doliprane).… Mais on est sortis avec une feuille de route, un story-board à suivre à la lettre.

Et on a vu de très bonnes nouvelles dans le rapport du CSA : Patricia avait annoncé qu'on serait tous deux salariés au SMIC, le temps de faire nos preuves de rentabilité. On voulait, Pascal et moi, que ce soit équitable entre nous : Patricia allait nous exaucer. Même le PDG serait au SMIC ! Équitable... Nous n'avons pas osé demander une augmentation le premier jour.

Elle nous avait surtout annoncé que Pascal avait une société en sommeil sur laquelle il avait le droit de faire de l'alimentaire : elle avait juste à la réactiver et nous salarier dessus. Sur le Kbis, on retrouvait « achat-vente » de tout ce qui concerne la maison, le textile, l'alimentaire, et j'en passe.

Je l'ai dit : Pascal est un homme d'affaires. Et pourtant, depuis plus de 30 ans, chaque fois qu'on lui demande sa profession, il répond : « vendeur de pinces à linge ». Et il ne ment pas. Disons que c'est un des cent mille articles qu'il vend.

Après toutes ces émotions, on est allés se réfugier à presque 100 kilomètres, au restaurant d'un ami : le Duc de Richelieu, Paris-Gare-de-Lyon. Autant dire qu'on l'aime bien, ce sacré tavernier – Didier, pour ne pas le nommer ! Pourtant, des fois, Didier a la main un peu lourde : pas que sur le poivre et le piment, sur l'addition aussi (de toute façon, les deux font mal au même endroit).

Après une telle matinée et pour absorber le Doliprane, le quart de vin du midi n'allait pas suffire. Alors le PDG futur smicard a pris une bonne bouteille de Bourgogne (comme on était venus ensemble, Sam allait conduire).

Et puis, comme avec nous les repas chez Didier durent et durent encore et encore, et que les tables s'agrandissent avec les potes et les acolytes de beuverie qui sont de passage, les bouteilles tombent les unes après les autres ; et l'addition monte et monte encore, doucement... mais sûrement.

Chez Didier, un repas peut durer six heures, voire douze si ça se passe bien : de midi à minuit. Et si – en apparence – cela se passe très bien, ça peut être encore plus long. C'est comme à Courtepaille : service continu.

Quand on y va, je connais le scénario. Je savais donc qu'on n'allait pas avoir le temps de causer affaires : on serait très vite détournés du sujet. Moi, je tourne à l'eau et au café, alors les acteurs, la durée du film, j'ai le temps de les apprécier. Normal : je suis Sam, l'ange gardien de mon frère.

Au cinéma, à la fin du film, on voit apparaître « FIN » (*THE END*, en version anglaise) ; personne ne quitte la salle avant. Mais bien souvent, dans les films de la compagnie de Pascal, la salle se vide quelque temps avant la fermeture du rideau : les acolytes de beuverie – ou, devrais-je écrire, les alcooliques de beuverie – se sont évaporés.

Alors, sur l'écran du réel, moi je vois inscrit : « TPE ». Pascal sort sa carte bancaire, la glisse dans la fente aimable du TPE, tape son code – ça ne peut que passer avec Pascal – et le ticket sort : il a rincé tous ses acolytes alcooliques. Des « acolytes anonymes », tellement à mes yeux ils sont transparents.

Le seul qui sort du lot, c'est Alain, alias le Tahitien : un chef d'entreprise avec un parcours de vie, là encore, fait de quelques va-et-vient entre le sommet et la terre ferme (mais lors de sa dernière descente, il s'est cassé un peu les jambes – j'y reviendrai).

Avec l'addition de ce « repas d'affaire », Pascal venait de bouffer une grosse partie de son SMIC alors que le magasin n'était pas encore ouvert...

Certes il travaillait dur depuis plus de 35 ans, ce n'était donc pas cette addition qui allait lui poser des problèmes de budget ; et je n'ai pas à juger comment il dépense cet argent gagné à la sueur de son front. Disons que c'était plus mon côté ange gardien qui me posait problème... et le comportement des gens, car c'était aussi un miroir qui me ramenait au passé, à la vie superficielle que j'avais vécue, et qui soudainement, venait m'envahir.

Car entre nous, pendant des années j'avais fait bien pire : j'avais payé des soirées au Champagne, tout en ne buvant que de l'Évian – et qui sait si le tôlier de l'établissement ne reconditionnait pas cette dernière avec de la Cristaline à 20 centimes d'euro le litre, vendue 10 euros dans le cadre festif ? Marco, Bruno, Jean : vous n'auriez pas osé me faire ça ! Aujourd'hui, je suis sûr que certains l'ont fait... et pour le Champagne à 250 euros la bouteille, certains ont dû faire pire encore. Je n'ai aucune excuse : j'ai vraiment été aveugle... et très con.

C'est bien pour cela que j'accordai toutes les circonstances atténuantes à mon frère, et que je mis son aveuglement sur les effets de l'alcool. Mais le lendemain j'allais lui en parler, tenter de lui ouvrir les yeux, avec ma grande amitié. On se dit tout avec Pascal, c'est dans le contrat du PACS.

Ce soir-là, enfin cette nuit-là, SAM ne ramena pas son collègue au bureau, mais directement au bercail. Aïe... Si le lendemain je comptais lui ouvrir les yeux sur un certain détail de cette soirée très chargée, il y en a une qui risquait bien de lui ouvrir les oreilles dès que l'on passerait le pas de la porte… de la maison.

C'est ainsi que, lucide à quatre grammes, Pascal a trouvé la télécommande du portail dans la boîte à gants. Le portail s'est ouvert. Mais pas que : une fenêtre à l'étage aussi, d'où est sortie une jolie tête blonde… une tête qui ressemblait de manière frappante à celle de sa femme – or que je sache, elle n'avait pas de sœur jumelle. Oui, sa femme : c'était bien elle !

Et le cri qui jaillit et perce le silence de la nuit noire – un petit cri charmant de femme en colère :

« Tu es pire que les marins pêcheurs, ne monte même pas dans la chambre ! Tu dors sur le canapé ! »

Je crois me souvenir qu'elle a des origines bretonnes ; et une famille de chasseurs – mais ça va, on ne s'est pas fait tirer dessus ce soir-là. Elle n'était pas bien réveillée (un peu normal à 3 heures du matin) et n'avait pas vu que j'étais là. J'ai donc bien vite signalé ma présence :

« Bonsoir, c'est Manu, je suis avec Pascal. C'est moi qui ai ramené le 4x4 ; tu ne t'inquiètes pas, je vais le coucher dans le salon : il va bien, juste la fatigue… »

Elle était rassurée, elle savait que je ne picole pas. Et quelle femme ne serait pas en colère à sa place ? Il fallait être juste. Puis j'ai entendu, toujours venant de la fenêtre, une deuxième voix douce me lancer :

« Tu rentres comment mon Manu ? Dors là si tu veux ! »

Sur le coup, je me suis demandé si mon frère n'était pas polygame, tant les deux sons de voix étaient différents.

« T'inquiète, j'ai commandé un Uber, il arrive dans cinq minutes. Demain matin, ton homme a besoin de la bagnole, on a un rendez-vous dans le 77… Mets-la devant la porte vers 10 heures, comme ça il sera à l'heure. »

Le VTC m'a déposé chez moi – moi ça va, je suis célibataire, je n'ai pas d'heure pour rentrer. Dans des soirées comme celle-là, je n'ai pas mes vieux démons qui viennent me chatouiller le cerveau : je suis trop occupé à calmer ceux de mon frangin… C'est ma mission d'ange gardien.

Et le lendemain matin, au top : Monsieur Pascal, élégant et frais comme un gardon, était à l'heure au rendez-vous. Visiblement sa femme n'avait pas tiré trop fort : il n'avait pas les oreilles décollées (entre nous, elle mérite une médaille ; et pas en chocolat, en or, sertie de diamants !)

On avait rendez-vous avec un type d'un fonds de pension, propriétaire de locaux commerciaux. Pour choisir un local pour notre nouvelle activité dans l'alimentaire, il fallait qu'on avance : on avait le CSA aux fesses.

On a passé toute la journée à faire des visites : c'était soit trop perdu au milieu des champs, soit trop petit, soit trop grand, soit trop cher soit – et surtout – trop loin du bureau et du magasin de Pascal. Et on avait l'envie et le besoin de ne pas être trop loin l'un de l'autre, voire à côté. Bref, une journée pas très positive concernant notre recherche.

Puis j'ai eu un flash. Tout au long des visites, Pascal répétait au gars :

« Et faut les faire venir jusqu'ici les clients, c'est pas gagné… » Pour Pascal, l'emplacement c'est 50 % du boulot et du chiffre. Il faut donc un endroit avec du passage, et donc des clients potentiels. Ce n'est que dans un second temps qu'il regarde le loyer au mètre carré, ainsi que l'emplacement, les enseignes voisines et les places de parking pour la clientèle. C'est son business : il calcule tout et si les ingrédients y sont, c'est un cocktail explosif pour la réussite.

J'ai donc glissé ma petite suggestion au sein de la discussion : « Alors si on trouve un emplacement collé à un bon magasin qui ramène près de 800 clients par jour, que le loyer est cadeau et qu'il y a un beau parking, pour toi c'est bon ? »

Il m'a regardé. Et il a éclaté de rire :
- Oui, mais ça n'existe pas ! C'est loué d'avance et ce sont des enseignes comme La Halle ou GiFi qui les ont. C'est pour les gros mon frère ! Et le loyer c'est jamais cadeau.
- Moi, j'ai un endroit…. et proche de ton magasin.
- T'es sérieux ? Tu rêves debout, toi !
- Je l'ai. C'est pas construit, c'est pas un terrain, mais j'ai l'idée. Tu as vu l'autre jour quand on est passés devant chez But, le magasin de meubles ? Ils avait monté un chapiteau blanc à l'extérieur sur le parking, pour leur quinzaine ou leur mois de promo. Il faisait au moins 150 mètres carrés. C'est une idée.

Nouvelle explosion de rire de Pascal.

« But ? Ils montent leur chapiteau sur leur parking à eux ! Et la location d'un chapiteau ça vaut une blinde ! Quel est le con qui voudrait que tu colles un chapiteau à son magasin : tu vas lui prendre ses clients ! Faut être taré pour accepter. Qui accepterait ? Tu le connais toi, celui qui ferait ça ? T'es là avec ton côté gitan et africain, mais hé, rentre dans la civilisation ! Pendant que tu y es, monte des marabouts de l'armée, les clients penseront que tu vends tes vieilles rations militaires périmées... »

J'adore quand il s'emballe. Alors je me suis expliqué : un chapiteau, je pouvais m'en faire prêter un par mon ami Mario. C'était un type super : il construisait des manèges forains – il était vérificateur technique sur les fêtes foraines. Et il avait un super chapiteau.

Le chapiteau de Mario, c'était une ancienne salle de bal – à l'époque, les bals se déplaçaient de village en village : ils mettaient deux jours à monter la structure, puis ça dansait du tango à la campagne pendant tout le week-end. Ah que de souvenirs ! C'était toute une époque. Mario l'utilisait pour des spectacles : sa fille était chanteuse depuis toujours – et oui, la petite Eulalie avait fait son bout de chemin...

Puis j'ai plaidé le gagnant-gagnant : si l'enseigne ne faisait pas dans l'alimentaire (textile ou meuble) ça ne devait pas poser de problème ; au contraire, ça pourrait même être considéré comme complémentaire, voire comme une nouvelle source de clients.

Pascal a commencé à admettre que l'idée méritait d'être creusée. Sans compter qu'on voulait faire cela sur un an, le temps de développer l'activité de soldeur qui représentait toute sa vie et dans laquelle il excellait.

Puis, après trente minutes de méditation :

« Si tu es sûr de ton coup, je te suis. Va voir le type pour le terrain et explique-lui ton histoire. »

Une longue minute de silence a suivi (j'avais besoin de me concentrer pour lui répondre). Et là :

« Ça ne sert à rien que j'aille le voir, je viens de lui expliquer à l'instant ! »

Je ne sais pas pourquoi, la voiture s'est arrêtée brusquement toute seule... ou pas. Grand blanc de chez blanc. Et l'objection de maître Pascal a débuté :

« Donc si j'ai bien compris, tu as dans l'idée de monter un chapiteau de forain sur mon parking, de pomper ma clientèle, de ne pas payer de loyer ; et tu vas te brancher chez moi pour l'eau et le courant. C'est ça l'histoire ? Moi j'appelle ça du grimpage de gitan ».

Je lui ai tout de même rappelé que je n'étais que l'employé ; que je défendais donc les intérêts de mon patron. J'ai fait remarquer dans la foulée que je trouverais très gonflé qu'il se facture lui-même un loyer, ainsi que l'eau et l'électricité. Tout en ajoutant que l'alimentaire boosterait sa solderie. J'estimais avoir défendu mon projet et émis des propositions concrètes et solides.

Il a redémarré le 4x4. On a roulé silencieusement durant quelques minutes. Il faisait de drôles de grimaces – probablement un mélange de réflexion et de désespoir. Et soudain :

« Bon, alors tu veux le faire, ton chapiteau ? Tu veux bouffer mon parking, ma clientèle, mon courant ? Ok, on va le faire. Je suis barjot de partir dans une telle histoire. Mais on y va. Par contre, tu gères toutes les installations. Et je mets une clause, une seule, frère : je veux voir le chapiteau avant que tu ne le montes, histoire de me faire une idée. » Donc deux clauses : silence auprès de sa femme pour éviter les corvées de courses et contrôle visuel du chapiteau. Il était un peu gonflé quand même, je lui ne demandais pas grand-chose, moi ! Humour...

Dans la soirée, il m'a demandé de lui décrire un peu le chapiteau : taille, couleurs, etc. Mais un chapiteau, c'est un chapiteau ! Il devait craindre que les clients ne pensent que Bouglione s'était installé sur son parking.

Je lui ai donc donné un repère rassurant : lors des saisons d'été, Pascal vend des salons de jardin, des transats et de très grandes tonnelles de jardin où l'on peut manger à 10 ou 12 personnes. Les tonnelles doivent faire 3 mètres sur 5. Je lui ai donc dit, très sereinement, que le chapiteau équivalait à environ 4 grandes tonnelles réunies.

La vérité est que je pensais plutôt à 20 tonnelles. Parfois, pour ne pas inquiéter les amis, il faut savoir minimiser...

De toute façon, il verrait le chapiteau avant : c'était conclu comme cela. J'avais juste à poser un rendez-vous avec Mario pour qu'il nous montre « la bête »...

J'ai donc levé le pied, stoppant presque mes séances de marché : je n'y suis retourné que pous voir mon ami Polo, discuter, refaire le monde – bref que du bonheur – et me suis consacré pleinement au magasin chapiteau. J'ai recherché le matériel d'occasion, les rayonnages, la vitrine frigo ainsi que des fournisseurs : il fallait lancer le coup d'envoi au plus vite puisqu'on s'était donné 2 mois pour la date d'ouverture.

De son côté, Pascal avançait sur les vrais gros projets en vue d'ouvrir d'autres grosses solderies. Là c'était du 2 000 mètres carrés, 20 salariés, 25 000 références en stock : la cour des grands. Et c'était dans cette histoire qu'il voulait m'embarquer. J'avais pourtant été clair : faire l'épicier dans 300 mètres carrés je savais, au-delà c'était beaucoup moins sûr.

Sur ce point il m'avait dit de ne pas m'inquiéter, qu'il avait vraiment besoin de moi, que ce ne serait pas un emploi fictif. Je lui avais répondu qu'en effet je n'étais pas Xavière Thibery, et que je ne tenais pas à être emmerdé comme mon ami Xavier Dugoin qui l'avait fait travailler à titre gratuit (« lol », trente mille euros) pour trois lignes sur le rapport, avec des fautes d'orthographe. Et là :

« Tu vas être mes yeux, mes oreilles : tu vas me faire des rapports sur tout ce qui se passera dans mes magasins. Voilà ton poste, ça ne sera pas du fictif. En plus de cela, tu ramasseras tous les jours les recettes de chaque magasin et tu déposeras les tunes à la banque. Ça fera partie de ta thérapie d'insertion ; je te collerai des autocollants BRINK'S sur les côtés de ton camion. Ça te va mon frère ? »

Du grand Pascal, comme toujours ! Mais dans ce projet d'envergure, il aurait besoin de faire entrer un ou plusieurs associés solvables et crédibles, sans casier judiciaire. Il avait déjà fait mauvaise pioche dans le passé : une équipe de bras cassés, qui l'avait plutôt bien ralenti.

C'est très difficile de bien s'entourer dans les affaires. Et comme Pascal est entier de chez entier, il allait avoir du mal à trouver quelqu'un de sa trempe, aussi droit que lui dans ses bottes – et qui en plus devrait passer le « portique virtuel » du CSA sans le faire sonner. En fait, Pascal était déjà en pourparlers avec un commerçant qu'il connaissait depuis plus de 25 ans : un ancien voisin commercial, qui avait un magasin de bricolage style Leroy Merlin. Un peu plus âgé que nous, posé, marié, père de famille et diplômé : c'est le rapport que Pascal m'en avait fait. Les négociations avaient l'air de bien se présenter. Affaire à suivre…

Pour ma part, le seul problème existentiel que j'avais, c'était de trouver une femme de ménage pour chez moi… disons plutôt de trouver *à nouveau*, car j'en étais à la troisième en deux mois. Je suis un peu maniaque il est vrai, bien que pas à l'excès non plus.

Elle devrait gérer mon linge – le laver, le repasser, le ranger – et faire le ménage. Je voulais juste une maison aussi propre qu'un hôpital. Je leur avais donné à chaque fois un planning de boulot clair.

En 35 ans de carrière dans le banditisme, j'ai fait près de 10 ans de prison – je n'en suis pas fier, mais ce sont les risques du métier. C'est dans ces périodes que je suis devenu maniaque. Quand j'arrivais dans ma cellule le premier jour, je la lavais du sol au plafond ; puis tous les jours, matin et soir : on pouvait manger par terre.

Bon, il n'y a pas de quoi se prendre pour un champion du monde, ça ne fait que neuf mètres carrés à entretenir : la chambre de votre enfant pour vous faire une idée (merci d'imaginer que j'ai vécu dix ans dans une chambre d'enfant – 22 heures sur 24, en déduisant les 2 heures journalières de promenade matin et soir).

Il me fallait donc une femme de ménage pour ma maison. Un soir pas comme les autres, je me suis décidé à rédiger une annonce un peu particulière pour la publier sur Leboncoin – jusque-là ce site m'avait porté bonheur. Je ne savais pas comment on faisait, mais Patricia me guiderait à coup sûr. J'avais eu une idée simple et rationnelle : ma baraque était grande, je voulais qu'elle soit entretenue au top, et donc j'allais offrir un logement en mode colocation. L'annonce serait titrée : « Offre logement et salaire contre service : l'entretien de la maison ».

Je m'étais dit qu'il y aurait plein de gens à la recherche d'un logement et d'un travail et qu'il était fort probable que parmi eux je trouve quelqu'un de propre et de discret.

En deux temps trois mouvements et quelques clics, Patricia m'avait mis sur la page où l'on rédige l'annonce. Il n'y avait plus qu'à taper le texte et le faire corriger par le CSA (je ne suis pas trop fort en orthographe, voire nul). Ça donnait (sans les fautes) :

« Offre logement et salaire contre service :

Homme vivant seul propose belle chambre meublée, dans maison cossue de 150 m², trois chambres, salon, cuisine, jardin. Style colocation. À femme seule, pas d'enfant, pas de chien, pas de chat, juste poisson rouge autorisé. Je veux le calme dans la maison. Profil de la personne recherchée : femme sérieuse, de confiance, âgée de 18 à 75 ans. Toutes origines bienvenues : européenne, asiatique, africaine… Consommatrices d'alcool et de drogue : merci de ne pas me contacter. Ce logement ainsi que les charges sont offerts, contre les services suivants : entretien complet de l'intérieur de la maison du sol au plafond, ainsi que de mon linge : lavage, repassage. Pour le premier contact, merci de me joindre par SMS ou par mail et de bien vouloir vous présenter en quelques lignes. Cordialement, Emmanuel »

Verdict du CSA :

« Leboncoin ne va pas valider ton annonce, ils vont trouver ça bizarre. »

Pour moi il n'y avait rien de bizarre, c'était mon style et j'étais clair ! J'ai donc demandé à Patricia de la lancer telle quelle. Elle m'a proposé des options payantes pour que mon annonce soit boostée.

« Prend toutes les options, j'ai le coffre à linge rempli et presque plus de fringues repassées, dynamise à fond », lui ai-je répondu.

Elle a éclaté de rire.

Et moins de 24 heures après, j'avais déjà reçu un mail de mes amis de Leboncoin pour me dire que mon annonce était validée et mise en ligne. Super ! Dès lors j'attendais les retombées, j'étais confiant.

Tout à coup, mon téléphone s'est mis à biper, biper encore et rebiper : je recevais une rafale de mails et de SMS. Ça ne faisait pas deux heures que l'annonce était validée que déjà une foule de prétendantes se manifestaient pour ma proposition soi-disant bizarre ! Je me suis donc activement mis à la lecture des messages. Et là… le choc :

« Bonjour monsieur, je me nomme Chantal, j'ai 30 ans, deux enfants, on est dans une situation compliquée. Prenez-moi avec mes deux enfants, ils sont très calmes et j'entretiendrai votre maison. (…) »

« Bonjour monsieur, je suis Denise, 55 ans, actuellement SDF suite à mon divorce, je suis une fée du logis. Merci de me répondre. (…) »

« Bonjour monsieur, je me présente : Jean, un homme de 40 ans, actuellement logé au Formule 1 par le Samu social, sans emploi. Je suis très courageux (…). »

« Bonjour, nous sommes Anne et Sophie, 20 et 22 ans, deux sœurs, étudiantes sans logement car notre mère nous a mises à la porte de chez elle. Nous sommes très propres et sérieuses. (…) »

Voilà quelques exemples de la centaine de mails et de SMS que je reçus dans la journée ! Je les ai lus, un par un, avec attention. Au début, je crus que leurs auteurs n'avaient pas lu mon annonce – j'avais pourtant été clair sur le profil.

Puis je suis entré dans une autre phase de la réflexion : nous étions en 2014 et il y avait toujours autant de misère en France. Quelle tristesse ! J'avais de la peine pour eux. Et que leur dire : « Non merci, vous n'avez pas le profil » ? Je décidai de répondre aux messages un par un, en reprenant chaque fois le prénom :

« Bonsoir Chantal, je vous remercie de votre (…) mais j'ai trouvé une personne pour le logement ».

Le lendemain, étrangement, je reçus plein de messages de l'étranger, essentiellement d'Afrique et du Maghreb. Puissant, Leboncoin ! Un autre style, mais toujours de la misère :

« Bonjour monsieur, je me présente à vous : Fatima, 20 ans, je peux me rendre à votre service et gérer votre maison selon vos exigences, mais pour venir jusqu'à vous, comme je suis actuellement au Maroc, j'aurais besoin que vous m'envoyiez par mail un certificat d'hébergement et que vous puissiez m'envoyer aussi par Western Union un mandat de 500 euros pour mon billet d'avion. (…) Vous remerciant. (…) »

Ça sentait un peu l'escroquerie ; certains ne parlaient pas d'argent, juste de leur désir de venir en France.

Je reçus également des messages correspondant à mes critères. Je pris donc le temps de quelques communications téléphoniques et de quelques rendez-vous, mais rien ne sortit de constructif.

Tout cela me fatigua tellement que je voulus retirer l'annonce : j'allais voir cela avec Patricia, vu que je ne maîtrisais pas le site. Et dans l'urgence, j'allais devoir me mettre au boulot, dégainer l'aspirateur, faire chauffer le fer à repasser et mettre les machines en route. Beau week-end en perspective ! Or là ce n'était plus la cellule de 9 mètres carrés, mais l'équivalent de près de 20 cellules : j'allais me taper le ménage du quartier complet d'isolement...

J'ai donc pris mon courage à deux mains – ou plutôt une main sur le manche à balai-brosse et l'autre dans le seau à serpillière. Le tout couronné par les gants rose fluo... merci Mapa ! En plus le rose ne me va pas…

Et cerise sur le gâteau, le téléphone a sonné – allez décrocher dans une telle posture ! Mais moi, j'ai décroché direct… j'ai accordé le bénéfice du doute à la sonnerie : peut-être une prétendante au poste pour le logement contre services ! Je rêvais déjà qu'elle s'installe le soir-même, et surtout qu'elle se lance dans le ménage dès le lendemain matin...

J'ai donc décroché sans même regarder ce qui s'affichait sur l'écran mouillé de mon portable :

- Allô, ça va ?
- Ça pourrait aller mieux.
- C'est quoi le problème ?
- Le problème ? Je suis sur le point de nettoyer une scène de crime et j'ai mis les gants pour ne pas laisser d'empreinte.
- Hé frère, tu m'avais promis de ne plus faire le con…
- Cool mon Pascal, je suis en plein ménage dans ma baraque.
- Abruti, tu m'as fait flipper ! Laisse tomber le ménage, on va se faire une virée.

Pascal était célibataire ce week-end-là, car sa femme était partie chez ses parents pour une fête de famille. Comme il avait un rendez-vous le mardi matin chez un fournisseur du côté de Marseille, il me proposait de partir avec lui.

On était samedi, vers midi. Or Paris-Marseille, c'est deux heures en avion, quatre en train et huit en voiture. Sur le coup je me suis demandé si on partait en vélo. Mais même en trottinette, j'allais le suivre pour fuir le ménage.

CHAPITRE 3

Le bon, la brute et le…

J'ai entendu le 4x4 se garer dans l'allée du jardin. Pascal est descendu, sourire aux lèvres. On était convenus qu'il passerait me chercher. C'était plus logique géographiquement : on reprendrait l'autoroute A6 à quelques kilomètres de chez moi direction Lyon, puis Marseille.

L'idée était d'arriver pour 22 heures, juste à temps pour déguster une bonne bouillabaisse le samedi soir sur le Vieux-port… Un rêve de jeune fugueur. De toute façon, nous avions tout notre temps, le rendez-vous n'étant que le mardi matin.

Pascal était super content qu'on parte ensemble : cela allait nous permettre de nous poser, de discuter, de faire le point sur les affaires, mais aussi de souffler un peu, car on bossait beaucoup chaque jour. Là, on allait enfin pouvoir relâcher les tensions du quotidien, faire une échappée belle.

Je lui ai demandé s'il avait prévenu le CSA. Il m'a fourni une explication comme il sait les donner : il ne voulait pas déranger Patricia le week-end mais il l'appellerait dès le lundi matin (surtout pour qu'elle annule son billet d'avion pour Marseille qu'il lui avait demandé de réserver). Pour le retour, je craignais le pire.

On discutait de tout et de rien, on se marrait, etc. Deux heures trente après, nous étions à l'entrée de Lyon. On s'est tâté pour savoir si on ferait une pause pour la nuit. Mais selon notre savant calcul, à une vitesse de 180 km/h, on serait bien à 20 heures sur le vieux port. On faisait fort pour des gens pas pressés !

Nous avons opté pour le Novotel sur la corniche : ce n'est pas loin du port. Il faut toujours qu'on se trouve de bonnes excuses – cela dit, on n'avait pas besoin de se justifier : officiellement, on n'était pas à Marseille.

La fameuse petite virée se présentait bien. Nous avons très bien dîné, bien rôdé dans la ville. Puis nous sommes arrivés à notre hôtel sur la Corniche. On s'est posés sur la terrasse face à la mer… Et c'était reparti pour nos grandes discussions de frangins à cœur ouvert.

De fil en aiguille, nous en sommes venus au futur associé de Pascal. J'ai enfin pu mettre un prénom sur le personnage : Stanislas – très noble ; « Stan » pour les intimes (ça va déjà mieux). J'imaginais déjà Pascal le jour des présentations :

« Enchanté de faire votre connaissance, Monsieur Stanislas de…. Moi, c'est Manu le Gitan ».

Stanislas, alias Stan, allait transformer notre duo, notre binôme, en trio. C'est pas toujours facile de vivre à trois. Surtout avec Pascal et moi, qui étions comme des frères siamois. Où allait-on coller sa tête, au troisième ? On risquerait de lui retourner la tête et le cerveau : il ne courait pas les rues le barjot qui arriverait à nous suivre, nous comprendre, nous supporter.

Avec ce que j'avais entendu sur son joli profil, le type allait parler aux oiseaux : entre Pascal, le sanguin, l'impulsif, le vif monsieur à 2 000 volts et moi l'ex-gangster, ex-barbouze à ses heures et en pleine insertion dans la légalité, il allait se sauver en courant.

Mais je savais qu'il connaissait Pascal (bien que pas forcément dans « l'intimité ») ; et personnellement, je n'avais aucun a priori négatif, bien au contraire : bienvenu au club, Stan !

Et puis, selon Pascal, Stan était cool : c'était un vendeur de clous (je rappelle que mon frère se dit vendeur de pinces à linge)... Je commençai à penser que c'était moi qui serait mal barré, avec ces deux vendeurs à la sauvette.

Pascal m'avait promis que nous irions faire une gamelle avec lui à notre retour. Une bonne nouvelle pour l'évolution des choses.

Vers 4 heures du matin, toujours face à la mer – et à la bouteille de whisky qui s'était évaporée, Pascal me dit :

« Au retour on pourrait passer chez ton pote Mario pour voir le chapiteau. La Rolls des chapiteaux forains, la bête ! »

Du côté de Mario il n'y aurait pas de problème : sa porte est ouverte sept jours sur sept pour les amis, et de jour comme de nuit. Côté itinéraire, c'était autre chose : Mario ne loge ni dans le coin de Marseille ni dans celui de Paris, il est sur Nantes, dans le 44.

Mais Jack Daniel's était entré dans le corps et l'esprit de mon frère, alors tout était possible : selon lui, c'était « à mi-chemin » ! A ce moment-là, j'ai pensé qu'il avait trop regardé *Des chiffres et des lettres* : Paris 75 + Marseille 13 = 88, 88 divisé par 2 = 44 : Nantes.

Il n'y a que comme cela que ça pouvait être à mi-chemin. Vraiment je ne voyais que cette explication ! Pourtant, le lendemain, le GPS sobre dirait à Pascal : « Remontez jusqu'à Paris et tournez à gauche : c'est dans 350 kilomètres. »

Pascal avait parlé de Stan puis du chapiteau pour équilibrer ses propos et me rassurer : il faisait avancer notre avenir et en même temps, il gérait notre présent... enfin, surtout le mien.

Moi aussi je l'ai rassuré au fur et à mesure de la discussion, en lui expliquant que depuis 1988 j'avais toujours été l'homme de l'ombre de grands hommes... au point de parfois finir à l'ombre pour eux – en France comme à l'étranger. Bref, je lui ai confirmé que tout cela m'allait très bien.

Grâce à l'une des vies que j'avais eues dans le recouvrement de créances très élargi, j'avais appris que bien souvent, pour obtenir un bon résultat, on doit faire de l'infiltration. Alors on utilise des moyens pas très catholiques : à devenir bien souvent l'ami, le confident, le psy ou le coach du client, on finit par se casser la tête par tous les moyens possibles pour lui faire récupérer ses tunes.

Et des fois on l'emmène dans une drôle de spirale, complètement illégale. Ce n'est pas le syndrome de Stockholm, c'est que le client devenu ami a des ailes qui lui poussent dans le dos. Il se sent et se sait protégé, il voit des gros bras autour de lui, du matériel d'espionnage, des fois des armes. Le type vit un film, il veut un rôle dans celui-ci ; son esprit de vengeance le dynamise encore plus.

La veille de me rencontrer, le client était abattu, désespéré, des fois ruiné : sa vie avait basculé. Son avocat lui avait pris ses derniers sous pour tenter une procédure légale – comme toutes celles qui mettent cinq ou dix ans et où vous ne récupérez jamais votre argent (le seul qui a des chances d'en gagner, c'est votre avocat).

On dit souvent que « l'argent appelle l'argent », mais une fois que vous le perdez, c'est la misère. Or j'ai constaté que la misère appelle aussi la misère.

Avec moi, le premier rendez-vous était clair : le client venait avec ses éléments, son dossier. L'étude de celui-ci était gratuite : je regardais la faisabilité. Parfois je devais lui expliquer que je n'avais pas de solution. Alors je lui disais simplement : « Pour votre dossier, je ne sais pas faire, je ne vais pas vous faire perdre du temps et je ne vais pas en perdre ». Car le temps c'est de l'argent.

Parfois j'avais des réponses de clients d'un autre monde :

« Dans le dossier que je vous ai montré, il y a l'adresse du type qui m'a escroqué, vous avez vu : pour vous c'est mort, on ne pourra rien récupérer, c'est sûr ? »

À ce stade, j'expliquais que je ne détenais pas toutes les sciences, que peut-être d'autres sauraient faire, mais pas moi – voire que je n'étais pas Dieu ni Jésus pour les miracles. Bien souvent dans ce milieu trouble, c'est le bouche-à-oreille qui amène la clientèle, alors beaucoup avaient entendu des bruits de couloir... bien souvent déformés :

« Le mec c'est 100 % de dossiers réussis : va le voir, tu es sauvé ! »

La vérité c'est que 100 % des dossiers que j'acceptais n'étaient pas résolus. Le risque zéro n'existe pas, et encore moins dans les affaires de ce genre.

Quand par exemple le client me demandait d'aller bousculer son débiteur pour le motiver à lui solder sa dette, le pourcentage se réduisait de 50 %. Soit on entamait les discussions, soit il allait chez les flics… et là aussi il y avait discussion. Dans tous les cas, on était déjà très loin des 100 % de chances de réussite.

Pour les discussions, on les avait malgré tout et le client aussi, et des fois elles étaient plus longues que prévu : 24 ou 48 heures, suivant l'humeur du médiateur. Mais mes potes de l'OCRB (Office Central de Répression du Banditisme) et tous les autres flics ou gendarmes ne disent pas « discussion ». Même si cela rime avec « déposition », c'est comme au Monopoly : on risque la case prison sans toucher les 20 000 euros.

La justice et le Code pénal ne disent pas « client » mais « commanditaire ». Ce dernier risque autant que celui qui commet le délit. Pourtant, parmi les réponses des clients d'un autre monde, j'avais eu des :

« Combien vous me prenez pour l'éliminer ? Perdu pour perdu… »

Alors en un instant, de numéro un du recouvrement, je devenais tueur à gages. Là, j'expliquais à nouveau que je n'avais pas droit de vie ou de mort. Eux, ce n'était pas des ailes d'oiseau qui leur poussaient tout à coup dans le dos mais des deltaplanes !

Ainsi, bien souvent, le premier rendez-vous de consultation gratuit se prolongeait : je ne pouvais pas laisser partir le type sans l'avoir fait atterrir. Même si le temps c'est de l'argent, je lui en accordais à titre gracieux.

Le désespoir peut emmener les gens dans de drôles de dérives dangereuses. Ces clients avaient pourtant le bon profil : père de famille, chef d'entreprise, etc. Peut-être que chaque homme a un petit côté criminel qui sommeille en lui ? Un petit conseil : si vous comptez emprunter de l'argent à un ami et ne pas lui rendre, faites très attention…

Donc sur les dossiers que je prenais, j'annonçais toujours la couleur :

« À ce jour, votre argent est totalement perdu, à 100 %. Vous êtes venu me voir, et techniquement je vais tout faire pour vous le récupérer, mais dans notre intérêt à tous les deux, car je me rémunère sur ce que l'on récupère… à 50 % ».

Ça, c'était les seuls pourcentages dont le client pouvait être sûr : si je récupérais 10 000 euros, c'était 5 000 pour lui et 5 000 pour moi. Dans la vie, ça doit être équitable. Or moi si je prends la mission, j'ai des frais ; tandis que le client n'a plus qu'à attendre que son oseille revienne dans sa tirelire...

Je pense que j'ai eu de la chance dans cette vie de recouvreur de fonds perdus. Un petit secret qu'un vieux sage m'a soufflé un jour à l'oreille : 99 % de psychologie, 1 % d'action. Alors certes, je n'ai pas forcément de morale, mais j'ai une éthique.

Après, il y a le cas de celui qui détourne 200 000 euros à une banque, et là je dis bravo. Dans ce cas de figure c'est la justice qui va tenter de lui régler son compte. Certaines banques nous volent tous les jours avec les frais de gestion, les découverts, etc., alors qu'elles travaillent 24 heures sur 24 avec l'argent de nos comptes courants. Donc pour moi, pour ce cas d'école, c'est l'arroseur arrosé.

J'ai toujours eu une filiale recouvrement plus « service social et bonnes actions diverses », car même si, comme je l'écris, le temps c'est de l'argent, c'est bien aussi de donner de son temps aux gens. C'est mon côté Robin des Bois. Je l'ai fait de bon cœur et Dieu me l'a bien rendu en m'offrant la chance : c'est ce que je pense.

J'ai eu des milliers de dossiers entre mes mains. Des clients de 18 à 99 ans et des sommes de 99 à des millions d'euros. Des dossiers de litiges de particulier à particulier, ou de particulier à entrepreneur malhonnête. Toutes les combinaisons étaient possibles. Des fois, sur un simple coup de téléphone, les choses s'arrangeaient entre la victime et celui qui avait oublié de payer. C'est mon côté médiateur. Un coup de téléphone où je me présente comme un inspecteur de police, un greffier, un journaliste, un avocat ; et où on adapte le scénario.

Je connais très bien les dialogues, et je joue bien le rôle. Tout ça, c'est cadeau pour les victimes : c'est 100 % pour eux, car c'est de l'agent qu'ils ont eu beaucoup de mal à gagner. Le café qu'ils me payent et les sourires valent bien plus que les 50 %.

Et ils sont bien souvent mes apporteurs d'affaires : si un train peut en cacher un autre, un petit litige financier peut en cacher un gros. J'ai ainsi gagné ma vie sur des dossiers à des milliers d'euros ou de dollars qui se jouaient dans la cour des grands.

Car lorsque la petite secrétaire, qui a été escroquée de 500 euros, raconte à ses amis et à son patron qu'un ami à elle lui a présenté un type très drôle qui se fait passer pour un flic et qui va jusqu'à convoquer le gars le lendemain à 10 heures au commissariat du 17ème ; et que du coup ce dernier file à La Poste pour envoyer un mandat cash en urgence afin de payer sa dette pour ne pas finir en garde à vue le lendemain, ça fait de l'effet et alors le bouche-à-oreille fonctionne plutôt bien.

Julien Courbet est plus fort que moi dans ses émissions. Et surtout, il fait les choses plus légalement. Pourtant, on a le même résultat dans l'ensemble. Et confidence pour confidence, j'ai eu le plaisir de faire une belle émission pour lui. J'y suis allé en tant que conseiller technique sur la sécurité, les abus de confiance et les gros casses du siècle (c'était sur le casse des tableaux du Musée d'art moderne de la ville de Paris).

Le domaine de la sécurité, c'est la deuxième corde à mon arc de vie. Ne vous méprenez pas : je n'ai jamais eu de magasin de vente d'alarmes, je suis juste entré dans des endroits hyper protégés et équipés de systèmes d'alarme sophistiqués.

Mais surtout, j'en suis ressorti après avoir fait quelques emplettes – des fois, j'étais amené à récupérer des dossiers qui peuvent porter préjudice… ou y installer des micros et des cameras-espions, afin de constituer un dossier qui finira par être la monnaie d'échange, pour que mon client obtienne son remboursement.

Parfois une image vaut mille mots. Mais aujourd'hui, elle peut aussi valoir 150 000 euros. Je rappelle que dans les bonnes années 1990, on échangeait en francs et en « Pascal » ce qui représentait environ 1 000 000 francs.

Un exemple : en 1990 donc, j'étais en début de carrière. J'avais eu un client à qui un très gentil monsieur du 16ème avait promis une commission sur une vente. Certaines fois, il est difficile d'établir des papiers officiels lorsque la transaction ne l'est pas. Et mes clients sont assez souvent de gros apporteurs d'affaires sur des marchés aussi bien étrangers qu'étranges. Bien souvent, ils sont aussi multicartes, multicasquettes.

À l'époque, personne ne vous posait de problème pour le cumul des mandats. Sur ce dossier, mon client avait ouvert des portes et fait signer un contrat entre X le Français et Y l'Africain. Rien de bien important : juste 100 kilomètres de routes à construire en Afrique. X avait zappé Z. Si vous avez bien suivi, Z c'était mon client de l'époque – et mon ami depuis.

Z comme Zappé comme jamais.

Il a donc fallu appliquer mes codes d'honneur : 99 % de psychologie et 1 % d'action, car le dossier était très sensible. X et Z avaient le même profil : tous deux relevaient du lourd de chez lourd, avec le bras très long. Mais je partais pour couper une main à X. Ils logeaient tous les deux rue du Grand Orient mais n'étaient pas voisins.

J'ai également dû accepter les codes de monsieur Z : 90 % pour lui et 10 % pour moi. Vu la somme que X devait à Z et comme j'avais bien compris qui était Z, dans un sursaut d'intelligence j'ai dit oui.

Entre nous, même pour 5 % j'aurais foncé. De plus, Z avait été très clair dès le départ : il « m'offrait » 10 %, ce n'était pas moi qui les lui prenais. Et il m'avait bien précisé que c'était à titre exceptionnel car ce dossier concernait son argent ; pour tous les autres dossiers qu'il me donnerait par le biais de ses relations, il me garantissait bien 50 %. Sauf que... il n'allait me préciser que par la suite que sur ces futurs 50 %... nous serions associés.

Si vous avez bien suivi, ça ferait 25 % seulement pour moi. Ne vous retenez pas de penser que je venais de me maquer à un proxénète : je l'ai pensé moi-même dès les premiers jours de notre collaboration.

La première semaine, il m'a demandé de rester 24 heures sur 24 avec lui. Il faut être fort pour supporter un grand intello de trente piges son aîné. Très souvent, je l'attendais dans la voiture. Des fois, il me présentait comme son chauffeur – ce qui était vrai, vu qu'il me prenait pour son larbin. On parlait un peu, mais il n'avait qu'une phrase à la bouche :

« Tu me plais, je vais miser sur toi, je sens bien que tu vas être mon poulain. »

Il n'y avait pas dix solutions : soit il était homo et en voulait à mon petit cul, soit il me prenait pour un cheval et il me sentait bien. Eau Sauvage de chez Dior ça sent bon, ce n'est pas un secret !

Le jour J est vite arrivé. On était posés dans son salon sur deux gros fauteuils, et il m'a demandé si je savais qui lui avait parlé de moi pour régler ses problèmes. Je lui ai répondu par la négative mais que ce n'était pas un souci, que le principal était que l'on se soit trouvés.

Après avoir affirmé qu'il se méfiait des hasards de la vie (et qu'il m'expliquerait plus tard pourquoi), il a ajouté :
- C'est un ami commun qu'on a et avec qui des fois tu voyages à l'étranger : ça te parle ? »
- Non, je ne vais pas à l'étranger et encore moins avec un mec.

Il a souri, et m'a expliqué qu'on l'avait prévenu que j'étais une tombe. Je lui ai fait comprendre que ce que je faisais restait entre l'intéressé et moi, et que ce serait idem pour lui.

Il a ouvert un dossier, pour en sortir une copie de mon état civil, de mon casier judiciaire et de mes états de service... Ça calme direct. Z avait le bras très très long.

A cet instant, j'ai été quelque part rassuré : ce n'était ni à mon cul ni à ma bouteille de parfum qu'il en voulait. Si j'étais dans son salon, ce n'était vraisemblablement par parce que j'étais un bourricot. J'en ai pris quelques minutes pour mon grade.

Il m'a alors présenté une autre vision de l'existence – avec des phrases clefs qui allaient me suivre toute ma vie, dont la fameuse : « Dans la vie que tu as choisie, c'est 99 % de psychologie et 1 % d'action ».

Cette phrase, que je vous ai écrite quelques lignes plus haut, est donc de ce Monsieur Z. Je vous la fanfaronne en connaissance de cause et vous confirme qu'elle est bien vraie et s'adapte à beaucoup de situations.

Avant de rencontrer Monsieur Z, je pratiquais plutôt le 50 % d'action, 50 % de psychologie. J'étais donc très mal parti dans la vie. Il a su me le faire comprendre et m'a donc reformaté. Je lui dois beaucoup : il m'a énormément appris. Or 100 % de ce qu'il m'a transmis relève du domaine de l'infiltration. Idem dans les méthodes de travail de recouvrement, et plus pour arriver à ses fins. En fait il m'a tout appris. J'ai été un bon élève cette année-là, j'ai eu mon diplôme. L'examen portait sur Monsieur X : je l'ai bien infiltré, bien piégé, bien filmé. J'ai monté mon petit dossier et je suis venu le lui présenter. Tout y était : la rubrique boulot, famille et autre. X n'avait plus qu'à feuilleter le dossier, bien regarder les images.

Dès les premières pages il a vu sa vie s'écrouler. La somme énorme qu'il devait à Monsieur Z était bien ridicule en comparaison avec ce qu'il allait perdre rien qu'en divorçant. Je lui avais confié une copie de la cassette VHS enregistrée à son insu, et de mémoire ce n'était pas sa femme qui figurait sur lui en nuisette – juste une vidéo à son nom, un film X où il était l'acteur principal…

C'est un des films pornos que j'ai vendus au plus haut prix. Comme quoi, la chair est faible et cela peut coûter cher... et obliger un mec à payer ses dettes.

J'avais une deuxième belle prise de vue sur un truc commercial où il aurait fait la Une des 20 heures de TF1 – au cas où il avait des accords préalables de couple libre avec son épouse.

Z a donc reçu son petit virement sur son compte suisse, et m'a ressorti ma grosse commission en beaux Pascal flambants neufs – à ceci près que la marchandise prend moins de place dans les valises.

Pendant près de dix ans les dossiers allaient arriver, puis être réglés avec leur lot de petits soucis du quotidien, mais toujours dans les règles du pourcentage… dans les règles de l'art.

Fin 2000, un dossier est tombé : environ 300 000 dollars à récupérer en Suisse. J'étais souvent en Suisse, j'y avais mes habitudes. Ça allait me laisser 150 000 dollars, c'était beaucoup.

Tout passait par l'avocat des clients. Ce dernier m'avait expliqué que c'était une fondation pour enfants dont on avait détourné les capitaux. Il pensait que c'était jouable en recourant à mes méthodes car les escrocs suisses avaient si bien bétonné leur affaire sur le plan juridique qu'il était quasi impossible de gagner par voie judiciaire.

Lors de l'étude du dossier, l'avocat s'était exclamé à plusieurs reprises :

« Ils ont détourné l'argent d'une fondation d'enfants autistes, c'est dégueulasse ! »

Sur le coup, ça ne m'avait pas choqué. Mais quand j'ai commencé à travailler sur le dossier et appelé mes divers contacts pour aller à la pêche aux renseignements, à chaque fois j'entendais mes interlocuteurs s'exclamer à leur tour :

« C'est des salauds : voler le capital d'une fondation pour enfants autistes ! »

J'ai fini par me dire que j'avais raté un épisode. J'ai donc fait mes recherches et c'est là que j'ai découvert que l'autisme était un handicap ; à 32 ans, je ne connaissais pas ce problème et encore moins le mot...

Ces fils de chiens avaient donc volé l'argent d'enfants handicapés ! Dans l'émotion, j'ai appelé l'avocat et lui ai dit de prévenir ses clients que ce serait gratos ; que ce serait même un plaisir et un honneur pour moi ; et que ce serait fait rapidement.

Kidnappé en janvier, écroué en février

L'ex-otage qui travaillait pour la société Packaline au coeur d'une enquête pour escroquerie.

La police suisse vient de lancer une vaste enquête sur une société de placements financiers, Packaline, installée à Bâle et dirigée par un homme d'affaires suisse, Günter Tschudin. Selon le procureur de Bâle-Campagne, l'une des deux divisions judiciaires de la ville, l'enquête de police a été ouverte à la fin du mois de février pour des «escroqueries» aux ramifications internationales. A ce stade de la procédure, le procureur confirme seulement que le «dossier est très volumineux» et qu'il touche «plusieurs pays», dont la France.

Habitant de Colmar. Les enquêteurs suisses mettent notamment en cause un citoyen français demeurant près de Colmar, Raymond Schmitt (45 ans), gérant de portefeuilles pour le compte de la société Packaline. Celui-ci est incarcéré depuis le 28 février à la prison de Lieftal, à vingt kilomètres de Bâle.

Trois semaines auparavant, Raymond Schmitt avait été le héros malgré lui d'une aventure dont il s'était mal remis. Il avait été kidnappé dans la banlieue parisienne le 11 janvier par un repris de justice, Emmanuel Caldier, dit «Manu», qui l'avait relâché six jours plus tard (lire Libération du 22 février). En échange de son otage, le kidnappeur avait demandé une rançon de 233 000 euros au dirigeant de la société Packaline. Emmanuel Caldier «travaillait» pour le compte d'un couple de médecins qui cherchaient à recouvrer quelques centaines de milliers de dollars confiés à cette société. Non seulement Günter Tschudin ne s'était pas exécuté, mais il avait alerté la police de son pays. Laquelle se retourne donc aujourd'hui contre lui.

Nicole Schmitt, l'épouse de l'ancien otage, raconte comment son mari, lorsqu'il a été relâché par le kidnappeur, le 17 janvier, est rentré chez lui «très perturbé». «Il voulait que la lumière reste toujours allumée, il avait le coeur qui battait au moindre bruit, il était aux aguets, toujours inquiet.» Son médecin avait estimé que Raymond Schmitt avait besoin de repos. «Et puis il a quand même repris le travail, poursuit son épouse. Il avait recommencé depuis deux jours lorsqu'il a été arrêté.» C'était le 28 février. Le lendemain matin, 1er mars, la police suisse, accompagnée, selon Nicole Schmitt, de deux fonctionnaires français et agissant sur commission rogatoire, a perquisitionné le domicile du gérant de portefeuilles. Son mari, un ancien comptable dans une entreprise de bâtiment de Colmar, était au chômage lorsqu'il a intégré la société Packaline, en avril 1998. «Il n'a jamais eu l'impression qu'il y avait quelque chose de louche, témoigne Nicole Schmitt. La société est installée dans une maison de maître à Bâle, avec de beaux meubles. Une pancarte indique qu'elle existe depuis 1970. Elle a pignon sur rue.» Depuis l'incarcération de son mari, Nicole Schmitt a l'autorisation de lui rendre visite une demi-heure par semaine. Elle y va le jeudi : «Je le vois derrière une vitre, toujours en présence d'un inspecteur qui nous interdit de parler de l'affaire. Je ne sais pas ce qu'on lui reproche, ni combien de temps ça va durer, son avocate ne me dit rien, le procureur ne me donne aucune nouvelle, les autorités suisses se taisent.»

Invité à la télé. Si l'ancien otage est donc détenu, le kidnappeur, lui, est en liberté. Parallèlement à la procédure menée à Bâle, une enquête en France vise Emmanuel Caldier, poursuivi pour «enlèvement», «séquestration», «tentative d'extorsion de fonds». Mais, à la suite d'entorses à la procédure, il a été simplement placé sous contrôle judiciaire. Il en profite pour dénoncer les «escrocs de Packaline» et va libre à ses occupations : mardi dernier, il était l'invité de Christophe Dechavanne à l'émission de télévision Ciel mon mardi !

Auteur inconnu, « Kidnappé en janvier, écroué en février »,
Libération, 24 Mars 2001
https://www.liberation.fr/societe/2001/03/24/kidnappe-en-janvier-ecroue-en-fevrier_359004/ (Consulté le 01/08/2024)

Je vais vous la faire courte, car sans vouloir faire de publicité, l'histoire fait 350 pages, reliées dans un livre chez Flammarion : *Moi, Manu le Gitan*. Elle constitue ma première autobiographie et une partie des droits d'auteur a été réservée à des associations qui s'occupent d'enfants autistes.

Cette affaire était l'exemple du cas de force majeur : dans ces cas-là, non seulement on changeait les pourcentages, mais on envisageait la méthode du passage en force. Alors je leur ai tendu un piège, me faisant passer pour un client qui voulait placer de l'oseille. Le bras droit du boss de la société financière en question s'est déplacé jusqu'à Paris, sûr de lui, et boum : je l'ai coincé dans une boîte à magie, et l'ai fait disparaître durant six jours. Et j'ai demandé à son boss de casquer les 300 000 dollars.

L'OCRB a été mise sur le coup. Ils m'ont arrêté. J'ai libéré l'otage à distance alors que j'étais en garde à vue. Il y a eu vice de procédure et j'ai échappé provisoirement à la prison. Presse et médias sont alors venus à ma rescousse et l'opinion publique s'est mise de mon côté. Ça aide. J'ai négocié avec la justice suisse, leur fournissant un dossier en béton et je suis parvenu à faire incarcérer le boss et son bras droit (mon otage). Tous deux se sont retrouvés dans des prisons helvétiques. Une histoire de fou.

Après cette histoire, j'ai été condamné à quatre ans ferme ; j'ai fait appel, au risque d'en prendre dix tout aussi fermes. Mais devant la cour d'appel de Paris, je suis tombé sur un président au grand cœur. J'avais à mes côtés mon fidèle serviteur et défenseur, VDM, papa Philippe van der Meulen. A ma très grande surprise, j'en suis ressorti libre (avec une peine de cinq ans de sursis et une mise à l'épreuve).

J'ai été jugé définitivement en 2007, soit six ans après les faits. L'attente fut longue, mais positive, le président du tribunal ayant également apprécié que je tourne la page de ma société de recouvrement.

En effet j'avais dissout ma société, sous les conseils de trois grands hommes, Pierre Falcone, Xavier Dugoin et Éric Halphen.

Ce dernier est un grand juge d'instruction. J'adore cet homme : c'est le seul juge en France à avoir osé convoquer un Président de la République en fonction pour le mettre en examen. Trop fort, Éric.

Pour la rencontre avec Pierre et Xavier, voici la version officielle, édulcorée façon Manu. C'était en 2001, Pierre, Xavier et moi étions au quartier VIP de Fleury-Mérogis. Chacun avait été convié par un juge d'instruction pour des affaires complètement différentes.

Pierre-Joseph Falcone, c'était le juge Philippe Courroye qui l'avait jeté dans la fosse aux lions. Un grand juge par la taille – pour le reste, tout reste encore à prouver : il ne voulait pas forcément la justice, juste mettre la tête de mon ami, Pierrot Falcone pour les intimes, sur son tableau de chasse. Un juge pervers, qui devait souffrir de priapisme aigu et bandait pour mon ami Pierrot.

Pour Xavier Dugoin, c'était les suites d'une longue course-poursuite en hélicoptère avec le procureur Davenas, qui avait été le chercher jusqu'à l'héliporter depuis le haut de l'Everest, afin de le déposer au palais de justice. Souvenirs, souvenirs... mais une belle rencontre, un beau chapitre 17, explosif : « Le bon, la bête et le truand » (disponible à la lecture dans ma première autobiographie).

Quelques mois après le kidnapping de ce banquier suisse qui avait spolié l'agent de mes petits enfants autistes, j'étais sur ce dossier en double contrôle judiciaire, avec des obligations à respecter, l'interdiction d'être armé, l'obligation de voir un psy et j'en passe.

Mais j'étais également en pleine médiatisation de cette affaire, de *Libération* à *France Soir*, en passant par *Le Parisien*, *Le Nouveau Détective*, une double page dans *VSD* : ils avaient mis le paquet. Les radios aussi s'y étaient mises. Pour moi c'était du pain béni : je mettais ces banquiers véreux à la lumière… avant d'arriver très vite à les mettre à l'ombre.

Le 28 mars 2001 au matin, j'ai fait un bond dans cette montée médiatique via un coup de téléphone de Coyote – pas l'indicateur de radar mais Coyote production. Christophe Dechavanne m'invitait en direct à la dernière émission de *Ciel mon mardi* ! J'espérais que les deux banquiers avaient la télé dans leur cellule de prison en Suisse, histoire de leur faire un petit coucou.

Alors qu'en cette fin de journée j'étais en train de me préparer, histoire d'avoir ma plus belle tête, j'ai reçu un coup de téléphone en numéro privé. C'était Dechavanne en personne, qui tenait à m'informer que la police avait pris contact avec lui et voulait m'arrêter à l'entrée des studios.

Plutôt câlin, Christophe… Je n'ai pas compris ce que la police me voulait : je me rendais deux fois par semaine pointer au commissariat (dont le matin même) et j'avais une adresse : pourquoi m'arrêter avant une émission télé ? J'ai donc répondu à Christophe que je viendrais malgré tout, lui demandant de m'ouvrir l'entrée des artistes.

J'y suis entré, et j'ai fait le show pendant quinze minutes, en expliquant en direct l'histoire à la France entière. J'étais entouré de supers chroniqueurs : Stéphane Thebaut, Guy Konopnicki, Antoine de Caunes et la belle Alexandra. Puis je suis ressorti par la grande porte, pour voir ce que la police me voulait.

J'ai très vite vu. La BRI m'a plaqué au sol et la brigade financière m'a signifié ma garde à vue. 48 heures après, j'étais face au grand juge Éric Halphen ; quelques heures plus tard, au VIP de Fleury-Mérogis.

Arrêté après son passage à la télé

L'arrestation plutôt rocambolesque pour Emmanuel Caldier, 33 ans jugé par défaut le 19 mars dernier. Invité à une émission de télévision pour expliquer dans quelles conditions il avait enlevé un banquier suisse dans une malle de magie et avait recouvré la liberté après sa mise en examen (voir notre édition du 31 janvier 2001) , l'ancien braqueur évadé de Fresnes, qui a purgé plusieurs peines en prison, a été interpellé à l'issue de sa prestation télévisée pour une toute autre affaire. Hier après-midi, quand il s'avance dans le box de la 9 e chambre du tribunal correctionnel, Emmanuel Caldier sait ce qui l'attend. Le 19 mars dernier, la justice ne l'ayant pas retrouvé, il a été condamné, hors sa présence, à 18 mois de prison pour des escroqueries et l'utilisation frauduleuse de chèques et de papiers en 1997. C'est après son passage à la télé, dans l'émission de Dechavanne, que la justice a remis la main sur lui. Il comparaît donc pour s'expliquer sur ces faits.

Mais toutes les victimes n'ayant pas été avisées de l'audience, le renvoi semble inéluctable. Reste à savoir ce que va devenir Emmanuel : doit-on le maintenir en détention jusqu'au nouveau procès ou le remettre en liberté sous contrôle judiciaire ?

Responsable d'entreprise

Tout autant que son avocat, Emmanuel argumente : « Je suis aujourd'hui PDG d'une société de recouvrement dont le siège est en Angleterre mais pour laquelle ma femme a ouvert une succursale à Saint-Maur. Je suis sous le coup d'un double contrôle judiciaire auquel je me plie régulièrement et la justice dispose de mon adresse ». Revenant sur l'enlèvement du banquier suisse qui n'avait pas versé d'intérêts à un couple de médecins qui avait eu la faiblesse d'investir de l'argent auprès de lui, il insiste : « c'était une belle cause, l'argent était celui d'une fondation pour enfants autistes, et aujourd'hui, après mon intervention, le banquier suisse a été mis en prison pour escroquerie ». Une situation pénale du prévenu que le procureur qualifiera « de complexe » mais pour laquelle il requerra malgré tout le maintien en détention. L'avocat d'Emmanuel Caldier prêche lui « l'honnêteté intellectuelle » de son client qui n'hésite pas à évoquer les affaires pour lesquelles il est mis en examen. « Dans cette affaire d'enlèvement, il a été placé sous contrôle judiciaire par le juge des libertés et de la détention qui n'est pourtant pas réputé pour son laxisme, c'est donc qu'il a estimé qu'il avait des garanties de représentation suffisantes.

Si dans une affaire grave, le juge estime qu'il y a des garanties, on comprendrait mal que dans une procédure moins lourde, il n'y en ait plus. » Un raisonnement que le tribunal a visiblement suivi en ordonnant la main levée du mandat de dépôt et en demandant à Emmanuel Caldier de se représenter le 14 mai à 13 h 30 pour un nouveau jugement. « Je serai là » a conclu Emmanuel avant de quitter le box…

Fabienne HUGER, « Arrêté après son passage à la télé »,
Le Parisien, 13 Avril 2001
https://www.leparisien.fr/val-de-marne-94/arrete-apres-son-passage-a-la-tele-13-04-2001-2002096241.php(Consulté le 01/08/2024)

J'étais mêlé à une grosse affaire de carambouille financière. Une affaire sensible. Ce n'était pas trop la peine de se fatiguer à tenter de raconter la messe à Eric Halphen, car dans ce domaine c'est un champion du monde : il avait travaillé le dossier.

Il m'a expliqué calmement qu'il était obligé de me mettre en détention pour ces faits, et que même si aux yeux de la justice j'avais toutes les garanties de représentation (vu qu'on m'avait laissé libre pour une grosse affaire de kidnapping), lui se devait de me mettre en détention afin de m'empêcher toute concertation avec les autres acteurs de ce dossier, et que je fasse disparaître des preuves. Les arguments étaient compréhensibles. Je les ai respectés.

Donc case VIP, où j'ai vu arriver Pierre puis Xavier. C'est à ce moment que le trio s'est formé, avec Pierre le bon, Xavier la bête et moi le truand.

Au programme des journées, une hygiène de vie exemplaire : le matin, sport avec Xavier – c'est une bête de sport, d'où son titre dans notre trio ; et l'après-midi, réflexion, concentration et analyse en jouant aux échecs, grâce à Pierre le bon professeur – d'où son titre également.

En ce qui concerne le mien, « le truand », mes deux amis me l'avaient attribué mais comptaient bien le changer avec le temps. Au programme, il y avait donc aussi beaucoup de discussions... où ils me tiraient les oreilles pour me faire changer de cap.

C'est sous leurs conseils que j'ai arrêté mon activité de recouvrement. Les banquiers suisses ont été les derniers sur mes registres.

Au programme de la nuit, dans ma petite cellule VIP, armé d'un bic et d'un bloc de papier à lettres, j'ai commencé à écrire ma première autobiographie. Une thérapie, l'écriture. Et je me disais que cela ferait de la lecture à mes enfants ou à mes petits-enfants.

Pierre et Xavier m'ont alors donné des cours de français : on passait de la conjugaison à la grammaire – à tour de rôle, ils étaient mon Bled et mon Bescherelle.

Finalement, il n'y a pas que ma filiation qui aura lu cette autobiographie : Flammarion s'est chargé depuis de la rendre publique et de la mettre en tête de gondole dans tout le pays. Merci, Pierre le bon, merci Xavier la bête : aujourd'hui, j'ai un petit statut d'écrivain.

C'est pour cela que le futur trio qui m'attendait en 2013 ne m'inquiétait pas trop. Certes on ne reprenait pas les mêmes acteurs, mais on recommençait une belle histoire fraternelle. Pascal le bon, ça c'est sûr ; Stan le truand : impossible... Moi la brute : oui, mais aujourd'hui de travail légal.

Alors, est-ce que ce serait Stan « le vendeur de clous » – comme pour Pascal, qui se dit vendeur de pinces à linge ? « Le môme avec un grand sourire aux lèvres » ? Non, impossible. J'ai croisé les doigts pour que ce soit plutôt Stan le sage : Stanislas, ça faisait mec super posé.

CHAPITRE 4

Commerce et leçons de géométrie

Notre petit week-end prolongé touchait à sa fin. On avait passé trois jours entre frères, vraiment au top. Il ne restait plus qu'à faire le fameux rendez-vous du mardi matin – celui pour lequel on était partis de Paris le samedi midi.

Pascal devait rencontrer le big boss de l'un de ses plus gros fournisseurs. En réalité il avait dans l'idée de lui racheter toutes ses fins de séries, invendus et compagnie. Il allait y avoir un drôle de tête-à-tête amical, où chacun allait défendre son bifteck : celui qui veut acheter au meilleur prix et celui qui veut vendre au meilleur. La loi des affaires.

Ce jour-là, on est restés près de huit heures dans les entrepôts et le showroom du type. J'ai vu le vendeur de pinces à linge en action acheter à la palette, voire au semi-remorque : c'était très instructif. Il ne rigole pas le Pascal : il a acheté près de 150 000 euros de marchandises, ce qui représente près de dix camions semi-remorques !

La livraison allait avoir lieu sous huit jours et le paiement à soixante. Pascal avait intérêt à bien négocier les conditions de paiement, car le CSA alias Patricia allait lui faire sa fête à notre retour !

Cela dit, il n'avait pas l'air trop pressé de rentrer, car à la sortie de notre rendez-vous, il a pris le temps de faire quelques emplettes pour alimenter son magasin : cinq tonnes de vaisselle, deux tonnes de linge de maison, trois tonnes de rideaux. Drôle de frangin, qui rechignait pour ramener un kilo de poireaux à sa femme...

C'est après tout ça qu'il m'a demandé de contacter Mario pour aller voir le chapiteau à Nantes. Comme prévu, le GPS nous annonçait plus de 1 000 kilomètres. Et ça ne posait aucun problème à Pascal. Il était tout juste 18 heures : pour lui nous serions chez Mario pour 8 heures du matin... Idéal pour se faire payer le café – et nous emmènerions les croissants.

Comme convenu, nous sommes arrivés pour le petit déjeuner chez mon pote Mario le forain. Dans une ambiance très familiale, Pascal et Mario se sont tout de suite entendus. Tous deux sont compatibles.

Pascal était impatient de voir le chapiteau. Mario avait tout son temps... et d'expliquer que le chapiteau était chez son père à quelques kilomètres de là, mais que le vieux ne se levait que vers 10 heures.

Pascal, lui, était convaincu que la bête était montée et qu'il aurait le visuel d'emblée. Mario a essayé de lui expliquer qu'il ne verrait pas grand-chose, vu que le chapiteau était stocké dans un hangar.

Lorsque nous sommes arrivés chez le vieux, Pascal a vu un terrain de ferrailleur avec un vieux wagon de train planté dans un coin : on était chez un vieux forain ayant élu domicile dans un wagon aménagé... et qui récupérait toute la ferraille qui traînait. C'était un personnage, un artiste à l'ancienne : pendant plus de 50 ans, il avait construit manèges et attractions. Une légende.

Après avoir bu, à 10 heures du matin, deux petits verres de gnôle faits à l'alambic maison du wagon – lorsque le papy a des invités il sort les bouteilles – on est donc partis dans le hangar.

Pascal cherchait le chapiteau partout. Il tournait la tête dans tous les sens. À ses yeux, il n'y avait que des montagnes de barres de fer – certaines bien rouillées – et des monceaux de planches et de bâches bleus et rouges. Mario, se rendant compte que Pascal était à deux doigts de tomber dans les pommes, est parti dans des explications techniques :

« Tu vois Pascal, les tas de planches c'est le plancher ; les barres toutes rouillées, ça va en dessous pour supporter le plancher : on ne les voit pas quand le chapiteau est installé. Les barres bleues, ce sont celles du toit, les rouges celles des côtés ; et les tôles là-bas, elles servent à fermer les côtés et font office de porte. Et là, ce sont les bâches que tu glisses sur le toit. Tu vas voir, c'est une bête de chapiteau ! »

Après un silence, Pascal est parvenu à sortir quelques mots :

- OK, OK, Mario. Mais la bête me semble morte.
- C'est comme une tente de camping : démontée, elle ne ressemble à rien. Mais quand, d'ici deux semaines, je livrerai le chapiteau à Paris et le monterai avec mon équipe, en deux jours de montage, ce sera torché !

Alors Pascal a promis de réserver les chambres d'hôtel : « Tout est à ma charge, vous êtes mes invités. »

Grand moment de solitude. Je ne sais pas si Pascal était rassuré. Toujours est-il qu'il a validé et prévenu le propriétaire de son magasin, le parking faisant partie du bail.

Cela veut sûrement dire que Patricia, en ange gardien qu'elle était, lui avait déjà conseillé de ne pas mettre le proprio devant le fait accompli et lui avait assuré qu'il donnerait son accord, car il était plutôt compréhensif.

Souvenez-vous, lorsque Pascal m'avait demandé les dimensions du chapiteau, j'avais parlé d'une prise au sol d'environ quatre tonnelles de jardin (celles qu'il vendait en été) : j'avais minimisé pour ne pas l'affoler, en réduisant par 5. Deux tonnelles de 3 mètres sur 5 en largeur, ça fait 6 mètres de façade ; 2 en longueur, ça fait 10 mètres de profondeur ; en gros, 60 mètres carrés. Pour dire vrai, j'avais fait bien plus que minimiser.

Mais Pascal est comme moi : il aime rassurer les gens. Alors lui aussi avait divisé pour son proprio. C'est la raison pour laquelle celui-ci avait dit oui tout de suite.

De plus, Pascal avait été flou sur la durée de l'installation : « quelques mois ». Or lui comme moi savions que ce serait douze mois minimum. Certes, le propriétaire aurait pu dire oui pour un an... mais avec une augmentation du loyer.

Donc le chapiteau faisait 30 mètres carrés pour le proprio, 60 pour Pascal... et 280 pour moi, soit 14 mètres de façade et 20 de profondeur : c'est ce que Mario m'avait dit depuis le début...

Cela allait nous faire un beau magasin ! Ainsi qu'un gros choc à certains. Mais qu'on s'entende bien : je n'ai jamais menti, j'ai toujours dit que c'était une bête de chapiteau.

Dès que nous avons remis le pied dans le magasin, le CSA nous a convoqués :

« Alors les garçons, on s'est bien amusés ? Ce lot à Marseille, c'est quoi, c'est combien ? Et le chapiteau, alors ? »

Pascal lui avait parlé de Mario et de son père. Il avait tout raconté : la maison wagon, les hommes extraordinaires, le super chapiteau bleu et rouge, la bête. En vérité, il voulait noyer le poisson pour gagner du temps, car il savait que Patricia allait le pulvériser quand elle apprendrait qu'il en avait acheté pour 150 000 euros.

Ça, c'était des moments mémorables : parfois Patricia lui assurait qu'elle ne paierait pas et lui répondait qu'elle avait 60 jours pour le faire. Alors elle ajoutait : « C'est toi qui a 59 jours pour tout vendre ce que tu as acheté, comme ça je récupérerai l'argent des recettes ! » Mais à chaque fois, ça finissait bien.

Et puis le jour est arrivé : un midi, on a fini par manger avec Stan pour les présentations et pour former le trio.

Pascal lui avait dressé un portrait-robot de ma personne. Il m'avait demandé de ne pas venir les mains vides : je devais prendre mes deux autobiographies, comme ça Stan en saurait plus après lecture... C'est l'humour de Pascal.

J'avais dit oui pour le premier, *Moi, Manu le Gitan*, mais non pour le second, qui relate mon parcours pénitentiaire au VIP du *CJD* : *Mes Prisons* – un état des lieux du site, certes vécu de l'intérieur, mais moins personnel. Alors Pascal a insisté :

« Si si, celui des prisons c'est bien, car je vais le mettre en gérant des sociétés, et on va faire une carambouille. Comme ça s'il va en taule, il a le mode d'emploi ; et tout le reste de sa vie il te sera reconnaissant. »

Tout s'est fait très simplement : nous avons accroché tout de suite. On est partis sur l'Afrique : Stan y avait vécu étant jeune. Je lui ai raconté mes périples là-bas et lui les siens. J'ai raconté mes histoires avec les politiques français qui venaient voir mes frères ministres africains pour leurs petites affaires – diamant, or, pétrole ; il était très calé en politique France-Afrique.

Après, il m'a parlé des colons de l'époque de la colonisation, du commerce du café et du coton, etc. À dire vrai, je ne comprenais pas grand-chose. Il a fini avec le premier voyage officiel du pape où il était présent. J'en ai déduit que Stan, l'enfant de chœur, avait de belles valeurs.

Stan, c'est le sosie de Yves Montand quand il avait 50 piges. La ressemblance est frappante – bien qu'avec certains gènes de Pierre Richard, pour vous donner une idée du personnage...

On a passé un super repas et une belle journée. Le soir, quand on s'est quittés, je lui ai annoncé que j'allais lui faire un petit cadeau. Et je lui ai tendu mon premier livre.

Il m'a regardé d'un regard franc et pur : ses yeux brillaient – même si ça devait venir du pinard qu'il avait bu tout au long du repas. Puis il a prononcé cette très belle phrase :

« Je te remercie mon Manu, mais tu m'offriras ton livre plus tard, si ça ne te dérange pas. Je préfère apprendre à connaître le Manu d'aujourd'hui avant de connaître le Manu d'avant. »

Je suis resté sur le cul : on ne me l'avait jamais faite celle-là !

Le trio s'est formé dès le premier jour : Pascal le bon, Stan le sage et moi la bête. On allait partir dans une histoire, et avec le recul, quelle histoire !

Les journées allaient défiler, avec de drôles de combinaisons mathématiques. Des fois trio le matin autour d'un café, ensuite duo pour Stan et Pascal, et solo pour moi ; puis re-trio vers 13 heures autour d'une table de resto, solo pour Pascal qui allait voir le CSA à 16 heures, et duo pour Stan et moi qui prenions la route pour un rendez-vous.

Quelle que soit la combinaison du jour, le duo appelait deux à trois fois par jour le solo. Une belle histoire de frères, vraiment. Sans oublier que le trio était souvent appelé par le CSA pour un petit contrôle – la confiance n'exclut pas le contrôle. C'est ainsi que notre trio cachait un quatuor. Patricia était la femme de l'ombre de trois hommes. Une grande dame.

Cette combinaison était parfaite pour se comprendre les uns les autres. Lorsque j'avais du mal à saisir un conseil de Pascal, j'appelais Stan à la rescousse. Et l'on fonctionnait à la majorité, chacun de nous se disant : « Si mes frères pensent ainsi, c'est sûrement que je me plante dans mon raisonnement » ; et lorsque c'était le trio complet qui se plantait, le CSA finissait par nous expliquer la vie.

Le bon, le sage et la bête avaient tous leur pierre à amener à l'édifice de ce que l'on allait construire.

Je connaissais Pascal par cœur, comme un jumeau ; et il me connaissait tout aussi bien. Or c'est à ce moment-là que j'ai eu à découvrir Stan. Alors je me suis mis en mission infiltration – par déformation professionnelle, sauf que cette fois c'était une mission privée et fraternelle.

Lorsque j'étais en position de duo avec mon nouveau frère d'adoption, j'ouvrais grand mes yeux et mes oreilles car il était très vite devenu mon professeur de sagesse.

Non seulement il était doté d'une grande intelligence et d'une culture des affaires – c'était un vrai gestionnaire – mais c'était un grand pédagogue. Il se mettait toujours à mon niveau pour m'expliquer les rouages de la grande distribution ; et toujours avec des preuves par l'image, via son écran d'ordinateur.

Lorsque je rendais compte de mes joies à Pascal, ce dernier me répondait, avec un grand sourire :

« C'est normal qu'il soit cool ton Stan : je lui ai dit que la dernière fois qu'un professeur t'avais énervé, tu lui avais tiré une balle dans le genou. Il tient à ses rotules, le marchand de clous ! »

Du grand Pascal, comme toujours. Mais à chaque fois il se réjouissait que je comprenne ce que Stan m'expliquait, car lui ne comprenait rien, ni à ses gestions de stocks, ni à ses tableaux informatiques ! Pascal, il bosse à l'ancienne : son disque dur c'est sa tête ; sa clef USB, un petit carnet de notes...

Parfois, Stan me confiait qu'il ne voyait pas pourquoi Pascal lui avait proposé cette association et encore moins ce qu'il apporterait au projet, Pascal étant un boss et maîtrisant son métier.

Alors je lui avouais que moi aussi j'étais passé par ce genre de doutes, mais que Pascal avait été clair : je serais ses yeux, ses oreilles, la Brink's, la logistique de la marchandise, etc. Et je rappelais à Stan que Pascal était parti pour ouvrir un ou deux magasins par an, ce qui était du boulot.

Mais au fond de moi je me disais :« Mon pauvre Stan, t'as pas idée de l'édifice auquel tu devras mettre ta pierre... et surtout le temps que ça va te prendre ! Tu devras cogérer informatiquement deux, trois ou quatre magasins... car nos compétences informatiques se limitent à envoyer un mail et à faire appel à Patricia si ça bogue. »

Alors, en bon élève que j'étais, après lui avoir expliqué et présenté le projet alimentaire du chapiteau, je lui demandais des conseils. Et il me donnait de bonnes ficelles. La vraie vente, c'est un métier : il y a des méthodes, les promos, la PLV (publicité sur lieu de vente), etc.

Moi je ne m'occupais que d'un magasin alimentaire avec un peu de déstockage et des lots à bas prix. En un mot : un magasin de type marché – mais un marché couvert, ouvert tous les jours... et sur l'emplacement numéro 1 : le parking d'un des plus gros magasins d'aménagement de maison de la région.

Stan trouvait cela très bien, m'encourageait vivement et me proposait même son aide. Mais je ne me voyais pas lui proposer de tenir le rayon fruits et légumes... et lui non plus.

Alors il m'a proposé de contrôler mes marges brutes et nettes, le chiffre d'affaires journalier produit par produit, afin que je fasse de meilleurs achats et que je puisse mieux les cibler. Là, j'ai découvert que Stan parlait le chinois.

Alors je l'ai ramené à *ma* réalité, l'avertissant que je ne compterais pas les pommes ni les concombres qui restent sur l'étalage le soir, que je n'avais pas de matériel informatique, juste une balance à un poids, une calculette, un stylo et un petit carnet. C'était à mourir de rire. Et lui, désespéré :

« Ah oui, si tu bosses comme dans les années 1930, je ne peux rien faire pour toi ! »

Alors je lui ai parlé de mon expérience avec mon pote Thierry, gros déstockeur alimentaire, qui bossait exactement comme ça sur les marchés. En 2013, j'avais tenu son affaire durant un mois.

Thierry avait dû partir en urgence à l'étranger pour un problème familial. Sa femme lui avait dit (ou crié) : « Thierry, c'est un mois de vacances au soleil ou le divorce ! » Une jeune mariée qui lui en demandait déjà beaucoup – il lui avait passé la bague au doigt seulement un an auparavant.

Stan le sage m'a alors demandé de lui raconter l'histoire de ce Thierry et de mon mois de déstockage alimentaire et de mission sauvetage de couple, afin de l'analyser.

Par honnêteté, j'ai commencé par l'informer que Thierry avait malgré tout fini par divorcer... certes pas à cause de moi, mais peu de temps après, soit après plus de deux semaines de vacances passées au soleil.

Pour visualiser, il faut imaginer mon pote Thierry pataugeant dans la belle piscine de la maison luxueuse louée pour sa belle, tandis que celle-ci se dore au soleil sur le transat... puis le téléphone de Thierry, situé à portée d'yeux de sa nouvelle épouse, biper.

Côté son, c'est vite monté dans les watts : c'était le SMS de l'une des nombreuses grandes amies de Thierry... Voici à peu près le contenu du message :

« Tu me manques mon amour, reviens vite en moi ».

Alors est arrivé ce qui devait arriver : sa femme a plié bagage et quitté la villa, sautant dans le premier avion direction Paris, chez ses parents.

Cela se comprend et se respecte. Thierry, pour ne plus importuner sa femme et profiter du contrat de location jusqu'à sa fin, a préféré rester quelques jours à se détendre au soleil. Cette situation l'avait énervé, il fallait qu'il se calme. Il a donc fini par répondre au SMS :

« Moi aussi mon amour j'ai envie de venir en toi. Je suis seul, viens me rejoindre. Je t'envoie le billet d'avion. »

Thierry ne ment jamais et il est généreux, voilà qui le perdra. Selon l'analyse de Stan, mon pote est un fou furieux. Alors je lui ai donné la suite de l'histoire.

Pour que tout le monde suive et imagine le personnage, je vais vous faire un petit topo sur le profil de Thierry. Cela fait plus de 30 ans que je le connais, et 25 que mon grand ami Polo le gère tant bien que mal sur les marchés parisiens.

C'est un phénomène, il est inclassable. 52 piges, forte corpulence, un peu court sur pattes. Gros bosseur, qui a été à la bonne école : fils et petit-fils de grand fromager des marchés parisiens. Mari exemplaire et père de famille modèle... jusque dans les années 2000.

On pense qu'à l'âge de 35 ans, une grosse meule de fromage de 150 kilos lui est tombée sur la tête : l'accident du fromager. Lui, qui avant se couchait à 22 heures pour se lever en forme à 2 ou 3 heures du matin afin de faire ses achats au marché de Rungis et déballer sa marchandise sur ses étals, est devenu l'homme à vouloir le beurre, la crémière... et surtout le cul de celle-ci.

Quelques toasts de Boursin et voici qu'elles étaient devenues loin, ses années Chaussée aux Moines...

Certes il faisait toujours Rungis le matin. Mais il se mit à enchaîner les sorties en boîte de nuit. Et pour ne pas perdre de temps, il ne se rendait pas à ses virées nocturnes en beau coupé sport, non : il prenait son camion frigorifique de dix-neuf tonnes ! On ne peut pas dire qu'il emballait les filles grâce à sa bagnole…

Il devait avoir de drôles de secrets de séducteur, Thierry, pour que les filles soient tombées in love.

Et il faut vraiment être très très in love – ou dingue ? – pour suivre un type qui non seulement vous ramène après la fête avec son dix-neuf tonnes, mais va vous faire faire, malgé vos talons aiguilles et minijupe, la visite de Rungis dans le froid, au milieu des frigos.

Eh oui, on avait vu et vécu cela avec Thierry.

Mais revenons à nos fromages. Thierry m'avait fait une mini-formation, de l'achat à la vente, en passant par la préparation de la marchandise. Il m'avait conseillé de dormir chez lui : c'était collé au dépôt, il y stockait ses produits dans les chambres froides.

Son boulot avait l'air très dur et compliqué, avec de grosses journées de quinze heures. Il m'avait dit de ne pas m'inquiéter, qu'il me guiderait par téléphone tout au long de la mission.

Ce qu'il fait est à flux tendu, car dans l'alimentaire et les produits frais, il y a des dates, la DLC (date limite de consommation) et la DLUO (date limite d'utilisation optimale). Selon Thierry, un yaourt à qui il ne reste que dix jours de vie ne vaut pas le même prix à l'achat qu'un yaourt qui va mourir dans les 48 heures.

La fameuse DLC... Même si personne n'a jamais été malade ni intoxiqué en ayant mangé un yaourt périmé depuis 36 heures ou plus, la loi est claire et fixe les règles : il est interdit de vendre un produit dont la DLC est dépassée.

Tout au long de cette mission, Thierry, malgré son divorce qui l'avait affecté, m'avait très bien orienté. Ce fut une expérience hors du commun, et c'est pour cela que j'étais au top pour l'opération chapiteau : l'école de Thierry, c'est celle de la vie.

Ça avait été plus dur que prévu : les journées étaient montées jusqu'à près de 20 heures. Je n'ai pas trop profité de sa maison, juste du canapé, où bien souvent je m'endormais avec Danone et Yoplait en préparant les listes pour le lendemain.

Mais rassurez-vous, j'ai fait attention : je n'ai pas été victime d'accident, je n'ai pas touché aux meules de 150 kilos. Thierry avait pris le temps de faire des prédécoupés.

Lorsque mon pote est rentré, on a fait le point sur le mois passé : les stocks, les recettes, etc. Il était fier de moi, et moi j'étais content de lui avoir rendu service.

On n'avait rien fixé côté rémunération. Alors, à l'ancienne, il a sorti un cahier scolaire de 2012, regardé les recettes journalières, écrit au crayon à papier – il est allergique à l'encre et son comptable lui a prescrit la gomme depuis son accident.

Il comparait en fait les chiffres avec les recettes de l'année précédente à la même période. Or cette année-ci avait été meilleure : près de 2000 euros en plus ! Il m'a donc félicité : j'étais fier.

Puis il a sorti une liasse de billets – dix billets de 200. 2000 euros pour un mois de boulot (en mode formation accélérée), pour moi c'était beaucoup ! J'étais super content. Et lui de me dire :

« Voilà déjà ta prime. »

Après avoir fini de remplir son cahier d'école de 2013 (avec les recettes journalières de la période où je tenais les commandes), il a replongé sa main dans une autre poche de son *jean* et a sorti une seconde liasse. Et là, comptant les billets de 100, 50, et 20 euros :

« Ça, c'est ton salaire. »

Je suis resté comme un con. Et de lui expliquer que 2000, c'était déjà très bien et largement suffisant. Sa réponse :

« Si j'avais fermé boutique, je serais rentré sans rien dans les caisses. J'ai pris la recette du mois, j'ai retiré les achats, les frais, le salaire du personnel, etc., et il restait tant ; j'ai divisé en deux – une part pour toi, une pour moi. Et tout le monde y trouve son compte. »

« Et si tu n'es pas content, c'est pareil », a-t-il ajouté.

Du grand Thierry.

Après mon histoire, Stan le sage a conclu que Thierry était un super ami et que j'avais de la chance de l'avoir ; que c'était rare des gens comme ça. Une belle leçon de vie. Il a eu la chique coupée et n'a même pas parlé des cahiers d'école en guise de registre, ni de la marge nette coupée en deux et à la louche, en bon crémier que Thierry était.

Tout me confirmait que notre nouveau frère, Stan le sage, n'avait pas eu la chance d'avoir des frères de cœur auprès de lui et qu'il en avait souffert. Il allait en avoir à grosses doses à présent : Pascal comme moi étant entiers l'un comme l'autre, on lui en donnerait jusqu'à l'overdose.

Les gens et les couples s'étalent rarement sur leurs journées ou soirées en trio : nous, on en était fiers, on faisait même des jaloux. On avait tous les trois des profils différents, que ce soit concernant nos parcours de vie professionnelle, scolaire ou familiaux. Pourtant on se parlait de tout sans aucun tabou. Entre frangins, tout est permis.

Stan était celui qui avait la vie de famille la plus dans les normes : marié depuis plus de 20 piges, la maison à crédit, l'épouse modèle, deux enfants qui sortaient de l'adolescence. Il détenait la médaille d'or.

Pascal avait l'argent mais une vie sentimentale moins stable : il avait été séparé ou divorcé plusieurs fois. Mais il était désormais en couple avec une femme au top – sur ce coup-là, c'est elle qui méritait la médaille d'or. Il avait aussi une adolescente à la maison en alternance.

La médaille en bronze me revenait – et encore, s'il y avait eu plus de participants à ce classement, j'aurais eu celle de plomb ou d'acier. J'étais célibataire avec enfants vivant chez leur mère respective, sauf une ado à charge qui avait perdu sa maman très jeune. Mais elle était juste à charge financière, car elle avait « pris la fuite ».

Après plus de cinq ans passés en cavale en Afrique avec son papa, elle avait craqué quelques semaines après son retour en France. En effet, à l'idée de vivre dans le mobil-home que son papa louait à un vieux pote gitan, elle avait répondu en posant des ultimatums : à 13 ans, elle savait ce qu'elle voulait... Les chats ne font pas des chiens.

Mais ma fille était plus soft que moi, qui étais parti à l'âge de 8 ans de chez mes parents. Moi j'étais allé m'installer chez des amis gitans, sans les prévenir que je partais ni où. Alors respect pour ma fille.

Nous nous étions mis d'accord pour qu'elle parte faire son année scolaire chez de très bons amis dans la campagne bretonne ; ils avaient une fille du même âge qui était sa copine et sa confidente.

Disons qu'après ces années d'éducation plutôt sulfureuse que je lui avais offertes, elle voulait se poser. J'ai respecté son choix. Elle venait pour les vacances ; moi j'allais la voir de temps en temps le week-end. Mes amis lui offraient une vie de famille et une stabilité, deux choses que malgré la meilleure volonté du monde j'étais incapable de lui donner.

Mes SMS et mails suite à mon annonce « Offre logement contre service » s'étaient calmés. Pourtant, je n'avais toujours pas trouvé la perle rare, la fée du logis. Mes deux frangins ainsi que Patricia me taquinaient souvent sur le sujet.

Dans ma « misère », j'avais quand même de la chance : j'avais de bonnes copines qui voulaient fuir Paris le week-end et prendre l'air de la campagne, et qui avaient fanfaronné en disant que si je les invitais à des barbecues dans le jardin, elles prendraient soin de ma maison et de ma garde-robe en contrepartie.

Alors je leur avais filé un double des clefs, leur faisant comprendre qu'elles étaient chez elles, que le frigo et le congélateur étaient pleins. J'avais donc une solution. Mais elle était saisonnière, car quand il fait moins de dix degrés, on vient moins souvent vous voir dans la cambrousse.

Un matin, super Mario est arrivé au volant de son gros camion, escorté par son équipe de monteurs. Dans les deux jours, le chapiteau allait trôner sur le parking de la grande solderie de Pascal.

On était proche de l'ouverture du magasin de déstockage alimentaire. Le projet, ou le rêve, devenait réalité. Pascal restait à l'écart du chantier : il m'avait prévenu que je devrais gérer cela tout seul.

Très vite, le rêve d'un montage en 48 heures a tourné au cauchemar : giboulées de mars et pluies (voire neige) d'avril. De plus, le parking était en pente...

Quand Mario m'avait demandé le dénivelé lors de notre passage à Nantes, je lui avais dit qu'il était léger. Mais quand il est arrivé sur place, il a estimé que c'était en fait énorme et même trop pour réussir à monter le chapiteau. Pascal, pour ne contrarier personne, a suggéré qu'il y avait eu un glissement de terrain les jours précédents.

Dans l'urgence, on est allés chercher des palettes de parpaings, mais lorsqu'une semaine après le plancher était enfin calé, il restait encore un dénivelé de plus de 50 centimètres entre l'avant et l'arrière du chapiteau ! Impressionnant. Or on avait déjà dépassé le délai de montage de cinq jours...

Rappelez-vous ce que Pascal avait dit : « Vous êtes mes invités ». Hôtel, restaurants : l'addition montait...

Ensuite Pascal est arrivé. Il a commencé à faire des pas devant et sur les côtés du chapiteau. On aurait dit qu'il tentait de mesurer quelque chose. Puis il s'est approché de moi :

« Tu m'avais dit 6 mètres de façade et 10 de profondeur. Ça me paraît bien plus grand : je compte 14 pas en façade et 20 sur le côté ; sachant qu'un pas fait à peu près un mètre... »

J'ai baissé les yeux. Il m'a demandé si j'avais un problème. Je lui ai répondu que non mais que lui, si : il avait des jambes bien petites pour faire des pas de 30 centimètres.

On a rigolé. Et il a confirmé que c'était une bête de chapiteau. Il avait l'air content de voir qu'on allait avoir un beau magasin de 280 mètres carrés. C'est là qu'il m'a avoué que lui-même avait minimisé les dimensions que je lui avais données en s'adressant au proprio.

Je ne l'ai pas engueulé, c'est mon patron. Je lui ai tout de même fait remarquer que ce n'était pas bien de minimiser. Il a retourné le compliment. Quoiqu'il en soit, cela ne le rendait pas serein.

On a mis plus de dix jours à finir le montage. On a tout eu : tempête, pluie, bâches qui s'envolent, monteurs qui tombent de la charpente… le cauchemar.

Puis on a installé l'électricité : plus de deux kilomètres de câbles. C'est ce qui est nécessaire pour alimenter les nombreuses vitrines frigo, les lumières, le système incendie et la commission de sécurité (il y a des règles à respecter dans un local commercial où l'on reçoit du public).

On a ouvert avec près de deux mois de retard.

Si vous croisez Pascal, ne lui parlez jamais de chapiteau. Merci.

CHAPITRE 5

Petite annonce, grande rencontre

Bonjour Monsieur. Navigant sur la rubrique immobilière du site Leboncoin, j'ai découvert votre annonce « Offre logement et salaire contre services », qui a attiré toute mon attention. Même si celle-ci ne m'intéresse en aucun cas, je me suis posé la question de savoir quel énergumène pouvait rédiger ce genre d'annonces. Cordialement.

Ça, c'était du SMS. Mon texte à la Manu avait visiblement offusqué une vieille bourgeoise étriquée des beaux quartiers franciliens.

Qu'est-ce qu'elle vient donc me fatiguer, la mamie, à m'envoyer un SMS un dimanche à 14 heures, en bon français avec virgules et ponctuations, si en plus l'offre ne l'intéresse pas ?

Elle avait dû aller à la messe le matin : le curé de sa paroisse lui avait sûrement rappelé qu'il fallait aider son prochain, et elle avait pensé que j'avais besoin d'aide. Sûrement une bonne catholique ex-psychiatre.

Dans la pluie de mails et de SMS que j'avais reçus, il y avait eu pas mal d'associations en tous genres qui voulaient placer des « clients » : on m'avait proposé une femme sortie de l'alcool depuis peu, une autre de prison. J'avais refusé pour éviter qu'un juge ne m'accuse à tort d'association de malfaiteurs avec le personnel de maison.

J'ai réfléchi quelques minutes, puis j'ai décidé de répondre à la vieille bourge :

« Madame, l'énergumène est juste un homme de 45 ans bordélique qui vit à 100 à l'heure, qui veut arriver à retrouver ses chaussettes rangées dans son placard.

Cordialement. Emmanuel. »

On a échangé quelques SMS, chacun dans son style. La bourgeoise était montée sur ses grands chevaux. C'était plutôt original, voire drôle.

Je lui avais dit que je dictais les SMS sur mon téléphone car je conduisais en même temps, pour ne pas qu'elle m'agace avec mes fautes d'orthographe. À lire sa réponse, elle était offusquée. Elle m'a rappelé les règles du code de la route, puis elle m'a balancé le truc qui tue et qui m'a fait sortir de mes gonds :

« Monsieur, en fait vous recherchez une esclave pour votre confort. Cette époque est révolue. »

C'en était trop : je me suis arrêté sur le bas-côté de la route et j'ai dégainé mon Samsung – mon camion corse n'avait pas l'option kit mains libres.

Et puis je voulais me concentrer pour moucher la vieille... ou tout simplement lui faire fermer le clapet de son téléphone, car vu le profil elle ne devait pas avoir un smartphone entre les mains mais un téléphone portable des années 2000. Elle ne semblait pas très branchée : j'avais vite compris qu'un siècle nous séparait.

J'ai composé son numéro : le téléphone a sonné dans le vide, sa boîte vocale s'est mise en route. Elle avait l'air plus à l'aise à l'écrit qu'à l'oral : c'est facile de se cacher derrière un clavier de téléphone ou d'ordinateur ! Ou alors mamie était partie faire la sieste ? Il était 16 heures. A moins qu'elle ne soit occupée à boire le thé avec ses bourgeoises de voisines...

Puis par magie, un SMS est tombé : elle s'excusait de ne pas avoir répondu à l'appel, son téléphone étant en mode silencieux. J'en ai déduit que ça devait finalement être son Maurice ou son René – épousé dans les années 1930 – qui faisait la sieste ; et que c'était pour ça que mamie s'était mise en mode silencieux.

Je lui aurais bien conseillé de se mettre en mode vibreur, cela lui aurait peut-être fait un peu de bien pour la connecter aux années 2012. Le monde a évolué.

J'étais juste à la hauteur du premier péage de l'autoroute A77 : je l'ai franchi et me suis garé sur l'aire de repos. Et j'ai à nouveau dégainé mon Samsung. Et miracle : ça a décroché... avec un « Bonjour Emmanuel ». La voie était très douce, intrigante.

Nous sommes restés plus de quatre heures en communication.

On a fait fort pour une première prise de contact... qui s'est conclue par la promesse mutuelle de se rappeler dès le lendemain.

Les téléphones avaient chauffé ainsi que nos esprits, du moins le mien. Cette situation n'est pas coutumière : on avait discuté de nos vies sans trop de tabous, on s'était confiés sur nos malheurs, nos bonheurs. De drôles de sensations avaient envahi mon cerveau.

On aurait dit que c'était la mère qui avait envoyé les premiers SMS, et la fille qui avait répondu à mon appel. Tout était troublant dans cette conversation ainsi que dans ses dires. Je vais vous les résumer.

Elle n'était pas la mamie que je pensais, ni la cougar. Juste une jeune femme de 28 ans, célibataire, ingénieur, qui avait été sur Leboncoin pour rechercher un logement : elle devait rendre le studio meublé qu'elle occupait depuis des années car son bail arrivait à échéance.

Elle avait dans l'idée d'acheter plutôt que de louer, alors elle surfait sur le site d'annonces pour faire une bonne analyse du marché. Elle m'avait confirmé avec d'autres mots que ceux de ses SMS que mon annonce l'avait interpellée. Alors elle avait envoyé un premier SMS pour se marrer et démasquer l'auteur. Elle ne savait pas expliquer pourquoi, elle qui se savait plutôt réservée et timide.

Quand je lui avais parlé de mes années de vie en Afrique, de ma passion et de mon amour pour ce continent, elle m'avait dit qu'elle aussi était africaine. Pour moi, c'était un premier mensonge : elle avait une voix aux intonations françaises de chez françaises et des expressions bien parisiennes.

Je lui avais fait part de mes doutes. Elle m'avait expliqué qu'elle était en France depuis huit ans, pour ses études. Sur le ton de l'humour, je lui avais proposé qu'on parie sur le sujet ; elle était d'accord.

Alors je lui avais proposé de parier un week-end où elle voudrait : si elle était africaine je réserverais deux chambres, car elle aurait gagné ; si ce n'était pas le cas, je n'en réserverais qu'une, auquel cas elle devrait prendre soin de moi toute la nuit.

Elle avait rigolé : je ne manquais pas de toupet à lui sortir un pari aussi osé dès le premier jour ; de toute façon, elle ne pariait qu'avec des Kinder Bueno. Elle pouvait prendre le pari si j'acceptais son gage. De toute façon elle était sûre de se régaler : je pouvais déjà aller les acheter.

Cette jolie personne de sexe féminin m'intriguait beaucoup. J'avais fait soft durant notre échange, sans mentir bien sûr. Aujourd'hui j'étais « présentable », mais pour le passé j'avais arrondi les angles.

Elle avait réagi favorablement à tout. Je lui avais dit que j'avais eu quelques petits problèmes avec la justice. Selon elle ça arrivait à tout le monde ; elle aussi avait déjà pris des PV de stationnement.

Entre un PV à 20 euros et un kidnapping à 300 000 dollars avec risque de prendre 10 ans de placard, il y avait tout de même un gouffre...

J'étais resté accroché des heures à cette voix si posée, et qui désormais venait résonner dans ma tête. Peut-être était-elle vraiment africaine : son père était alors un grand marabout et elle venait de me marabouter...

Je me posais des milliers de questions ; il allait falloir que j'en sache plus et très vite, quitte à déployer les grands moyens et faire une enquête digne de mes affaires de recouvrement. D'habitude je cerne les gens en quelques minutes, mais là, même en plusieurs heures, je n'étais arrivé à rien. Alors comme je suis un peu parano, ça cogitait sévère.

Le lundi matin, j'ai réclamé une assemblée générale extraordinaire à mes deux frangins. J'avais mis à l'ordre du jour : « Les conversations dangereuses ».

J'ai exposé les faits avec transparence, preuves à l'appui, en vue d'une analyse approfondie par mes deux apprentis experts en criminologie passionnelle. Moi je me montais des films et mes deux compères faisaient les scénarios.

Stan le sage, médaille d'or du matrimonial, ne croyait pas au hasard mais plutôt au destin – disons aux colombes blanches. Il jugeait donc injustifié d'actionner le plan vigipirate. Selon lui, il fallait laisser faire les choses...

Pour Pascal le bon, médaille d'argent de notre trio, il y avait au contraire anguille sous roche. Ses doutes se fondaient sur mon passé tumultueux et mon parcours en Afrique : pour lui, c'était probablement un ministre en rage cherchant à me piéger.

Ou alors une ex hystérique, à mes trousses depuis dix ans, et déterminée à me présenter mes trois gamins, afin de me faire le solde de tout compte des pensions alimentaires impayées.

A moins que ce ne soit une vilaine en manque d'amour, malgré ses 27 ans ? Auquel cas, il me conseillait fortement de ne pas fixer de rendez-vous pour éviter la crise cardiaque... ou alors de venir en baskets pour pouvoir courir vite.

Sa dernière hypothèse : des flics cherchant à me piéger en slip, histoire de s'assurer que je ne sois pas armé.

En sortant de l'assemblée générale, j'avais la tête encore plus embrouillée qu'en y entrant. Pascal m'avait d'autant plus perturbé avec son histoire de flics que dans le passé, ces derniers m'avaient bel et bien piégé avec une femme – bien que via un scénario différent. J'imaginais déjà le prochain titre dans la presse :

« Manu le Gitan, piégé par la police pour un Kinder Bueno ». Ou encore : « Manu le Gitan arrêté en slip, armé d'un Kinder Bueno ». Rien que pour mon image de marque, il allait falloir mener des investigations sérieuses.

Ce piège avec une femme m'avait été tendu dans les années 2010 en Afrique, plus précisément au Mali. C'était un type fiché par Interpol (bien fiché oui, mais sur la liste du personnel) : le commandant Marc.

Il se reconnaîtra et verra que le gitan n'est pas rancunier : par sécurité, je n'écris ni son nom de famille ni son adresse, bien que je les connaisse. En effet je le respecte, autant que ses collègues, car grâce à leur courage et leur ténacité, plusieurs attentats terroristes ont très certainement été évités sur le territoire français.

Mais le vilain Marc s'était mis sur mes côtes cette année-là, histoire de choper du gros gibier et de pouvoir l'afficher sur son tableau de chasse. Armé de trois ou quatre mandats d'arrêt internationaux, il comptait bien m'attraper et m'accompagner dans l'avion direction Paris.

Accompagné de sa collègue, Sylvie, il avait donc joué avec la corde sensible de mon arc. Sylvie la charmeuse avait pris contact avec moi, expliquant qu'elle avait obtenu mes coordonnées via un certain Jean-Luc. Selon elle, j'étais le seul type au Mali à pouvoir régler son problème.

Des Jean-Luc il y en a, mais très peu qui ont mon téléphone quand je suis en cavale. Pour être plus précis, elle avait dit « Jean-Luc de

Bamako [la capitale du Mali], du quartier Hippodrome ». Il y avait en effet un quartier portant ce nom à Bamako, mais il s'agissait de chevaux tirant des charrettes pour le transport de marchandises. Cela dit, il y avait bel et bien un Jean-Luc doté de mon numéro de téléphone à cet endroit – Nicolas de son vrai prénom, si ma mémoire est bonne.

C'était l'ancien patron d'un service de police. Il avait été nommé responsable auprès de la coordination de l'ambassade de France au Mali. Mais il fut expulsé de son service comme un bourricot... d'où son atterrissage dans le quartier Hippodrome. Une vraie belle gueule, et avec de vraies couilles : respect.

Il s'était bien fait au climat et avait ouvert un petit établissement très branché : un bar de nuit et de jour, qui était devenu l'annexe de l'ambassade, autant que le QG des types marginaux ou originaux.

Sylvie s'étant « présentée » de sa part, je sentis un problème compliqué à régler officiellement – et donc a priori plus simple officieusement. Vis-à-vis de J-L, je devais être à l'écoute.

Sylvie disait me téléphoner de Bamako ; moi j'étais bien au Mali, mais au sud de la région de Kayes, en pleine brousse. Pour visualiser, il faut savoir que l'eau y est distribuée à la cuvette, et je ne sais même pas si l'électricité y est arrivée depuis. Quand j'y étais, je rechargeais mon téléphone en ville ou avec un petit panneau solaire.

Un flic, même d'Interpol, qui vient vous chercher là doit vraiment vous aimer. S'il venait il serait de toute façon vite démasqué, car il n'y avait pas d'autre homme blanc que moi à 50 kilomètres à la ronde… et le téléphone d'urgence africain est tout à fait sûr et fonctionne très bien.

Sylvie m'avait raconté qu'elle était venue à Bamako dans l'espoir de récupérer et serrer contre elle son fils de douze ans. Son géniteur l'avait en effet « kidnappé », la justice française ayant accordé la garde à la mère.

Depuis quatre ans, elle avait épuisé tous les recours légaux possibles pour faire appliquer le jugement. Elle venait donc à moi en désespoir de cause et à n'importe quel prix. Son nouveau compagnon, Marc, la soutenait dans cette épreuve.

Suite à un long échange téléphonique, je m'étais rendu en ville dans un cybercafé pour tenter de me connecter avec elle via Skype. On y était parvenus malgré une très mauvaise connexion. Elle avait une belle petite gueule, la Sylvie.

Elle insistait pour un rendez-vous sur Bamako, à 500 kilomètres de Kayes, pour me livrer de vive voix le nom du géniteur, de l'enfant et leur localisation exacte. Pour m'y rendre, il allait me falloir quinze heures de route (si tout allait bien) – ou une ligne aérienne irrégulière. Elle avait dit « à tout prix et au plus vite » : je lui avais proposé de m'envoyer un petit jet privé.

J'étais sensible à son histoire. Dans le passé, j'avais déjà rempli ce genre de contrats, c'est en général bon enfant : filoche voire infiltration, puis on fonce avec l'enfant à l'ambassade de France.

Cela faisait plus de deux ans que je vivais au fin fond du Mali. Je n'étais ni touriste ni toubib : j'étais l'Africain blanc, habillé en local, vivant selon les us et coutumes africaines, et ce n'était que du bonheur. Or là-bas, avant de prendre la route, on consulte toujours un vieux sage : il nous conseille sur le jour du départ et nous fait les dernières bénédictions.

Je suis donc sorti de chez mon protecteur avec ma date de départ « autorisée ». C'est alors que Manu l'Africain, empli de bonnes ondes, a réveillé le sixième sens de Manu le Gitan ou de Manu le Barbouze (c'est au choix, on était plusieurs ce jour-là) : l'un des trois a eu la très bonne idée de téléphoner au grand marabout, Jean-Luc de Bamako. Il fallait bien le remercier pour cette nouvelle cliente.

Réponse de J-L :

« Je ne t'ai adressé personne, et encore moins de gonzesse. En général je les garde pour moi, d'autant qu'en ce moment, j'en cherche une pour un poste de serveuse de nuit. »

La douche. Le coup de sang. Qu'elle était belle l'histoire, qui avait failli me faire verser une larme ! Soudain la belle Sylvie se transforma en belle garce. Que me voulait-elle donc ?

J'ai appelé Bruno, un pote en poste à l'ambassade de France à Bamako. J'ai décrit la Sylvie d'après ce que j'en avais vu sur Skype. Cela lui disait quelque chose. J'ai donc donné le nom de Marc, son nouveau compagnon supposé. Ce nom lui parlait également.

Après un instant passé à faire une recherche discrète, il m'a confirmé que l'une de ses collègues, qui correspondait à ma description, s'appelait bien Sylvie. Il m'a donné son numéro de téléphone, et après vérification, ce dernier était bien celui via lequel elle m'appelait...

J'avais eu affaire à un couple de flics ! Bien tenté. Sylvie et Marc m'avaient bien eu... Ce couple était pire que les époux Turenge. J'avais donc frisé la correctionnelle et l'extradition en France.

C'était deux ans avant qu'Interpol m'attrape à Dakar au Sénégal (là, c'était un certain Thierry, accompagné de son binôme féminin, une autre longue histoire).

Tel le chevalier Bayard sans peur et sans reproche, je me suis donc posé au calme pour téléphoner, comme convenu, à la belle inconnue de Leboncoin.

« Belle » ? Après tout, je n'en savais rien. « Inconnue » ? A ce stade, je n'en étais plus si sûr non plus...

Elle était au rendez-vous au bout de la ligne. Elle m'indiqua que le lendemain, elle allait visiter un appartement près de chez moi. Je lui rétorquai que je ne lui avais donné ni l'adresse ni le nom de ma ville.

Et là, le plus tranquillement du monde, elle déclara qu'elle savait tout... que j'étais dans l'Essonne, à Évry !

Sur ce coup-là je regrettai de ne pas avoir parié, car, comme je le lui précisai, ma maison était tout au sud de la Seine-et-Marne, en pleine campagne, à la limite du Loiret.

Pourtant, selon ses dires, mon annonce indiquait bien Évry. Il m'a fallu réfléchir intensément pour lui donner une réponse aussi plausible que vraie. Je n'allais tout de même pas lui dire que lorsque Patricia m'avait demandé mon adresse pour créer mon compte sur Leboncoin, je lui avais donné celle de la préfecture d'Évry ! Je m'engageai à lui donner les raisons exactes plus tard.

« Dommage, répliqua-t-elle, on aurait pu boire un café ensemble. » Puis :

« Je rigole, je serai avec une amie et on sera pressées. »

Mais l'idée du café était lancée. Nous avons refait le monde à nouveau. Les heures ont défilé... la nuit est tombée.

On avait dû baisser nos gardes respectives, puisqu'avant de raccrocher, nous étions tombés en parfait accord pour dîner ensemble le vendredi suivant.

Le mardi, dès 9 heures du matin, comme je n'avais pas eu le temps de convoquer le bon et le sage pour une nouvelle assemblée générale, chacun était pendu au téléphone avec les mêmes questions insistantes sur la femme mystère. Ils voulaient rester aux premières loges.

Ils étaient ravis pour le projet de dîner… à ceci près que Pascal a jugé bon d'organiser une réunion de crise. On devrait donc se retrouver à trois le midi même, dans l'un des restos qui nous servent de cantine.

On est comme ça, nous les garçons : on fait le rapport aux copains. Mais les filles ne font-elle pas pire quand elles sont entre elles ?

Dès mon arrivée au point-presse, Pascal, m'ayant demandé par quel moyen j'avais l'intention de me rendre au dîner du vendredi soir, m'a interdit de prendre ma Volvo Break, au motif que c'était une épave. C'était effectivement un vieux modèle obtenu pour 1000 euros pour mes achats à Rungis, en appoint du poids lourd conduit par un chauffeur.

Mais moi je l'aimais bien : cela faisait plus de quatre mois que je lui mettais 250 kilomètres au compteur chaque jour, et que je la chargeais jusqu'à plus soif. Lorsqu'elle rendrait l'âme, j'espérais bien trouver sa sœur jumelle au même prix.

Les voitures et moi c'est une longue histoire d'amour, j'en ai eu des tonnes. À l'époque j'avais les moyens – enfin je me les donnais. Aujourd'hui si ça démarre et que ça roule, ça suffit amplement à susciter mon attachement.

Pour Pascal, il fallait impérativement que je prenne la Range Rover ce vendredi-là. Je lui demandai si lui-même était prêt, en conséquence, à rouler en Volvo break le vendredi, avec les odeurs de Rungis, au risque d'entacher son image.

Stan le sage imagina une solution intermédiaire : louer une voiture pour le week-end. Sympa les frangins de se soucier de moi à ce point-là ! Quitte à louer, je préférais pour ma part en acheter une ; cela me servirait à l'avenir de toute façon.

Notre conseil d'hommes a enchaîné sur le lieu du dîner. Si les clients autour de nous ont tendu l'oreille ce jour-là, ils ont dû imaginer que j'organisais un dîner royal : certes j'avais calmé les ardeurs de Pascal concernant le carrosse, mais cela ne l'empêcha pas de citer toutes les grandes tables de Paris.

J'avais bien une idée à leur soumettre, mais j'attendais la fin de la deuxième bouteille de Bourgogne…

Une fois mes compères bien détendus, je leur ai rapporté combien la divine et mystérieuse femme avait apprécié mon penchant pour la cuisine. Non seulement elle avait trouvé ce concept d'un homme aux fourneaux rare et précieux, mais elle avait glissé un : « Moi et la cuisine, ça fait deux ! » Pascal a fait la grimace :

« Ça c'est pas bon, elle doit bouffer du McDo et des pizzas tous les soirs. Et voilà le modèle ! Finalement tu devrais prendre la Volvo, frère : si elle ne tient pas sur le siège, tu rabats les banquettes arrières et tu la couches ; si ça va toujours pas, tu prends le camion que Polo t'a offert. »

Malgré ma difficulté à garder mon sérieux, j'ai pu enfin commencer à défendre ma vision des choses : j'allais cuisiner pour elle.

Le problème, c'est que je ne pensais pas qu'elle aurait le courage, un vendredi soir, de faire deux heures de route pour venir manger chez moi. Et, comme c'était trop tôt pour m'inviter chez elle, il fallait que je trouve un autre endroit. Stan a tout de suite pensé à un joli pique-nique. Pascal s'est enflammé :

« Ah oui, un dîner champêtre à 22 heures, dans les champs, éclairés par les phares de la Volvo ! Je t'offre la nappe à carreaux et les serviettes, j'en ai au magasin. Remarque si elle est moche, tu coupes les phares et tu mets les warnings. »

J'ai poursuivi en expliquant que pour une telle rencontre, il fallait un endroit neutre. Ni elle ni moi ne nous sentirions bien au resto : entre le serveur potentiellement lourdingue, la présence des autres clients, le risque qu'à minuit on nous mette dehors et les désagréments des fêtards du vendredi soir... Non.

Je voulais créer quelque chose de respectueux et d'original, qui me ressemble. Mes deux compagnons chantaient : « Il est love le Manu, il est love... »

Soudain, Pascal a trouvé la solution :

« Je vais t'offrir une caravane, je sais que ça te manque. On va la mettre sur son parking à Versailles. Il faut bien qu'elle s'habitue à ta vie de gitan... »

Sans le savoir, il m'a conforté dans la super idée que j'avais. Mais avant de la lui révéler, il allait falloir que j'en étudie la faisabilité...

Elle me téléphona le soir-même. En 48 heures, elle était devenue ma drogue. C'est très difficilement explicable : sans m'avoir jamais ni vu ni touché, elle m'avait ensorcelé.

Ce soir-là, j'ai mis cartes sur table sur ce tout qui se passait dans ma tête : ce n'était pas des envies sexuelles mais une drôle de sensation qui m'envahissait lors de nos discussions, un fluide qui passait. Par moments même, cela me faisait peur.

Elle s'est confiée à son tour : elle ressentait la même chose. Elle avait même du mal à se concentrer au travail, etc. Cette situation dépassait tout ce qu'elle aurait pu imaginer d'une relation avec un homme.

Elle m'a demandé de l'excuser pour certaines de ses réponses, dont un « négatif, trop tôt », lorsque je lui avais demandé son adresse pour lui faire parvenir des fleurs. Cela l'avait perturbée. Elle semblait prudente, ce qui paraissait une bonne chose.

D'un autre côté, je m'interrogeais sur la véracité de certaines de ses explications. Et lorsque je commençais à lui expliquer mon parcours obscur, j'avais l'impression qu'elle s'en fichait – ou qu'elle en avait déjà été informée.

Je me retrouvais dans des discussions surréalistes. Je me demandais ce qu'elle avait à protéger ou à cacher. Et quand je lui ai proposé qu'on s'envoie mutuellement nos photos :

- Non, ça ne sert à rien. On se verra vendredi – si tu ne changes pas d'avis ! Et puis, toi comme moi, on pourrait tout à fait s'envoyer une photo qui n'est pas la nôtre.
- OK, OK ma chérie. Veux-tu parler sur Skype ? On se verra…
- Non, je préfère qu'on se découvre pour de vrai.

On a parlé toute une partie de la nuit. Toutefois, et malgré le très bel échange, un truc me chagrinait.

Le mercredi matin, je n'en pouvais plus. Il me fallait des explications. Le seul élément pour remonter à la source était son numéro de portable. J'ai donc appelé Antony, un ami qui tient une boutique de téléphonie, et à qui je fais appel pour certains de mes dossiers. Il est certes limité dans son champ d'action, mais ses éléments suffisent à dégrossir bien des situations.

J'ai ainsi pu savoir que c'était une ligne Free avec abonnement promotionnel, liée à une box. Il n'avait pas accès au nom du propriétaire, juste à la localisation : le 78. Elle avait dit Versailles : c'était bien le 78.

Mais j'avais besoin de davantage de garanties. J'ai donc appelé un autre copain, bien placé dans la police. Il avait des contacts chez Free qu'il pouvait solliciter. L'autre option, bien plus complexe, était la commission rogatoire – à moins qu'il ne glisse discrètement le numéro de l'inconnue des Yvelines dans un dossier qu'il traitait... mais il fallait que le jeu en vaille la chandelle.

Je l'ai averti que si au-delà du vendredi soir il n'avait plus de mes nouvelles, il devrait lancer une procédure officielle, peut-être criminelle. Il a rigolé. Avant midi, la réponse est tombée :

« J'ai eu mon gars chez Free : le prénom c'est bon, Versailles aussi, idem pour l'âge. Par contre, sa profession à l'ouverture de la ligne en 2008, c'était « étudiante ». Et la ligne n'est pas utilisée régulièrement : parfois elle reste trois ou quatre mois sans mouvement. Donc on ne sait jamais : samedi matin, je t'appelle, mon ami. Cela dit, c'est peut-être juste une fille prudente ; avec tous les barjots en liberté, elle a bien raison. »

J'avais des éléments concrets et rassurants : en cinq ans, elle avait terminé ses études ; et elle devait utiliser Free par sécurité, en parallèle d'une autre ligne personnelle. D'ailleurs elle avait bien envoyé un message à un inconnu sur Leboncoin ! Cette fille n'avait aucune raison de mentir, tout ce qu'elle disait était clair. L'analyse de mon pote flic l'emporta : c'était une jeune femme prudente.

On était à J-2 et il fallait que je trouve une nouvelle voiture. En nouveau pro du site Leboncoin, j'ai affiné ma recherche : boîte mécanique ; année, peu importe ; idem pour le kilométrage ; localisation, Île-de-France. Je n'avais pas envie de chercher trop loin.

J'avais fixé le prix maximum à 3 000 euros. Avec ça, je pouvais miser sur trois mois ; si elle tenait plus, c'était banco… Bref, c'était la roulette. Et puis je comptais bien négocier, on n'est pas des lapins de six semaines.

En début d'après-midi, j'avais déjà sélectionné trois voitures et téléphoné aux vendeurs pour prendre la température. Le premier devait refaire le contrôle technique : c'était louche.

Le deuxième était un vendeur de voitures très sympa. Mais comme tout marchand de voiture, il aurait vendu un hamburger à un végétarien en prétendant que c'est de la viande végétale !

Je l'ai calmé tout de suite : j'avais besoin d'une voiture pour le soir-même, capable de rouler deux à trois mois sans que je n'aie à lever le capot ; l'autoradio devrait fonctionner ; le contrôle technique devrait être impeccable, car je devrais faxer la carte grise à mon pote assureur afin qu'il assure le véhicule dans la soirée. Enfin, la livraison devrait se faire vers Paris sud, idéalement sur Vincennes.

En effet Pascal rentrait par Vincennes : à 17 heures je décollerais avec lui dans le 4x4 et à 18h30 on serait sur place, posés chez un ami, Patrice, qui dirige une belle brasserie. Le vendeur devrait donc arriver à partir de cette heure-là. J'achète des voitures jetables, il faut que ça aille vite.

Là, il s'agissait d'un petit coupé sport des années 2 000, de marque asiatique. Un très bon produit mais invendable. Un jeune conducteur en aurait bien envie, mais trop de chevaux fiscaux veut dire prime d'assurance élevée : si on a des enfants, on oublie. Bref, c'est une voiture pour célibataire.

Mon vendeur a accepté toutes mes conditions, à ceci près que la livraison à Vincennes ne se ferait pas avant 21 heures. En pleine nuit je ne verrais ni les rayures ni les bosses : c'était un bon celui-là !

Et c'était un pro : pour 200 euros supplémentaires, il me proposait une garantie de trois mois, avec le carnet – ce qui me faisait deux mois et demi avant de goûter au bonus. A ce moment-là, il ne savait pas encore que ce serait lui qui me l'offrirait.

Je l'ai donc invité à venir avec sa paperasse. À 21h30, l'affaire était réglée. La voiture était propre et saine, le vendeur idem. J'ai proposé de la prendre pour 2 000 euros au lieu de 3 000. On s'est mis d'accord sur 2 500... et il m'a offert la garantie.

Compliment du soir de Pascal :

« Elle est belle ta caisse de garçon coiffeur ! »

Vers 20 heures, avant la livraison du bolide, j'ai appelé mon inconnue pour la prévenir qu'étant occupé toute la soirée, je serais difficilement joignable. Elle m'avait demandé de lui envoyer un petit SMS pour l'informer de mon retour, ce que j'avais trouvé fort délicat...

Mais pour Pascal, elle commençait à me pister. Comme je niais, il a appelé du renfort : Patrice en personne, gros déconneur, ami depuis 30 ans, ayant fait les 400 coups lui aussi, et le Liban en uniforme. Un personnage...

Il est donc parti dans un scénario délirant, en mimant les scènes. Du grand spectacle. Et lorsque Pascal lui a appris qu'elle était (supposément) ingénieure financière :

« On va lui demander de nous faire des virements sur nos comptes personnels ; et de nous donner les itinéraires des camions tirelires, pour se les taper. »

Et de me supplier de venir dîner avec elle dans sa brasserie le lendemain soir ! Les deux artistes m'ont mis la tête à l'envers toute la soirée – mon inconnue a dû avoir les oreilles qui sifflaient. Mais ce fut un bon moment !

Sur le chemin du retour, alors que je testais le bolide, j'ai dû m'arrêter pour mettre du carburant – un bon vendeur de voitures vous livre toujours avec le réservoir vide. En arrivant, j'ai informé ma belle comme convenu. Sa réponse :

« Merci pour ton doux SMS. Il est tard mais je n'ai pas encore trouvé le sommeil. Moi aussi je pense à toi, le réveil va être dur demain. Fais de beaux rêves, Emmanuel. »

Je me suis senti obligé de répondre, puis elle aussi... et nous avons échangé plus d'une heure. A un moment, silence radio : elle avait dû tomber dans les bras de Morphée. Je l'ai suivie.

Jeudi matin, J-1, il était temps d'accélérer les préparatifs : je n'avais pas encore trouvé « le lieu » du rendez-vous-mystère. Je suis donc allé consulter mon site porte-bonheur et me suis mis à chatouiller les curseurs :

Rubrique : location de vacances ; localisation, à 25 km de Versailles ; prix, peu importe... Je ne comptais pas lésiner sur les moyens, d'autant qu'il ne restait que 36 heures chrono pour savoir si j'allais être bon pour des Kinder Bueno.

Très vite, j'ai trouvé une annonce correspondant au lieu atypique que je cherchais : proche de Montmorency (ce serait plus simple pour elle). Je suis tombé au téléphone sur une dame plutôt agréable... mais qui m'annonça qu'elle louait du vendredi 14 heures au jeudi matin, et qu'elle ne faisait jamais de dérogation. Six nuits !

Ce n'est pas ça qui allait me freiner. J'avais trois logements au choix (elle avait divisé son grand corps de ferme en plusieurs gîtes). J'ai finalement opté pour celui du rez-de-chaussée : meublé et équipé, il avait deux chambres et un grand salon ouvert sur une cuisine américaine.

Elle m'a fait la liste des accessoires qu'elle avait mis à disposition pour le confort de ces clients : aspirateur, lave-linge, lave-vaisselle, Hi-Fi, TV. Bref, je tapais dans le haut de gamme du gîte rural !

Je voulais malgré tout la rencontrer et visiter afin d'être sûr de mon coup. De toute façon, elle voulait sa caution, mes papiers d'identité et le montant de la location. Chez elle, on payait d'avance : pas de dérogation non plus...

Cela dit, elle était exigeante mais sérieuse. J'y allais donc en confiance. Je devais la retrouver devant le gîte, le soir-même à 20 heures.

Je connais très mal le département du Val-d'Oise. J'ai donc contacté Stan : sa belle maison familiale est dans les environs de la forêt domaniale de Montmorency... ça rapporte d'être marchand de clous ! Je voulais qu'il m'aide à localiser le gîte – de toute façon je n'allais pas tenir l'adresse secrète : je disais toujours à mes deux frangins où j'allais.

Quand j'ai donné le nom de la ville, il m'a annoncé... qu'on serait voisins d'un soir ! Nous étions à cinq kilomètres à vol d'oiseau... Le monde est petit. Et, s'étouffant de rire :

« Super ! Et si la fille te pose un lapin, appelle-moi : je viendrai avec ma femme manger tes bons petits plats, histoire que tu ne sois pas seul ! »

Je lui ai répondu que si c'était le cas, puisque lui m'aurait porté malheur, je n'inviterais que sa femme. Puis il a fini par admettre que mon projet de cuisiner dans un gîte était une très belle idée, hors du commun. Il a ajouté qu'il n'y avait qu'un barjot comme moi pour faire ça...

On était encore en début de journée, mais déjà j'étais au téléphone avec mon inconnue pour avoir de ses nouvelles et confirmer notre rendez-vous. Comme à ce stade je l'avais seulement informée qu'on se verrait en périphérie de Versailles, elle devait toujours penser à un resto.

Il était donc temps que je lui explique ; sinon, à se retrouver au beau milieu de la campagne puis devant une ferme toute sombre (vu l'heure d'arrivée prévue), elle risquait bien de faire marche arrière.

Elle ne posa pas de question sur le lieu. Je l'interrogeai sur ses goûts culinaires : rien ne la dérangeait – ce qui m'intrigua. Craignant de me prendre un gros lapin, je lui demandai si cela lui posait problème que ce soit moi qui cuisine. La réponse ne se fit pas attendre :
- Génial !
- Est-ce que ça t'embêterait si je t'invitais dans une maison louée pour l'occasion ?
- (Elle éclata de rire) Déjà que pour moi c'est compliqué de trouver une location, même un studio, et toi tu arriverais à louer une maison pour quatre heures, juste pour un dîner ?!
- Tu veux remettre ton Kinder Bueno en jeu sur ce coup-là ?

- Sûrement pas ! Je l'ai déjà gagné mon Kinder, je le garde. Mais si je rentre sans effraction dans cette maison, alors aucun problème. Cela dit, ne prends pas de risque pour moi, un McDo, ça me va très bien aussi.

Comme elle avait ouvert une « brèche » en utilisant le mot « effraction » :
- Ça serait pas mal que tu en saches plus sur ma vie passée avant qu'on se rencontre. Tu peux jeter un œil sur Google en tapant mon nom ; ou plutôt mon nom de scène, « Manu le Gitan ».
– Si tu veux me faire fuir, il en faudra plus ! Je n'ai pas besoin de Google pour me faire une idée sur toi, je me la ferai seule.
- Je me suis pointé au gîte à l'heure convenue. Le corps de ferme était encore plus beau que sur les photos. Une femme forte trônait sur le pas de la porte, en mode guerrière. Elle était en habits de travail : elle devait sortir de la traite des vaches.

Elle m'a invité à visiter le logement. Avant toute chose, elle a retiré ses bottes – de vraies bottes en caoutchouc bien vert, bien crottées de terre et de paille. Je me suis déchaussé aussi.

Elle m'a expliqué qu'avec son mari, lui aussi agriculteur, ils avaient aménagé leur ferme en gîte afin d'arrondir leurs fins de mois. Tout était de bon goût dans la déco, comme dans le choix des meubles : confort, raffinement. Une belle surprise.

Elle s'est posée sur le coin de la table du salon pour contrôler de son œil affûté ma pièce d'identité, y relever les informations nécessaires et remplir les documents. Puis, elle a annoncé passer aux choses sérieuses : pour le loyer de la semaine, ce serait 600 euros, à payer tout de suite.

J'ai posé sur la table les 12 billets de 50 euros.

Quand une femme aux bras plus gros que vos cuisses vous « ordonne » de payer, vous le faites ; et vous ne bronchez pas. Et quand elle poursuit, de sa grosse voix : « 1 200 pour la caution, à payer tout de suite aussi ! », vous sortez direct vos 24 billets de 50 euros.

Soudain, elle a fait une pause et m'a regardé avec insistance, avec ses gros yeux ronds. J'avais fait une connerie, c'est sûr : est-ce qu'il manquait un billet ? Son œil de lynx en avait-il détecté un faux au milieu de la liasse ?

Vous avez beau avoir derrière vous de longues années de filatures, d'arrestations, de cavales, c'est là que la peur vous envahit... Mais quand la paysanne à la grosse voix ajoute : « Pas d'espèces pour la caution, que des chèques ! », votre angoisse redescend direct.

Sauf que sur ce coup-là, le soulagement a été de courte durée : je n'avais ni chéquier ni carte bancaire – n'ayant pas encore pris le temps (ni peut-être le courage) de franchir le seuil d'une banque pour y ouvrir un compte... J'étais donc bien dans la mouise.

Il fallait que je tombe sur un cas d'école : probablement la seule paysanne qui ne voulait pas de fraîche ! Cela ne pouvait arriver qu'à moi...

Comme elle devait me les rendre en fin de location, c'était une responsabilité pour elle, s'est-elle mise à m'expliquer... Ce que j'ai surtout compris, c'est qu'elle aimait tellement la fraîche que ça lui aurait fendu le cœur de devoir me rendre tous ces billets.

Résultat des courses : on était jeudi soir, j'étais bloqué dans une ferme à la campagne avec la mère de Stallone, qui me demandait un chèque de 1 200 euros pour me permettre de réaliser le dîner romantique de mes rêves.

Dans ces cas-là, tu n'as qu'une envie : tuer la vieille et surtout ne pas la rater – car si elle se relève, ça va être compliqué… Surtout à deux doigts de (peut-être) faire la rencontre de ma vie, il était hors de question que je meurs, ni que je finisse dans un enclos bouffé par des cochons.

Puis, poussé par un instinct de survie puissance 1 000, j'ai eu l'idée du siècle. Avec la complicité de mon Samsung, j'ai contacté Stan – qui venait d'arriver chez lui et de se poser bien tranquillement devant la cheminée pour l'apéro, avec sa tendre épouse.

J'ai pensé à lui puisque le matin même, fier comme un pape, il s'était réjoui que l'on devienne voisins le vendredi soir. Pas de bol Stan : on n'était que jeudi et je te sollicitais déjà ! Mais c'était mon frère : il était là pour moi.

J'ai senti comme une légère hésitation dans sa voix. Je me suis d'abord inquiété, pensant qu'il avait un problème. Il m'a expliqué qu'il était en chaussettes sur sa terrasse, s'étant extrait du contexte familial pour me parler… Mais surtout qu'il n'avait pas son chéquier de société sur lui.

Si c'était le lendemain, a-t-il précisé, il n'y aurait eu aucun problème, mais là il devrait utiliser un chèque personnel lié à son compte joint et donc… en aviser sa moitié :

– Expliquer que tu as loué un gîte à côté de chez nous pour cuisiner un repas à une fille que tu ne connais pas et que tu retrouveras demain, et que la proprio ne veut pas de tes espèces pour la caution, ça va être compliqué… – Elle ne va jamais te croire. Écoute Stan, ne rentre pas dans les détails. Dis-lui juste que Manu a un problème urgent et a besoin d'un chèque de caution. Elle te dira juste de te dépêcher pour aller me rendre service.

J'étais sûr de moi : son épouse était super, c'est lui qui était trop timide. Et effectivement : dix minutes plus tard, Stan était là, chèque en main – sa femme l'avait juste engueulé parce qu'il avait traîné sur le départ.

On a donné le chèque à la forte dame. Elle a fait un sourire agricole puis m'a remis les clefs. Elle m'a fait savoir que je ne devrais pas entrer dans le logement avant le lendemain 14 heures. La vieille risquerait bien de me mettre un coup de fusil ou de me facturer les minutes en plus !

Stan est rentré au bercail. J'ai appelé Pascal pour lui révéler le lieu magique : il n'en revenait pas ! Il était surtout ravi pour moi. Puis il s'est bien marré en entendant l'histoire de l'intervention de notre frère Stan pour le chèque de caution. Pour Pascal, j'avais pensé à tout : la voiture de garçon coiffeur, le petit nid d'amour, les chambres confortables... Et, toujours en me charriant :

« N'oublie pas ton tablier de chef ni ta toque, frère ! Tu vas lui cuisiner quoi, à ta chérie ? Tu es trop fort : tu nous vas faire le combo gagnant : *Tournez manège*, *Top chef*, et *L'amour est dans le pré* en une soirée ! Tu nous avais habitués à autre chose : ils sont où les 20 heures, les *Sept à huit*, les *Faites entrer l'accusé* ? T'as pris un coup de vieux, frère, tu vas finir dans *Quatre mariages pour une lune de miel* ! »

Durant les deux heures de route séparant le Val-d'Oise du Loiret, j'ai cogité sur le menu : dans notre magasin (chapiteau) alimentaire, j'avais 80 % des ingrédients. Le matin, en allant aux achats à Rungis, je passerais voir mes potes bouchers pour obtenir une belle pièce de viande.

À nouveau, dès mon arrivée à minuit, je me suis mis sur mon téléphone pour joindre ma belle (de moins en moins) inconnue...

Le lendemain, à la même heure, soit elle serait partie telle une Cendrillon sans me laisser un seul de ses souliers, soit nous serions face à face à discuter, ou côte à côte, ou... allez savoir.

Même si on ne se connaissait que depuis cinq jours et que je n'étais pas un garçon facile, je risquais de craquer à ses avances...

Nous avons discuté un long moment, aucun de nous n'ayant envie de raccrocher. On avait l'impression de se connaître depuis des années. C'était d'agréables sensations, difficiles à expliquer... et encore plus à comprendre. Mais réciproques.

Elle, comme moi, on se disait parfois que c'était trop beau pour être vrai... Nous avions peur de la chute.

Nous nous échangions tour à tour des « moi je ne raccroche pas », « si cette communication coupe, ce n'est pas de ma faute ». Le grand classique. Nous ne nous étions pas encore rencontrés que déjà nous en étions à nous rejeter la faute.

Nos forfaits téléphoniques étant illimités et nos batteries pleines, il a fallu que l'un d'entre nous soit plus ferme... Ce fut elle, tard dans la nuit, et à contrecœur.

Lorsque mon réveil a sonné – très peu de temps après – j'ai filé à Rungis et j'ai enchaîné à toute vitesse : bâtiment fruits et légumes, crémerie, en passant par la boucherie pour mes emplettes personnelles (des fois que ma belle fût une grande carnivore). Tout était envisagé : le cas où elle serait difficile, végétarienne, végétalienne, végane, etc.

De retour au chapiteau vers 11 heures, j'ai chargé les provisions dans ma voiture de garçon coiffeur.

Pascal, qui avait toujours dit qu'il n'aimait pas faire les courses (au point d'avoir caché à sa femme son activité alimentaire), m'a proposé son aide de bon cœur – ce que je ne pouvais qu'accepter. Il a donc pris un chariot et a commencé à tourner dans les rayons en chantonnant. Et d'ajouter :

« Je t'ai mis du thé, du café et du chocolat en poudre : je pense au petit-déjeuner du samedi matin, on ne sait pas ce qui peut se passer, et ce que madame prend le matin... On ne sait pas ce que madame va prendre cette nuit non plus ! »

J'ai rappelé à Pascal que ce n'était qu'un dîner et que la dame rentrerait chez elle. Pascal était toujours aussi enthousiaste qu'intrigué.

Dans cette histoire, j'étais soutenu par mes frères. Mais mon inconnue m'avait confié n'en avoir parlé strictement à personne : elle craignait d'être découragée par ses proches amies, voire prise pour une folle, car elle était connue pour être quelqu'un de réservé.

Moins de huit heures nous séparaient du moment fatidique : j'étais sur le qui-vive. J'avais encore du mal à y croire, au point de trouver mon Pascal, qui faisait le clown dans le chapiteau, très, voire trop sûr de lui.

Après tout, allait-elle réellement se présenter au dîner ? Et puis, si l'esprit de cette femme, que j'avais eu l'occasion de découvrir en cinq jours d'échanges téléphoniques, ressemblait à mon idéal féminin, qu'en était-il de son physique ?

Les seules personnes qui me connaissaient assez pour être en mesure de donner des directives à une actrice voire à une escort-girl, c'était justement Stan et Pascal.

Et ils en étaient capables. Vu que je les taquinais souvent sur leur vie de couple et que je disais régulièrement que tomber amoureux, ça ne m'arriverait jamais à moi, même pas en rêve, ils auraient très bien pu avoir envie de me faire une grosse blague...

À quelques heures du rendez-vous, j'avais donc deux scénarios possibles : soit tout était vrai et le hasard faisait bien les choses (un grand merci au site Leboncoin !), soit tout était monté de toutes pièces par deux metteurs en scène de choc dignes des plus grands cinéastes. L'inconnue pourrait alors monter les marches à Cannes...

J'ai donc pris la route pour le gîte. Je voulais arriver tôt pour poser mes marques, prendre le temps de cuisiner et dresser la table. De plus, je tenais à lui préparer une surprise de taille : le matin, j'étais passé chez un déstockeur de confiseries à Rungis pour honorer ma parole.

Arrivé sur place, j'ai envoyé un SMS à mon invitée lui indiquant l'adresse et lui demandant à quelle heure elle comptait être là. La réponse est arrivée à la vitesse de la lumière :

« 20 heures. Je n'y crois pas : on y est. Ces cinq jours m'ont paru un siècle. »

J'avais préparé de belles entrées. Les casseroles mijotaient, les desserts refroidissaient. Elle aurait le choix, comme sur la carte d'un resto.

Vers 18 heures, j'ai commencé à mettre en place la surprise qu'elle découvrirait au moment où elle passerait la porte... de la chambre parentale. Ainsi, selon la tournure de cette soirée magique, la surprise serait ou ne serait pas découverte.

CHAPITRE 6

In love en direct

Je m'étais posté derrière la fenêtre entrouverte de la cuisine, qui donnait côté rue. J'attendais avec impatience de voir la lumière des phares de la voiture de mon invitée.

Après avoir été ébloui par une quinzaine de couillons revenant chez eux et quelques tracteurs retardataires rentrant à la ferme, j'ai enfin vu arriver doucement un petit véhicule. Il s'est stationné délicatement, à quelques mètres de ma fenêtre.

J'ai sorti ma tête pour ne rien rater. La porte du conducteur s'est ouverte.

Dans l'obscurité, une très longue jambe blanche est sortie, suivie d'une seconde... Puis est apparu un buste rouge, avec des strass scintillant dans la nuit...

Et enfin, une très jolie tête noire.

Elle ne m'avait donc pas menti ! J'étais bon pour lui offrir ses Kinder Bueno.

Devais-je enjamber la fenêtre pour l'accueillir, tel un Belmondo, ou prendre le temps de sortir par la porte ? J'ai calmé ma joie et j'ai choisi la seconde option. Puis, d'un pas très décidé, j'ai couru jusqu'à elle.

J'en ai profité pour jeter un œil discret aux alentours : pas de Stan planqué dans un arbre ; pas de 4x4 en planque non plus, donc pas de Pascal à l'horizon... Encore moins de chef de tribu africaine voulant me piéger ; ni de service de police...

À cet instant, j'ai été ébloui par ses yeux. Ça devenait difficile de continuer à penser qu'il y avait un piège. Il me fallait accepter la réalité, et que celle-ci n'est pas toujours aussi sombre qu'on croit.

Nous nous sommes fait la bise. J'ai dû lever la tête : elle était bien plus grande que moi. J'ai plongé mes yeux en direction du sol pour me rassurer : elle trônait au-dessus d'une quinzaine de centimètres de talons.

J'allais donc devoir utiliser la méthode de la propriétaire pour la faire descendre à ma hauteur : l'inviter à se déchausser pour entrer dans la demeure. Si, telle une Cendrillon, elle se retirait à minuit, elle ne risquait donc pas de me laisser un de ses escarpins de luxe aux semelles rouges. Quoique, peut-être les deux...

Elle avait dû assortir son pull avec ses chaussures. Quant au pantalon, il était moulant et d'un blanc éclatant, ce qui la rendait encore plus explosive. Elle avait dû l'assortir avec son envie de me séduire. Elle correspondait donc aussi bien mentalement que physiquement à mon idéal féminin… ou plutôt à la femme de mes rêves.

C'est dans ce genre de cas que tout homme de plus de 45 ans se dit : ce soir je rentre mon ventre et demain je reprends le sport (et je lance le plan implants de cheveux).

Car si la très belle inconnue allait finir ma vie avec moi (ma vie et pas la sienne, car avec une trentaine d'années de différence, elle finirait sa vie sans moi, à coup sûr, et elle viendrait me rendre visite au Père-Lachaise), je n'avais pas envie que d'ici là, on me prenne pour son père.

La voiture n'était garée qu'à 20 mètres de la maison ; pourtant en marchant sur cette courte distance, j'avais eu le temps de me projeter loin dans l'avenir.

Elle a défait ses talons et est descendue dans mon monde. Nous avons pénétré dans notre lieu de rendez-vous.

Puis nous nous sommes installés face à face dans le salon, un verre de jus de fruits à la main, reprenant nos discussions... aussi simplement qu'elles avaient commencé quelques jours plus tôt.

Cette fois, il y avait le son et l'image...

L'atmosphère avait quelque chose de magique. Nous avions du mal à réaliser ce qui nous arrivait, le naturel de ces premiers vrais échanges, la sincérité, la connivence. Tout coulait de source.

Nous étions comme un couple qui se connaît depuis des années... mais sans les soucis et la fatigue de la vie de famille, sans les tracas de la semaine et les embrouilles qui vont, bien souvent, avec.

Nous étions si naturellement bien, que je pense que si je lui avais dit, au moment de passer à table : « Chérie, tu viens dîner ? », elle aurait répondu : « Oui, mon bébé ! ».

Je lui ai demandé si cela ne la dérangeait pas que j'envoie un SMS à mes frères pour les rassurer sur notre rencontre, puisqu'ils avaient peur que ce ne soit un piège d'une serial-tueuse. Elle s'est mise à rire :

« Tu n'en sais rien à cet instant, la soirée n'est pas terminée ! »

Elle avait de l'humour, mais surtout une belle répartie. C'était très agréable. Elle semblait loin d'être naïve. On avait des parcours de vie tellement différents.

Ah oui, excusez-moi : submergé par l'émotion, j'ai oublié de vous révéler son identité : Namiz, 28 ans ; bac +6 ou 7, option finances ; née à Abidjan.

C'est elle qui rentrait à la maternelle à l'époque où moi je m'évadais de la prison de Fresnes. C'est pour elle également que je prépare la soirée de Noël 2017, dans notre maison.

C'est donc dans ce gîte rural que, grâce à la caution de Stan et aux bénédictions de Pascal, l'amour avec un grand A est arrivé dans ma vie.

C'était un vendredi soir de l'année 2014. Namiz me regardait avec les yeux de l'amour.

Et, lorsque j'ai déposé sur la table tous les plats que j'avais concoctés spécialement pour elle, enchantée autant que surprise, elle m'a demandé qu'elle genre d'homme j'étais... pour commettre une telle merveille d'audace.

Aucune amie ne lui avait confié avoir eu un tel premier rendez-vous ; pas plus qu'elle n'en avait vu dans le scénario d'aucun film. Elle était donc en droit de se poser des questions.

« Je suis le même énergumène qui a mis l'annonce *Logement et salaire contre services* sur Leboncoin. »

Je lui ai rappelé que c'était elle, un dimanche, qui m'avait envoyé le premier SMS et que cela faisait deux fois en cinq jours qu'elle me posait la même question ; que vu son niveau intellectuel, elle aurait déjà dû comprendre que j'étais un être venu d'une autre planète.

Elle a souri, prétextant qu'elle ne se souvenait plus avoir déjà posé la question, encore moins d'avoir envoyé un SMS à une annonce sur Leboncoin, que cela devait faire des années.

Elle a souri à nouveau en me regardant avec ses jolis yeux brillants. Et, décontractée, d'un naturel à vous faire tomber de la chaise :

« Il y a deux heures, on se disait qu'on avait l'impression de se connaître depuis des années, d'être un couple uni depuis dix ans. Donc je t'ai posé deux questions en dix ans. »

Trop forte ! Sa douceur, sa finesse, son élégance, si rares de nos jours, m'ont fait fondre de plaisir...

Minuit avait sonné et ma belle Cendrillon était restée. Le conte de fées se poursuivait. Nous étions passés de la table au salon, puis du salon au canapé.

Du face-à-face au côte à côte…

Nous étions désormais main dans la main. Le bonheur.

Parfois, les belles histoires d'amour commencent main dans la main… et finissent avec une main dans la gueule. Et c'est tragique.

Battre une femme, c'est triste, c'est lâche et c'est dégueulasse. Et ce qu'il y a de bien plus grave et de plus triste encore, c'est que des milliers de femmes n'osent pas le dire et finissent un beau jour par mourir sous le coup de trop.

Les premier baisers sont arrivés, et avec eux la tendresse... Nous étions sur notre petit nuage. Nos cœurs – et maintenant nos corps – s'entendaient de mieux en mieux. Ils commençaient à s'échauffer.

Brusquement, Namiz est revenue à la réalité. Elle s'est levée d'un coup :

« Tu n'as rien oublié ? »

99 % des rencontres arrivées à ce niveau de puissance et de chaleur voient la jeune femme, prudente ou inquiète, demander à son compagnon s'il n'a pas oublié les préservatifs. Moi j'ai eu le droit à un :

« J'espère que tu n'as pas oublié mon Kinder Bueno ! Tu as perdu, je suis africaine ! »

Me levant et la prenant dans mes bras : « Suis-moi, moi je n'oublie jamais rien. »

Nous nous sommes dirigés vers les chambres. J'ai ouvert celle de gauche, où siégeaient deux petits lits d'enfants. Je lui ai précisé que nous pourrions revenir quelques années après, avec les bambins que nous aurions faits ensemble... après notre nuit passée dans la chambre parentale se trouvant juste en face.

Madame « J'ai réponse à tout » a à nouveau donné la preuve de son élégance :

« Ce n'est pas la chambre des enfants pour plus tard, c'est la tienne pour ce soir. Moi, je prends la chambre parentale ! »

J'étais calmé...

Enfin presque : je lui ai indiqué qu'une surprise l'attendait dans sa chambre. Puis je lui ai laissé le temps d'y pénétrer...

Des cris ont percé le silence de la nuit. Légèrement inquiet, je me suis précipité vers elle – c'est mon côté protecteur...

Elle venait de découvrir une chambre digne d'une déco de Philippe Stark : j'avais kinderisé, buenoifié la pièce entière ! Il y avait des Bueno à gogo : deux cartons achetés en gros à Rungis le matin même, soit 200 pièces... J'en avait fait un cœur sur le lit, j'avais écrit son prénom avec : il y en avait partout, sur les tables de nuit et sur le sol...

Elle est tombée de joie dans mes bras...et nous sommes tombés l'un sur l'autre dans le lit.

Un très grand moment. J'ai donc esquivé le petit lit de la chambre d'enfant...

Je me suis battu dix minutes avec son super pantalon blanc moulant éclatant. C'est ainsi que nous avons passé notre première nuit ensemble, blottis l'un contre l'autre... et sans trop de folie.

De toute façon, si on s'était laissés aller, après ces cinq jours d'attente – ou ces dix ans –, le sommier n'aurait pas pu résister. Nous n'avons pas voulu faire exploser le chèque de caution, par respect pour Stan.

Finalement, Pascal, celui qui ne sait pas faire les achats alimentaires, avait très bien géré mon chariot : le lendemain matin, nous avions tout ce qu'il nous fallait – mieux qu'un déjeuner intercontinental d'hôtel étoilé...

Et c'est devant notre festin matinal que j'ai indiqué à ma chérie que le gîte était à nous... jusqu'au jeudi suivant.

Elle m'a répondu que j'étais encore plus fou qu'elle ne le pensait.

Son planning était complet pour le week-end, avec visite de l'une de ses tantes de passage à Paris, et tournée de logements car son compte à rebours s'accélérait : il ne lui restait plus que deux semaines avant de libérer son studio.

Pour ma part, je me ferais bombarder de questions tout le samedi par Stan et Pascal, puis tout le dimanche par Polo, qui n'avait pas encore eu connaissance de mon aventure.

Nous avons convenus de nous retrouver le dimanche soir, « chez nous », au gîte.

J'ai cogité durant tout le week-end : je ne voulais pas brusquer les choses.

Et pourtant... Cela ne faisait même pas 36 heures que je ne l'avais ni vue ni touchée ni embrassée ni respirée, qu'elle me manquait déjà passionnément. Elle était définitivement devenue ma drogue et il me fallait au moins une ou deux injections par jour.

L'avenir allait donc être compliqué.

Je lui aurais bien proposé de venir vivre chez moi à la campagne, mais techniquement, cela ferait près de trois heures de trajet matin et soir. Autant dire que c'était impensable.

Et il fallait qu'elle accepte cette nouvelle idée folle, après seulement sept jours ! Certes elle me prenait déjà pour un barjot, mais là elle me ferait interner direct...

Jusqu'au mercredi, elle pourrait venir tous les soirs au gîte – ce n'était qu'à quelques kilomètres de chez elle. Elle pourrait même partir directement le matin pour son travail. J'avais juste à lui proposer de mettre de quoi tenir un peu plus dans sa valise.

Sauf que c'était reculer pour mieux sauter : le jeudi matin, je serais en deuil...

C'est là que j'ai eu l'idée de génie : après tout, pourquoi rendre les clefs tout se suite ?

Il y avait peut-être moyen de négocier quelque chose. Après tout, dix nuits, c'est toujours mieux que trois – enfin, ça dépend où et avec qui : en garde à vue ou en prison, c'est très différent.

Vu mon état, j'aurais déplacé des montagnes. Alors j'ai pris les devants, et, avant d'avoir une discussion avec ma belle, j'ai téléphoné à la dame aux bottes en caoutchouc vert. Nous étions dimanche mais il y avait urgence, alors tout était permis...

La chance était avec moi : le logement n'était pas réservé pour les six semaines à venir. La paysanne était d'accord pour prolonger mon séjour d'une semaine, payable le jeudi matin. Mais elle garderait le chèque de caution... Elle ne perdait pas le nord, la vieille !

Mais je ne suis pas du genre à faire les choses à moitié. Alors j'ai surenchéri :

« Combien vous voulez pour six semaines ? »

3 nuits plus 42 autres, cela nous laisserait du temps pour nous découvrir – même si nous avions le sentiment de nous connaître depuis des années.

Je savais que je partais dans une drôle d'histoire.

Déjà, techniquement, ça serait compliqué pour moi : du gîte au chapiteau, cela ferait deux heures de route matin et soir... sans compter la circulation. Je faisais déjà mes calculs sur le sens de mes tournées : gîte-chapiteau-Rungis ou gîte-Rungis-chapiteau ?

Quand on aime on ne compte pas...

La propriétaire avait bien réfléchi elle aussi, avec un calcul de paysanne affûtée : six semaines payées en fraîche, cela méritait un prix juste.

Nous sommes tombés d'accord sur une somme, mais il fallait que je paye le tout dès le jeudi. La fermière me prenait pour sa poule aux œufs d'or, et elle allait me plumer.

Mais en amour, on ne compte pas.

Patricia m'avait mis au SMIC, mais en faisant quelques bricoles ça et là, je parvenais à le doubler et parfois à le tripler. De toute façon, à ce stade, soit je payais le prix fort, soit je m'installais avec ma belle à cinq kilomètres à vol d'oiseau... dans la maison de Stan.

Namiz est enfin arrivée.

Elle m'a raconté son petit week-end : je lui avais manqué, ce serait dur de ne se voir qu'en fin de semaine ; mais dans la vie, on n'a pas toujours le choix…

Elle avait par ailleurs eu un bon rendez-vous pour un petit F2 ; son dossier était à l'étude, elle était pressée de l'avoir pour le meubler :

« Tu auras le double des clefs, tu viendras quand tu veux. J'ai les mêmes désirs que toi. »

Sa remarque est tombée à point nommé. Je lui ai alors révélé mon nouveau plan pour le gîte, précisant que cela nous laisserait le temps de nous connaître davantage et de trouver un beau logement, bien placé. Ma maison du Loiret serait notre maison de campagne...

Si elle était sûre d'elle et de ses sentiments, alors, on ne se quittait plus.

Sa première réaction fut celle d'une banquière :

« Tu es malade ! Je connais le prix de ce genre de location : la semaine, c'est un mois de loyer de mon studio ; sans compter ton loyer du Loiret ! Et tu voudrais en plus louer un grand logement et le meubler ? C'est quoi que tu vends dans ton chapiteau ? Tu fabriques l'argent ? Excuse-moi bébé, il faut quand même être raisonnable. »

Elle avait totalement raison. En plus d'être intelligente et belle, elle était lucide.

Mais je n'en avais rien à faire. Je tentai de la calmer en lui disant que j'avais un petit jardin dans lequel j'avais planté un arbre et dont les feuilles se transformaient en billets de banque. Elle n'était pas convaincue du tout. Alors j'en ai rajouté une couche :

- En dix ans de vie avec toi, j'ai eu le temps d'en faire des économies !
- Ça ne fait que sept jours.
- Ce n'est pas ce que tu disais il y a deux jours.
- Je n'ai pas dit que je refusais de te suivre, ni de vivre avec toi. Je veux juste éviter de te ruiner...

Elle a fini par accepter l'idée...

Mais avec ses conditions : elle paierait la moitié des meubles et du loyer du futur logement.

J'ai dit oui pour lui faire plaisir. On aurait le temps de revoir ça. Elle voulait également payer une partie du gîte : elle était banquière, elle avait ses économies. Pour en finir au plus vite, j'ai prétendu avoir déjà réglé auprès de la propriétaire.

Mais elle ne lâchait rien et s'engageait à me rembourser. Je l'ai laissée parler.

Le lundi matin au réveil, elle s'est dit ravie de notre choix de ne plus se quitter. Comme quoi, la nuit porte conseil.

La suite s'est enchaînée aussi vite que le début.

Elle a ramené toutes ses affaires personnelles au gîte. Lors de l'état des lieux de son studio qu'elle louait meublé, elle a laissé des tonnes de bricoles pour la fille de la propriétaire qui allait récupérer le logement.

Ça me faisait tout drôle de la voir installer sa garde-robe. A un moment je me suis demandé si en plus de son poste à la banque, elle ne faisait pas les brocantes le dimanche : elle avait des quantités incroyables de sacs à main, de chaussures, de vestes et autres babioles. Il allait falloir un sacré dressing dans notre futur logement...

Elle avait mis une grosse touche de féminité dans le monde rural. Quand elle partait le matin au boulot perchée sur ses talons de quinze centimètres, avec son tailleur et ses longs cheveux détachés, flottant au vent, ça faisait un sacré effet. Les voisines la regardaient derrière leurs petits rideaux, collées à leurs fenêtres.

Quand j'y repense, il y a peu de chances que dans leur petit village isolé de 200 habitants, ces mamies aient souvent vu des femmes africaines...

On avait à peine trois semaines de vie commune dans le gîte que ma fille Valérie, qui vivait chez mes amis à l'autre bout de la France, m'a annoncé qu'elle voulait venir en vacances chez moi. Je lui ai expliqué ma nouvelle situation : papa est en couple, etc., mais si tu veux que l'on passe cette semaine tous les deux dans ma maison du Loiret, il n'y a aucun problème...

Elle a opté pour la semaine auprès de papa et belle-maman Namiz. Top. Lorsque je l'ai récupérée à la gare Montparnasse, elle m'a demandé ce qu'elle devrait dire ou ne pas dire – elle était allée à la bonne école.

Je lui ai répondu qu'elle pouvait parler de tout, qu'il n'y avait pas de tabou, que j'avais averti Namiz de ma vie passée et que cela n'avait eu l'air ni de la choquer, ni de la gêner.

Elle a trouvé cela étrange. Je lui ai expliqué qu'il y a des gens qui ne jugent pas. Elle est restée sceptique.

Le courant est tout de suite passé entre elles... voire un peu trop. Elles papotaient en langage de nanas. Très vite, elles ont fait leur planning du week-end : shopping, cinéma... « entre filles ».

Certes, j'étais légèrement mis de côté, mais au fond de moi j'étais ravi. Ma fille, en jeune adolescente qu'elle était, avait beau prendre plus de plaisir avec sa jeune belle-mère qu'avec son vieux père, le principal, c'était qu'elle se sente bien.

Toute la semaine s'est passée dans la joie et la bonne humeur. Puis le jour du départ de Valérie est arrivé. Elle devait prendre son train pour retourner à l'autre bout de la France, chez Isabelle et Thomas, un couple d'amis depuis 20 ans.

Des personnes extraordinaires. Peu de gens vous proposent d'accueillir votre fille pour lui offrir une vie de famille, une stabilité, et surtout de l'amour. C'était un couple hors norme, honnête, travailleur, soudé.

Thomas, grand navigateur et passionné de motos, était un professionnel du tourisme. Tous deux géraient un magnifique camping, gagné à la sueur de leur front... et grâce à trente ans de crédit sur le dos.

Isabelle, que j'idolâtrais, était la sœur que j'avais rêvé d'avoir. Une grande psychologue familiale. La seule psy que je connaisse capable de s'engager dans une thèse à perpétuité avec son mari comme sujet.

Lorsque j'ai voulu mettre en place le planning de départ de ma fille, mes deux femmes m'ont fait savoir que tout était déjà prévu : Valérie accompagnerait Namiz le lundi matin vers son travail, puis filerait à la gare. C'était dans mon intérêt bien sûr, afin que je ne subisse pas les embouteillages parisiens.

Ma fille est bien rentrée. Namiz également. En arrivant au gîte, je l'ai trouvée concentrée sur son ordinateur portable. Elle n'avait pas une tête à faire du shopping sur ses sites de prédilection : elle devait travailler. Je l'ai embrassée furtivement, lui demandant si tout allait bien.

Elle m'a fait signe que oui. Mais je sentais quand même une petite tension. Puis elle m'a avoué qu'elle venait seulement de réaliser tout ce que je lui avais raconté sur mon passé.

En fait, elles avaient beaucoup discuté avec ma fille et certaines phrases que Valérie avait prononcées l'avaient un peu bousculée. Je lui proposai d'en parler, lui rappelant que je l'avais invitée dès les premiers jours à faire ses propres recherches sur Google.

Dans sa tête « Manu le Gitan » résonnait un peu comme « Mamadou d'Abidjan » : le prénom de la personne suivi de son lieu de résidence. Pour la détendre, je lui ai précisé qu'il n'y avait pas de pays qui s'appelait « La Gitanie ».

Je lui ai rappelé que l'on venait de deux mondes totalement opposés et de cultures très différentes : moi, j'avais parcouru des millions de kilomètres dans le monde ; elle, à dix-huit ans, avait fait Abidjan-Roissy, puis Roissy-Versailles, puis Versailles-Paris la Sorbonne et quelques petits voyages universitaires.

Elle s'était posée à La Défense, dans le monde de la finance. Elle était une gestionnaire hors pair, qui remboursait encore le crédit étudiant qu'elle avait souscrit pour financer ses études, tout en prenant soin de sa famille vivant à Abidjan.

Moi j'avais une sainte posée devant moi ; elle, un diable fou furieux.

Elle encaissait plutôt bien. Elle était forte. Elle était en train de commander mes livres sur le Net sans vraiment savoir si elle les lirait ou pas...

Elle me précisa que quel que soit ce qu'elle avait réalisé via les discussions avec ma fille, cela ne changeait rien à son amour pour moi, ni à la suite de notre histoire. Elle ajouta :

« Ce que tu me disais était tellement surréaliste que je ne pouvais pas comprendre. Je ne te prenais pas pour un menteur ni un mytho, je me disais juste que je n'avais peut-être pas tout compris, que peut-être tu me racontais un film. »

En fait, elle avait commencé à être troublée quand ma fille avait commencé plusieurs de ses phrases par : « quand on était en cavale avec papa en Afrique... », « quand papa a kidnappé le banquier », « quand papa a fait l'émission sur TF1 », « quand papa était en prison », « quand papa s'est fait serrer par Interpol », etc.

Je lui ai demandé si Valérie lui avait aussi parlé de : « papa qui se lève à 4 heures pour aller à Rungis », « le chapiteau de papa qui est ouvert sept jours sur sept », « papa qui bosse dur avec Stan et Pascal », « papa qui s'est toujours bien occupé de moi », « papa qui m'a dit que je pouvais tout te dire », etc.

Elle m'a confirmé que ma fille avait bien dit tout cela aussi. Mais cela, je le lui avais dit également, et elle le voyait en réel depuis un mois...

Ce qui concernait mon passé n'était que du virtuel. Et c'était difficile pour elle d'imaginer et de croire qu'un tel monde puisse exister.

CHAPITRE 7

Brigade montée

Comme très souvent, le matin, au retour des achats de Rungis, je passais boire un café avec mon Stan. On se tapait un brin de causette en duo et en même temps je prenais des petits cours de gestion de stocks. Je lui racontais mes bêtises et lui parlais de mon histoire d'amour avec Namiz.

Ce matin-là, je le trouvai soucieux, perturbé. Je tentai de le détendre un peu avec quelques blagues, en lui racontant que nous mangions dans des assiettes en plastique de peur de casser la vaisselle du gîte et de lui faire perdre son chèque de caution...

Rien n'y faisait. Je supposai que son inquiétude était en rapport avec son magasin, qu'il irait mieux le lendemain.

Les jours sont passés et mon Stan n'avait retrouvé ni son sourire ni son humour légendaire. J'ai donc alerté Pascal, qui a fini par m'avouer du bout des lèvres que notre Stan lui avait évoqué son problème... mais avait exigé une grande confidentialité. Je protestai : pourquoi se la jouaient-ils en duo, plutôt qu'en trio ? Lorsqu'ils allaient affronter un banquier, je comprenais tout à fait la nécessité du duo. Mais je prenais mal le fait que Stan me mette dans l'ombre pour une problématique personnelle.

Que pouvait-il donc confier à Pascal qu'il ne pouvait me dire à moi ? Pascal était un peu embêté par ma réponse et mon analyse. Il tournait autour du pot, pris entre deux feux : d'un côté il avait promis le silence, de l'autre il ne voulait pas que je me vexe.

Il a fini par trancher, me demandant la plus grande discrétion vis-à-vis de Stan, tout en espérant que ce dernier finisse bientôt par me parler. En fait Stan avait eu peur de mon éventuelle réaction vis-à-vis de celui ou celle qui lui avait posé problème :

« Stan s'est fait escroquer d'une grosse somme d'argent qu'il a lui-même empruntée à la banque, via un crédit. Il va devoir rembourser pendant quatre piges. »

Je n'en revenais pas : Stan, mon professeur de gestion ! Je demandai à Pascal comment un gestionnaire prudent, clean de chez clean, avait pu se faire avoir dans un dossier financier.

Je comprenais mieux son silence désormais : mon Stan ne voulait pas que je devienne son professeur de recouvrement. Pascal m'a regardé d'un œil triste. Puis, d'une voix sérieuse mais retenant un fou rire :

« Stan a acheté un cheval avec des pattes trop grandes. Ils ont même été jusqu'à raboter les sabots pour qu'il passe la visite de contrôle chez le vétérinaire. »

Moi, je n'ai pas du tout réussi à contenir mon rire. Sur le coup, j'ai pensé que mes deux compères avaient monté un canular contre moi, suite à mes soupçons concernant la belle inconnue.

Mais Pascal, dont les yeux ne pouvaient désormais plus retenir les larmes (de rire), m'assurait que si, c'était bel et bien vrai, et que c'était dramatique : sa femme était effondrée.

Le cheval, qui devait permettre à leurs filles de passer de belles épreuves de championnat national, n'avait pas la taille réglementaire. Ils n'avaient plus qu'à le mettre dans leur jardin pour brouter, en espérant au mieux qu'il remplace la tondeuse à gazon…

J'ai fini par le croire. Stan m'avait effectivement déjà dit qu'il cherchait un double poney de 1,56 mètre maximum au garrot. Je lui avais même refilé des numéros de téléphone de potes dans le monde hippique – dont un très bien, du côté de Fontainebleau.

Je n'avais pas suivi le dossier mais un de mes amis militaires, qui montait pour l'armée, m'avait mis en garde : il fallait faire très attention dans ce milieu, bien tester le cheval et vérifier ses origines :

« C'est plus compliqué d'acheter un cheval qu'une Ferrari d'occasion ! »

Faute avouée à moitié pardonnée. J'ai suggéré à Pascal d'avouer à Stan qu'il avait vendu la mèche ; et de lui dire qu'il ne devrait plus se faire de souci à présent, car j'allais lui régler ça vite fait. Il fallait juste qu'il me donne le nom et l'adresse du vendeur et des intermédiaires – s'il y en avait.

Pour moi, c'était une affaire bénigne : ça prendrait maximum 72 heures.

Pascal a grimacé, rappelant que c'était justement ça que Stan craignait – et lui aussi.

J'ai fait le type qui ne comprenait pas, précisant que si un délai de 72 heures leur paraissait trop long, je tenterais 48. J'ai insisté sur le fait que Stan était notre frère et que personne ne touchait à la famille. J'ai terminé par un :

« Dans mes fonctions au sein de notre trio, c'est moi qui gère le service après-vente. »

Un peu à reculons, Pascal a fini par appeler Stan et le convoquer le midi même, pour un déjeuner à trois. On s'est posés à notre table habituelle dans notre cantine, et nous nous sommes mis à parler équitation. Stan m'a expliqué l'affaire de A à Z.

J'avais mal aux tripes pour lui, ainsi que pour sa famille : pourquoi fallait-il que ce soit le type le plus honnête, le bon père de famille prenant un crédit pour que ses enfants vivent leur passion, qui se fasse escroquer ?

Et Stan est un homme tellement pur que ce n'était pas le fric qui le touchait le plus, mais la déception de ses filles. En quelques jours, elles s'étaient attachées au cheval, et il avait fallu un contrôle vétérinaire pour que tout s'écroule. Je restais zen en apparence pour ne pas accabler mon ami.

Surtout, je pensais déjà au scénario que j'allais monter pour qu'il récupère son argent et se rachète un cheval aux normes... Stan le sage – en l'occurrence « le résigné » –, se voyait faire un autre crédit pour acheter un nouvel animal, le temps que la justice règle le problème.

J'ai calmé ses ardeurs, lui expliquant qu'avec la loi Scrivener et les sept jours de délai, même la banque serait plus longue à lui débloquer les fonds que moi à lui ramener son argent.

A cet instant du repas, la situation était figée, bloquée.

La banque de Stan n'avait pas voulu faire opposition sur le chèque avec lequel il avait réglé le cheval. Elle ne le pouvait que sur les chèques volés ou perdus ; or il avait rempli et signé le sien de son plein gré. Le vendeur recevrait donc l'argent sur son compte.

Le vétérinaire officiel, agréé par les meilleures fédérations, avait fait la visite médicale du cheval dans l'un des plus grands centres, avec installation dernier cri et instruments de mesure au laser.

Il avait été catégorique : l'équidé faisait 1,58 mètre au garrot. On lui avait limé puis ferré les sabots avec des fers ultrafins, prêts à exploser au premier saut de l'animal, en toute connaissance de cause et dans un pur intérêt financier.

Il ne remettait pas en doute les qualités du cheval ni ses performances, mais la mesure inscrite sur ses certificats officiels. En effet la réglementation était très claire : tous les double-poneys de plus de 1,56 mètre au garrot ne pouvaient pas être retenus pour l'une des épreuves de championnat de France. Et s'ils arrivaient à s'inscrire malgré tout, ils seraient automatiquement disqualifiés lors d'un contrôle vétérinaire.

Stan avait acheté son double-poney à de grands professionnels du monde équestre, en stipulant bien que celui-ci était destiné à faire les championnats de France et devait donc mesurer au maximum 1,56 mètre au garrot. Autrement dit, il était tombé sur des escrocs notoires qui avaient raboté les pattes de leur bourricot en toute conscience. En retirant deux centimètres à leur équidé, ils en faisaient un pur-sang : 15 000 euros le centimètre.

Le vendeur de canassons, ou plus précisément la vendeuse, prise la main dans le sac, niait tout en bloc. Après quelques crêpages de chignon téléphoniques avec mon Stan et sa femme, elle ne répondait plus au téléphone.

Et c'était une notable de Deauville, avec pignon sur rue, présidente d'un club prestigieux !

La bourgeoise de Deauville avait donc à ce stade le fric sur son compte et ne voulait pas reprendre son produit frauduleux. Stan, lui, avait non seulement le crédit, mais le cheval sur le dos : ce n'était pas le moment que l'animal se casse une patte. Si cette affaire partait en justice, ce serait très long et très coûteux, et sans garantie de résultat. La vieille taupe rétrécisseuse de double-poneys à Deauville le savait certainement : elle ne devait pas en être à son coup d'essai.

J'ai fini par obtenir l'aval de Stan pour intervenir personnellement, et Stan celui de sa femme. En accord avec elle, nous sommes donc partis tous les deux en opération commando à Deauville.

Mission : convoi équestre avec voiture ouvreuse, suivie d'un camion van équipé pour le transport de chevaux, chargé du bourricot aux pattes trop longues.

On allait déjà régler le premier problème : décharger le colis au haras où Stan l'avait chargé quelques jours plus tôt. Je lui avais dit qu'on improviserait sur place. Stan n'avait pas trop d'espoir, le haras ayant juste servi de relais colis. Mais moi j'allais lui montrer comment je retourne quelqu'un qui ne collabore pas.

L'ambiance dans la voiture était calme, voire silencieuse. Pour Stan c'était la mission de sa vie, pour moi une affaire de routine. J'étais prêt à aller en garde à vue et plaider cela devant un juge si ça tournait mal. Imaginez à nouveau les titres dans la presse :

« La femme qui rétrécissait les poneys est tombée sur un os. »

L'os bien sûr, ce serait moi. Car le seul point commun que Stan avait avec un os à ce stade, c'était la couleur : il était blanc de chez blanc.

Lorsque nous sommes arrivés au haras, Stan, le sosie de Yves Montand aux supers gènes de Pierre Richard (rappelez-vous), a mis ses lunettes de soleil. Ça en jetait. Rien qu'avec ça, j'étais sûr que les choses allaient bien se passer : intimidation garantie.

J'ai demandé au chauffeur du camion, directeur d'un centre équestre en région parisienne (c'est lui qui avait hébergé le canasson hors norme), de décharger le colis. L'ambiance était celle d'un western : le haras était silencieux et désert.

Au bout d'un moment (nous ayant semblé assez long), un type est sorti d'un box fourche à la main. Était-il palefrenier ? Complice ou passif ? Dans le doute, il valait mieux prendre les devants :

« Bonjour. Police, inspecteur Machin, de la brigade financière de Paris. »

Ça aussi, ça en jette. Ça calme même.

Personnellement, ça me détend. Mais surtout, ça ouvre le débat. Le type n'a même pas osé me demander de lui présenter ma carte de police.

J'en ai déduit que j'étais crédible.

Stan et moi l'avons mis en garde à vue autour d'un café, qu'il nous a gentiment offert. Je suis passé à l'interrogatoire. Il avait l'air de bonne foi, allant même jusqu'à tenter de joindre la bourgeoise... dont le téléphone, bien sûr, a sonné dans le vide.

Le palefrenier ne s'est pas démonté. Il lui a laissé de beaux messages pour l'informer que la police financière de Paris était chez lui à propos d'une escroquerie qu'elle avait commise.

C'était un bon client, lui : il en faisait plus que ce que je lui demandais ! Je n'ai pas appelé le procureur de la République de Deauville pour prolonger la garde à vue, mais lui ai laissé mon numéro de téléphone, au cas où il aurait de nouveaux éléments à me communiquer.

Le colis était déposé en toute sécurité dans un box, le van allait repartir sur Paris : il était temps pour Stan et moi de continuer notre chemin vers Deauville, afin d'effectuer les commissions rogatoires qui s'imposaient, voire les perquisitions.

Le palefrenier, tremblant, nous avait tout servi sur un plateau : adresse de la voleuse, numéro de téléphone fixe personnel, marque et couleur de sa voiture.

Bien vite, accompagné de l'inspecteur Yves Montand, je me suis trouvé devant le domicile de la personne recherchée. Son véhicule était garé juste devant.

J'ai effectué un bref contrôle pour voir si elle s'en était servi. Capot et pot d'échappement froids : elle n'avait pas bougé ce matin-là. J'ai demandé à l'inspecteur de faire sonner le téléphone fixe dès que je serais collé à la vitre du salon.

J'entendais la sonnerie. Elle ne répondait pas mais les rideaux des fenêtres bougeaient légèrement. C'est dingue comme de nos jours, la police fait peur aux bourgeois !

J'étais à deux doigts de sonner à la porte en criant : « Police, ouvrez ! » mais j'ai été interrompu par la sonnerie de mon propre téléphone. C'était mon palefrenier indicateur qui m'informait lui avoir parlé à l'instant : elle l'avait appelé pour lui dire que suite à ses messages, elle était en train de faire un malaise. Ça devait être la première fois qu'elle avait la police à ses trousses.

Avec l'inspecteur Montand, on s'est demandés si c'était de l'info ou de l'intox. On a vite été fixés : les pompiers et le Samu sont arrivés et l'ont sortie sur une chaise pour l'expédier à l'hôpital.

Pour l'inspecteur, c'était la preuve que c'était vrai. Pour moi, c'était de l'intox : plutôt que d'aller en garde à vue, elle préférait aller se faire bichonner aux urgences par des types en blanc – c'était toujours mieux que des types en bleu. On avait affaire à une grosse maligne.

Le Montand était tout aussi livide qu'elle : première affaire, une femme à terre ! D'une voix blême, il a demandé à rentrer. Nous sommes donc montés dans la voiture... et je lui ai demandé de suivre le camion de pompiers. Je voulais vérifier que la bourgeoise ne saute pas en marche.

Pour finir, les pompiers l'ont bel et bien déposée à l'hôpital. Nous nous sommes garés sur le parking et j'ai demandé à Stan de m'attendre : je voulais vérifier un truc.

Je me suis alors rendu au service des urgences pour prendre des nouvelles de ma tante chérie. Pour me rassurer, les infirmières m'ont proposé de voir la malade quelques instants. C'était si aimable de leur part !

Le docteur avait diagnostiqué une grosse crise d'angoisse et comptait la garder deux heures en observation. Je me suis rendu dans sa chambre et lui ai fait... une simple piqûre de rappel.

Rejoignant Stan dans la voiture, je lui ai assuré que cette fois c'était bon, qu'on pouvait vraiment rentrer sur Paris... J'ai ajouté que si sa femme appelait le lendemain ma nouvelle tata de Deauville, il y aurait 99 % de chances qu'elle réponde à l'appel et rembourse le cheval.

Sur la route du retour, Stan a repris peu à peu ses couleurs. Il m'a déposé à ma voiture, et, comme nous étions voisins à cinq kilomètres à vol d'oiseau, je l'ai suivi. Nous sommes rentrés chez nous auprès de nos chéries respectives.

Lui avait tenu sa femme informée tout au long de la journée. Mais si ma belle me demandait tendrement ce que j'avais fait de ma journée, qu'allais-je lui répondre ? Que j'avais été avec Stan à Deauville pour affaires, tout simplement.

Namiz et moi devions discuter du logement que nous allions louer : il ne nous restait que deux semaines de gîte. Au pire, nous avions encore la solution de la maison de campagne aux portes du Loiret.

Namiz cherchait de son côté et moi du mien, chacun avec nos propres critères. Nous étions tombés d'accord sur l'Essonne (91). Pour elle ce devrait être proche d'une gare RER C, pour qu'elle puisse se rendre plus facilement à son travail ; pour moi, proche de l'autoroute A6 et de la nationale 7, pour pouvoir me rendre à Rungis dans un sens et au chapiteau dans l'autre.

En revanche nous n'étions pas tout à fait en phase concernant la surface et le loyer : moi, je voyais grand... et donc plus cher. Namiz cherchait auprès des agences et moi de mes relations, afin d'éviter d'avoir à fournir des papiers : si je demandais à Pascal de prendre un deuxième logement à son nom pour moi, il n'y aurait aucun problème pour les garanties.

J'attendais une réponse pour un truc pas mal : une amie qui avait une copine qui avait un ami, etc. La personne devait pouvoir me proposer un grand appartement de standing, complètement meublé, face à une gare, dans l'Essonne, et disponible un an.

Le proprio partait à l'étranger et recherchait un locataire sérieux, à qui il louerait son logement avec un loyer en espèces, toutes charges comprises, encaissé par son beau-frère. Il voulait que tout reste à son nom.

En gros, pas de bail, pas de quittance de loyer. On appelle ça une belle sous-location : le propriétaire ou un locataire gratte toutes les aides, et le second locataire (donc le sous-locataire, vous me suivez ?) paye le tout plein pot.

Il faut le trouver, le client qui voudra bien louer dans de telles conditions ! Et bien, il était là : c'était fait pour moi. On était proche du marchand de sommeil, mais du réseau d'où venait cette proposition, je savais que si l'on tombait d'accord, on serait pénards pour un an.

Le soir, lorsque j'ai retrouvé Namiz, je n'ai donc pas abordé les détails de ma journée équestre avec Stan ; je suis parti directement sur l'histoire de la location d'un an.

- Pourquoi un bail d'un an ? m'a-t-elle demandé.
- Je n'ai jamais parlé de bail.
- On aura des quittances de loyer ?
- Pas de bail, pas de quittance.
- Alors comment on va montrer que c'est chez nous ?
- On mettra nos noms sur la boîte aux lettres et notre courrier arrivera !
- Mais je parle de justificatifs de domicile !
- Ah ! Je n'y avais pas pensé à celle-là. Et qu'une jeune femme aussi clean doive se justifier, c'était le comble !
- Ben oui, pour les impôts, la Sécurité sociale, la mutuelle, mon employeur...

Vous voyez : c'est compliqué de vivre avec une femme qui n'a rien à se reprocher. Je n'allais tout de même pas lui dire de ne pas s'inquiéter, que je lui ferais ses justificatifs moi-même, que j'avais juste à téléphoner à mon vieux pote Robert le faussaire…

L'autre option était de la domicilier chez moi à la campagne, mais je savais que je serais amené à casser le bail sous peu. Je l'ai finalement rassurée en lui promettant de m'arranger avec le proprio. A part ça, elle ne voyait aucun problème. Elle voulait juste visiter avant de s'engager.

Il n'y avait jamais de problèmes avec Namiz. Elle exprimait les petits détails qui la chiffonnaient et si j'avais la solution, on tombait d'accord dans le calme.

Je partageais mes réjouissances conjugales avec mes deux frangins, Polo, et parfois Patricia. Ils étaient très contents pour moi. Ma bien-aimée ne leur inspirait que du bon. Et ils concluaient souvent par un conseil bienveillant :

« Tu es tombé sur une femme très très bien, t'as intérêt à te tenir à carreau ! »

Signe qu'ils tenaient à moi les frangins... mais aussi que la confiance ne régnait pas tant que ça !

À l'inverse, mes autres fréquentations avaient des réactions et analyses décevantes, voire choquantes... C'est précisément dans ce genre de moments qu'on découvre réellement qui sont nos potes.

Je peux comprendre la bonne copine qui critique votre histoire et vous conseille de faire attention, car au fond elle est amoureuse de vous et avait l'espoir qu'un jour il se passe quelque chose ; ou la jalousie de certains, qui craignent de moins voir leur copain.

Mais je ne supporte pas les fachos. Ceux-là n'hésitent pas à débiter des conneries aussi grosses qu'eux : une Africaine se mettant en couple avec un homme blanc est forcément intéressée par le fric, elle cherche évidemment à obtenir la nationalité française, etc.

D'autres affirmaient que j'étais bon pour envoyer des Western Union tous les mois pour nourrir toute une tribu en Afrique ; ou que j'aurais droit à de la poudre magique dans mon assiette pour rester amoureux.

Des infiltrés dans mon réseau. J'ai coupé les ponts le jour-même. Ça fait tout de même froid dans le dos, surtout pour un citoyen du monde comme moi. Mais rassurez-vous : je ne les ai pas tués, je les ai juste laissés vivre leur vie.

J'aurais pu leur expliquer que c'était moi qui cuisinais à la maison... donc pas de risque de poudre de perlimpinpin ; que Namiz était et serait plus riche que moi, vu son côté gestionnaire et le rang de son père à Abidjan.

Les incultes qui m'avaient sorti l'« argument » de la naturalisation française avaient dû sécher leurs cours d'histoire, car dans le passé, la Côte d'Ivoire avait bien aidé la France ; sans compter qu'il y avait bien longtemps que Namiz avait la double nationalité.

Je n'ai pas pris le temps de leur faire mon argumentaire : instruire les cons, ça sert à rien.

A l'inverse, j'espérais que les ami(e)s africain(e)s de ma belle n'allaient pas lui demander de me virer de sa vie. Car c'est eux qui auraient pu penser que j'étais avec elle pour le fric et pour obtenir la nationalité ivoirienne : vu mon casier judiciaire, il y avait des raisons de craindre que la France me renie et ne déchire mon passeport.

Mais en Afrique, on ne porte jamais de jugement. Sans compter qu'avant de rencontrer Namiz, j'étais déjà l'Africain blanc...

L'heure de la visite de notre potentiel futur logement avait sonné. Il était temps, car le minibail précaire du gîte touchait à sa fin.

Stan allait enfin pouvoir récupérer son chèque de caution... au bout de sept semaines. Il allait pouvoir l'encadrer : ce document deviendrait peut-être le collector d'une belle histoire d'amour.

On est tombés sur un proprio plutôt sympa et décontracté. Mon amie, qui avait présenté ma candidature par l'intermédiaire d'une autre de mes amies, l'avait visiblement mis en confiance – on avait dû lui indiquer que côté fric et fraîche, il n'y aurait aucun problème.

Pourtant le type nous regardait d'un air bizarre : ce n'était ni de la méfiance ni du dédain, mais un sentiment difficile à identifier. Une jeune black élégante avec un senior blanc, cela le choquait peut-être ?

On m'avait présenté comme un commerçant et Namiz lui parlait de son boulot dans la finance. Lui nous avait juste indiqué qu'il voyageait beaucoup à l'étranger pour raisons professionnelles, mais sans préciser son métier.

L'appartement était très beau, bien meublé, avec un écran géant dans le salon ; la cuisine était un peu petite, mais cela ne poserait aucun problème à Namiz qui s'était présentée à moi, dès nos premiers SMS, comme la reine du micro-onde et des plats préparés.

Elle était conquise par la grande chambre parentale disposant d'un très grand dressing – lequel, soit dit entre nous, n'allait pas être assez grand, vu la collection de madame. Si, pendant nos presque sept semaines de vie commune, nous avions eu un enfant, nous n'aurions même pas pu y faire entrer son berceau, tellement la garde-robe avait envahi la chambre du gîte !

Autre point fort : le logement était face à la gare RER.

Lorsque nous avons commencé les négociations, le proprio s'est exclamé :
- C'est drôle, j'ai l'impression de vous connaître. Je me suis dit ça dès que je vous ai vus arriver.
- Avec nos connaissances communes, nous avons déjà dû nous croiser lui ai-je répondu.

En effet, il n'avait pas une tête à avoir fait de la prison. Sauf s'il était maton. Ou flic. De toute façon, avec un accord sans bail payé en espèces non déclarées, j'avais juste à lui montrer patte blanche via les papiers de Namiz. Il fallait juste que je n'oublie pas de régler le problème de justificatif de domicile pour ma femme intègre.

Comme je voulais vraiment ce logement (et elle aussi), j'ai mis le paquet. J'ai enchaîné sur le montant du loyer. Mais monsieur chipotait, vu que ce dernier englobait tout. Il se plaignait du coût des charges, des impôts locaux, des factures d'eau, etc. Je lui ai fait une cote mal taillée à son avantage. Et on est tombés d'accord.

Ma gestionnaire financière grimaçait un peu... et elle avait raison : nous, on acceptait de payer plus cher pour avoir l'appartement tout de suite, et le type jouait le crevard. Mais si elle sortait ses griffes, tout allait capoter.

Pour la caution, il voulait l'équivalent de trois mois de loyer en espèces. Namiz se pinçait les lèvres : elle devait se retenir de lui dire que c'était illégal. Moi, je n'avais que faire de ses trois mois, j'étais même prêt à trouver une solution pour lui payer les un an de loyer d'avance.

Une fois qu'il s'était bien détendu, riche dans sa tête de sa caution et de ses loyers – en un mot, une fois qu'il avait bien profité du système –, je suis passé au second acte. Je lui ai expliqué que ma femme aurait besoin d'un justificatif de domicile pour ses besoins administratifs.

Il a vite réfléchi – il ne voulait pas redevenir pauvre en quelques secondes – et a proposé que l'on mette à nos frais et à notre nom une box Wi-Fi, tout en nous faisant une attestation de logement à titre gracieux. N'était-il pas menteur celui-là ? Tout du moins dans ses attestations écrites...

Je lui ai donné ses trois mois de caution en fraîche. Et alors que je n'avais pas encore terminé de compter l'argent, il m'expliqua que le loyer se payait d'avance. J'épuisai mes liasses jusqu'au dernier billet (j'avais prévu le coup : ma copine, l'intermédiaire, m'avait briefé).

Une fois le côté financier réglé, Namiz, très agacée, lui a demandé de faire l'administratif de suite. Ainsi nous repartirions avec les clefs, et on serait tranquilles tous les trois pendant un an. Elle lui a tendu sa carte d'identité.

Soyons fous, marions-nous ! Lorsque le proprio a commencé à remplir le document, je lui ai demandé de me mettre dessus également, lui rappelant mon prénom : Emmanuel, et précisant que le nom de famille était le même que celui figurant sur la pièce d'identité de ma femme.

Il s'est exécuté : en quelques secondes, nous étions, Namiz et moi, Monsieur et Madame Dramé, unis par une attestation d'hébergement à titre gracieux.

Je n'avais pas encore ma nationalité ivoirienne, mais j'avais un nom de famille africain... Je n'avais pas envie de lui donner ma vraie identité : le type disait que ma tête lui parlait, tout en restant discret sur son job. Il valait mieux rester prudent.

On s'est serré la main et il est reparti. Nous sommes restés tous les deux dans l'appartement, avec son balcon et ses grandes pièces, heureux comme des gamins... et soulagés : nous ne serions pas SDF...

Puis on a fait un petit débriefing : le fait qu'il y ait plusieurs chambres était un très bon point pour ma fille Valérie. Lorsqu'elle viendrait nous voir ou, dans le meilleur des cas, si un jour elle décidait de vivre avec nous, elle aurait son espace à elle.

Moi je n'avais jamais habité dans un appartement, et encore moins au septième étage. Ça change de la caravane, du mobil-home ou de la maison. Quoiqu'il arrive, l'essentiel était d'être ensemble, d'avoir un toit, et d'être bien placés géographiquement.

Namiz s'est mise à rire toute seule :
- Il va falloir que tu passes une annonce sur Leboncoin ! Moi, je gérerai les appels.
- De quoi tu parles ?
- Et bien, il nous faudra une femme de ménage, vu la surface. Après toutes ces années de vie commune, j'ai pu constater à quel point tu étais bordélique ! Et comme je ne compte pas faire ménage à trois, il n'y aura pas de logement contre service cette fois !

On s'est installés dès le week-end suivant et on a trouvé une super femme de ménage. Namiz voulait la déclarer et payer avec des Chèques emploi services pour les impôts.

J'ai embauché une femme algérienne, sans papiers, avec trois enfants, que j'allais payer en espèces. Mon grand cœur me perdra. Mais c'était une fée du logis.

Tout allait bien, en amour comme au boulot : avec Stan et Pascal, nous avancions dans nos futurs projets.

Un matin, le drame : alors que je me rendais comme d'habitude à Rungis, un camion a emplafonné ma vieille Volvo break. J'étais en deuil : elle était amortie depuis un bon moment.

J'ai fait un constat. Je n'étais pas en tort, mais je savais que l'expert de l'assurance allait la déclarer inapte au travail, en mode épave, et me rembourser des clopinettes. Ce n'était pas une histoire d'argent, mais de cœur : je l'aimais cette Volvo, elle m'avait été fidèle.

Pascal et Stan se fichaient de moi. Pourtant j'allais me battre avec l'assurance pour l'obliger à me la réparer. L'expert est passé et l'a mise en épave : VGA, véhicule gravement accidenté. Quelle tristesse.

Sauf qu'il m'a proposé un remboursement de... trois fois le montant auquel je l'avais achetée ! Je ne me voyais pas l'envoyer à la casse, pour quelle finisse en petit cube compressé...

J'ai donc racheté l'épave 10 % de la valeur du remboursement – c'est la loi, j'étais prioritaire... Et je l'ai stationnée au calme, derrière le chapiteau. Je suis un sentimental.

Et ce fut donc reparti pour Leboncoin : j'ai tapé mes propres critères de recherche pour me faciliter la tâche. Le site devrait ajouter la catégorie « voiture invendable » – mais bon, c'est moi qui suis dans la catégorie de ceux qui achètent ce dont personne ne veut...

J'ai donc trouvé un beau 4x4 à 2 500 euros, un Ssangyong d'origine asiatique avec moteur Mercedes. L'esthétique, je m'en fiche. Cela dit, avec un engin aussi rare que moche, les gens allaient peut-être penser à un nouveau modèle ou à un prototype. Finalement j'aurai la classe !

Un vendredi comme tant d'autres à 9 heures, j'ai quitté le marché de Rungis avec mon nouveau 4x4 asiatique chargé à bloc.

Je m'étais enflammé ce matin-là : j'avais pris la dernière palette de boîtes de raviolis de près de 800 kilos. J'avais donc prévu une super promo raviolis pour le week-end.

Comme la palette n'avait pas pu rentrer dans le camion, avec l'aide de mon chauffeur poids lourd, j'ai blindé mon propre bolide, depuis l'arrière du véhicule jusqu'à la place du passager avant.

A ce stade, j'avais perdu toute visibilité : il ne me restait que le rétroviseur conducteur. Mais j'étais parti pour 100 kilomètres et deux péages sur l'autoroute A6, direction le chapiteau. J'étais fin prêt pour ma promo!

Mais j'ai reçu un appel de Pascal :

« Salut frère, t'es où ? Viens me rejoindre chez moi, c'est important. »

J'ai essayé de lui expliquer que je préférais passer au chapiteau pour décharger avant de venir chez lui, afin de lui éviter la honte : un bolide empli de raviolis, dans sa banlieue bourgeoise, c'était moyen.

Mais j'ai été stoppé net dans mes explications : trois types armés se sont postés devant ma voiture, en plein milieu de la route.

Rassurez-vous : ce n'était pas des braqueurs de pâtes. Juste les douanes, sur le marché international de Rungis : ils pullulent là-bas.

Poliment, ils m'ont salué et m'ont demandé de couper le moteur. Alors qu'ils jetaient un œil sur les vignettes d'assurance et de contrôle technique, ils ont eu le plaisir de découvrir la recette des raviolis et le mode d'emploi concernant la cuisson : les boîtes étaient collées au pare-brise.

Je suis toujours en règle, donc je n'étais pas spécialement inquiet. Toutefois, j'ai commencé à paniquer légèrement quand ils m'ont demandé les papiers du véhicule et la facture de la marchandise…

Les papiers, je les avais, mais impossible de leur donner : ils étaient dans la boîte à gants, laquelle avait disparu sous la tonne de boîtes de conserve !

La facture, je l'avais également, mais à 500 mètres derrière, dans le camion qui me suivait – je laisse toujours les documents au chauffeur. Et là, je prenais un gros risque si je le stoppais au passage.

Sans compter que si la douane contrôlait également le camion, qui était tout aussi surchargé, les choses allaient se compliquer : on risquait l'immobilisation. Et mon chauffeur, ce n'était pas l'élite : c'est moi qui le réveillais par téléphone le matin à trois heures, pour être sûr qu'il se lève ; et il était tout à fait du genre à fumer un joint au volant.

J'ai donc préféré le laisser filer – il n'y avait aucun risque qu'il s'arrête de lui-même, ce n'était pas un grand courageux.

J'ai donc tenté d'amadouer les douaniers, en racontant que j'étais un grand travailleur honnête qui cherchait juste à nourrir sa famille, et qu'en aucun cas je ne faisais de go fast de raviolis.

Aucune émotion de compassion n'est apparue sur leurs visages. Alors je suis passé au plan B.

Très calmement, je leur ai expliqué qu'une personne du magasin de gros allait nous apporter un duplicata de la facture, que j'allais décharger sur le bas-côté de la route tous les raviolis qui bloquaient la boîte à gants et leur fournir les papiers du 4x4.

J'ai également fait remarquer que selon moi, transporter 800 kilos de marchandises dans un véhicule où le PTC, poids total en charge, et le poids à vide ont une différence de plus d'une tonne, ce n'était pas un délit.

Je leur ai par ailleurs précisé, pour leur calcul, que je pesais 85 kilos, et que les boîtes de conserve pouvaient se transporter dans des véhicules non frigorifiques.

Ça, ça calme. Ou ça énerve... Ils sont passés à leur plan C : C comme Chef.

Alors j'ai parlé franco : je suis untel, je suis sorti de prison il y a 18 mois, je ne suis pas là pour vous emmerder, je bosse, je suis totalement en règle.

L'un des flics s'est marré et a regardé sur le Net avec son téléphone. Puis il s'est retourné vers ses gars et leur a demandé si j'avais été correct avec eux. Comme ils répondaient par l'affirmative, il leur a lancé un :

« Laissez-le repartir, c'est un ancien de la maison. »

Je suis sorti de Rungis et j'ai pris la direction de chez Pascal. Je l'ai appelé pour lui signaler mon arrivée et lui raconter ma mésaventure. Et comme à chaque fois, il en a rajouté une couche, en précisant que si j'avais roulé avec un bel utilitaire récent, personne ne m'aurait arrêté. En gros, les douaniers m'avaient pris pour un manouche.

En dernière consigne, il m'a demandé de ne pas me garer devant chez lui, histoire que ses voisins ne pensent pas que les extraterrestres nous avaient envahis à coups de raviolis – mon 4x4 ressemblait à un vaisseau spatial. Humour du matin.

Lorsque je suis arrivé à son domicile, il m'a expliqué qu'on avait rendez-vous à midi avec son grand ami Charles, un chef d'entreprise producteur de musique. Charles avait besoin de conseils car il avait un gros problème et ils n'étaient pas parvenus à le régler ensemble.

Pour se faire, Pascal avait réservé une table chez notre ami Didier, au Duc de Richelieu, à Gare-de-Lyon.

On y mange très bien, il nous reçoit bien, c'était impeccable. J'ai juste demandé à Pascal de ne pas rincer toute sa clique de potes de beuverie cette fois-ci, si jamais ils se pointaient.

Et je comptais bien dire à notre pote Didier de facturer à celui qui avait commandé la tournée : on n'est pas des lapins de six semaines, et encore moins des vaches à lait condamnées à abreuver ce troupeau maudit.

Charles faisait partie des quelques potes de mon frère Pascal que j'avais adoptés direct – pour les autres, il y avait encore enquête, étant donné ce que j'avais vu et entendu, tous voulant se pendre au fil de la vie, et surtout de mon Pascal, le vendeur de pinces à linge.

Comme toujours, nous nous sommes installés à une table un peu reculée, afin d'éviter les oreilles indiscrètes. Nous étions fins prêts à écouter le récit de Charles.

Mais ce dernier a vite été interrompu par Stan, venu en renfort, avec ses lunettes noires sorties spécialement pour l'occasion. Mon frère s'est intronisé de sa voix calme et assurée : sa place était parmi nous, nous étions soudés, quelles que soient les situations.

Stan le sage jouait son rôle : il nous avait filochés jusqu'au resto.

Pascal, après lui avoir demandé, en se marrant, s'il avait préparé quelques affaires pour se rendre en garde à vue – car on allait prendre gros dans cette histoire –, a pris des nouvelles de son cheval.

Alors, avec son grand flegme légendaire et non sans fierté, Yves Montand a répondu :

« Tu veux parler de mon chèque, celui que j'ai reçu en remboursement après mon opération commando à Deauville ? Ça fait partie des affaires classées ! Mon nouveau pur-sang va très bien. Il fait 1,56 mètre au garrot, mon épouse et ma belle descendance sont ravies. »

En réalité, Pascal avait envoyé un SMS à Stan pour l'inviter à déjeuner avec nous, afin de ne pas le laisser en solo : sans nous, il déprime.

Cette arrivée fracassante nous a mis dans une ambiance euphorique, à tel point que Charles avait du mal à garder son sérieux pour reprendre le compte rendu de ses misères.

Charles s'était fait agresser pendant ses vacances dans le Sud, à la sortie d'un parking souterrain.

Les flics auprès desquels il avait déposé plainte n'étaient pas du genre à se bouger et le parquet était tellement surchargé de dossiers, qu'à ce jour il n'avait aucune nouvelle. Sans compter que son avocat d'affaires piétinait lui aussi.

Charles était persuadé que l'auteur du sale coup était l'ex de sa nouvelle femme.

Je fus soulagé : j'avais craint que le producteur ne cherche un chanteur – et que mon frère ait voulu me faire jouer le fanfaron sur scène !

Bref, Pascal lui avait proposé mes conseils et mes services ; mais dans un esprit bon enfant, en faisant jouer mes relations chez les avocats, flics ou gendarmes.

J'ai demandé à Charles pourquoi il avait orienté ses doutes vers l'ex de sa femme. Il m'a expliqué que le type l'avait déjà menacé au téléphone, qu'il avait déjà retrouvé sa voiture rayée et ses pneus crevés.

J'en ai déduit que l'ex faisait partie des mecs qui supportaient mal les séparations et qui avaient des problèmes d'ego. Je lui ai proposé de m'expliquer l'agression en détail :

« Au moment de sortir du parking, j'étais dans ma voiture devant la barrière. J'ai ouvert la fenêtre pour payer le stationnement à la borne automatique avec ma carte bleue. A ce moment-là, un type vêtu de noir, avec un passe-montagne sur la tête, m'a gazé au lacrymogène. Il m'a collé deux pains en pleine tête. »

Affaire d'agression classique. Cela confirmait ses doutes sur l'ex, car l'homme n'avait rien tenté de lui voler. J'ai poussé plus loin l'interrogatoire, lui demandant s'il avait vu le type partir. Sa réponse m'a laissé perplexe :

« J'étais un peu aveuglé par le gaz et sonné par les coups ; mais je crois qu'il est parti en voiture. »

À la sortie d'un parking payant, il y a des barrières : où était donc sa voiture à celui-là ? S'il était derrière Charles, il ne pouvait pas fuir tant que mon ami n'avait pas franchi la barrière. Les types qui tapent des agressions de ce style le font généralement en deux-roues, pour se faufiler durant leur fuite.

Il y avait un truc qui ne collait pas. Je me suis permis d'en faire part à Charles, qui m'a alors précisé :

« À la sortie de ce parking, de mémoire, il y a plusieurs voies et plusieurs bornes de paiement. Le gars était sur une autre file, à ma gauche. »

Tout devenait plus clair : l'agresseur était un abruti fini. Ou alors il était novice. Car il y avait fort probablement des caméras de surveillance.

De plus, s'il avait payé sa note de stationnement à la borne de sortie avec une carte bancaire, ça avait laissé des traces. Un bon départ pour l'enquête.

En somme, le fuyard avait tout fait pour se faire attraper. Il voulait peut-être revendiquer haut et fort le crime qu'il avait commis ? Il y a des gens comme ça. Un type comme lui, il fallait l'aider, c'est sûr !

Je me sentis obligé d'exaucer son vœu de rendre visite à un juge. Mais la lenteur de la justice risquait de jouer en sa défaveur : bien souvent, les images de vidéosurveillance ne sont pas conservées plus d'un mois. Cela dit, on était dans les délais.

Ça allait être compliqué de faire accélérer le système judiciaire officiel. J'allais devoir utiliser le plan B pour aider mon pote, en créant de toutes pièces un système judicieux.

J'ai donc demandé des renseignements très précis à ma victime : lieu exact, jour, heure. Charles m'a donné le justificatif de paiement qu'il avait conservé : Vinci Méditerranée.

Mon ami me priait de ne surtout pas prendre de risque pour ma personne. Pascal, lui, me demandait de faire le maximum – sans risque non plus. Mais tout le monde sait que le risque zéro n'existe pas.

Stan, de son côté, fanfaronnait, assurant que ce serait on ne peut plus simple. Depuis son opération équestre à Deauville, il avait pris du galon et son garrot avait pris de la largeur. Mais tout ça, encore une fois, ce n'est que de la théorie.

Au moment du dessert, j'ai exigé de notre tablée une bonne minute de silence. Après avoir cherché sur le Net, j'ai composé le numéro de téléphone du siège de Vinci de la région où le crime avait été commis.

Je suis tombé sur le standard : une belle voie ensoleillée. L'accent chaud était là, alors j'ai pris mon plus bel accent pro de Paris : ma douce intonation d'inspecteur de police :

« Bonjour madame, Emmanuel Caldeira, inspecteur de police de la brigade criminelle de Paris. Un crime a été commis dans l'une de vos structures : le parking untel, place de la Mairie, etc. J'aurais besoin de m'entretenir avec un responsable. » Dans ces cas-là soit ça mord, soit ça ne mord pas. Rassurez-vous, ça a mordu à l'hameçon direct. Un silence s'est fait entendre, puis un petit : « Ne quittez pas, Monsieur l'Inspecteur ». S'est alors mis en route un fond sonore avec une petite voix qui faisait :

« Brigitte, Brigitte ! J'ai un inspecteur de la Crime de Paris qui veut parler à un responsable. Il y a eu un mort dans le parking place de la mairie ! Je peux te le passer ? »

Merci à la standardiste, elle venait de mettre la Brigitte en transe ! Dès que j'ai eue cette dernière en ligne, je me suis senti obligé de la détendre, lui expliquant que la criminelle gère toutes sortes de dossiers, et que dans celui qui nous concernait il n'y avait pas mort d'homme – juste un homme qui risquait de perdre la vue.

Elle en était désolée. Très vite, elle m'a confirmé que le parking en question était bien équipé d'une vidéosurveillance, et que c'était le gardien des lieux qui pouvait me renseigner : j'avais juste à lui faxer une commission rogatoire, et elle ferait le nécessaire pour qu'il nous envoie la bande-vidéo.

Elle m'a aussi indiqué que je devrais faire vite, car à la fin du mois les images seraient effacées de leur logiciel.

La Brigitte était gentille, mais gentille par règlement... et par commission rogatoire. Cela allait compliquer mon scénario.

Mais avec un peu de ruse et de tact, je suis parvenu à obtenir la ligne téléphonique du gardien des lieux, ainsi que son nom... Ma Brigitte avait tout lâché, bien comme il faut.

Mes partenaires de tablée n'en revenaient pas. Charles se croyait dans un film ; pour Pascal et Stan, finalement plus pessimistes que lui, ce n'était pas gagné.

Moi je restais confiant. Il allait juste falloir que je torde la parole à un gardien qui était à 800 kilomètres. Il faudrait qu'il me dise s'il y avait bien, ce jour-là, à cette heure-là, au niveau des barrières, une autre voiture à côté de la Jaguar de Charles ; et si le numéro d'immatriculation était visible sur les images de vidéosurveillance.

J'ai donc sollicité une nouvelle minute de silence pour appeler mon futur informateur :

« Bonjour, Monsieur Coïta Mamadou. Brigitte, du siège de Vinci, m'a donné votre contact. Je suis maître Philippe van der Meulen, avocat du barreau de Paris. »

Pascal et Stan ont cassé la minute de silence par des gloussements : je venais d'usurper l'identité de mon propre avocat et ami – qu'ils connaissent et apprécient. Le meilleur élève était Charles, qui restait sérieux et concentré.

J'ai donc cassé la tête à Mamadou, qui me parlait lui aussi de commission rogatoire. J'ai réussi à lui faire rechercher les images, via la date et l'heure du délit. Mon super Mamadou était tout fier : il les avait sous les yeux et n'attendait que les ordres de Brigitte pour me les transmettre.

Je lui ai expliqué qu'il y avait urgence, qu'on était pris par le temps, que les images risquaient d'être effacées, le temps que la commission rogatoire arrive. Mais Mamadou ne voulait rien savoir, il respectait la loi.

J'ai donc monté ma plaidoirie d'un cran, lui expliquant qu'il pouvait être poursuivi par la justice pour destruction de preuves. Il s'est défendu en précisant qu'il ne pouvait pas stopper le logiciel du système de sécurité automatique.

Je lui ai répondu que comme il avait été informé par un avocat et officier de justice, il serait considéré comme responsable, coupable et surtout condamnable, si jamais ces images disparaissaient. Aux yeux de la justice c'était comme s'il effaçait les indices sur une scène de crime :

« Mamadou, c'est comme si vous essuyiez les traces de sang, pour que l'on ne trouve plus l'ADN du tueur! »

« Mamadou, c'est comme si vous cachiez le couteau qui a servi à poignarder la victime, vous risquez dix ans de prison! Et encore, si les jurés sont cléments avec vous. »

Il est parti en live, affirmant qu'il n'avait tué personne, qu'il ne voulait pas de problème avec la justice. Alors il a fini par me donner le numéro d'immatriculation de la voiture. Plus fort encore : Mamadou a pris chaque image de son écran d'ordinateur en photo, puis me les a transmises via son téléphone portable.

C'était gagné. Tout le monde hallucinait autour de la table. Je l'ai remercié à ma manière :

« Mamadou Coïta, je vous remercie au nom de la justice française, elle vous en sera reconnaissante. »

Sur les photos, Charles a reconnu le profil de l'ex jaloux. Cela a été confirmé par l'un de mes amis policiers, qui a vérifié le numéro d'immatriculation de la voiture sur son fichier.

J'ai transféré les photos sur le portable de Charles. Mon ami est allé porter plainte dès le lendemain matin, preuves en main.

L'ex habitait Paris également : il avait donc parcouru 800 kilomètres pour agresser son rival sur son lieu de vacances ! Si ça ce n'est pas de l'acte prémédité, je déchire ma robe d'avocat...

Quelques jours plus tard, les collègues du fameux inspecteur Caldeira de la criminelle ont interpellé l'agresseur. Ce dernier est passé en comparution immédiate, défendu par l'un de mes confrères, un vrai avocat cette fois. Il a écopé de douze mois de sursis avec mise à l'épreuve.

Le repas et l'opération Charles terminés – grâce à mon plan I comme Improvisation –, je suis reparti avec Pascal en jouant le chauffeur : je devais repasser par chez lui pour récupérer mon véhicule.

J'espérais juste que sa femme ne soit pas arrivée avant nous : elle se serait demandé, et à juste titre, ce que fichait un vaisseau spatial bourré de boîtes de conserves dans sa propriété.

Et surtout, elle était capable d'appeler la fourrière...

Rappelons qu'une des dernières fois que nous avions débarqué, Pascal et moi, durant la nuit, elle nous avait accusés d'être pires que des marins pêcheurs. Et s'il la prévenait alors qu'elle n'était pas rentrée, elle pouvait croire – à juste titre là encore – qu'il était saoul.

On est arrivés avant elle. J'ai fait décoller mon engin sans demander mon reste.

Le week-end s'annonçait fort pour les affaires du chapiteau : il y avait de la promo dans l'air, et pas que sur les raviolis. C'était le dernier jour de la semaine de vente, et les grossistes cassaient les prix pour se débarrasser de leurs stocks.

Dès l'arrivée du camion ce matin-là, le personnel avait déployé la marchandise dans les rayons du chapiteau, en gardant de la place pour mon opé raviolis. Les clients savaient que les affaires sont bonne le week-end : dès 10 heures, il y avait foule.

Mais comme un ennui n'arrive jamais seul, à peine étais-je arrivé au magasin que la responsable de la solderie de Pascal est venue me trouver en panique : deux types plutôt louches se tenaient à l'entrée du parking depuis un moment, en prenant des photos.

Je ne pensais pas avoir de problèmes avec la police et encore moins être filoché. Mais je me demandai ce que deux abrutis pouvaient bien chercher comme images un samedi matin dans mon chapiteau.

J'ai fini par me décider à aller à leur rencontre. Ils n'avaient pas des têtes de touristes égarés, et ils étaient trop bien fringués pour être des policiers. Je les ai salués, leur demandant en quoi je pouvais leur être utile.

J'ai eu droit à un accueil glacial et agacé. Le plus âgé était armé d'un dossier rouge, sur lequel était inscrit le nom de Pascal. J'en ai déduit qu'ils étaient là pour sa solderie. Après tout, c'était peut-être des fonctionnaires envoyés par la municipalité pour prendre des photos des enseignes : ça arrive parfois, quand les mairies vous taxent en proportion de la taille de votre magasin.

J'ai pris mon téléphone pour informer l'intéressé, qui m'a répondu :

« Fous-les dehors. Tu leur dis que le parking est privé. »

Et c'était reparti pour de l'action ! En bon soldat, je me suis dirigé vers eux, enchanté d'appliquer les consignes du patron. Je leur ai demandé de dégager le terrain, précisant qu'ils étaient sur une propriété privée.

Le plus jeune, qui n'a même pas pris la peine de s'identifier, a affirmé qu'il ne partirait pas car il était chez lui. Ça restait à voir. Dans le doute, je me suis abstenu de le lui signifier. Mais surtout, le vieux au dossier, ronchon, s'est mis à se présenter :

« Monsieur Valet, huissier de justice ».

Oups. J'ai lancé un SOS à Pascal. Ce dernier m'a demandé de décrire le réfractaire : environ un 1,70 mètre, plutôt sec, sapé comme un milord, cheveux courts et grisonnants, et lunettes à la Nana Mouskouri. Mon frère a donné son verdict en soufflant :

« On est dans la merde. Le mec ne te ment pas, il est bien chez lui : c'est mon proprio ! Il est là pour ton putain de chapiteau. »

Re-oups... En effet, il avait dû avoir un choc, lui qui s'attendait à une petite tente de 30 mètres carrés ! Car en plus d'une façade de 14 mètres et une profondeur de 20, le chapiteau faisait près de 6 mètres de haut. Je l'avais dit depuis le début : c'était une bête...

Le proprio avait donc dépêché son huissier. Pascal avait raison : on était dans la merde.

J'allais devoir me montrer diplomate. Pas facile, avec un couple d'emmerdeurs. J'ai tenté de les amadouer eux aussi, en leur sortant le grand jeu : certificats de la commission de sécurité, autorisation de la mairie, etc.

Mais c'était deux têtes de pioche : ils ne voulaient rien savoir. Ils m'ont donné 48 heures pour démonter le chapiteau et dégager le parking, sans quoi ils entameraient une procédure.

Je les ai rassurés de suite : ils allaient devoir faire une procédure, car j'avais mis plus d'un mois à tout installer. Même une équipe de champions du monde du démontage de chapiteau ne le ferait pas en 48 heures.

Ils ont menacé d'appeler la police, je leur ai précisé que vers midi, c'était peine perdue : les policiers passaient tous les jours faire leurs courses chez moi, car c'était bon et pas cher.

Ils ont fini par partir d'eux-mêmes. J'ai expliqué à Pascal que j'avais dégrossi le problème, qu'ils étaient repartis bredouilles. Pascal a répété qu'on était dans la merde, mais qu'il réglerait ça avec le proprio le lundi, au calme... même si selon lui c'était très mal barré.

Pour ma part, j'ai bien terminé mon week-end : on a fait un super chiffre d'affaires. Pascal, lui, n'a pas dormi de la nuit.

Le lundi, il a passé près de cinq heures à se faire incendier par le proprio. Il a quand même obtenu un délai de deux mois pour le démontage.

Le proprio avait mis plus de dix mois à découvrir le pot aux roses. Or il nous restait deux mois pour arriver aux un an d'exploitation : c'était l'échéance que l'on s'était donnée lors de l'ouverture. On avait bien fait de prendre tous ces risques.

Le chapiteau a été démonté en temps et en heure, grâce à super Mario, son équipe et leur gros camion.

Le parking a retrouvé son usage initial. Il restait juste ma vieille Volvo accidentée, garée à côté de mon coupé sport asiatique, lequel avait fini par me trahir, après six mois seulement de vie commune (la boîte de vitesse avait rendu l'âme).

Mon 4x4 de même origine était blotti contre lui : lui aussi m'avait fait une infidélité lors d'un retour de Rungis, en se mettant à fumer. Comme pour mon chauffeur de poids lourd, c'était un joint de trop – mais celui de culasse.

Je répète : je suis un sentimental. Je n'avais mis personne à la casse, au grand désespoir de Pascal qui me redemandait toutes les semaines quand j'allais dégager mes épaves de son parking.

Rassurez-vous, je n'étais pas à pied : j'avais remplacé le coupé sport par une Citroën C6, très luxueuse, kilométrée à mort, certes, mais vraiment fidèle. J'avais encore fait un bon coup à l'achat, là aussi grâce à ma rubrique spéciale « véhicule invendable » de mon site fétiche Leboncoin.

CHAPITRE 8

Le grand cirque

Un matin de décembre 2016, je me suis réveillé tout nostalgique. Ça m'a pris d'un coup. Les années avaient défilé et je n'avais rien vu, rien senti passer.

Cela faisait déjà plus de trois ans que j'étais en liberté, trois ans dans mon parcours d'insertion/réinsertion professionnelle, chaleureusement accompagné par mes frères de cœur : Pascal, Polo, Stan et tous les autres.

Pourtant, quand je me retournai sur ces années, ma sortie du quartier d'isolement de la prison de Villepinte ne me semblait pas si loin. Cette période m'avait paru tellement longue et interminable ! Je m'étais promis de repartir en Afrique d'où j'avais été extradé de force.

Quelle histoire. Quel destin. J'étais passé des marchés parisiens avec Polo, aux beaux et vrais magasins avec Stan et Pascal – encadrés par Patricia du CSA –, en passant par le chapiteau de campagne de Pascal.

Je m'étais engagé sur un petit sentier d'insertion, pour finir sur une autoroute sans péage. Mais bien accompagné.

Lorsque j'avais retrouvé Pascal, il m'avait demandé si j'étais vraiment sûr de m'être rangé et d'avoir renoncé à mes affaires illégales. Stan et Polo m'avaient posé la même question. Puis le temps avait donné raison à leur prise de risque.

Pourtant, en 2015, je m'étais retrouvé avec un mandat d'arrêt. À ce moment-là, j'étais tellement sûr de moi et de mon honnêteté que dans un premier temps j'avais pensé à une erreur judiciaire.

Mes potes flics m'avaient assuré que non. Un juge du tribunal de Paris avait lancé un mandat d'amener et envoyé la police au domicile de mon père... un domicile que j'avais quitté 35 ans plus tôt.

Pourtant, après avoir quitté la France en 2007, j'avais quitté la prison début 2013 plus blanc que blanc. J'avais une adresse qui pouvait se trouver facilement sur le Net : une boîte aux lettres accrochée à un portail, où la voisine relevait le courrier régulièrement. Or je n'avais pas reçu de convocation de ce juge. C'était louche.

Mon père, qui avait déjeuné huit jours plus tôt chez moi, m'avait tout de suite alerté. Pourtant, il avait promis, juré et craché ne pas m'avoir vu depuis quinze ans – sa compagne, une ex-députée, ayant même sorti sa carte pour calmer les ardeurs des flics.

Il en était venu à se demander si c'en était des vrais, tellement la situation paraissait scabreuse. Puis le juge avait vite transformé le mandat d'amener en mandat d'arrêt international.

Chose qui me rassurait : mes frères ne doutaient pas de mon honnêteté – je ne pouvais avoir trahi leur confiance. Cela dit, bien souvent dans la vie des affaires, j'usurpais le nom de famille de Pascal en me présentant comme son frère.

Un soir, il s'était fait agresser à Paris par des types qui en voulaient à son Range Rover. Il avait résisté – ce n'est pas le genre à se laisser emmerder par des petits délinquants. Or un scooter de 90 kilos qui veut stopper un Range Rover de 2 tonnes, ça laisse des traces sur le deux-roues et le bitume.

Sur le coup, je m'était imaginé que ce mandat avait un lien avec cette histoire : Pascal me prêtait souvent son véhicule, la police pensait donc m'avoir identifié.

J'ai dit à Pascal de ne pas s'inquiéter, que s'il fallait je prendrais cette affaire sur moi et le couvrirais. Lui voyait les choses autrement : c'était lui la victime, et cela n'avait rien à voir ; j'étais gonflé de penser que mes problèmes de justice venaient de lui.

Sans rancune, il m'a invité à venir me cacher chez lui le temps que j'y voie plus clair. J'ai refusé car c'était son identité que la police recherchait. Il était mort de rire et sûr de lui.

J'ai donc téléphoné à mon avocat Philippe van der Meulen pour lui expliquer le problème. Après investigation, ce dernier m'a révélé que le mandat venait du juge Madre.

Il s'est mis à me décrire le personnage et ses exploits. Le grand juge avait fait perquisitionner le bâtonnier des avocats : c'était le genre de magistrat qui va au bout de ses idées, qui ne lâche rien.

Philippe s'est rapproché de lui, expliquant son choc, lui indiquant mon adresse puis, par la force des choses, celle de mon papa spirituel. Ils ont fini par trouver un terrain d'entente pour lever le mandat d'arrêt.

En fait, ce n'était ni une erreur judiciaire ni un délit de Pascal, mais une affaire datant des années 2000... une affaire avec laquelle je n'avais rien à voir. Le parquet a fini par prononcer un non-lieu six mois plus tard. Plus de peur que de mal.

À la fermeture du chapiteau, je n'avais pas eu le temps d'aller m'inscrire au chômage. En effet, une heure après, le CSA m'avait préparé un contrat de travail en bonne et due forme : j'avais été augmenté.

Pascal m'avait dit dès le début que j'allais être ses yeux et ses oreilles, ramasser les recettes des magasins, être responsable de la logistique. Plus les mois avaient passé, plus j'avais pris du grade : j'étais devenu DRH des temps modernes.

En quatre ans, cinq magasins avaient été mis en place, soit près de 100 salariés. Une usine à gaz.

On avait bossé comme des malades. Chacun avait son poste et sa feuille de route bien définie... et nos routes se croisaient souvent vers 13 heures, pour le briefing, autour d'une table de resto.

Notre trio avait fêté ses trois ans. Il était soudé par les pierres des savoir-faire que chacun avait apporté à l'édifice. Sans compter l'essentiel : l'amitié fraternelle. Notre trio était indestructible.

Un après-midi, en sortant d'une grosse réunion au bureau, on savourait le moment de satisfaction venant des compliments que nous avait adressés – une fois n'est pas coutume – notre cher CSA. Cela nous avait rendus un brin songeurs : on se rappelait le sacré chemin tracé ensemble.

Pascal et Stan me félicitaient aussi pour ma petite remontée dans l'audiovisuel : j'étais souvent sollicité par les radios pour mettre mon grain de sel sur des sujets comme la vie en prison, les évasions, les prises d'otage, la sécurité, le recouvrement, etc.

Ils craignaient malgré tout que cela ne perturbe notre tranquillité : voir ma tête affichée à la TV ou en première page d'un journal, c'était un peu délicat vis-à-vis du personnel et des fournisseurs.

Pourtant, c'était un secret de polichinelle : mis à par le fait que ma tête n'était plus la même depuis quinze ans, le Net regorgeait d'articles sur ma vie.

J'intervenais régulièrement sur les ondes à la demande d'un journaliste, Simon Marty, un peu atypique, drôle et sympathique. Une vielle connaissance. Pourtant, ça avait très mal commencé entre nous.

À l'époque, il travaillait pour le journal *Marianne* et il y avait rédigé quelques lignes sur moi, dans la fameuse rubrique « Coup de cœur »... Mais pas pour me déclarer son amour : il se payait littéralement ma tête !

Le suicidaire ! J'avais été très surpris, *Marianne* ayant toujours été juste avec moi – grâce à la plume de Guy Konopnicki.

Pour revenir à l'origine des faits, il faut remonter à 2003. J'avais loué, à l'entrée d'un petit village de 350 habitants, une espèce de manoir de 25 pièces, à la limite de l'insalubre.

Le bâtiment, qui comportait de multiples dépendances, était entouré d'un superbe terrain et clôturé de gros murs. J'en avais fait ma base arrière. Des amis à moi y avaient élu domicile avec femme et enfants : c'était la vie en collectivité. L'ambiance était très agréable, tout le monde mettait la main à la pâte. C'était l'arche de Manu.

La demeure était collée à la route départementale. Or aucune signalisation n'indiquait le village, et encore moins la nécessité de ralentir. Les véhicules, dont les camions, passaient donc à des vitesses folles devant le portail.

C'était devenu extrêmement dangereux d'en sortir. Il y avait eu déjà pas mal d'accidents dans le village, avec des dommages corporels. Pourtant, rien n'était fait.

On se plaint de la désertification du monde rural, mais si les habitants se font écraser un par un, il ne faut pas s'étonner que les villages se vident ! J'en avais parlé au maire, qui m'avait fait part de son impuissance, malgré ses relances auprès du Conseil général. Bref, une histoire sans fin.

Un matin, alors que je buvais mon petit café sur la terrasse, j'ai entendu un grand boum. Je suis allé voir ce qui se passait : la voiture d'une de mes copines s'était fait percuter par un véhicule arrivant à toute vitesse.

Sa Renault Espace avait terminé sa course sur le toit. Mon amie, bien touchée, avait été évacuée par le Samu.

Pour moi, ce fut l'accident de trop. Je suis donc retourné voir le maire, qui m'a ressorti ses mêmes histoires. Je l'ai informé que j'allais faire le nécessaire, autrement dit faire moi-même le travail des élus et de la DDE.

L'élu m'a encouragé dans ma démarche : il a dû me prendre pour un mytho et se dire qu'il ne fallait surtout pas contrarier les fous.

Gonflé à bloc, j'ai donc mis mon plan à exécution. J'ai acheté des panneaux de signalisation et commandé une toupie de béton de huit mètres cubes. Avec mon équipe de bras cassés, nous allions couler sur le bitume de la chaussée un superbe haricot d'un mètre de largeur et de dix mètres de long : ce serait le plus beau ralentisseur de l'Essonne.

Je savais que cela ferait du bruit, dans tous les sens du terme. Cette fois, le gros boum remonterait jusqu'aux oreilles des administrations locales et nationales – il ne faut jamais faire les choses à moitié.

Quelques dégâts collatéraux seraient à envisager, mais cette fois, ce serait pour la bonne cause. J'ai donc invité la presse à se rendre sur place le jour de l'édification du haricot géant, pour le coup d'envoi. Manu le Gitan en agent de la DDE, ce serait un bon coup pour eux !

Au niveau local, *Le Républicain* et *Le Parisien* ne risquaient pas grand chose à se déplacer, même en cas de canular.

J'ai également invité mon ami Michel Mary, du *Nouveau détective*. Il avait couvert l'histoire du banquier suisse que j'avais kidnappé quelques années auparavant : il pouvait avoir confiance en ma folie. Il avait juste précisé :

« Même si je me déplace pour rien, tu as intérêt à nous préparer un bon barbecue et sortir une bonne bouteille. Quoiqu'il arrive, ça me fera plaisir de te voir, vieille canaille ! »

Je comptais bien lui prouver une fois de plus que j'avais un pet au casque. J'avais aussi invité une petite bombe, Emmanuelle Julien de RTL, une journaliste dynamique avec qui j'avais fait des émissions lors de la promo de mon livre.

Lorsque je lui ai raconté mon projet, elle est tombée de sa chaise, mais a accepté de venir tout de suite. Calée en politique locale, elle savait que beaucoup de maires faisaient face à ce genre de problèmes.

Le jour C (comme Coulage de béton), vers 8 heures du matin, tout le monde était au rendez-vous. Mon jardin était devenu le dépôt et le repaire des journalistes.

Il y avait tous les panneaux signalétiques que l'on allait planter le long de la route, les blocs de béton, le véhicule spécialement sollicité pour l'occasion – un camion décoré façon travaux publics – et toute mon équipe en agents de la DDE.

Il ne manquait plus que le camion toupie prévu pour 9h30, avec sa cargaison de ciment. A ce stade, tous les médias seraient convaincus de la véracité du projet. C'est là que l'excellent Michel Mary a joué le grand jeu : il a contacté l'AFP, l'Agence France-Presse, pour faire tomber une dépêche.

J'ignore ce qu'il leur a raconté, mais en moins de dix minutes, j'avais Catherine Combe de TF1 en ligne, chaude comme la braise :

« Manu, c'est où ton bled ? On arrive en moto, ça va passer au 13 heures de TF1. Mais s'il te plaît attends-nous avant de couler le béton sur la voie publique ! »

Je lui ai donné ma parole. La moto est arrivée, le cameraman s'est mis en place et j'ai coulé le béton. Le chauffeur de la toupie avait le sourire aux lèvres : je lui avais expliqué que l'on tournait un film pour Luc Besson.

Très vite, on a vu arriver un escadron de gendarmerie terrestre. Puis on a entendu le bruit d'un hélicoptère – toujours de la gendarmerie, mais aérienne cette fois.

Le béton durcissait, les méthodes de constatation des gendarmes aussi : j'ai été interpellé en direct devant les médias. Vers 18 heures, une société de démolition est venue détruire mon beau haricot.

Après 24 heures de garde à vue, je suis ressorti libre, avec mise en examen pour détérioration de la voie publique. Les médias avaient mis cette affaire au grand jour : du très bon.

Pour autant, le maire du village ne m'a pas soutenu, bien au contraire. Il a même nié m'avoir rencontré pour parler du problème. Comme quoi, il ne faut pas toujours avoir confiance en la parole d'un élu (ou alors il faut aller le voir avec une caméra cachée).

Ils créent eux-même leur chicane

Un couple d'habitants du village de Val Saint-Germain (Essonne) a construit illégalement en pleine journée une chicane en béton pour lutter contre la vitesse excessive sur la route départementale qui longe leur maison. Après avoir commandé 6 tonnes de béton, Emmanuel Caldier a construit de toute pièce une chicane aux normes de la DDE pour un montant de 15245 euros. Malheureusement pour lui, les gendarmes sont arrivés près d'une heure après la fin des travaux et ont fait intervenir une entreprise de démolition. Le nouveau bâtisseur a été entendu par la gendarmerie.

Auteur inconnu, « Ils créent eux-mêmes leur chicane »,
Le Parisien, 2003

Dans cette affaire, le seul journaliste qui n'avait pas été invité, l'atypique Simon Marty, avait suggéré, à travers son article « Coup de cœur », de mettre un sens interdit à l'entrée et à la sortie du village. Au moins, il avait de l'humour.

Après lecture de son article, j'ai fixé un rendez-vous pour en débattre avec lui. Un rendez-vous fructueux... au point que depuis, on ne s'est plus quittés... et que j'ai fait beaucoup d'émissions radio pour lui.

Tant qu'on n'entendait que ma voix, il n'y avait pas de préjudice pour ma nouvelle vie de réinsertion. Idem pour mes analyses dans la presse écrite sur mes sujets de prédilection.

Sauf qu'un autre ami journaliste, Xavier Beneroso, voulait réaliser un documentaire pour TF1 sur moi. Je l'avais rencontré chez M6 et j'avais fait de très beaux sujets avec lui.

Grâce à ses talents et à son style atypique, il était devenu rédacteur en chef d'une boîte de production plutôt active, qui travaillait pour TF1, TMC et M6, entre autres.

Le reportage qu'il voulait réaliser serait diffusé sur TMC, début 2017. Ce serait un 90 minutes d'enquête explosive, sur la sécurité et les cambriolages.

La boîte de production avait fait du bon travail, elle avait des intervenants très crédibles : gendarme, policier, juge, victimes, installateur d'alarme. Leur histoire était bien ficelée...

Mais pas assez pour Xavier Beneroso. Lui voulait un intervenant ayant déjà déjoué les systèmes d'alarmes de lieux très protégés, quelqu'un connaissant bien le milieu des cambrioleurs de haut niveau, type banque ou ambassade ; bref, quelqu'un comme moi.

Difficile de refuser un service à un ami. On s'était retrouvés autour d'une bonne gamelle pour dégrossir l'histoire.

Je lui avais expliqué qu'à l'époque de mes hauts faits, j'entrais dans des villas ou des sites très protégés pour mettre des caméras ou des micros espion, ou alors pour prendre de gros dossiers sensibles, mais qu'en aucun cas je ne cambriolais des particuliers.

Et je me voyais encore moins voler une télévision à un type qui, peut-être, n'avait même pas fini de la rembourser à Cetelem.

Au contraire, pour les particuliers, j'étais plutôt un conseiller en sécurité : je les aidais à choisir leur porte blindée, l'endroit où poser des barreaux, etc. C'est là que, tel un diable sortant de sa boîte, Xavier est devenu électrique :

« Génial, génial, c'est ça que je veux ! Tu vas donner ton avis sur ce que disent les autres ! Peux-tu me montrer une des maisons que tu as supervisées pour installer la sécurité ? Tu vas nous montrer les outils avec lesquels le cambrioleur lambda peut casser une porte ! »

D'électrique, mon pote journaliste est passé à survolté. J'ai donc accepté sa proposition avant qu'il n'explose.

Je savais que son montage ne me porterait pas préjudice : Xavier était quelqu'un de confiance. Et puis, faire une apparition ne serait-ce que dix minutes dans de telles conditions, ça pouvait être marrant.

On s'est revus une fois pour mettre le scénario en place. Xavier m'a expliqué qu'on allait tourner dans un magasin de bricolage pour que je montre les outils en vente libre utilisés par les cambrioleurs.

Ce serait en caméra cachée : les enseignes n'aiment pas ce genre de tournage. Je lui ai dit que moi je pouvais avoir des autorisations pour tourner normalement, que l'image aurait un meilleur rendu. Là il est passé du 220 au 380 volts :

« Nan, t'es sérieux ?! Génial ! Excellent ! Ça va déchirer ! »

Il se trouve que Stan, alias le marchand de clous, avait un très beau magasin de bricolage, avec tout le matériel qu'il nous fallait en rayon.

Xavier a débarqué un matin, accompagné de l'un de ses collaborateurs, caméra en main : plus de quatre heures de tournage. Pour lui tout était dans la boîte, le diable y compris : il était redevenu serein.

Stan, Pascal et moi étions en pleine nostalgie en cet après-midi de fin 2016, sur le parking du bureau. Pourtant Xavier Beneroso n'avait pas encore perturbé nos activités professionnelles…

Ma nouvelle tête de senior passerait bientôt à la TV début 2017. Stan me demandait juste de ne pas l'oublier : si je devenais une star, ce serait un peu grâce à lui et à son magasin, il méritait donc un second rôle.

Puis, j'en ai pris pour mon grade par Pascal, qui a pris son air charrieur :

« Tu vois Stan, depuis le temps que tu nous fréquentes, tu n'as toujours pas fini en prison ! Mieux : de marchand de clous tu vas bientôt passer à star du bricolage ! Et toi, Manu : chaque fois que je me gare sur mon parking et que je vois tes épaves immobilisées, j'ai l'impression que ça fait quinze et non trois ans que tu mets le bazar dans ma vie... »

Même s'il en rajoutait, il est vrai que depuis mes années en Afrique j'étais devenu très conservateur : à chaque fois, je me disais que les pièces détachées, ça pourrait servir un jour ou l'autre. Et quand il me demandait pourquoi je gardais des trucs inutiles, je n'avais pas d'explication. Un jour, mes deux coquins de frangins ont fini par envoyer mes vieux souvenirs à la casse. Ils m'ont assuré que c'était pour mon bien, qu'il fallait passer à autre chose, et qu'ils plaignaient Namiz si j'étais comme ça à la maison.

Quelques jours plus tard, ils m'ont tendu un piège, prétextant un rendez-vous très important nécessitant ma présence. Ils étaient particulièrement mystérieux ; Patricia aussi d'ailleurs.

Depuis un moment, ils me disaient qu'ils voulaient me prendre un véhicule de fonction, en raison des distances que je parcourais chaque jour (un total de près de 80 000 kilomètres par an). Pour mon confort et pour l'image, j'avais fini par accepter l'idée, leur demandant de choisir un véhicule classique de société.

Nous nous sommes donc retrouvés chez BMW, où je devais faire mon choix. Pascal et moi connaissions bien le chef des ventes, Nicolas, un vieux de la vieille, qui allait nous faire une bonne remise. J'ai donc choisi une entrée de gamme, ce qui m'allait très bien. Nous nous sommes mis d'accord sur la couleur. Nicolas allait gérer le dossier de leasing. Affaire réglée.

Au moment de repartir, le beau Nicolas nous a montré le dernier grand 4 coupé BMW, nous vantant toutes ses qualités :

« Quand vous aurez gagné au loto les filles, je vous vendrai celle-là ! »

Il travaillait dans une grande maison, qui faisait des salons de livraisons pour ses clients : la voiture brillait au loin, trônant sur une belle moquette rouge. Lui flambait, en vendeur automobile qui se respecte.

Soudain, j'ai reçu un choc : mon nom figurait sur le pare-brise. Pascal et Stan m'ont tendu une clef :

« C'est à toi. Désolés si ça fait un peu voyou, mais on savait que c'était ton style. »

Bon sang, les fourbes : comme ils étaient bons ! Je n'avais rien vu venir. Sans compter que Patricia, dont j'étais pourtant très proche et qui était effectivement de mèche, m'avait lancé sur des pistes totalement opposées.

Côté personnel et sentimental, les choses étaient également allées très vite dans cette reconstruction. Parfois, j'avais du mal à croire que c'était réel, tant la rencontre avec Namiz avait été improbable : rencontrer l'amour sur Meetic, OK, mais sur Leboncoin !

Ce qui était encore plus improbable, c'était d'avoir trouvé une femme ayant accepté de me suivre les yeux fermés jusqu'au gîte, puis jusqu'à l'appartement, et enfin jusqu'à la maison, où nous avions aménagé. Tout cela en l'espace de deux ans.

Ainsi, six mois après notre rencontre, ma fille Valérie était venue vivre avec nous. Puis, au bout d'un an de vie commune, une jolie petite Aliyah était arrivée pour compléter la famille.

Nous avons assez vite constaté que nous n'avions pas les mêmes points de vue sur pas mal de choses ; je devais souvent mettre de l'eau dans mon vin. Namiz était raisonnable sur tout, au point qu'elle paraissait parfois plus âgée que moi... Un soir, elle m'annonça qu'elle allait reprendre le travail et qu'elle pensait avoir trouvé une nourrice agréée pour garder Aliyah. S'il était sain qu'elle reprenne une activité pour sa vie sociale, il était hors de question que ma fille sorte de la maison.

Je lui ai balancé les images les plus sinistres qui pouvaient me passer par la tête : Aliyah allait attraper des microbes chez sa nourrice, même agréée ; sans compter qu'il fallait penser au risque de tomber sur des pédophiles – j'en savais quelque chose, moi qui en avais croisé plein en prison –, oui, même les nourrices pouvaient avoir des maris pédophiles.

Et d'ajouter que si l'agréée en question était raciste, ma fille risquerait fort de n'avoir qu'un biberon sur deux. Bref, j'étais en pleine crise d'angoisse.

Namiz, elle, était très zen :

- Du coup, tu comptes rester à la maison pour garder notre enfant ?
- Non, bien sûr.
- Alors c'est quoi ton plan ?
- On prend une jeune fille au pair. Comme ça Aliyah apprendra l'anglais très tôt.
- Hum... Six mois, c'est pas un peu jeune pour apprendre une langue étrangère ?
- Alors on embauche quelqu'un et j'installe des caméras dans la maison.
- Très bien, donc on prend une personne à domicile cinq jours sur sept. Et tu comptes payer comment ?
- Avec de l'argent.
- Parce que tu es milliardaire maintenant ?
- Et bien tu n'as qu'à faire venir une cousine d'Abidjan pour garder ta fille !
- Je te rappelle que c'est *notre* fille. Et qu'accessoirement, obtenir un visa pour une jeune femme c'est très compliqué ; même pour ma mère, je galère...

Bref, c'était compliqué d'argumenter avec Namiz ! Pour avoir le dernier mot, il ne me restait plus qu'à poser des actes. J'ai donc appelé sa maman... que je n'avais encore jamais vue.

Je lui ai expliqué la situation, lui proposant de gérer son visa pour la faire venir en France, et lui assurant que sa chambre était prête et qu'elle avait toute ma confiance concernant la garde de ma fille.

Puis j'ai calmement expliqué à ma petite femme que notre problème était réglé car sa mère allait débarquer. J'ai ajouté que ma belle-mère et moi étant tous deux africains, le courant était très bien passé. Au passage, j'ai reproché à Namiz d'être un peu trop française.

Super mamie est arrivée très vite, et m'a adopté d'emblée. Il n'y a pas beaucoup de femmes qui accepteraient, à 29 ans, que leur mère viennent vivre chez elles ; Namiz, si. Elle était top.

Le temps est passé. Nous avons fêté les deux ans d'Aliyah. J'étais fanatique : elle était drôle, nous étions complices, elle commençait à parler : que du bonheur. Namiz a tout géré d'une main de maître, et a fini par obtenir une place en crèche. J'ai donc dû laisser, à contrecœur, rentrer la super mamie chez elle, à 6 000 kilomètres.

Namiz avait une adolescente sous son toit, ma fille Valérie, très souvent enfermée dans sa chambre à écouter de la musique ou à jouer sur son téléphone avec ses copines.

Mais Namiz avait également deux enfants à charge : Aliyah et moi-même. Des fois elle craquait, nous demandant d'aller faire un tour dehors. Alors on allait se faire un McDo, un chinois ou les magasins… même si je savais que Namiz me reprocherait ensuite de trop gâter notre fille.

Mais allez dire à une enfant de trois ans de cacher son cadeau : dès que l'on passait le pas de la porte, j'étais grillé.

Je ne supportais pas de l'entendre pleurer, et tombais dans le panneau à la moindre de ses comédies pour un bonbon ou un gâteau, même avant les repas. Je plaidais toujours la cause de ma fille, même quant elle était indéfendable.

A l'instant où j'écris, je me dis que Namiz et sa mère ont été bien solides pour me supporter…

Début janvier 2017, Xavier Beneroso m'a adressé ses vœux :

« Bonne année mon pote ! C'est pour ce soir sur TMC. Tu ne seras pas déçu, toute la production a kiffé, encore merci. A bientôt l'ami. »

J'étais impatient de voir le rendu. Avec un beau sujet comme celui-là, je pouvais peut-être même recevoir une bonne proposition – la télévision, c'est porteur... Pourtant je la regarde rarement et avec la box, je me plante à chaque fois de télécommande.

Peu de temps avant, alors que j'avais essayé d'allumer la TV tout seul pour Aliyah, j'avais réussi à déprogrammer la chaîne de dessins animés ! Au grand désespoir de la petite, qui avait tout de même cherché à consoler son papa avec sa voix tendre et fluette : « Papa ce n'est pas grave, tu es nul ; mais maman va crier… »

On dit que la vérité sort de la bouche des enfants. Et effectivement, lorsque votre femme rentre, exténuée, après une journée de travail et deux heures de transports en commun, qu'elle se pose sur le canapé pour se détendre, chope la télécommande pour regarder *Les Reines du shopping* en Replay et voit l'écran tout noir, vous prenez très cher.

Ce soir-là, j'ai donc demandé à Namiz de mettre elle-même la chaîne TMC. Puis on s'est posés, zens, pour admirer le boulot de l'équipe de Xavier. C'était vraiment fluide, compréhensif, instructif. Et c'était une première pour Namiz, qui ne m'avait jamais vu passer à la TV. Très vite, le téléphone s'est mis a sonné : c'était Pascal,

Stan, Polo, Patricia et des gens de tous horizons surpris de tomber sur moi un soir sur leur écran.

Le lendemain, les appels ont continué. Même un des flics qui apparaissaient dans le reportage m'a joint par SMS : sympa ! Il avait eu mon numéro par la production. Bref, on était tous ravis du résultat.

Mais le lendemain soir, vers 20 heures, changement total de décor. Valérie, qui méditait dans sa chambre comme tous les ados, a sorti sa tête en criant :

« Papa ! Tu es à la télé sur C8 ! »

Au même moment, les téléphones se sont remis à sonner, tout le monde me confirmant l'info : j'étais bien sur C8 et Hanouna, Baba et Cyril se fichaient tous de ma tronche.

Grand moment de solitude : je ne connaissais aucun de ces trois types, pas même C8. La dernière fois que j'avais quitté la scène médiatique, il n'y avait encore que six chaînes.

Mon ado a claqué la porte de sa chambre (oui, un enfant jusqu'à dix ou douze ans ferme sa porte ; après, il la claque).

La TV du salon était éteinte. J'ai couru rejoindre Namiz qui était dans la salle de bain : elle était jeune et branchée, elle allait me décoder tout ça.

Dans un premier temps, elle m'a fait relativiser : selon elle, c'était moins grave que prévu. En effet il n'y avait pas trois, mais un seul type qui se payait ma tête – certes avec sa petite cour de chroniqueurs.

Car Baba c'était le même que Cyril, et Cyril c'était Hanouna. Et C8, c'était une chaîne du groupe Canal.

Wouah ! Ça faisait beaucoup d'infos en peu de temps ! Et trop d'émotions pour un seul homme.

Puis ma belle m'a montré l'émission sur son téléphone. *Touche pas à mon poste* : drôle de concept. J'ai découvert la tête de ce fameux Cyril Hanouna alias Baba, ainsi que celle de ses chroniqueurs.

J'ai reconnu Jean-Luc Lemoine : j'en avais eu un bon a priori douze ans plus tôt, l'ayant rencontré sur une émission de Frédéric Lopez, lors de la promo de mon premier livre. Il m'avait posé des questions pertinentes et justes. Pour le coup, il était, là encore, irréprochable.

Il y avait par ailleurs une blonde, que l'on me présenta comme une certaine Enora Malagré ; et un vieux à cheveux gris : dans ce foutage de gueule en règle, c'est lui qui enfonçait le plus le clou sur ma tête.

En fait, Baba avait repassé une partie de la fameuse émission « 90' enquêtes » de la veille sur TMC, pour la descendre. Il avait sélectionné un passage de trois minutes dans lequel je figurais : c'était moi la vedette.

Évidemment, le passage était complètement sorti de son contexte. Il voulait juste faire le buzz. C'était le court moment où je montrais, dans le magasin de bricolage, que les outils utilisables pour les cambriolages se trouvent en vente libre.

Selon C8, TMC diffusait des tutos de Manu le Gitan pour expliquer aux gens comment cambrioler une maison. Je rappelle que mon intervention et l'émission avaient un objectif totalement contraire : il s'agissait d'apprendre à se protéger des cambrioleurs.

Furieux, j'étais bien décidé à demander à C8 de rectifier le tir dès le lendemain. J'allais leur donner ma version des faits, et leur expliquer que de telles allégations mensongères sont condamnables par la justice française.

Ce soir-là, j'ai reçu des SMS et des appels jusqu'à tard. Les gens étaient choqués de ce qu'avait fait Hanouna. Je leur répondais de ne pas s'inquiéter, que dès le lendemain je ferais les démarches pour un démenti sur la chaîne.

Les boulettes, ça arrive. Certes c'était gênant pour l'image qu'il avait donné de moi, mais il n'y avait pas mort d'homme.

Je me suis donc procuré le numéro de téléphone de la production. Je l'ai contactée dès le lendemain, pour lui expliquer son erreur d'interprétation et lui faire part de ma demande de démenti.

En réponse, mon interlocutrice m'a prise de haut, très haut, et m'a envoyer balader. Puis elle m'a raccroché au nez.

J'ai d'abord halluciné. Puis j'ai accordé le bénéfice du doute à la production d'Hanouna : j'avais peut-être fait une erreur en composant le numéro, et j'étais tombé sur une frustrée. Ça arrive. Tout le monde n'a pas la chance d'avoir ce qu'il faut à la maison ; il faut être compréhensif avec les gens qui souffrent.

J'ai donc recomposé avec grande attention le numéro. Cette fois, je suis tombé sur un homme. Je suis reparti dans mes explications, lui demandant de me passer Hanouna, ce qui serait plus simple. Le monsieur m'a pris de très très haut… et m'a envoyé lui aussi me faire voir. Sur le coup, j'ai pensé que c'était le frère de la frustrée.

A ce moment-là, j'ai réalisé que j'allais devoir partir en guerre. Leurs méthodes et leurs manières de se prendre pour les dieux de l'Olympe – au prétexte qu'ils dépassent le million d'auditeurs – étaient juste inacceptables.

Entre-temps, Valérie m'avait téléphoné pour se plaindre que tous ses copains et copines se moquaient d'elle à l'école. Ma motivation a été multipliée par 100.

J'ai appelé Xavier Beneroso, qui était déjà au courant. Il m'a expliqué qu'Hanouna avait rebondi sur notre reportage au moment où il évoquait, comme chaque jour, les pourcentages d'audimat des autres chaînes ; et qu'il descendait tout ce qui venait de TF1 et de ses filiales, comme TMC. Il était désolé de ce gros préjudice à mon encontre.

Je lui ai raconté l'accueil chaleureux de la boîte de production. Il n'était qu'à moitié surpris.

J'ai donc ouvert une instruction à charge *et* à décharge contre Baba : peut-être que lui-même n'était pas au courant du préjudice causé, ni même de ma demande de rectification ; et jusque-là, ce n'était pas lui qui m'avait envoyé sur les roses.

J'ai activé mon réseau afin d'obtenir au plus vite son numéro de portable – ou celui d'un proche capable de lui amener ma bonne parole.

C'est là que j'ai découvert que le Baba avait autant d'ennemis que d'amis – si ce n'est plus. On m'avait dit qu'il était tunisien : il était surtout la tête de turc de nombreuses personnes.

Deux heures après le début de mes recherches, on m'a transmis deux numéros : le sien et celui de son père, un docteur. J'ai commencé par activer le numéro de téléphone de Cyril : soi-disant il ne le quittait pas, et répondait même en direct lors de ses émissions – après tout, pourquoi pas. Ce numéro n'a jamais répondu. J'ai continué à lui accorder le bénéfice du doute. Je me suis donc attaqué au numéro du papa docteur. Et, avec la plus grande des politesses, je lui ai raconté mon histoire sur son répondeur, lui expliquant que je le contactais pour ses compétences médicales. En effet, il serait peut-être amené à faire un diagnostic vital sur son fils, si jamais j'étais contraint de changer de méthode – ce qu'à l'évidence je ne souhaitais pas.

Trois jours après mon message téléphonique, un employé de la production m'a contacté, en s'excusant pour tout, et en m'expliquant que pour *TPMP*, ce n'était que de la rigolade.

J'ai demandé de faire le rectificatif, auquel cas l'affaire serait classée. Mais le type voulait que je vienne sur le plateau en direct. Pour moi, c'était hors de question : je voulais rester discret – et je n'éprouvais aucun intérêt à faire ce genre d'émissions (à moins, bien sûr, que ce ne soit pour la promotion d'un de mes livres).

Il a insisté au nom de Cyril. Il a fini par me retourner le cerveau. Après un léger temps de réflexion, j'ai fini par accepter, considérant que cela soignerait peut-être mon image. Le rendez-vous a été fixé pour le lendemain 18 heures, dans leurs studios à Boulogne.

J'étais content de pouvoir régler le problème calmement – je n'ai finalement pas tenu compte des mauvais retours concernant Hanouna par mes connaissances, qui étaient pourtant à deux doigts de me demander de le kidnapper. D'autres relations communes m'avaient dit qu'il était dur sur le plateau mais très agréable et généreux en privé.

Un de ses soi-disant amis proches l'aimait tellement qu'il m'a transmis des infos que je n'avais même pas demandées, dont le numéro de son ex-femme.

Je ne mange pas de ce pain-là : les femmes et les enfants sont sacrés – et j'espère que depuis, Cyril a coupé les ponts avec cet « ami » journaliste. Pour ma part, j'ai cessé toute relation avec ce Bruno (ah mince, ma plume m'a devancé : j'ai balancé son nom – dommage pour lui !)

En tout cas, le problème que j'avais était avec Hanouna le présentateur et producteur, pas avec le Cyril de la vraie vie.

À 16 heures le jour J, alors que je partais pour l'émission, j'ai reçu un SMS de la production :

« Manu, c'est annulé pour aujourd'hui. On reviendra vers toi. »

Sur le coup, je me suis senti soulagé : ils allaient faire le rectificatif sans moi. J'ai donc regardé l'émission en entier le soir même, en attendant patiemment mon moment.

Mais rien.

J'ai donc téléphoné à la boîte de production, et là... boîte vocale : mon numéro avait été classé dans la liste des indésirables !

Le message était clair : « Manu on t'emmerde, on est les champions du monde et on est intouchables. » À ce stade, finies les circonstances atténuantes accordées à Hanouna. J'allais renvoyer la balle à Baba.

J'allais les faire, les supers tutos de Manu, dont ils avaient parlé sur *TPMP* : mais en son honneur. Et pas n'importe quel honneur, et pour les diffuser sur les chaînes concurrentes !

Il était rentré dans ma vie privée ? A la bonne heure, j'allais rentrer dans la sienne.

« Chez nous on rit de tout, ce n'est pas méchant » disaient-ils à la production. EH bien, j'allais l'appliquer, leur philosophie... juste pour vérifier s'ils s'amusaient vraiment de tout.

J'ai donc repris les bonnes et vieilles méthodes du passé. C'est comme le vélo, ça ne se perd pas.

Infiltration, filoche, recherche de points de chute, pêche aux renseignements : j'ai donc ratissé large et tissé ma toile autour de Cyril. En moins de dix jours, je connaissais presque tous ses faits et gestes.

J'ai arrêté les recherches sur le pas de sa porte : pour rentrer, il me fallait une commission rogatoire. Mon futur diffuseur d'images était certes preneur, mais un peu frileux.

Je ne m'en faisais pas : avec le Net et les réseaux sociaux, il n'y aurait pas de problème pour la diffusion choc. Et me connaissant très bien, j'étais capable de m'auto-octroyer une commission rogatoire pour perquisitionner Baba... histoire de visiter et filmer son chez lui. On pourrait ensuite produire un nouveau tuto sur la sécurité contre les cambriolages.

Je n'aurais rien volé – je ne suis pas un voleur – quoique peut-être quelques images de son intimité. Et je serais entré sans effraction : je lui aurais fait une ouverture bien propre. J'aurais même refermé la porte derrière moi.

Je lui aurais juste laissé un petit souvenir de Manu : deux ou trois micros et caméras espions, histoire de suivre son actualité. Cela aurait été très drôle...

A voir si sur TPMP, ils en auraient ri aussi. L'idée avait enchanté beaucoup de monde, y compris certains médias qui le détestent. D'autres, au contraire, jugeaient le procédé trop violent. Certains avocats de fortune affirmaient ne pas comprendre la position de Cyril, assurant que c'était quelqu'un de gentil.

Un de nos proches amis communs me suggéra de faire une petite trêve dans cette conquête de vérité, histoire de me laisser le temps de trouver une solution moins radicale. Il ne prenait parti ni pour Baba ni pour moi ; il souhaitait juste un dénouement dans l'intérêt des deux partis. Cela se respecte.

J'ai appliqué la trêve.

Cela n'a pas empêché les médias d'entrer dans la partie. J'avais alors deux solutions : soit garder le silence, soit communiquer. Ce serait alors le pot de fer contre le pot de terre.

J'ai donc décidé d'en parler librement. Si je perdais le match, j'avais un plan V comme Vidéos. On dit qu'une image vaut mille mots : j'allais avoir des heures de vidéo de Baba en off. Puisqu'il est, paraît-il, super en privé, alors il ne risquerait rien.

Après quelques jours de tapage médiatique, la production m'a contacté à nouveau pour s'excuser. Et de m'inviter, encore une fois, dans l'émission en direct, le soir même.

Il était tout juste 14 heures. Après une nouvelle phase d'intense réflexion, je m'y suis rendu.

Un de mes amis corses m'a accompagné : il y tenait, « au cas où ». Dès qu'on est arrivés à l'entrée des studios, j'ai bien senti qu'on était pas les bienvenus. Pour leur défense, mon ami corse fait partie de ceux qu'on n'a pas envie de chahuter, et ça se voit sur son visage.

De toute façon, je n'y allais pas pour être baba devant Baba. J'y allais pour rectifier la vérité.

Lui a tenu sa place d'animateur provocateur et moi la mienne, celle du type contrarié. La production a eu droit à ce qu'elle voulait : une séance de joute verbale, un coup de buzz. Affaire classée… enfin pour moi. Lui, c'était à voir.

Quand Cyril Hanouna énerve Manu le gitan

C'est en 2001 qu'Emmanuel Caldier s'est fait connaître en Alsace. L'ancien braqueur, alors reconverti dans le recouvrement de créances, avait, avec quatre complices, enlevé un courtier habitant à Horbourg-Wihr qui travaillait pour une maison de placements financiers à Bâle. Il avait réclamé une rançon à son patron. L'objectif était de récupérer une somme d'argent qu'un couple de médecins avait placée dans cette société bâloise. L'affaire s'est terminée cinq ans plus tard devant le tribunal correctionnel de Créteil qui condamnait Manu le gitan à trois ans de prison ferme (puis cinq ans avec sursis en appel).

Depuis trois jours, Emmanuel Caldier est de nouveau sous le feu des projecteurs. La faute à Cyril Hanouna et à une séquence de son émission, « Touche pas à mon poste », début janvier. Ce jour-là, le présentateur commente l'extrait d'un documentaire de « 90'Enquêtes » diffusée la veille sur TMC et portant sur les cambriolages. « Xavier Bénéroso m'avait contacté pour ce tournage , raconte Emmanuel Caldier. Dans le reportage, je montre, dans un magasin de bricolage, les outils que peuvent utiliser les cambrioleurs. Puis, on va dans une maison que j'ai sécurisée et j'explique que pour éviter tout cambriolage, il faut mettre des barreaux aux fenêtres, une porte blindée, de la télésurveillance. On est dans la prévention.

Or, Hanouna dit que j'ai fait un tuto [un tutoriel] pour un apprenti cambrioleur ! Je lui reproche d'avoir complètement inversé le message ! »

Droit de réponse

Pas le genre à laisser passer ça Manu. Il contacte la production, demande un droit de réponse, mais on le fait poireauter. Du coup, il réussit à entrer en contact avec le père de Cyril Hanouna. Ce coup de téléphone a-t-il fait bouger les choses ? Avant-hier, en tout cas, le présentateur a invité Manu le gitan sur son plateau. Et les deux hommes se sont expliqués devant les invités du présentateur.

« Il a été courageux de me recevoir » , dit Emmanuel Caldier qui, âgé de 48 ans, se consacre aujourd'hui à la rédaction d'un ouvrage. Un bouquin qui parlera de ses cinq ans passés en Afrique. Atypiques, évidemment.

Auteur inconnu, «Quand Cyril Hanouna énerve Manu le gitan », *L'Alsace*, 4 Février 2017
https://www.lalsace.fr/haut-rhin/2017/02/03/quand-cyril-hanouna-enerve-manu-le-gitan#PlugCommentsList2(Consulté le 01/08/2024)

Le Parisien

TPMP : « Manu le gitan » fâché contre Cyril Hanouna

Emmanuel Caldier, alias « Manu le Gitan », ne l'a toujours pas digéré. Cet ancien braqueur âgé de 48 ans, qui a connu son heure de gloire dans les médias avec deux livres sur sa vie*, a toujours en travers de la gorge une séquence de Touche pas à mon poste (TPMP), l'émission de Cyril Hanouna. Une séquence qui le fait passer, selon lui, pour ce qu'il n'est plus.

L'origine du litige remonte au 5 janvier. Ce jour-là, le présentateur diffuse un extrait d'une émission de TMC « 90' Enquêtes » consacrée au fléau des cambriolages. Cyril Hanouna moque le passage où Manu Le Gitan se rend dans un magasin de bricolage pour montrer à quel point il est facile de se procurer du matériel destiné à pénétrer dans une maison. Hanouna compare la séquence à un « tuto » (un tutoriel, un guide d'apprentissage diffusé sur Internet).

Ce faisant, l'animateur dénature la suite du reportage dans lequel Manu explique - au contraire - comment se prémunir contre les vols à domicile. L'ancien voyou, qui a passé dix ans de sa vie en prison malgré son évasion de Fresnes en 1994, explique avoir définitivement pris le parti de la loi, s'occupant notamment de réinsertion. « J'ai appelé la production pour leur demander de rectifier. Un assistant m'a alors promis de m'inviter pour me permettre de le faire sur le plateau. Rendez-vous a même été pris. Mais, au dernier moment, ils ont décommandé, en évoquant une actualité trop chargée», nous explique Manu Le Gitan.

Et puis rien. Le téléphone de la production ne répondait plus. Manu a alors déniché le portable du père de Cyril Hanouna, s'entretenant une vingtaine de minutes avec lui. Le paternel a fait passer le message à son fils. Mais toujours rien... « La porte n'est pas fermée, nous assure la production. Il est le bienvenu dans TPMP. Il faut juste que l'occasion se présente. » Manu y croit toujours.

Eric PELLETIER et Benoit DARAGON, « TPMTP : « Manu le gitan » fâché contre Cyril Hanouna », *Le Parisien*, 30 Janvier 2017 https://www.leparisien.fr/laparisienne/people/tpmp-manu-le-gitan-fache-contre-cyril-hanouna-30-01-2017-6639921.php(Consulté le 01/08/2024)

CHAPITRE 9

Réinsertion et plus si affinité

Le passage chez Hanouna avait fait quelques dégâts collatéraux.

Un des banquiers de Pascal lui avait fait part de sa grande surprise en découvrant son DRH dans *TPMP*. Il avait expliqué à mon frère que cela ne changerait rien à leur relation professionnelle : un PDG n'est pas responsable de la vie privée de ses employés.

Mais il avait ajouté qu'il serait enchanté de recevoir un de mes livres dédicacés... Car je lui avais paru sympathique quand nous nous étions croisés.

Cela dit, il avait une préférence pour l'ouvrage relatant le kidnapping du banquier suisse.

Avec son humour légendaire, Pascal lui avait demandé s'il voulait voir ce qu'il risquait, si jamais un jour il coupait nos découverts autorisés.

Avec son humour de banquier, il avait rétorqué qu'il était juste un petit banquier ; et que le siège de la banque à Paris ne payait jamais les rançons.

Surtout il avait insisté : Pascal était son plus gros client, et il ne comptait pas le perdre...

Un autre de ses amis, le gros fournisseur de Marseille, lui avait par ailleurs rappelé quelques bons souvenirs de la grosse journée de déstockage qu'on avait passée dans le Sud :

« J'ai vu ton collaborateur hier soir ! La première fois que je l'ai rencontré, j'avais l'impression de le connaître : je ne m'étais pas trompé, ma femme avait acheté son livre ! Il est dans ma bibliothèque. La prochaine fois que vous venez à Marseille, ma femme aimerait qu'il nous le dédicace. »

Pascal avait géré tous ces appels et ne m'en tenait pas rigueur, loin de là. Ça devait l'amuser. Il m'a juste demandé d'éviter de rendre des services à mon pote Xavier Beneroso pour ses productions de « 90' enquêtes ».

Je lui ai répondu qu'il n'y avait pas de problème. Je lui ai glissé vite fait qu'on était en préparation pour un documentaire sur M6 : une enquête exclusive avec Bernard de la Villardière. J'ai ajouté que je risquais de tourner dans un de ses magasins.

Il a ronchonné.

Je lui ai rappelé que Stan m'avait ouvert ses portes, lui.

Un peu amusé, il a prétendu que justement, Stan avait tellement flippé qu'il en était tombé malade : il avait commencé à faire des crises de tension, avec le cœur qui s'emballe. Au point qu'il était entré le matin même à l'hôpital.

J'étais au courant. Je savais surtout qu'il s'était rendu à une visite de contrôle suite aux conseils de son docteur, pour des examens sous anesthésie.

On l'avait d'ailleurs bien charrié en lui demandant de nous faire un testament, histoire qu'on puisse gérer sa famille au cas où il ne se réveille pas.

Sa femme devait le déposer très tôt le matin à l'hôpital à jeun, et nous, le récupérer en début d'après-midi.

On avait prévu de l'emmener se faire une bonne gamelle à la sortie pour le requinquer : nous qui n'avions pas l'habitude de jeûner, on avait mal pour lui. L'hôpital étant à quelques minutes de la Gare-de-Lyon, on avait en tête de se rendre au Duc. Ce n'est pas loin et Didier nous fait le service continu.

Le téléphone a sonné : Stan était en vie. Pascal s'est garé sur le trottoir et m'a demandé d'aller le chercher dans le service.

Une fois devant l'infirmière, je me suis retrouvé face à une policière : il fallait que je fournisse ma pièce d'identité et que je signe un document officiel. Elle me disait que ce n'était pas anodin, que j'étais responsable de Stan.

Moi, responsable de Stan le sage ? Le comble ! Je n'ai pas pu m'empêcher de faire mariner mon frère, prétextant ne pas avoir de pièce d'identité sur moi et ne pas être en mesure d'endosser une telle responsabilité.

Stan me regardait avec ses yeux de cocker, me suppliant de le libérer. J'ai fini par le faire.

Bien vite, on s'est retrouvés attablés chez Didier. On a bien rigolé.

A ce moment-là, Alain le Tahitien est arrivé. Il devait avoir un septième sens pour nous savoir là !

Pourtant, il n'avait pas sa tête des bons jours. Il venait d'apprendre que son ex-femme dépressive avait voulu mettre fin à ses jours. Ne pouvant plus faire face à ses problèmes, elle avait sombré.

Alain la soutenait du mieux qu'il pouvait. C'était l'ancienne femme de sa vie et elle avait la garde de leurs enfants : ils avaient maintenu des relations très amicales.

Souvent, après des années de bonheur, même si le couple capote, on peut garder de bons liens.

Je ne suis ni médecin ni psychologue et je n'avais que quelques années d'expérience en vie de couple avec Namiz.

Mais c'était un frère de cœur à mon frère, donc mon frère. On est très famille. Pensant que notre amitié le réconforterait, je l'ai invité à nous rejoindre à table.

Alain a commencé ses explications. Il se sentait très coupable. Suite au divorce, ils avaient vendu leur très belle villa, payé les dettes du couple, partagé les voitures, les meubles et autres biens.

D'un commun accord, ils avaient fixé les pensions alimentaires compensatoires et partagé la belle somme qui restait de la vente de la propriété.

La maman, étant restée pendant quinze ans à la maison pour le bien-être familial et l'éducation des enfants, avait eu des difficultés à remettre un pied dans la vie active – malgré son courage et sa volonté. Passé cinquante piges, ce n'est facile pour personne...

Les enfants, eux, avaient grandi et continué leurs études, jusqu'aux portes du supérieur.

Alain avait un peu rétrogradé dans le monde cruel des affaires, et ses revenus aussi. Alors, en bon ex-mari et père de deux enfants, il avait cherché une solution pour faire fructifier ses économies, au lieu de les épuiser à vue d'œil. Il avait étudié toutes les pistes : l'immobilier, la bourse, etc.

C'est là que super Dominique, un de ses vieux potes de 25 ans perdu de vue depuis plusieurs années, était réapparu dans sa vie.

Tel un magicien, il lui avait proposé le coup de passe-passe du siècle : un placement à 3 % par mois.

Un placement à 3 % par mois : vous placez 100 euros par an, et vous touchez 36 euros d'intérêts.

Si ça ce n'est pas magique, je suis prêt à me les couper ! Copperfield, Majax et même José Garcimore peuvent aller se coucher.

Alain était bien décidé à miser gros : un quart de l'argent de la vente de sa maison, soit tout son capital. Mais n'étant pas un petit joueur, il avait doublé la mise, invitant son ex-épouse à déposer, elle aussi, la totalité de son épargne... soit un autre quart de la maison.

Alain avait donc misé une demi-villa. C'était l'équivalent de 20 années de sa vie, de leur travail, de leur sueur.

Alain était surtout un peu naïf.

Dominique l'as du fric et Alain le tahitien s'étaient donc rendus ensemble à un rendez-vous avec l'un des grands dieux de la finance, Jean-Pierre.

L'adepte Dominique allait surtout emmener à son crésus un bon pigeon à se farcir...

Alain avait juste exigé quelques clauses sur ce placement. Il fallait que lui et son ex touchent mensuellement leurs intérêts – ainsi elle aurait un double voire un triple salaire, tandis que lui pourrait payer les écoles supérieures de leurs filles chaque mois.

Le dieu Jean-Pierre avait donné tout de suite sa bénédiction : il emmènerait le tahitien candide et son ex au paradis – avec le raccourci garanti.

Pour montrer sa bonne foi, le Jean-Pierre avait fourni documents et contrats de prêts. L'ex-couple s'était empressé de présenter le dossier à leur banquier respectifs.

Alain était aux anges. Le tout, bien sûr, en toute légalité et en toute transparence… Les anciens amoureux avaient ainsi fait virer officiellement tous leurs fonds vers le paradis... fiscal.

Même si cela n'avait pas l'air très catholique, les banquiers français n'y virent que du feu et virèrent l'argent.

30 jours plus tard, l'apôtre Dominique avait déposé les intérêts à Alain… en espèces.

La suite est encore plus croustillante : Alain le tahitien, alias le candide, a trouvé l'affaire si juteuse et « fiable », qu'il a tenu à reverser à son ami une commission représentant un bon SMIC... chaque mois.

Grand seigneur, le tahitien !

60 jours plus tard, l'apôtre est revenu avec l'argent. 90 jours après, idem.

120 jours après, personne... Le bienfaiteur s'était envolé.

Les téléphones ne répondaient plus. Dieu s'était volatilisé, et l'argent avec.

Alain et son ex sont redescendus en Enfer direct.

Mais là-bas, ce sont surtout les larmes et les cris qu'on entend ; les prières sont peu efficaces.

Tel était le petit problème d'Alain.

Après son récit de plus de deux heures, j'avais la boule au ventre. Je lui ai proposé de me fournir un dossier complet, pour le soumettre moi-même à l'un de mes avocats, afin de me faire une idée des recours juridiques possibles.

Mais Alain avait déjà tenté plusieurs procédures de recours, et à part lui prendre des honoraires, les avocats n'avaient produit aucun résultat.

La justice, décidément, est bien souvent la voie de garage.

En bon avocat du diable, j'ai insisté, afin de pousser encore plus loin mes investigations sur les potentielles issues. Alain proposa de me revoir le week-end suivant pour me remettre les papiers.

On a fait traîner le repas, on a bien mangé, ils ont bien bu. Alain noyait son chagrin dans ses verres de vin, tandis que je ruminais déjà son dossier dans mon café.

Sur le retour j'ai ramené Stan chez lui, dans les bras de sa femme. Je ne lui ai pas demandé de me signer une décharge de responsabilité. Il allait se reposer un peu en famille ce week-end-là. Avec Namiz, on avait prévu de prendre l'air, et surtout de faire découvrir à notre petit bout de chou Aliyah, de tout juste trois ans, les joies des parcs de loisirs.

On avait joint l'utile à l'agréable : on descendrait dans un super relais château à quelques kilomètres du parc, tenu par une très gentille famille de forains sédentarisés.

Aliyah s'est bien amusée : les mômes ont toujours les yeux qui brillent devant les manèges.

A la sortie du parc, il y avait une boutique souvenirs. Ça, c'est comme les bonbons devant les caisses des supermarchés : ça pousse à la consommation et ça fait pleurer les gamins quand les parents refusent de craquer – bien souvent par manque de moyens, ce qui se comprend.

Je connaissais d'avance la position de ma chère et tendre Namiz sur le sujet : les peluches Disney et autres étaient encore parties pour passer sous le nez de ma princesse – ce qui se comprenait tout autant, vu la tribu qui l'attendait dans sa chambre.

En bon professionnel, j'avais donc anticipé la sortie : prétextant à ma belle la nécessité de retourner à la voiture pour éteindre les phares que j'avais laissés allumés, je suis repassé devant la boutique souvenir faire quelques emplettes – que j'ai bien pris soin de planquer dans le coffre du véhicule familial.

Dans l'après-midi j'ai pris la température auprès de ma femme, lui soumettant l'idée d'acheter une peluche à la petite pour l'occuper durant le trajet de retour. Sa réponse, tout à fait attendue :

« Il y en a déjà une centaine à la maison ! »

En fin de journée Aliyah, exténuée, s'est endormie dans mes bras. Alors qu'on passait devant la boutique pour revenir à la voiture, Namiz m'a lancé un petit :

« Tu vois bébé, tu te fais toujours de mauvais films : ta fille dort. Elle n'a même pas vu les peluches. »

De marbre, j'ai placé ma princesse dans le siège-auto. J'ai ouvert le hayon du coffre, puis, délicatement et discrètement, j'ai fait tomber les peluches sur la banquette arrière.

Près de 100 kilomètres plus tard, Aliyah, ouvrant un œil puis un autre très grand, s'est écriée :

« Merci, maman, merci maman ! »

Pendant que je ravalais ma tristesse (ma fille avait attribué sa joie non à son père mais à sa mère !) et que je tentais désespérément de rester concentré sur la route l'air de rien, Namiz s'est retournée... et m'a passé un savon.

Comme quoi, les enfants sont ingrats.

Mais Namiz est juste : elle a bien expliqué à sa fille que ce n'est pas elle, mais son papa qui avait été déraisonnable.

C'est ainsi dans toutes les familles : un des parents est toujours plus rigide que l'autre – et c'est tant mieux pour l'éducation des gamins.

En ce qui nous concerne, c'était moi le plus souple des deux, et même le plus élastique : j'étais incapable de disputer ma fille – même en me motivant à fond, je fondais en direct.

En près de trois ans, le plus gros dilemme que nous avions eu pour notre fille, c'était celui de son lit. Elle ne voulait pas dormir seule : elle avait peur.

Sauf que moi aussi j'avais peur de dormir loin d'elle et de ne pas l'entendre respirer. J'avais donc installé un petit lit que j'avais fabriqué dans du joli bois blanc. Mais la petite n'y restait pas, et chaque fois, elle allait se blottir entre nous. Bref, que du bonheur.

Sauf que j'avais Namiz et ma belle-mère contre moi, bien décidées à faire dormir la petite dans son lit coûte que coûte. Elles avaient prévu de dégager ma jolie création en bois blanc, et d'acheter un lit à barreaux. Elles avaient vu cela dans une émission TV de choc : *Super Nanny*.

J'ai essayé de leur faire comprendre que de voir ma fille derrière des barreaux, pour moi, c'était pas possible. Mais c'était dur de se faire entendre, et c'était tendu à la maison quand les deux femmes se liguaient contre moi.

Finalement, Namiz a eu une très belle idée : notre fille étant fan de Mini, elle a commandé un lit à son effigie. Et elle a négocié avec la petite pour qu'elle y reste.

Le colis est arrivé, je l'ai monté et installé en fin de soirée… Puis j'ai pris la fuite pour huit jours en Espagne : je ne voulais pas être là le temps que ma fille s'acclimate, je savais qu'il y aurait des cris.

Comme convenu, nous nous sommes retrouvés avec Alain dans l'arrière-salle de Didier le lundi suivant, afin d'étudier son dossier en profondeur.

Alors que je commençais à étaler les documents sur la table, il m'a sorti, d'une voix peu assurée :

« Manu, avant toute chose, peux-tu me faire un devis pour ton étude, histoire que je m'organise pour emprunter l'oseille auprès de Didier ? »

Je l'ai regardé en lui demandant s'il était tombé sur la tête ou s'il était complètement con : évidemment qu'il n'y aurait jamais d'argent entre nous, c'était l'ami et le frère de Pascal ! La seule chose qu'il pourrait éventuellement payer, ce serait les frais de procédure.

Comme il a d'abord refusé, j'en ai remis une couche : lui prendre de l'argent, c'était comme en prendre à Pascal : c'était impensable. Pour l'apaiser, j'ai fini par lui demander de m'amener fêter ça à Tahiti une fois l'affaire réglée. Puis je me suis concentré sur le dossier.

Après avoir fait un parallèle avec les premières explications d'Alain, j'ai fait un petit résumé à ma façon :

« En gros, ton super pote Dominique t'as envoyé vers un certain Jean-Pierre, censé gérer avec son fils Jordan une société d'achat et

de revente de métaux. Tu leur aurais confié une grosse somme d'argent, sauf que les contrats en question étaient bidons et n'avaient aucune valeur juridique.
- Depuis près d'un an, les trois escrocs font les morts : pas de réponse aux mails ni aux appels téléphoniques, et personne aux adresses postales.
- Le Jean-Pierre aurait en fait fermé sa boîte et ouvert une autre société – fantôme – au nom de son fils.
- La seule chose qu'on est en moyen de supposer à ce stade, c'est que Dominique serait au Maroc, Jean-Pierre à Saint-Martin, et le fils à Paris.

Je lui ai demandé si j'étais à côté de la plaque.
- Malheureusement non.
- Eh bien ce n'est pas si mauvais que ça ! Avec le recul, est-ce que tu penses que ton Dominique était complice, ou l'une de ses victimes sans le savoir ?
- Franchement j'en sais rien.

Comme dans toute affaire de recouvrement, il allait falloir commencer par poser un acte, puis tester les réactions. J'ai donc demandé à Alain d'envoyer un mail aux trois lascars.

Il devrait les informer qu'il avait prévu de vendre la créance à une boîte de recouvrement anglaise qui les rachèterait à 50 % : au vu de leur situation financière très compliquée, il préférait récupérer la moitié de son argent tout de suite, plutôt que rien.

Il devrait aussi les prévenir qu'il n'était pas sans ignorer le caractère parfois musclé des méthodes de ladite société ; mais qu'il était disposé à attendre huit jours, le temps de recevoir une réponse de leur part, avant de signer quoi que ce soit avec elle.

J'étais convaincu que ces trois idiots ne répondraient pas. En revanche j'étais sûr, au vu de mon expérience, qu'ils recevraient le mail et le liraient. Un escroc ferme rarement ses boîtes mails : il a tout intérêt à garder un œil sur ce qui le concerne.

J'ai donc testé les lignes via une puce téléphonique jetable : comme prévu, les numéros français ont sonné dans le vide. Ce qui était par contre bon à savoir, c'est qu'ils contenaient une boîte vocale.

Nous avons attendu quinze jours, histoire d'être sûrs de l'absence de réponse. Puis nous avons lancé le plan M comme Maroc.

Le scénario était simple : Alain ayant des amis communs avec Dominique, il avait réussi à se procurer son numéro marocain. Il composerait donc le fameux numéro maghrébin afin d'informer son « ami » que le boss de la boîte de recouvrement se trouvait à ses côtés, pour lui parler. C'est là que j'interviendrais.

Il y aurait alors deux options : soit notre interlocuteur décrocherait, soit il ferait le mort – auquel cas Alain devrait laisser un message cordial sur sa boîte vocale.

Nous avons eu de la chance : le Marocain a décroché. Étant donné que nous avions appelé en numéro visible depuis le portable d'Alain, le gars n'avait pas fui ses responsabilités, ce qui était un très bon point. En plus, il a reconnu avoir lu le mail d'Alain.

Notre message avait donc produit son petit effet. Et pour cause : Alain était plutôt du genre à recourir à des moyens légaux, et son « ami » le savait – notre histoire de boîte de recouvrement était donc crédible.

Mon frère a bien suivi le scénario : il a confirmé que la créance avait été reprise par la société anglaise. Il en a rajouté une louche, façon Alain : à défaut de le dédommager personnellement, les 50 % lui permettraient de rembourser son ex-épouse, chose qui était la plus précieuse à ses yeux. Dominique s'est alors lancé dans une tirade d'autolégitimation : le Jean-Pierre ne lui aurait jamais remis un centime sur cette transaction...

Alain lui a calmement fait comprendre qu'il ne se sentait plus concerné par le problème ; que ce serait à lui d'expliciter son rôle dans cette histoire, lorsqu'il aurait affaire à la société anglaise.

Et de lui préciser que justement, il se trouvait en compagnie du boss, qui tenait à lui parler.

À cet instant, je n'avais moi-même aucun préjugé sur ce type : je voulais juste écouter sa version des faits pour mieux évaluer la situation, et être en mesure de lui proposer un deal honnête, lui permettant de sauver sa trogne.

Il serait plutôt facile à attraper : le Maroc n'est pas si loin et Agadir, pas si grand. De plus, j'avais un bon cercle d'amis là-bas, qui y résidaient temporairement... le temps de leurs mandats d'arrêt. Une cavale au soleil c'est plus agréable – sans compter que les Marocains sont très sympas et leurs autorités plutôt corruptibles. Bref, un petit paradis pour la cavale.

J'ai donc écouté attentivement le récit de Dominique, sa rencontre avec son dieu Jean-Pierre dans les années 1995, l'activité de ce dernier dans le négoce de métaux et son besoin régulier d'espèces pour gérer un tel business : le dieu de la finance avait monté tout un système dans lequel il empruntait, via de gros intérêts, à des clients cherchant à blanchir leur magot, leur rendant leur argent en chèques ou en virement.

Ce que je comprenais surtout, c'était que dans les années 1995, Jean-Pierre entubait déjà les particuliers et les services financiers de l'État.

J'ai interrompu Dominique en lui faisant remarquer que ça, c'était avant : Alain, lui, avait confié de l'argent propre et par virement.

Mon interlocuteur a alors précisé qu'il avait perdu de vue son Jean-Pierre dans les années 2000, jusqu'à le retrouver par le plus grand des hasards en 2012 ; là, ce dernier l'avait informé rechercher certes toujours des financiers mais aussi des apporteurs d'affaires... disons des apôtres.

Sacré Jean-Pierre : rusé comme un renard, il savait que Dominique, perché et surtout alléché par l'odeur d'une commission comme dans le bon vieux temps, ne cracherait pas dans la soupe.

Puis nous avons appris que non seulement l'apôtre Dominique n'avait reçu presque aucune des commissions dues par son dieu, mais qu'en plus les clients qu'il lui avait envoyés n'avaient touché ni leurs intérêts ni leurs capitaux.

Pour Dominique c'était l'enfer, tous les débiteurs escroqués le tenant pour responsable et s'étant mis à ses trousses.

Dominique nous a par ailleurs confirmé le lieu de villégiature de son dieu sur l'île paradisiaque de Saint-Martin... Il nous a aussi appris qu'il répondait davantage aux mails qu'aux appels téléphoniques.

Je l'ai alors prié, pour preuve de sa bonne foi, d'accepter de nous accompagner dans les Caraïbes. Évidemment, il a refusé, à grands renforts de justifications à deux balles. J'avais du mal : d'un côté l'apôtre et ses explications à deux balles ; de l'autre Alain l'enfant de chœur, qui s'était fait détourner des milliers d'euros... C'était très louche, surtout si ce Dominique était vraiment victime dans cette affaire.

Après lui avoir trituré le verbe, j'ai découvert qu'il avait quelques petits soucis de papiers et que s'il séjournait au Maroc, c'était pour fuir un mandat d'arrêt européen délivré par l'Espagne...

J'ai mis très cordialement fin à la discussion, lui demandant de rester joignable, si besoin. Puis j'ai procédé à une vérification auprès d'un ami de la PAF, police aéroports et frontières –, qui m'a confirmé l'information : l'homme risquait bien quatre piges.

Mon opinion était presque faite sur l'apôtre Dominique le Marocain : il disait la vérité et se trouvait tout aussi victime de son dieu qu'Alain le tahitien.

Alain, lui, regardait ses pompes.

- Tu as un souci avec tes lacets ?
- Non, je risque juste de les utiliser pour me pendre, vu la tournure des événements.
- Ce que tu risques surtout, c'est d'avoir à porter des mocassins sans lacets. Ou des babouches ! Mon cher Alain, tu vas peut-être devoir aller au Maroc avec moi car je vais avoir besoin de parler de vive voix à ce Dominique. J'ai besoin d'évaluer plus précisément ses dires.

Mon Alain avait la tronche de travers.

« Comme on dit : si la montagne ne va pas à Mahomet, Mahomet ira à la montagne. Et puis, un week-end au soleil te ferait le plus grand bien : depuis un moment je te trouve un peu pâlot. »

Mon ami a fini par se montrer coopératif. On a regardé nos emplois du temps respectifs, fixé une date, etc. Dans l'enthousiasme, Alain le généreux a fini par proposer de nous réserver des billets d'avion première classe et les plus belles chambres d'Agadir. J'ai dû le ramener sur le tarmac vite fait : il avait tout de même fait appel à moi pour des problèmes financiers ! Nous serions donc en mission low cost. Je lui ai précisé que j'avais des points de chute là-bas.

Cela dit, ce serait juste des bases de repli en cas de problème grave, car mes amis étaient au Maroc en cavale. Après tout, il ne fallait pas exclure d'être reçus à grands coups de 38 Spécial : je me méfie toujours. Et même si notre Dominique n'avait pas le profil, la peur peut parfois rendre dangereux.

Bien sûr, j'ai averti Pascal et Stan de notre futur séjour à l'étranger.

Alain, qui avait assuré les réservations, m'a confirmé les horaires dès le surlendemain : nous partirions d'Orly à 16 heures le vendredi suivant, et reviendrons le dimanche soir. Il avait trouvé un petit logement chez des particuliers près du centre-ville d'Agadir.

Deux heures plus tard, Alain le zélé m'a demandé s'il devait téléphoner à Dominique pour fixer le rendez-vous.

« Pas la peine, lui ai-je répondu. On le retrouvera le vendredi soir vers 22 heures pour dîner : j'ai pris soin de le pister grâce à mes amis sur place, et j'ai appris qu'il tenait un restaurant.

« En plus, une voiture nous attendra à l'aéroport et on sera accueillis en zone VIP, histoire de gagner presque une heure et demi lors de notre passage aux douanes.

« Et puis, d'expérience, je peux t'affirmer que quand on veut être sûr de trouver celui qu'on cherche, il vaut mieux éviter de prévenir de notre arrivée – surtout quand on compte ne séjourner que 48 heures sur le territoire. »

Je pensais avoir été clair et pouvoir passer à autre chose, mais Alain a renchéri :

– Tu es sûr, vraiment : je ne l'appelle pas ? Des fois qu'il ne soit pas là le vendredi soir…
– Réfléchis deux minutes : où pourrait bien se rendre un type fauché et en cavale un vendredi soir ? Si vraiment tu y tiens, tu pourras lui téléphoner juste avant, une fois qu'il se trouvera dans notre champ de vision : tu lui demanderas de nous réserver une table pour trois !

Je comptais bien l'asseoir avec nous : parfois, c'est mieux que le premier contact ait lieu en public.

Nous nous sommes donc retrouvés à l'aéroport d'Orly le vendredi matin. Alain était souriant : ça faisait plaisir. Nous allions apprendre à nous connaître un peu plus, nous qui n'avions fait que des déjeuners et des dîners ensemble – le plus souvent avec du monde autour de nous.

Comme tout passager qui se respecte, nous avons fait l'enregistrement, pris un dernier café sur le sol français, et nous nous somme rendus à la porte d'embarquement.

Nous étions comme un vieux couple. Alain m'a demandé si je voulais m'asseoir près du hublot. Mon esprit et mes yeux étant déjà à Agadir, je lui ai répondu que oui, sans souci. Compagnie *low cost* certes, mais fort agréable. L'hôtesse, très sympathique, nous a apporté un petit en-cas et une de ses collègues nous a proposé un complément en nous glissant le tarif.

Comme on était tous les trois en mode taquin, elle nous a conseillé d'acheter des parfums pour nos copines d'Agadir. J'ai répondu que je ne connaissais pas encore assez ma copine Dominique pour lui faire des cadeaux. Puis j'ai acheté deux cartouches de cigarettes duty free : moins cher, moins toxique.

Pendant le vol, Alain, anxieux, m'a demandé à dix reprises ce que je comptais obtenir de Dominique. J'ai répondu à chaque fois qu'on improviserait. Et à dix reprises, j'ai dû le rassurer sur le fait que je n'avais pas du tout l'intention de le flinguer.

Il nous serait plus utile vivant que mort...

Le commandant de bord nous a invités à attacher nos ceintures, et nous avons commencé la descente vers notre terre de mission.

Prologue Livre II

À ce moment, en atterrissant au Maroc, je n'avais pas seulement fait le choix d'aider un frère en difficulté mais aussi celui de m'éloigner de ma terre promise, la réinsertion.

Alors que je commençais à peine à sortir la tête de l'eau, entouré d'une femme et d'une fille que j'aime à la folie, d'amis véritables présents pour moi comme je le suis pour eux, ayant une activité où je m'épanouissait loin des sirènes et des coups de feu, quel étrange coup du destin venait de me frapper.

C'est probablement ce genre de situation qui nous condamnait, la justice et moi à nous retrouver, face à face, pour perpète. Si j'avais bien troqué mon calibre contre un stylo, je n'avais abandonné ni mes valeurs ni mes principes.

Je n'ai pas l'arrogance de me considérer comme un justicier, je n'ai juste jamais eu aucune tolérance face à l'injustice. C'était inscrit dans mon sang comme l'encre de mes tatouages l'est sur ma peau.

Quant à la suite de l'histoire, même si la méthodologie que je comptais employer était strictement légale jusque-là, l'expérience m'avait bien appris une chose : on sait d'ou le train part mais jamais ou il s'arrête, enfin l'avion dans notre cas.

LIVRE II

Nul ne peut atteindre l'aube sans passer par le chemin de la nuit

Khalil Gibran

CHAPITRE 1

Première frontière

Nous avons traversé le tarmac. Il faisait chaud, ça sentait les vacances. Les touristes se pressaient pour passer les postes de contrôle.

Soudain, j'ai aperçu un type en costard cravate et tablette numérique avec mon nom inscrit dessus : c'était mon homme. Il nous a salué, nous invitant à le suivre.

En quelques secondes, nous étions en tête de cortège, pris à l'écart par un policier. Nous avons présenté nos passeports, sourire en coin, et reçu nos coups de tampon. L'agent nous a souhaité un bon séjour. Le passage de la frontière nous avait pris moins de cinq minutes : vive le statut VIP ! C'est agréable comme à Fleury-Mérogis...

De Paris, j'avais sollicité mon ami Chafik, installé au Maroc depuis toujours : ses frères avaient immigré en France, mais lui était resté au bled près de sa mère.

Financé par ses frangins bien insérés en France, il avait monté une société de tourisme : il était bien en place, beau véhicule, avec en bonus un sacré réseau. C'était le Géo Trouvetou du Maroc : quel que soit le voyage touristique que vous vouliez, Chafik le réalisait.

Il avait proposé de venir lui-même me chercher à l'aéroport. J'avais dû lui expliquer que j'étais attendu par mon client et que je ne voulais pas le contrarier, lui demandant juste de gérer mon accueil VIP – ce qu'il avait fait admirablement, comme à son habitude.

Quant au chauffeur censé nous attendre à la sortie de l'aéroport, il était un peu tombé du ciel grâce à un dîner chez un ami, Brahim, gros trafiquant de couscous et de tajines, propriétaire de fort beaux et bons restaurants de spécialités marocaines à Paris.

Je l'avais informé de mon court séjour à Agadir pour le taquiner, ayant auparavant décliné ses invitations au pays – ses voyages ne coïncidant pas avec mon planning.

Brahim, c'était un frère marocain. Grand restaurateur, habile commerçant, bon vivant, homme au grand cœur : chez lui, les soirées n'en finissaient pas. Forcément, il avait voulu sortir le grand jeu pour mon arrivée, et me loger dans sa propriété d'Agadir. Il aurait mis tout son personnel à ma disposition.

Kader, son bras droit, alias Lucky Luke (c'était le surnom que nous lui avions donné), était un jeune play-boy marocain. Il tirait sur tout ce qui bouge, dégainant plus vite que son ombre, son arme sacrée : sa petite gueule d'amour.

C'était peut-être le seul nomade berbère à n'avoir jamais connu la traversée du désert féminin. Kader voulait absolument assurer la logistique et le confort de notre voyage :

« Je vais te réserver un super massage, gommage, suçage chez ma copine Fatima, c'est le top d'Agadir. Pour la boîte de nuit, je t'enverrai chez une autre copine, Samia. Quant aux compagnes de nuit, c'est toi qui choisis : j'ai toutes les photos sur mon téléphone. »

Je leur avais pourtant expliqué en toute franchise que si j'allais au Maroc, c'était potentiellement pour bousculer un type, et que je préférais, si cela devait mal tourner, ne pas faire de dégâts collatéraux chez les amis.

J'avais par ailleurs dû rappeler au play-boy que la jolie femme black qui m'accompagnait dans son restaurant et à qui il demandait chaque fois de lui présenter sa sœur jumelle afin de l'épouser, n'était autre que ma femme : côté cœur et sensations fortes, j'avais donc ce qu'il fallait en France tous les soirs.

Ils avaient très bien compris et avaient accepté que je décline chacune de leurs offres – même les plus exotiques et les plus alléchantes de Kader. Timidement, Brahim était tout de même venu me voir en aparté pour me demander de lui rendre un service lors de mon voyage.

Difficile de refuser cela à un copain. D'autant que le service en question était vraiment bénin : je devais mettre dans ma valise des médicaments, un téléphone et une somme d'argent afin de les remettre en mains propres à un très bon ami à lui.

Brahim s'était entendu avec ce dernier pour que la livraison ait lieu à la sortie de l'aéroport. Pour nous remercier, le destinataire du colis s'était engagé à nous emmener, Alain et moi, à notre location.

J'avais été informé que notre chauffeur en question arriverait en VW Touareg noir. J'ai scruté l'horizon jusqu'à apercevoir un véhicule de la sorte, noir et brillant, avec vitres teintées et full options.

Nous nous sommes approchés. Un homme impressionnant, aussi large que haut, est sorti du carrosse. Son accueil fut impeccable, à ceci près qu'il ne parlait qu'arabe ou espagnol, et que je ne comprenais aucune de ces langues.

Je parvins tant bien que mal à lui indiquer notre destination. Puis j'ai ouvert ma valise pour honorer ma promesse. Il était ravi, enthousiaste – en fait carrément enflammé : il a montré sa joie pendant plusieurs longues minutes, sans prendre conscience une seconde qu'on ne pipait pas un mot.

Il a pris le volant et a continué à parler. Nous avons eu droit à une visite guidée d'Agadir en mode sourd et muet – mais avec le son : ses mains infatigables nous indiquaient tous les bâtiments et statues qui défilaient sur notre passage. Alain et moi étions enchantés.

Puis nous sommes tombés sur des embouteillages. Notre chauffeur s'est soudain enflammé non plus de joie mais de colère : il beuglait après tout ce qui bougeait – ou plutôt ne bougeait pas. Même les flics des carrefours en prenaient pour leur grade.

C'est là que nous nous sommes rendu compte que nous étions tombés sur un phénomène. Et pas n'importe lequel : le Touareg noir et brillant semblait connu, les gens le saluant tous les 200 mètres. Pour nous qui étions arrivés en mission incognito, ça commençait plutôt mal.

Alain, lui, acquiesçait sans arrêt, en mode « Si, senior ». Je lui ai demandé de me traduire les paroles de notre homme. Mais il m'a avoué que c'était les deux seuls mots qu'il connaissait en espagnol !

Et de préciser que s'il en abusait, c'était uniquement pour donner l'impression qu'on était du côté de notre chauffeur : il avait compris qu'il fallait éviter de le froisser...

Pour finir, alors qu'on se trouvait à l'heure où la circulation est à son apogée à Agadir, on n'a mis que 30 minutes pour se rendre de l'aéroport au quartier de la Marina.

J'ai appelé Paris, pour prévenir Brahim que nous avions retrouvé son ami et lui demander de lui traduire nos remerciements en direct. Mais le type tenait absolument à nous inviter à manger chez lui et nous servir de chauffeur pendant tout notre séjour...

Et le bougre ne lâchait pas l'affaire ! C'était d'autant plus délicat de refuser qu'il semblait sincèrement vouloir nous rendre service : il ne demandait pas d'argent (d'autant plus qu'il ne semblait pas dans le besoin).

J'ai dû expliquer à Brahim que son pote était un peu trop chaud bouillant : à deux reprises, des policiers faisant la circulation sur les carrefours avaient dû courir après le 4x4, Goldorak ayant forcé le passage.

Mon ami a dû me révéler que ce dernier traversait une mauvaise passe : non seulement il était en plein divorce, mais il avait été mis à pied par son patron, précisément à cause de sa tendance à démarrer au quart de tour. C'est là que j'ai appris que notre chauffeur était un haut fonctionnaire de l'armée...

Brahim est parvenu tant bien que mal à lui faire accepter notre refus, en lui promettant que ça serait pour la prochaine fois. Goldorak, bien qu'un peu déçu, a fini par comprendre et chacun est finalement reparti de son côté.

On a enfin pu prendre nos quartiers à la Marina. On s'est posés dans le salon marocain de notre appartement-hôtel, et on s'est regardés d'un air vide pendant plusieurs secondes. On était sonnés :

en moins d'une heure, le type avait réussi à nous épuiser : il nous avait siphonné le cerveau.

On a investi nos chambres respectives et pris notre petite douche, avant de nous fringuer bien comme il faut pour notre rendez-vous surprise. Il faut dire qu'Alain avait fait fort : il nous avait dégoté un appartement sécurisé face à la mer, dans une marina de luxe, avec son lot de bars-restaurants.

Cela dit, s'il me restait quelques devises de mon dernier voyage au Maroc, on allait devoir trouver une solution pour faire du change sans trop se faire arnaquer.

Nous n'avons eu qu'à lever la main pour obtenir un taxi : une 205 Peugeot bien amochée, mais un chauffeur plutôt drôle, et parlant bien le français. Non seulement il connaissait bien le resto que je lui avais indiqué, mais honnête, il nous a épargné les trois tours de la ville pour allonger la course. Je lui ai demandé son numéro de téléphone pour la suite. Il m'a remercié avec un grand sourire.

Arrivé devant le resto, Alain a tout de suite reconnu Dominique à travers la vitre. Comme quoi, nous n'avions pas besoin de nous annoncer quelques jours avant...

J'ai pu découvrir le personnage à distance : senior grisonnant, jouant bien son rôle de directeur dynamique, avec une belle gueule de chanteur des années 1970. J'avais désormais l'image, il ne manquait plus que le son : Alain lui a téléphoné. Il a vite décroché :

– Bonjour Dominique, c'est Alain. Comment tu vas ?
– Bonjour Alain. Ben, moyen, je suis au boulot, là. J'espère te voir bientôt pour qu'on s'explique à propos de Jean-Pierre. Faut vraiment que tu comprennes qu'on est deux à être couillonnés dans l'histoire.

Par contre, j'espère ne pas voir l'Anglais débarquer, j'ai pas envie qu'il me casse la gueule.

Alain m'a passé le combiné. Je n'ai pas tergiversé :

« Bonjour. Je suis convaincu que vous êtes hors de cause. Mais vraiment, je tenais à vous rencontrer pour avoir une discussion sereine. »

Me remerciant de la confiance accordée, Dominique m'a invité à venir au Maroc. Il regrettait de ne pas pouvoir me loger, squattant déjà lui-même chez un ami en raison de sa situation financière.

A cette chaleureuse invitation, je n'ai pas pu m'empêcher d'accepter sur-le-champ. Je lui ai même annoncé que j'allais me téléporter depuis Londres. Je lui ai donc proposé de réserver tout de suite une table pour trois personnes.

Il s'est littéralement tordu de rire. Nous avons profité de sa position pour nous introduire dans son restaurant...

Et c'est en relevant la tête qu'il s'est trouvé nez à nez avec son pote Alain et moi-même. Les retrouvailles furent de taille : ils avaient tous deux les larmes aux yeux. Et c'était sincère. Je me suis présenté : il était content, presque rassuré.

On s'est donc mis autour d'une table et on a ouvert la discussion. Dominique était clair, net, précis, transparent. Il n'y avait plus l'ombre d'un doute : il était bien la victime d'un scénario démoniaque. Et il avait pris cher, et pas seulement en argent.

Dom était donc retombé sur le Jean-Pierre par le plus grand des hasards – un hasard qui pour le coup avait fait mal les choses. Cette fois il avait joué le collecteur de fonds, jouant sur son relationnel.

Il avait donc amené des clients : Alain, son ex-épouse, un médecin à la retraite fondant l'espoir d'améliorer son quotidien grâce aux intérêts gagnés sur le placement de ses maigres économies, et trois ou quatre autres personnes – dont l'une était à deux doigts de la mort financière… et physique.

Dom était très souvent en contact avec eux par mail ou téléphone, ménageant la chèvre et le chou. Il espérait que le loup allait enfin se réveiller et sortir du bois.

Le comble dans tout cela, c'est que Dominique n'avait jamais touché un euro de commission : elles étaient censées tomber au bout d'un an de placement – or l'escroquerie avait duré moins de six mois. Il avait juste gagné les emmerdes.

Pour nous prouver sa bonne foi, Dominique a ouvert sa boîte mail via son ordinateur portable pour nous montrer toutes les correspondances. J'ai effectivement constaté que depuis 18 mois, il envoyait des mails à Jean-Pierre toutes les deux semaines, le suppliant de répondre et de trouver des solutions.

On était vraiment dans du Zola.

Et l'autre, planqué sur une île, faisant le mort sur son transat au soleil… Il n'avait répondu qu'aux deux ou trois premiers messages en jouant les misérables, histoire de gagner un peu de temps.

Alain en avait même de la peine pour son pote Dominique – j'ai cru qu'il allait lui faire un chèque. On a payé l'addition pour éviter que les trois menus ne lui soient retirés de sa paye. Puis on l'a invité à boire un verre dans une boîte branchée, histoire de se changer les idées. Alain avait compris de lui-même que Dominique ne serait d'aucune utilité pour retrouver son fric. Il m'en a fait part au bout de deux ou trois coupes de champagne, détendu par l'ambiance douce et festive des nuits d'Agadir...

Je lui ai alors expliqué mon idée – celle de la dernière chance : il devrait dès le lendemain demander à son ami de nous rejoindre à l'appartement, avec son ordinateur portable. Si ce plan B ne fonctionnait pas, nous serions obligés de nous envoler pour Saint-Martin. Cela nous ferait encore une destination ensoleillée, bien que plus coûteuse...

Vers 2 heures du matin, j'ai appelé mon nouveau pote taximan, qui nous a ramenés chez nous. Alain avait bien encaissé cette soirée, même s'il en avait gros sur la patate.

Vu ses petits yeux, je lui ai conseillé d'aller se coucher. Je me suis installé dans un fauteuil sur le balcon, face à la mer, et me suis mis à méditer sur mon plan.

Les échanges mails de Dominique m'avaient confirmé qu'il avait une bonne âme : aucun mot d'insulte n'avait filtré ; les phrases était toujours joliment tournées ; les supplications à son dieu demeuraient sincères, et toujours ouvertes aux propositions.

Le J-P, qui l'avait utilisé puis jeté comme un vulgaire Kleenex, devait bien se marrer devant tant de dévotion.

Le réveil du lendemain fut un peu rude. Les placards de notre super appartement étaient archivides : pas une biscotte ni une dosette de café...

C'est là que je me suis souvenu que j'avais demandé un voyage low cost.

Alain et moi sommes donc descendus à la marina pour profiter d'un petit-déjeuner en terrasse... face au soleil levant et aux bateaux de plaisance. En prime, nous avons eu droit à un garçon de café aux petits soins.

Comme j'expliquais à ce dernier que nous étions arrivés la veille sans avoir fait de courses, il nous a proposé ses sœurs en guise de cuisinière et de femme de ménage.

C'était fort sympathique de sa part, mais je lui ai répondu que le temps qu'elles se mettent en place, on aurait déjà décollé pour Paris. J'ai tout de même profité de sa générosité pour lui demander s'il avait un filon pour faire du change aux meilleurs taux.

Aussitôt dit, aussitôt fait : en moins de 30 minutes, un agent de change en djellaba, babouches et attaché-case en cuir noir se tenait devant nous.

Après avoir posé sa mallette emplie de billets sur le coin de la table, Mustapha a sorti le journal du jour et sa calculatrice. Il nous a expliqué qu'avec lui on changeait 10 % voire 20 % au-dessus du cours légal – autrement dit plus on changeait, plus on gagnait sur le taux.

Mustapha était bien plus honnête que le Jean-Pierre : lui au moins vous donnait le capital et les intérêts de suite, et en monnaie locale !

On n'avait changé que 1000 euros et pourtant on avait l'air d'être très riches, vu le volume en dirhams. Et le type est reparti aussi vite qu'il est arrivé.

Tels sont les plaisirs du Maghreb : on peut gagner autant de temps que d'argent, dès lors que l'on s'adresse à la bonne personne. Alors que nous avions transformé la terrasse de café en bureau, il allait être de circonstance d'inviter Dominique pour nos affaires, comme prévu.

Mais nos affaires ont été retardées par l'atterrissage surprise de deux avions de chasse féminins.

« Merci Mohamed », se sont exclamées les deux jeunes femmes au garçon de café qui les invitait, sourire jusqu'aux oreilles, à s'asseoir à notre table.

Devant notre perplexité, ce dernier a dû faire rapidement les présentations :

« Les amis, voici mes deux petites sœurs, Fatima et Aïcha. Comme elles sortaient du travail, elles sont passées par là pour me saluer. Fatima c'est celle qui cuisine bien, et Aïcha, celle qui fait le ménage. Vous pouvez régler vos petites affaires entre vous. »

J'ai regardé Alain, Alain m'a regardé. Mohamed venait de nous faire gagner de l'argent : en bon commerçant, il était normal qu'il en gagne en retour, et pour cela il jouait les entremetteurs. J'ai examiné ses deux petites sœurs de la tête aux pieds : étrangement, aucun signe de ressemblance n'apparaissait. Peut-être leur père était-il polygame – auquel cas l'une des deux épouses devait être Miss Maroc...

Sans compter que chez nous, on voit rarement une cuisinière ou une femme de ménage débaucher à 11 heures du matin en minijupe, maquillée jusqu'au cou, avec des ongles de trois centimètres et des talons de dix.

J'ai pour ma part plutôt pensé à deux gentilles escort-girls rentrant bredouilles de leur patrouille de chasse nocturne. Peut-être étaient-elles des connaissances de notre ami Kader, le play-boy du couscous parisien...

Très diplomates, nous leur avons proposé de poursuivre le petit-déjeuner avec nous – c'était la moindre des choses. Elles ont dévalisé les plateaux de viennoiseries – chose qui venait étayer mon hypothèse d'une rude nuit de séduction : ce genre d'efforts, ça creuse...

Par contre il allait falloir très vite clarifier les choses, pour tuer dans l'œuf tout espoir. Elles étaient très agréables et surtout cultivées : probablement des étudiantes en deuxième ou troisième année de fac.

J'ai donc utilisé une technique redoutable, qui recadre et calme souvent les ardeurs : après avoir sorti mon téléphone portable, je leur ai fait découvrir toute une série de photos de ma petite princesse Aliyah, ainsi que de ma chère Namiz. Après tout, on connaissait déjà un peu la famille, avec leur frère Mohamed !

Et puis, comme il fallait aussi couvrir mon pote Alain, j'ai prétexté qu'il était en couple avec un vieux monsieur nommé Jean-Pierre, lequel se trouvait actuellement à Saint-Martin.

Elles ont très bien compris la situation. Au point qu'en quelques secondes, les deux sœurs n'étaient pas plus sœurs que sœurs de notre serveur...

Elles étaient en fait issues de familles modestes du sud marocain. Elles étaient effectivement montées à Agadir pour leurs études. Elles nous ont avoué avec tact se livrer à quelques « extras » certains week-ends pour finir leurs mois...

La situation étant devenue plus clair, tout le monde était plus à l'aise. Nous avons donc passé un moment agréable à discuter de leur quotidien. Elles étaient très heureuses de nous avoir rencontrés, nous posant mille et une questions sur la vie en France.

Je leur ai expliqué que j'avais rendez-vous avec un type d'Agadir, qui devait d'ailleurs bientôt arriver. En guise de remerciement et donc bénévolement, elles m'ont proposé de jouer les traductrices.

Je leur ai expliqué que non seulement la personne était d'origine française, mais qu'elle était fauchée… histoire de ne pas leur donner de fausses illusions. C'est alors que la plus cuisinière des deux s'est proposée – toujours à titre bénévole – de nous faire à dîner le soir-même.

J'ai suggéré en tout bien tout honneur un autre scénario. Se joindre à nous, oui, mais dans un restaurant : celui où travaillait notre ami. Comme elles ne voulaient pas croire en la sincérité de ma proposition, Alain a dû confirmer mon sérieux.

C'était drôle et touchant de les voir aussi gênées. Elles tenaient même à régler une partie de l'addition du petit-déjeuner. Évidemment nous avons refusé. Elles ont insisté.

J'ai dû en venir à l'arme de la dérision, prétendant nécessiter leur protection au cas où les serveurs de chez Dom aient eux-mêmes des petites sœurs à nous présenter.

Midi allait sonner. J'ai donc contacté mon taximan pour qu'il les raccompagne chez elles. Il faut savoir se montrer gentleman, même en amitié.

Les deux avions de chasse se sont envolés et Dominique a pris leur place, tout sourire. Il a tout de même émis une petite réserve, ne voyant pas en quoi il pourrait nous être utile.

« D'abord, lui ai-je indiqué, en réservant une belle table pour quatre personnes ce soir à ton restaurant. Ensuite, en faisant le gentil élève : j'ai quelques mots d'amour à te dicter pour ton Jean-Pierre.

« Disons, pour être plus précis, que je vais t'en détailler le contenu, et que toi tu vas reformuler : il faut que ce soit tes mots, pour que ce soit crédible. Et puis, il a dû prendre goût à ta prose, ton J-P, à force de recevoir tes messages de détresse !

Il a installé son ordinateur et nous avons commencé notre composition.

Pour Alain, on ne faisait que jeter une bouteille à la mer. Justement, lui ai-je fait remarquer, non seulement la mer était en face de nous, mais le salaud habitait sur une île : le flacon aurait des chances de parvenir à destination.

Dominique devrait rédiger en ses termes les éléments suivants : un gros investisseur belge, Monsieur Baldier Emmanuel, venu au Maroc pour acheter des terrains et construire des hôtels, était passé dans son restaurant. Le belge était blindé de liquidités : Dominique le savait car il s'occupait de son change. L'homme d'affaires lui avait raconté son parcours dans la finance, ses placements, ainsi que le blanchiment d'argent à travers le commerce de métaux... avec un certain Jean-Pierre.

Je partais du principe qu'entre l'appétit vorace pour l'argent de J-P et la famine dont il faisait part dans ses mails à Dominique, il y avait fort à parier qu'il accepterait l'aide du Belge pour se refaire une santé financière.

Chose étonnante, Jean-Pierre avait même prétendu avoir été escroqué. Il fallait être fort pour parvenir à rouler le dieu de l'escroquerie dans la farine ! Qui donc ça pouvait être, sinon le diable de la finance ?

Quoiqu'il en soit, je misais sur le fait que le Jean-Pierre pourrait croire en la bonne parole de son apôtre.

Alain a vite compris que d'anglais j'allais devenir belge.

En moins de deux heures, Dominique avait rédigé un mail explosif, y mettant tout son cœur. C'était parfait : un sans-faute. Je lui attribuai 20 sur 20, avec mention « meilleur espoir de Manu ». La grosse bombe à retardement était très bien enclenchée...

J'ai pris soin de demander à Dominique de solliciter un accusé de réception : il nous faudrait absolument savoir si son destinataire lirait son mail ou pas.

Dominique m'a regardé d'un air perdu : il ignorait tout de ce genre de manipulation...

Aïe ! Et Alain et moi, simples seniors nés avant l'informatique, qui ne pouvions lui être d'aucun secours. Notre bombe H commençait à sentir le pétard mouillé...

Alain a donc appelé sa fille étudiante : elle était forcément à la pointe. Effectivement, nous avons eu droit à des explications chiadées de sa part au téléphone... Sauf qu'aucun de nous n'a été capable de les décrypter !

A ce stade, c'était un professeur en chair et en os qu'il nous fallait. C'est là que j'ai enfin pu recourir aux vrais services d'Aïcha : j'ai composé le numéro qu'elle m'avait griffonné sur un bout de serviette en papier. En quelques minutes, nous avons eu la solution à notre problème.

Mais un problème réglé en cache un autre : Mohamed n'avait pas la Wi-Fi !

Malin comme il était, il est parvenu à récupérer le code de son voisin restaurateur et nous l'a transmis.

Dominique a cliqué sur « envoyer » et la bouteille à la mer est enfin partie.

Il ne nous restait plus qu'à attendre... en priant pour un retour favorable.

Dominique a vite regagné ses activités. Alain et moi avons décidé d'utiliser nos doigts à des fins plus terre à terre qu'une prière : décortiquer un bon homard.

Sauf que Momo n'avait pas cela sur sa carte. En bon commerçant honnête, il nous a réservé une table à l'une des meilleures adresses, à deux pas de chez lui. Soit le restaurateur en question était son ami, soit il l'avait commissionné.

Toujours est-il qu'il a obtenu un bon gros pourboire d'Alain le généreux – à tel point que j'en avais eu pour moins cher d'addition avec les quatre petits-déjeuners.

Même fauché, Alain restait d'une générosité extrême : c'était un ange... à moins qu'avec le volume du change il n'ait cru qu'il s'agisse de billets de Monopoly. Il allait falloir que je refasse toute son éducation...

Une fois en route, nous nous sommes vite rendu compte que les deux pas avaient été estimés à vol d'oiseau... et surtout, qu'ils devraient se faire en marchant sur l'eau : le resto au homard se trouvait de l'autre côté de la marina. Dominique l'apôtre étant parti, nous ne pourrions pas être aidés...

Arrivés tant bien que mal à destination, nous avons été reçus en grands seigneurs. Et pour cause : nous étions les « amis de Mohamed » ! Je me demandais quel était le mot que Momo avait si bien passé : « Je t'envoie deux mecs bizarres : ils n'aiment pas les femmes et donnent plus de pourboire que d'addition » ?

Quoiqu'il en soit, nous avons très bien mangé, dans un cadre formidable et avec un super service... et pour trois à quatre fois moins cher qu'en France.

Après une courte sieste, Alain s'est lancé dans une petite crise de paranoïa, s'imaginant que Dominique allait jouer double jeu et révéler la vérité à Jean-Pierre.

J'ai donc dû lui confirmer que le Dom me paraissait fiable. Pour ce genre de choses, il pouvait compter sur mon expérience...

Je lui ai également fait savoir mon intention, si notre plan fonctionnait, de récupérer non seulement son argent mais celui des autres clients lésés, ainsi que les dettes dues à notre Dominique. Auquel cas ce dernier n'aurait rien à gagner à jouer les agents doubles.

Mais les deux cerveaux de mon Alain tournaient à plein régime : le premier, analytique, réceptionnait et traitait l'information, mais le second, émotionnel, se mettait en mode panique irrationnelle. J'ai donc dû m'adresser au deuxième en me livrant à tout un tas de blagues… Il a fini par se détendre.

Comme prévu, nous sommes passés chercher nos étudiantes, grâce à notre taximan désormais attitré, pour aller dîner chez Dom. Elles étaient bien apprêtées et classes.

La soirée a été très agréable, amicale et même intéressante : le mélanges d'idées, de culture et de générations est toujours un enrichissement. Un habitué français s'est même joint à notre table – Dom gérant la partie « cantine » des expatriés français.

Lors du repas, Alain s'est senti obligé de passer aux aveux : non, il n'était pas en couple avec un certain Jean-Pierre – bien qu'en grand divorce financier avec lui, suite à une grosse infidélité. Il avait une super femme qui l'avait toujours soutenu, et qui d'amie, était devenue sa moitié au fil des années. Les deux étudiantes se sont amusées de notre doux mensonge.

Comme dans beaucoup de soirées, nous avons eu droit, grâce à l'un des piliers de comptoir arrivé à quatre grammes d'alcool dans le sang, à notre quart d'heure vérité sur la race humaine.

Dans sa bouche, il s'agissait en l'occurrence plutôt de race bovine, vu la manière dont il parlait de sa « bobonne » – avec laquelle il se vantait de couler sa retraite d'expatrié français au soleil. EH oui, il fallait bien fuir le système qui les avait nourris, soignés et leur avait assuré une fin de vie confortable !

D'où son engouement de vieux devant nos deux belles et jeunes étudiantes. Il n'a pu s'empêcher de lancer, d'une voix éraillée, mais qui depuis le bar est arrivée bien vite à nos oreilles :

« Hé les filles, vous prenez combien pour la nuit ? Je vous donne le double de ce que vous ont proposé les touristes, et vous me faites la totale ! »

C'est là que j'ai péniblement pris conscience qu'Alain et moi avions des tronches de touristes. En tout cas, le brame du cerf en rut avait jeté un sacré froid dans la salle.

À ce stade, nous avions deux options : le corriger ou... le faire corriger. Il fallait bien qu'il apprenne les bonnes manières, même s'il était à l'étranger !

Dom a tenté de calmer le jeu, histoire d'éviter la débandade et que le restaurant ne se transforme en scène de crime. Pour ma part, j'ai tenté d'intervenir verbalement – je savais qu'une réaction plus musclée me garantissait soit une garde à vue, soit une immobilisation d'au moins 48 jours au Maroc, dans le meilleur des cas.

Mais mon élan de rationalité a vite été coupé par l'arrivée de la police, une cliente ayant lancé l'alerte. Trois flics très pros nous ayant isolés l'un de l'autre le temps de tirer l'histoire au clair, je leur ai glissé, en bon touriste que j'étais, un billet de 100 euros dans la poche.

Après avoir fait le calcul en devise locale, ils ont validé ma proposition indécente. C'est ainsi que le vieux cerf a obtenu ce qu'il avait demandé à nos amies : la totale, mais par la police.

La soirée et la bonne ambiance ont repris leur cours. Nous avons fini à guichet fermé, Dom ayant descendu le rideau métallique après le départ des autres clients. Et nous avons poussé la discussion jusqu'à pas d'heure...

Le dimanche matin au réveil, Alain avait un peu mal aux cheveux. Je l'ai dopé au Doliprane : vers midi, il était sur pied. Nous avons fait nos valises tranquillement et avons remis les clefs à qui de droit.

Puis, comme il nous restait deux heures avant de prendre le taxi pour l'aéroport, nous sommes allés rendre visite à Momo, pour notre traditionnel petit-déjeuner en terrasse. Il a bien pris soin de nous – c'est la famille – et nous lui avons donné des nouvelles de ses sœurs.

Alors qu'Alain était encore en semi-coma, son téléphone a sonné. Il a baragouiné en sursautant :

« Merde, ça doit être ma femme ! Je lui avais dit que je l'appellerais à mon réveil. »

Comme il était tout juste 14 heures, je lui ai conseillé de lui dire qu'il venait juste de se réveiller – c'était tout à fait crédible, vu sa voix léthargique.

A notre grande surprise, ce n'était pas une voix de femme.

C'était notre Dominique, qui lui aussi venait d'ouvrir les yeux. Il avait découvert au réveil un accusé de réception de son mail de la veille ; et surtout, la confirmation de son ouverture à 3 heures du matin, heure locale.

Alain était épaté, presque admiratif de mon initiative informatique. J'ai calmé son enthousiasme : ce n'est pas moi mais La Poste, qui avait inventé le concept.

J'ignorais le décalage horaire entre Saint-Martin et Agadir, mais tout cela était de très bonne augure et laissait supposer que le Jean-Pierre avait ouvert tous les mails de ces 18 derniers mois.

J'avais de bons espoirs qu'ils morde à l'hameçon, vu la qualité du message de Dominique ; sans compter qu'il fallait être cinglé pour refuser une offre de détournement de 100 000 euros à un pauvre Belge égaré au Maroc !

Une fois de plus, il ne nous restait qu'à patienter, et voir les retombées.

Et, comme toutes les bonnes choses ont une fin, le taximan est arrivé et nous a emmenés à l'aéroport. Il n'y avait plus de Rachid et donc plus de VIP. Nous avons donc attendu une bonne heure comme M. Tout-le-monde.

Et comme tous les Parisiens, deux heures plus tard, nous étions dans la foule et la grisaille...

Quand j'ai débarqué en Uber, mes trois petites femmes m'attendaient sagement sur le perron.

J'avais pris ce qu'il fallait, dont quelques jouets et vêtements pour ma petite princesse Aliyah. Elle était encore bon public et j'en profitais, car je savais que quelques années plus tard, elle me dirait, comme mon ado : « Papa, je préfère que tu me donnes un billet, je choisirai moi-même ».

Pour Namiz, c'était plus délicat : je ne me risquais jamais sur le terrain vestimentaire. D'autant que le choix avait été limité : même serties de diamant, ma djellaba ou mes babouches auraient été rejetées d'office. En plus elle ne supportait pas la contrefaçon – elle avait dû être douanière dans une autre vie.

Il y avait bien des tanneurs de qualité là-bas, mais même côté sacs à main, elle avait des goûts trop spécifiques. Certes, j'avais eu l'option des parfums de luxe en duty free, mais comme on en trouve plein à Paris et à beaucoup plus cher, j'aurais pris le risque de passer pour un pingre.

J'imaginais d'avance le :

« Au prix du duty free tu aurais pu en prendre plus ! »

Et puis, on a beau dire que c'est le geste qui compte, personne n'apprécie, même à cinq bouteilles de parfum, de se faire recevoir avec une grimace à peine voilée.

J'avais donc décidé de briser l'incertitude avant mon départ en jouant les détectives – chose que je savais très bien faire – via une investigation approfondie de l'armoire de la salle de bain.

Pour mamie c'était on ne peut plus simple : non seulement elle n'était pas difficile, mais elle était croyante et pratiquante, à raison de cinq prières par jour. Il suffisait donc d'une djellaba, d'un sac Vuitton de contrefaçon et d'un nouveau foulard pour couvrir sa tête.

C'est une vraie femme musulmane et une vraie mama africaine : la belle-mère rêvée selon mes critères ! Elle m'avait adopté dès le premier jour.

Si elle avait pu être chez nous en France douze mois dans l'année, j'aurais été le plus heureux des hommes. Le seul hic, c'était le beau-père : en vieux sage africain et tout aussi bon musulman, il ne la lâchait pas d'une semelle : lui aussi voulait sa femme à la maison.

Nous avions donc trouvé un deal : en période de Ramadan, Tabaski et Korité, je lui laissais sa femme ; pour l'anniversaire de la petite, Noël, Pâques et les vacances d'été, elle était chez moi.

On avait eu de la chance jusque-là : le Ramadan n'était pas tombé à Noël. Mais le jour où nos calendriers de garde alternée se télescoperaient, je crois bien que sous ses airs de vieux sage, il serait capable de débarquer en France pour me faire ma fête – or je ne tenais pas spécialement à devenir son mouton de Tabaski.

J'ai donc distribué mes petits cadeaux souvenirs à mon harem familial. Vu l'heure tardive, ma fille chérie s'était endormie sur le canapé. Mon épouse adorée, en mère normalement constituée, m'a demandé de la monter dans son lit sans la réveiller.

Mais il fallait absolument que je la couvre de bisous et de « je t'aime », que je lui exprime combien elle m'avait manqué et que je lui offre ses petits cadeaux tant mérités, au grand désespoir de la maman.

CHAPITRE 2

Pêche au gros… escrocs

Les lundis matin sont tous un peu les mêmes : chacun raconte son week-end à ses collègues. Il y a ceux qui brodent un peu, craignant de passer pour des idiots, et ceux qui s'étalent sur le gigot-flageolets du dimanche.

Ma petite femme, elle, se livrait peu.

Et pour cause : qui pouvait prendre au sérieux un : « Je n'ai pas bougé car mon chéri était au Maroc pour essayer de piéger un escroc » ? Surtout quand on travaille dans une banque…

Sauf qu'à force de discrétion sur la profession de son mari, Namiz avait fini par créer l'effet inverse de celui souhaité : elle avait fécondé les imaginations, nourrissant les fantasmes les plus farfelus au sujet de sa vie privée.

Depuis quelque temps la curiosité s'intensifiait. Surtout depuis que ses collègues m'avaient aperçu à plusieurs reprises sur le parking, l'attendant pour l'amener à une sortie en amoureux sur Paris.

Même si elle prenait rarement la voiture à cause des embouteillages, je n'avais pas résisté à lui offrir un petit cabriolet pour ses 30 ans.

Très féminin, le bolide : je l'avais choisi assorti à sa garde-robe. Pour dénicher la perle rare, j'avais dû modifier mes critères de recherche sur Leboncoin et me déplacer jusqu'en Allemagne.

Le plus dur avait été le voyage pour me rendre sur le lieu de vente : bizarrement, le train me donne le mal de mer...

Bien souvent on dit que l'habit ne fait pas le moine. La monture ne fait pas le jockey non plus : je vous assure que le cabriolet, malgré l'effet visuel et émotionnel, ne coûtait pas plus cher que le petit diesel de Madame Tout-le-Monde.

Ma femme n'a pas été épargnée par l'effet de manche : en bonne gestionnaire, elle a d'abord pensé que j'avais fait sauter la banque. J'ai donc dû me lancer dans un exposé sur la réalité du marché automobile...

Mais il y avait les fantasmes des collègues. Alors, quand elle a débarqué au bureau avec sa nouvelle voiture, les hypothèses ont fusé sur l'origine de la fortune de son mari...

Jusqu'à ce que madame ramène, pour son anniversaire, un repas préparé avec amour par mes soins : d'avocat d'affaires, j'étais alors devenu cuisinier.

Mais elle était toujours de marbre. Alors, lorsqu'elle leur a parlé d'une de nos virées en Corse, je suis devenu mafieux à leur yeux – beaucoup de gens associent malheureusement les Corses aux malfrats...

Bien sûr, elle avait respecté sa pudeur légendaire, entretenant le mystère qui pesait sur mon image : ils avaient eu droit à un récit bref, sans aucun détail croustillant à se mettre sous la dent.

Heureusement, parce que j'étais à deux doigts de me retrouver impliqué dans l'affaire Érignac...

Ce séjour était né d'une illumination de mon grand ami Polo : qui dit cabriolet pour ses 30 ans, dit voyage, soleil, et donc Île-de-Beauté. Logique !

Polo s'était donc mis à jouer les tour-opérateurs, m'offrant un forfait trois jours tout compris en illimité, au simple prix de l'amitié.

Quand on voyage en première classe d'amitié avec Polo le Corse, on s'en souvient ! D'abord, la voiture nous avait attendus à l'aéroport pour nous amener jusqu'à notre logement. Ce dernier se trouvait face à la mer et une moto nous y attendait dans le parking. Juste en bas, un bateau mouillait dans le port juste pour nous.

Polo le futé avait joué les guides du routard, avec toutes les bonnes adresses 200 % pur jus corse.

En 2017, j'ai pris du grade dans les pronostics. C'était suite à mon intervention pour régler un problème interne dans la société de Namiz.

Un adolescent de 40 ans diplômé bac + 8, ingénieur financier de son état, s'était permis de retirer la chaise de ma chérie au moment où elle allait s'asseoir, sûrement dans un but comique selon lui.

C'est là que j'ai découvert que même les multinationales n'échappent pas à la longue série noire des abus hiérarchiques – abus qui, bizarrement, n'arrivent que rarement aux oreilles des DRH.

Un bon mari cuisinier aurait consolé sa femme. Un bon mari avocat aurait en plus entamé une procédure, qui aurait traîné pendant des années...

Un mari comme moi, dont la religion a toujours prêché l'interdiction de laisser quelqu'un toucher à sa femme et à ses enfants, s'est rendu en moins de trois heures auprès du DRH.

Le DRH en question a eu droit à une sommation en règle :

« Si tu ne résous pas le problème vite fait, tu vas te taper, avec tes sbires, un séjour aux urgences... et tu t'en souviendras ! »

Mon passage a eu l'effet attendu : le DRH a mis les pieds dans le plat bien comme il faut, et le problème, jusque-là « insurmontable », a été levé en moins de 72 heures.

Pour ma part, j'ai eu droit à une sacrée promotion : de mafieux corse je suis soudain devenu haut fonctionnaire de police, puis membre des RG : le comble !

Comme quoi, l'habit ne fait vraiment pas le moine. De toute façon, Namiz n'avait pas le profil à s'être mise en couple avec un type au casier judiciaire chargé. Depuis, sa discrétion est légitimement passée pour le respect du secret défense.

L'autre femme de ma vie était plus connue : se baladant régulièrement dans les magasins que gérait son père, Aliyah était devenue la mascotte, la princesse pour laquelle on déroulait le tapis de bisous.

Moi-même je connaissais les bambins de certaines de mes vendeuses qui côtoyaient leurs collègues toute la semaine et venaient aussi leur rendre visite en famille sur leurs jours de repos. J'aimais profondément cette bonne entente. J'aimais constater que le travail peut aussi être un lieu où les gens se sentent bien. Et je me plaisais à penser que j'avais ma part de responsabilité dans cette jolie réalité…

En effet, moi aussi j'étais un peu DRH : ma mission consistait à monter partout des équipes qui gagnent. Pour ça il n'y a pas de secret : il faut créer un climat de respect mutuel, de bonne entente, de solidarité.

À chaque fois que Pascal et Stan créaient de nouveaux magasins, il fallait embaucher. Dès les premiers entretiens, je me creusais la tête pour sélectionner le personnel. Je passais toujours de longues heures en entretiens de recrutement.

À la vérité, un curriculum vitae ne vaut pas grand-chose : on peut y inscrire ce qu'on veut. Avez-vous déjà vu un CV avec la mention : « Je suis quelqu'un de mauvaise foi », « Je suis un fouille-merde », « Je suis un syndicaliste redoutable », ou encore : « Je suis une grosse feignasse » ?

Chacun se vend au mieux, se montrant sous son meilleur angle. Et c'est de bonne guerre. Mais la guerre doit se mener sur les deux fronts : le nouvel employeur doit aussi être vigilant.

Contacter son prédécesseur pour collecter des informations, est-ce fiable à 100 % ? Et pourquoi le croire lui, et pas sa nouvelle recrue ?

Quant à la période d'essai, tout le monde sait qu'elle est l'occasion de se donner à fond jusqu'au décrochage du CDI. Mais ce n'est qu'après avoir tiré le pompon que les gens montrent vraiment qui ils sont...

Cela dit, je me débrouillais plutôt pas mal dans l'ensemble. J'arrivais souvent à dégoter « les bons » et à les rendre encore meilleurs afin de les faire sortir du lot.

Car si tous débutaient par un statut d'employé polyvalent, certains seraient amenés à devenir adjoints ou responsables du magasin...

Sur le papier ça paraît évident, mais sur le terrain bien souvent ça se complique. Certes, j'avais appris à lire sur le Code pénal et la Bible, mais je ne connaissais pas encore le Code du travail. Or il contient beaucoup de subtilités... Et je n'avais pas eu la chance de m'y confronter lors de mes précédentes activités illégales !

Certains employés le connaissaient très bien, au point d'être devenus des spécialistes en procédures aux prud'hommes. Si je sélectionnais dans mes équipes un de ces tire-au-flanc, c'était mes frères Pascal ou Stan, les PDG, qui seraient convoqués en tant que responsables légaux.

Et puis, je n'avais pas spécialement envie de donner raison aux statistiques, qui révèlent de très gros pourcentages de turnover dans la grande distribution... ni de tomber moi-même dans cette spirale infernale.

Quoiqu'il en soit, j'ai vite réussi à former le noyau dur des équipes, soit environ 50 % des effectifs.

Avec le recul, je me dis que j'ai eu de la chance : si beaucoup de mes recrues n'avaient jamais travaillé dans ce domaine, la plupart n'en étaient pas moins de vrais bosseurs, prêts à donner beaucoup de leur personne pour y arriver.

Lorsque je recrutais le reste du personnel, j'annonçais d'emblée que ce n'était pas moi qui déciderais, à la fin de la période d'essai, s'ils resteraient ou non.

Cela attisait leur curiosité : quel manitou pouvait bien prendre les grandes décisions derrière moi ?

Alors je leur expliquais, de façon très diplomate, que c'était le noyau dur de l'équipe qui trancherait, car il était le plus apte à juger.

Certains n'avaient pas l'air enchantés de mon explication. C'était donc une responsabilité très grande que je donnais au personnel de tête.

À ce jour, je n'ai jamais été déçu.

Ainsi, de nombreuses personnes étaient arrivées chez nous avec un énorme potentiel, des capacités qu'aucune entreprise n'avait auparavant ni identifiées ni exploitées. Autant dire que les intéressés eux-mêmes n'en avaient pas conscience. Quel gâchis !

Mais attention : tout le mérite revenait aux personnes concernées, qui avaient su se révéler. Moi, je n'étais que le gars sympa et détendu qui leur avait permis d'oser, de se lâcher, de se surpasser. Ils avaient juste dû se savoir en sécurité avec moi.

Il y a un vieux cri de guerre qui a toujours résonné en moi : « Qui ose gagne ! » Cela vient du premier RPIMa, 1er régiment parachutistes d'infanterie de marine de Bayonne.

« Peux-tu me rappeler quand tu seras dispo ? »

Le SMS d'Alain, 24 heures après notre retour à Orly, avait l'air grave... À tous les coups, il était tombé amoureux de moi après notre week-end au Maroc.

À ma grande surprise, quand je l'ai rappelé, je suis tombé sur un Alain euphorique. Une joie à la marocaine : je comprenais à peine ses paroles tellement elles débordaient d'enthousiasme...Et pour cause : Dominique venait de lui transférer la réponse du fameux Jean-Pierre. Un bon poisson qui avait mordu à l'hameçon à pleines dents…

Le J-P avait donc répondu favorablement à la proposition de Dominique. Il lui avait même promis de le commissionner au maximum.

Il confirmait que le Belge, Monsieur Baldier, pourrait le joindre dès le jour-même, indiquant son numéro et son adresse mail.

Il était un peu bête : son mail et son téléphone, nous l'avions toujours eu, c'était lui qui ne répondait pas. Il devait souffrir d'amnésie financière... Mais je le soignerais avec le plus grand plaisir.

Avant de le contacter, je devrais organiser la logistique et régulariser ma nouvelle nationalité, afin qu'aucune faille ne se glisse dans mon système d'infiltration.

J'ai alors proposé à Alain de passer le prendre pour aller manger ensemble. Cette fois nous n'irions pas chez Didier, mais chez Léon…

Comme il ne connaissait pas, je lui ai précisé que le resto se trouvait sur une place où un type pissait dans la fontaine. Il a pris son air satisfait :

- Ah… Tu veux qu'on bouffe chez Léon de Bruxelles à Roissy !
- Perdu. Mais tu chauffes : on va à Bruxelles, chez mon vieil ami Léon. Je suis sûr que vous allez bien vous entendre tous les deux. Et puis, c'est un personnage ! Lui aussi, il a eu des activités dans l'imprimerie... mais pour imprimer des documents en filigrane, si tu vois ce que je veux dire…
- Ah ! Mais tu sais, avec les photocopieurs que je vends, je ne vais pas être d'une très grande utilité pour ton Léon…
- T'inquiète, il est à la retraite. Depuis sa dernière sortie de prison – il avait pris quinze piges pour fabrication de fausse

monnaie – il s'est reconverti dans la restauration avec sa nouvelle fiancée – oui, parce que sa femme ne l'avait pas attendu lors de sa dernière peine... c'est long, quinze piges.

Une fois le péage passé, j'ai donc appelé mon vieux pote Léon. Le téléphone était en kit mains libres : Alain allait découvrir le personnage en direct...

Léon n'a pas caché son enthousiasme. Et quand je lui ai appris qu'on était en chemin pour venir lui rendre visite :

« Ah ! Magnez-vous alors ! Vous êtes mes invités, je vous attends pour bouffer. Ah, ça fait plaisir… »

J'avais rencontré Léon dans les années 1988. Un homme haut en couleur.

À cette époque, il ne s'appelait pas Léon. On l'a baptisé comme ça après avoir vu le film avec Jean Reno, en raison d'un certain passage de sa vie mouvementée. Mais surtout, pour sa ressemblance physique frappante avec l'acteur. Il en a très souvent joué par la suite...

Il arrivait sur les 70 piges et était en mode retraite. Mais le papy faisait quand même de la résistance. Et puis, il avait intérêt à être en forme : sa nouvelle fiancée n'avait même pas 30 ans...

Leur histoire était atypique – mais avec Léon, rien ne pouvait être ordinaire… Ils s'étaient rencontrés lors d'une soirée chez des amis communs, et, 24 ou 36 heures plus tard, ils étaient déjà bras-dessus bras-dessous.

Ils s'étaient bien trouvés tous les deux : elle l'avait stabilisé, et lui l'avait bien lancée professionnellement.

Natacha bossait dans la restauration, dans la capitale belge. Elle finissait tard le soir et travaillait les week-ends.

Léon, lui, était un grand travailleur cérébral : autodidacte dans le banditisme, il se tapait des parties de poker toute la journée, tout en montant divers petits trafics en tous genres...

Un travail légal avec un SMIC à la clef tous les mois, ce n'était pas sa tasse de thé. Et puis, attendre Natacha tous les soirs sur le parking du resto, tout ça pour ne pas la voir du week-end, ce n'était pas supportable... Il a très vite pété un câble.

Sur le « très vite », j'avais deux versions : la sienne, qui durait plus de trois mois, et celle de Natacha, qui certes était d'accord sur le chiffre, mais comptait en semaines.

Donc, trois semaines après leur rencontre, Natacha a changé de vie professionnelle… car Léon était impossible à changer.

On en avait déjà eu la preuve par le passé…

Ainsi, alors qu'il avait atteint la mi-peine de prison et s'était trouvé en position de pouvoir bénéficier d'une liberté conditionnelle, le juge d'application des peines lui avait demandé de justifier d'un logement et d'un travail.

Léon s'était exécuté, fournissant une promesse d'embauche… Et, chose improbable au vu de ses talents de faussaire, la promesse était véritable.

Les portes de la prison s'étaient alors ouvertes...

Mais son employeur ne vit jamais son visage.

Pourtant, ce dernier vit bien un ouvrier en bleu et chaussures de sécurité prendre le poste le jour J. Il le vit même revenir les jours suivants, et les semaines et les mois aussi... Et son travail était des plus soignés.

Mais ce n'était pas mon Reno.

Certes, le type était enregistré au nom de Léon... Sauf que c'était une doublure.

Ah, le généreux Léon : lorsque le vrai travailleur lui présentait sa fiche de paie en fin de mois, il lui redonnait le double en fraîche ! Alors l'acteur en redemandait... Et tout le monde était satisfait.

Ni vu ni connu ! Cela a tenu près d'un an...

Du point de vue de la justice, Reno était en pleine réinsertion : coupant de la ferraille à l'usine tous les jours, il était habillé en cotte de travail et chaussures blindées...

Mais dans la réalité, Léon coupait les jeux de cartes dans des salles de poker clandestines, avec des souliers vernis et ses plus beaux costumes...

Sauf qu'un jour, un type arrêté pour détention de fausse monnaie a mis Léon en cause lors de son interrogatoire.

La police belge a dû venir trouver l'intéressé, afin d'inscrire sa propre version des faits sur le procès-verbal.

Toujours très à jour de ses dossiers, elle s'est rendue d'un pas décidé vers la prison pour l'interroger. Évidemment, elle s'est cassé le nez devant les barreaux.

Reprenant son travail rigoureux d'enquête, elle est parvenue, grâce au numéro de Sécurité Sociale, à retrouver l'usine où travaillait le valeureux. Le numéro de sécu, c'est comme le numéro d'écrou du prisonnier ou le matricule tatoué sur l'épaule du bagnard : ça vous colle à la peau toute votre vie...

Les hommes en bleu ont fini par trouver leur travailleur en bleu. Sauf que, bien sûr, ce n'était pas Léon.

Si la police avait bien fait son travail d'investigation, elle aurait dû percuter qu'un type qui transpire au boulot ne pouvait être Reno… La seule goutte qui perlait sur son front, c'était celle du carré d'as qu'il s'apprêtait à poser sur la table.

Ils ont donc embarqué la doublure.

Le boss de l'usine a prévenu la femme de Léon, qui n'a pas vraiment compris : ce dernier était à ce moment-là en train de faire une partie de poker dans le salon...

En bonne épouse de voyou, silencieuse et discrète, elle est venue l'informer que la police allait le mettre en garde à vue.

Sur le coup, l'interpellé ne s'est pas trop inquiété. Il a juste prévenu ses potes qu'il fallait boucler la partie car ils risquaient d'être interrompus.

Au bout de 24 heures de garde à vue, les services de police ne s'étaient toujours pas rendu compte qu'ils tenaient le faux Léon.

Léon est vraiment doué en faux et usage de faux : la doublure de Reno n'avait rien lâché, jouant son rôle jusqu'au bout. Un vrai acteur. Un vrai bonhomme, surtout.

Léon, bon prince, lui avait fourni un avocat. Ce dernier s'était vite rendu compte que le travailleur en bleu n'avait jamais eu affaire aux hommes en robe…

C'était un père de famille avec trois gamins, qui, au bout de deux ans de chômage, avait accueilli la proposition de Léon et son doublement de salaire en fraîche comme une bénédiction. Et puis, comme ça, il était sûr de ne pas être licencié par Léon...

Quant à la balance, l'avocat avait pris connaissance de ses dépositions. Lorsqu'il révéla son identité à mon ami, ce dernier lui garantit qu'il était inconnu au bataillon.

Ils en déduisirent que le gars avait juste lâché le nom de Léon pour négocier sa libération, car ce nom était très connu dans le milieu des faux monnayeurs.

Léon n'avait donc rien à voir avec ce trafic.

C'est là que l'avocat a tenté le tout pour le tout, demandant à la police d'organiser une confrontation entre les deux individus. Inévitablement, la balance, découvrant le visage de la doublure administrative de Reno, se trouverait embarrassée. Et cela se verrait.

Sauf que le type ne s'est pas démonté : il l'a reconnu formellement et froidement, sans la moindre hésitation.

Puis le second acte a débuté avec un coup de théâtre magistral : à la stupeur générale, la doublure a soudain révélé sa véritable identité.

Silence dans l'assemblée.

Imaginez la communication téléphonique, par la suite, entre l'inspecteur responsable du dossier et le juge d'instruction tentant de lui expliquer le rebondissement ! Bonjour l'imbroglio...

Sauf que pour le coup, la couverture de Léon avait explosé. Mon ami est donc retourné illico à la case prison, à la demande de son juge d'application des peines.

La doublure, elle, s'en est plutôt bien sortie avec la justice. Le patron de l'usine a même décidé de la reprendre... sous sa vraie identité bien sûr.

Et c'est vrai que le gars était un bosseur. Le boss avait même rempli des papiers pour attester de la qualité de son travail, afin de compléter le dossier de réinsertion de Léon.

Mais revenons à mon Léon, trois semaines après sa rencontre avec Natacha.

Mon ami était tellement au bout du rouleau qu'il lui avait fait quitter son poste de serveuse. Pour compenser, il lui avait offert une belle petite brasserie...

Il lui avait même promis qu'ils la feraient tourner ensemble, histoire de se voir plus souvent. Lui serait là en cas de problème : il y installerait son QG avec sa table de poker.

Du bout des lèvres, elle avait réussi à grappiller quelques infos supplémentaires, notamment sur les horaires d'ouverture. Léon avait été très clair :

« T'inquiète, ma chérie : c'est le personnel qui gérera tout ça. Toi, tu viendras quand tu veux. Tu auras juste à surveiller la caisse, et que personne me la fasse à l'envers. »

Du Léon tout craché. Et il avait insisté sur un point important :

« Tout ce que je veux, c'est que tu réalises ta passion et que tu t'épanouisses socialement. »

Après quelques années de vie auprès de Léon, elle en rigolait... surtout quand elle le voyait tenter de faire et de servir un café. S'il y avait eu un médecin dans la salle, il aurait eu droit à un arrêt de travail pour « inaptitude au travail ».

Dès qu'on est arrivés, ça a été les grandes embrassades.

Alain était ravi : lui qui apprécie la chaleur humaine, il allait être servi. Pour ce genre de tâches, il faut le dire, Léon était doué.

Ensuite, ça a été le récit par Natacha de ses dernières péripéties en date, ce qui n'était pas triste du tout : il n'en rate pas une mon Léon...

J'ai répliqué par mes propres mésaventures. Léon, qui avait du flair, attendait que je lui demande mon service.

Je lui ai donc expliqué que je devrais être belge pendant quelque temps, dans le cadre d'un dossier de recouvrement un peu complexe. Il m'a interrompu :
- Tout est possible mon ami : faux passeport, faux permis, etc. Je suis en place.
- Merci mon Léon ! Mais calme ta joie : j'ai juste besoin de lignes téléphoniques et d'une ou plusieurs adresses mail, avec un opérateur belge sans abonnement.
- Il était déçu mon Reno : je l'ai vu dans ses yeux. Pour lui, c'était comme si je lui demandais de m'acheter une gaufre à Bruxelles :
- Tu t'es déplacé rien que pour ça ?
- Bien sûr que non ! Je voulais voir ta belle gueule. Et embrasser ta femme.

Il a donc appelé un type qui est venu nous rejoindre et à qui j'ai dû tout réexpliquer. J'ai eu droit aux meilleurs conseils sur l'opérateur, calmement et efficacement : à la belge.

Il m'a assuré que dans une heure il me ramènerait tout ça. L'affaire a rapidement été classée.

Nous avons donc terminé la journée chez Léon à nous rappeler nos bons vieux souvenirs, à nous raconter nos vies et à refaire le monde.

Puis nous avons repris la route vers Paris, avec nos belles puces bruxelloises : les lignes avaient été connectées, on nous avait mis les coupons de rechargement et créé de belles adresses mail, avec des mots de passe tout simples : « Léon ».

Arrivé devant chez Alain, je lui ai indiqué la suite des événements : j'irais bien vite à la pêche au gros...

Le Jean-Pierre ayant déjà mordu à l'hameçon, je commencerais à tirer avec ma nouvelle ligne, bien délicatement, pour ne pas la casser.

Je suis donc parti à la pêche dès le lendemain matin.

Mais attention : le premier contact est décisif, il ne faut pas le rater. Et dans ce genre de situations, on est forcés d'envisager plusieurs scénarios.

Mais j'avais un gros avantage : je connaissais très bien le profil de mon interlocuteur.

Je savais aussi qu'il me considérait comme sa future proie, le prochain qu'il escroquerait tout cru. Je le voyais déjà en train de se lécher les babines...

Mais un animal sur le point de chasser et de déguster son gibier est toujours en situation de vulnérabilité. Surtout quand il ne sait pas qu'il est lui-même la victime...

Lui, pour me séduire, jouerait le rôle du vieux renard habitué, du financier bien assis sur ses pattes ; moi, je jouerais celui du novice, du bon pigeon belge gentil et naïf.

J'ai donc préparé ma ligne téléphonique. Je savais que mon numéro belge s'afficherait sur l'écran de son portable : ce détail serait essentiel pour le mettre en confiance. Il a décroché dès les premières sonneries :

- Bonjour Monsieur Baldier, enchanté ! J'ai été informé par Dominique, mon collaborateur qui gère notre filière finance au Maroc, que vous deviez m'appeler pour discuter affaires. Il a dû vous dire que vous pouviez réaliser des placements garantis et très juteux grâce à moi. Je me tiens à votre disposition, je vous écoute...

- Ravi de faire votre connaissance, Jean-Pierre. En effet, Dominique m'a vanté vos placements. Et cela m'a beaucoup intéressé. Il m'a annoncé un rendement à 3 % par mois, c'est bien cela ? Je préférais vous avoir directement en ligne pour m'assurer qu'il ne s'était pas trompé sur le taux : vous voyez, pour être sûr qu'il n'avait pas confondu les mois et les années... Ça paraît tellement extraordinaire !
- Je vous rassure tout de suite, Monsieur Baldier : ce sont bien 3 % par mois garantis. Mais à titre exceptionnel, si nous concluons avant fin 2017, soit dans les deux mois, je vous le fais à 4 % mensuel garanti.

Imaginez ma joie : je n'en croyais pas mes oreilles ! Je commençais déjà à le remercier, et à rêver à voix haute :

- Jean-Pierre, vous êtes donc en train de me faire comprendre que si je vous confie 100 000 euros, j'aurai 4 000 euros d'intérêts en espèces, nets d'impôts ?
- C'est cela, Monsieur Baldier : 4 000 euros par mois, soit 48 000 euros à l'année. Vous rentrez dans la cour des grands de la finance !

Mais ce n'était pas tout : selon lui, ces intérêts juteux ne constituaient que l'un des multiples avantages de son placement miraculeux ! Et oui, dieu lave plus blanc que blanc...

Il m'a expliqué que l'argent était placé un an minimum, reconductible chaque année. Si je souhaitais le récupérer à la date anniversaire, je pouvais donc le faire le plus officiellement du monde, par chèque ou par virement. Ce serait un jeu d'enfant pour lui, il le faisait très souvent...

Naïvement belge que j'étais ce jour-là, j'ai plongé rejoindre le poisson. Je lui ai répondu que j'étais d'accord, sur le principe, pour effectuer un premier petit placement de 100 000 euros avant la fin de l'année, afin de bénéficier de son offre exceptionnelle.

J'ai précisé que j'avais cette liquidité au Maroc et que je pouvais la confier à son collaborateur de confiance, Dominique.

Mais j'ai ajouté que je préférais tout de même obtenir un document officiel : on n'est jamais assez prudent en affaires. Et puis, Dominique n'était qu'un collaborateur : il pouvait très bien prendre la fuite avec mon argent...

L'honorable Jean-Pierre m'a rassuré à nouveau : il comprenait tout à fait mes craintes. Il s'est donc engagé à rédiger un contrat de prêt entre sa multinationale et moi-même, avec tous les détails bien notifiés.

Et pour me mettre davantage en confiance, il s'est engagé à mettre de côté l'objet de mes craintes : exit le collaborateur et disciple Dominique !

En effet, lui-même étant momentanément bloqué à Saint-Martin et l'aéroport international étant bien équipé, il ne serait pas prudent de monter au paradis les poches pleines d'argent.

J'allais donc devoir traiter directement avec J, le fils du père de la finance.

J comme Jésus... ou Jordan pour les intimes.
Tout aussi escroc que le père spirituel, Jordan avait la trentaine ; il vivait soi-disant dans les beaux quartiers de Paris et gérait des clients français et européens.

En moins d'une heure, on avait mis les choses au point. On était presque devenus potes. J'avais même osé lui demander de verser à une très proche amie à moi les intérêts mensuels des premiers 100 000 euros placés.

Dieu a l'habitude des intermédiaires. Et il n'est pas regardant sur la vie privée de ses ouailles. Il donne toujours sa bénédiction...

Jean-Pierre s'était engagé à me faire contacter par son fils dans les plus brefs délais.

Il m'avait aussi vivement conseillé de placer une somme plus importante, 150 000 euros par exemple : ma grande amie maîtresse saurait me remercier pour sa rente mensuelle de 6 000 euros par mois...

J'enregistre toujours mes communications téléphoniques. Ainsi je me les repasse souvent en boucle pour me faire une meilleure opinion de ma prestation, et me corriger ensuite si nécessaire.

Mais aussi et surtout pour analyser, mot pour mot, les interventions de mon interlocuteur. Ça fait partie du métier : le moindre détail peut être décisif. Cela me permettrait aussi d'anticiper ce que dieu donnerait à Jésus pour finir le travail sur ma personne.

C'était bien la première fois de ma vie que j'espérais qu'on me prenne pour un bon gros pigeon à plumer...

J'avais créé un compte WhatsApp au nom de « Baldier Emmanuel », et j'y avais mis une photo de ma plus mauvaise tronche : joues gonflées à bloc, lunettes de beauf ; bref, la totale.

Après avoir réécouté deux ou trois fois la discussion, j'étais plutôt satisfait. Et plus confiant.

La suite du scénario restait quand même incertaine. J'avais eu le premier contact avec l'acteur principal mais je ne voyais pas du tout comment le film allait se terminer.

Certes, Jean-Pierre était bien accroché à ma ligne – il avait même bien avalé l'hameçon jusqu'aux tripes – mais il m'avait bien fait comprendre que je ne verrais jamais dieu en personne (à moins que je ne décide de monter moi-même au paradis).

En revanche, il m'avait livré son fils J sur un plateau, prêt à être crucifié. Il faut dire qu'il avait l'âge, le pauvre Jordan...

Quant à Dominique, il avait été relégué au rôle de simple figurant.

J'allais donc devoir attendre que le second rôle entre dans l'action...

J'ai tout de même anticipé en menant quelques investigations... J'ai découvert que Jésus alias Jordan portait bien le nom de famille du père : dieu avait craqué et l'avait reconnu à sa naissance lorsque la sage-femme l'avais mis entre ses mains...

J'espérais juste qu'il ne l'abandonnerait pas le jour où son fils se trouverait entre les miennes...

J'ai aussi découvert qu'il était président-directeur général d'une société de récupération de métaux, enregistrée au tribunal de commerce de Paris.

Il ne s'agissait pas d'une multinationale, mais d'une petite EURL, entreprise uni<u>personnelle</u> à responsabilité limitée.

Celle-ci ne déposait que rarement ses comptes annuels, et le capital ne représentait pas plus d'un mois d'intérêts d'un placement de 150 000 euros.

Cela dit, le nom de sa société, Aptes, avait une belle consonance phonétique et une jolie parenté graphologique avec celle de son papa chéri, Atesi. C'était au nom de cette dernière que le père signait auparavant ses contrats – dont celui, jamais honoré, de mon petit frère Alain.

Rappelons que si J-P avait été contraint de fermer Atesi, c'était en raison d'une décision de justice qui lui en avait interdit la gestion. Il avait donc eu le plaisir de se voir ouvrir un casier judiciaire pour le restant de ses jours.

Et c'est pourquoi J, en dévoué fiston, avait pris la relève.

Très souvent, on voit des entreprises titrées « Père & Fils ». Là c'était plutôt « Du Père au Fils ». Moins sain d'esprit.

J'ai par ailleurs profité d'une balade dans le 16ème arrondissement pour vérifier la belle adresse du siège social d'Atesi : un magnifique immeuble haussmannien avec une splendide porte d'entrée... et de coquettes boîtes aux lettres.

L'une d'entre elles a vivement attiré mon attention : elle arborait une brillante petite plaque indiquant le nom d'une société de domiciliation ; plus de 25 noms d'entreprises y figuraient sur des petites étiquettes en papier.

Comme ils étaient nombreux à se loger là-bas ! Le père et le fils ne devaient pas souvent mettre les pieds dans leur siège social : la surface était encore plus petite que celle de mes cellules de prison – pire : elle ne dépassait pas la taille d'une boîte d'allumettes.

Mon appel à la société de domiciliation me confirma qu'ils avaient souscrit la formule la plus basique : pas de bureau, pas de secrétariat, juste une adresse postale. Comme ils étaient pingres ! Les petits joueurs…

Pourtant, moi qui en avais vu des escrocs dans ma vie, je savais que pour attraper des proies, il fallait un minimum d'investissement initial afin d'afficher un certain standing : la base, c'était d'avoir la classe.

Et puis, même le plus commun des mortels se lançant dans un placement aurait pris deux heures pour faire cette simple vérification, histoire de s'assurer que la structure était crédible.

En voyant ça, il se serait sauvé en courant à La Banque postale pour ouvrir un livret à 2 % par an !

Deux précautions valent mieux qu'une : histoire de vérifier que ma canne à pêche avait hameçonné la bonne cible, j'ai fait écouter l'enregistrement à Alain. Même voix, même prêche (même deux ans après) : c'était bien son Jean-Pierre...

Alain m'a alors demandé quelle serait la prochaine étape. Je lui ai expliqué que j'attendais l'appel du fils afin de convenir d'un rendez-vous et discuter concrétisation du projet de placement.

Puis, nous regarderions de près la nature des contrats. Et nous demanderions au père et au fils toujours plus de garanties, tout en leur faisant miroiter de futurs placements plus élevés.

Plus j'allais les faire monter haut, plus la chute serait rude...

CHAPITRE 3

Rencontre du 3ème type

Depuis le premier appel téléphonique avec dieu, j'étais devenu bipolaire. J'avais deux téléphones portables : le français dans la lumière, le belge dans l'ombre.

En bon chrétien, j'avais programmé une belle sonnerie retentissante sur mon Samsung belge, histoire de ne pas louper l'appel de Jésus.

Il ne s'est pas fait prier. Très vite, j'ai eu droit à un :

« Bonjour, Monsieur Baldier, je suis Jordan, le fils de Jean-Pierre. Mon père m'a demandé de vous contacter pour organiser une séance de travail, afin d'étudier la faisabilité de votre demande de placement ; et en vue d'étudier le meilleur produit que nous puissions vous offrir. »

Il parlait bien le petit : c'est le genre de type qui postillonne du formol pour vous anesthésier le cerveau.

Les mots « faisabilité », « demande », « offrir » m'ont fait bien marrer : dans leur religion tout est possible, même l'impossible. Ces guignols sont de ceux qui ont déjà commencé à dépenser l'argent qu'on ne leur a pas encore confié...

Je lui ai précisé que je vivais sur Liège en Belgique et que j'investissais au Maroc pour blanchir mon argent.

J'ai ajouté que pour des raisons de sécurité, je ne pouvais pas tout lui expliquer au téléphone. Mais ayant des rendez-vous professionnels sur Paris, j'avais la possibilité de lui rendre visite sous dix jours dans ses bureaux du 16ème, ça serait l'occasion d'un premier contact.

Jordan, toujours aussi diligent, ne tenait pas à m'imposer un tel déplacement. Il m'a proposé de venir lui-même me voir en Belgique, prétextant devoir rencontrer quelques très gros clients sur Bruxelles... justement pour leur remettre leurs intérêts.

C'était rassurant : il faisait le service après-vente, parcourant toute l'Europe pour verser les intérêts à ses clients en mains propres. C'était également réconfortant de savoir que je n'aurais pas à jouer les contorsionnistes pour entrer dans sa boîte aux lettres.

Je l'ai remercié vivement pour ses bonnes intentions, précisant cependant que je préférais ne pas le recevoir dans la demeure familiale. En effet je ne tenais pas à ce que mon épouse, une grande bourgeoise intègre – j'ajoutai quelques adjectifs de haute volée pour lui faire comprendre que son pigeon était bien bagué, se trouve informée de nos transactions.

J'ai ajouté, avec mon humour belge :

« À mon domicile les murs ont des oreilles – enfin, je veux dire des domestiques. Je vous rassure mon cher monsieur, j'ai évidemment une petite garçonnière pour mes petites affaires extraconjugales et financières. C'est une suite louée à l'année, à l'entrée de Liège ».

J'ai pris soin de lui préciser le nom de l'hôtel, afin qu'il puisse jauger le standing du pigeonnier que son pigeon se payait. Nous nous sommes quittés en nous promettant de nous recontacter sous peu, afin de repréciser la date de la rencontre.

En bon pigeon voyageur, je lui avais fait entendre que de mon côté, mon planning était chargé, parsemé de déplacements à l'étranger pour affaires. Il avait fait de même – son seul voyage prévu étant, à mon humble avis, un aller-retour depuis son domicile dans le 15ème, jusqu'à sa boîte aux lettres dans le 16ème.

J'avais senti un Jésus plutôt léger, genre apprenti escroc. Un bleu-bite... Tout ce qu'il me répondait sonnait creux. En plus de n'avoir ni de structure crédible ni de logistique, il n'avait même pas un tant soit peu de charisme.

Mais avec mes paroles, je sentais bien que j'avais envoyé Jésus sur la Lune, voire sur Mars, il avait décollé le garçon.

Je regrettais déjà de ne pas les avoir mis sur écoute pour entendre le résumé que Jésus allait faire au père. Mais j'avais ma petite idée sur la manière d'obtenir un retour sur leur discussion...

Comme j'avais là encore tout enregistré de la communication, Alain a eu droit au replay. Il n'en croyait pas ses oreilles : c'était surnaturel. Jésus buvait mes paroles, régurgitant des réponses d'un autre monde... À l'entendre, il brassait des millions chaque jour.

Pour l'instant j'avais plutôt bien remonté la ligne ; on se rapprochait tout doucement du rivage... On avait surtout passé les eaux territoriales : en peu de temps on avait fait le Maroc, Bruxelles,

Saint-Martin, Paris 16ème. Il ne nous restait plus que 300 kilomètres de terre ferme pour arriver jusqu'à bon port, Liège.

Alain commençait enfin à se voir sortir la tête hors de l'eau, peut-être qu'il allait revoir la couleur de son fric, après le calme plat de la tempête. Il se posait tout de même pas mal de questions sur l'acte suivant de notre film : même s'il n'était pas du genre à jouer les curieux ni à douter de mon savoir-faire, il avait besoin d'être rassuré, et je le comprenais... J'ai donc pris le temps de lui expliquer mon plan. Je n'avais pas l'intention de lui remettre son argent euro par euro : j'allais faire mieux...

Le placement que je ferais miroiter serait égal ou supérieur à tout ce que J-P devait à Dominique plus aux autres victimes dont on avait eu connaissance : ce serait le grand chelem, le coup du siècle !

En contrepartie, j'exigerais des garanties bien sûr : des chèques en blanc, des traites, etc. Je repartirais avec ces dernières lors du dernier rendez-vous en leur disant un grand merci, et pendant que Jésus, ou dieu en personne, se taperaient mes belles enveloppes remplies de papiers journaux ou de papier toilette, je pourrai solder leurs dettes et remettre les comptes à zéro avec les gens qu'ils ont escroqués.

Pour sécuriser mon affaire et avoir un moyen de pression, je prendrais le temps de filmer et d'enregistrer tous les rendez-vous à leur insu, et si leurs chèques ou traites revenaient impayés, nous ferions exploser l'affaire dans les médias.

Oui, j'étais prêt à les rendre très célèbres. Je me voyais déjà faire ma conférence de presse : j'imaginais mon grand pote Xavier Beneroso s'enflammer et appeler Bernard de la Villardière pour lui vendre le sujet, tout en me demandant de ne pas téléphoner à Thierry

Demaizière du *Sept à huit* – un super journaliste de choc et une de mes vieilles connaissances – afin de garder l'exclusivité.

Pour la presse écrite, si je voulais envoyer une bombe de force nucléaire, il y avait trois composantes essentielles : Michel Mary du *Nouveau Détective*, Frédéric Ploquin de *Marianne* et Eric Pelletier du *Parisien*.

En 48 heures, le plan Vigipirate de la Brigade financière serait déclenché.

Comment un gérant ou un PDG d'une société française enregistré au tribunal de commerce de Paris pour de la vente de métaux, pouvait-il se présenter comme financier pour proposer des placements miraculeux ?

Comment pouvait-il se vanter de blanchir de l'argent, en venant chercher 150 000 euros ou plus en espèces chez un particulier ?

La Brigade financière se verrait obligée de demander à dieu et son fils s'ils n'avaient pas vu la Vierge !

Et ça devient difficile de démentir quand on a été filmé et enregistré. Même saint Thomas va certifier...

Tandis que je m'emballais, Alain me regardait les yeux écarquillés, ébahi comme un enfant. J'avais l'impression qu'il planait, j'avais peur qu'il se télescope avec Jésus qui s'était aussi envolé.

Dans le film ou je l'avais emmené, le risque pour lui était limité. Alain était dans un bon film, les autres ne le savaient pas encore mais cela serait une série B.

Revenu à lui-même, il m'a posé une question judicieuse, mais bête :

- Tu crois qu'ils vont être d'accord que tu filmes les entretiens ?

Ils ne vont pas trouver ça bizarre, se douter d'un truc ?

- Parce que tu crois que je vais leur demander un droit à l'image ? Cela dit, ils seront traités avec les honneurs qu'ils méritent : qualité de son et d'image au top. Moi j'opère de façon chirurgicale, avec matériel d'espionnage et technologie dernier cri.

En effet, je ne comptais pas lésiner sur le matériel : dans ce genre de film, les premiers rushs doivent être les bons. Et si un jour il y avait diffusion dans les médias, ces derniers auraient peu de travail au montage.

Alain était enfin rassuré : tout semblait parti pour se régler en douceur. Sans compter que Dominique lui avait confirmé avoir eu vent de l'histoire, J-P lui ayant fait le compte-rendu espéré.

Il avait indiqué que l'affaire était très bien partie, que le blindé de Baldier était pressé de concrétiser l'histoire car il avait une poule de luxe à entretenir et une bobonne à maintenir dans l'ignorance.

Parole avait été donnée à Dominique : il serait tenu informé de l'évolution et doté d'une bonne grosse commission…

J'étais flatté de ce résumé. J'ai donc pris contact avec un bon ami pour obtenir le matériel nécessaire pour bien plomber mes cibles : il y avait un moment que je n'étais pas monté au front, et mon vieux matos de l'époque n'était plus à la hauteur. Le monde et la technologie évoluent si vite...

En plus, pour pouvoir suivre ma cible, il me faudrait du matériel ultra-invisible, et qui puisse être à la fois fixe et mobile.

Pour le fixe, c'est pas sorcier : on place le dispositif dans une plante verte, on incruste une caméra dans une horloge ou un radio-réveil, et on prépare la pièce où va se tenir le rendez-vous.

L'enjeu : que la cible pose ses fesses au bon endroit, pour n'avoir ni son dos, ni du flou, ni son plus mauvais profil. Dans les scénarios catastrophes, elle reste debout ou même dans l'entrée de la pièce ; ou alors elle n'y entre même pas.

Le pire, c'est que le plus souvent ce n'est même pas par prudence, mais en raison d'une stupide envie : monsieur ou madame décide tout à coup de se la jouer à l'américaine, en se mettant à cheval sur la chaise de la cuisine, alors que le piège est dans le salon.

Bref, on doit tout anticiper : c'est un métier.

Côté matériel mobile, j'avais opté pour la belle montre dernier cri, avec la superbe cravate boostée, équipée d'une caméra couleur, grands angles, etc.

Et c'est là que mon vieux pote de dix ans Ludo allait entrer en scène.

Ludo était un jeune homme très bon chic bon genre, diplômé en électronique et informatique.

Mais son savoir et sa technologie pouvaient le rendre dangereux. Ainsi, autant il pouvait vous débloquer n'importe quel portable, vous faire un double de télécommande de portail, que vous craquer un ordinateur...

Et c'était toute sa vie. Je ne l'avais jamais vu ni avec une nana ni avec un mec. Son unique trip, c'était les nouvelles technologies.

J'avais fait sa connaissance via un grand ami expert-comptable dont il avait protégé le matériel, alors qu'un de ses plus gros clients s'était trouvé en garde à vue, suite à de graves problèmes fiscaux.

Les techniciens de la Brigade financière en prirent pour leur grade quand, saisissant les ordinateurs de mon pote expert-comptable afin de les torturer pour les faire parler, ils virent partir en fumée toute la comptabilité, et avec elle toutes les preuves !

Et oui, Ludo avait piégé le système. Quant à mon pote expert-comptable, qui ne perd pas le nord et ne manque pas de culot, il engagea une procédure afin d'être dédommagé du préjudice...

En moins de huit jours, Ludo avait préparé tous mes jouets. Il avait fait ses emplettes en Asie via le Net. Pour la livraison express, son père était commandant de bord : ça aide...

Il est dans son monde, Ludo. À chaque fois que j'essaie de l'inviter au resto pour le remercier, il me répond qu'il a du boulot, et que de toute façon, le Chinois du coin livre à domicile. Alors il mange dans la barquette avec les couverts en plastique. Ludo n'a jamais le temps de cuisiner ni de faire la vaisselle...

Parfois, je me demande s'il est déjà sorti de chez lui, et même de son balcon. Ça doit être sa femme de ménage qui descend les poubelles.

Pourtant, il est toujours tiré à quatre épingles et fringué comme un prince : hiver comme été, il porte son petit pantalon de costume et sa chemise à manches courtes.

J'ai eu droit à mon petit cours particulier sur le fonctionnement du matériel, et surtout sur la récupération des données enregistrées. C'est vraiment un bon professeur Ludo : il se met à la hauteur de l'élève.

Une fois les armes en main, je me suis organisé pour réserver le lieu de tournage. J'avais annoncé à Jésus un rendez-vous dans la suite de l'un des hôtels les plus chics de Liège...

Certes je n'avais pas l'intention de tenir toutes mes promesses – j'avais déjà commencé, au fil des discussions téléphoniques, à lui faire entendre que j'allais doubler voire tripler la mise –, mais j'allais au moins respecter celle-ci. Il fallait bien honorer sa venue, lui qui avait si gentiment proposé de faire le déplacement depuis Paris...

Il allait en prendre plein la vue, et plein les oreilles.

J'ai donc réservé la plus grande et belle suite de la ville. C'était un duplex. En effet j'aurais besoin d'installer une régie, afin de recevoir en direct live les images et le son.

Ludo avait équipé une partie du matériel pour la Wi-Fi. J'avais décidé de poster Alain en régisseur d'un jour : j'imaginais déjà sa tête quand, assis sur le grand lit de la chambre, tablette en main, il découvrirait en direct la tête du premier de la classe, de l'escroc en herbe...

J'entendais aussi déjà la discussion dans le studio. J'imaginais le dialogue d'un autre monde que je lui servirai à la Audiard.

En fait je connaissais très bien les lieux : cette suite m'avait toujours porté bonheur, hésitant même à y emmener Namiz pour notre nuit de noces. On dit qu'il ne faut pas mélanger amour et affaires, et les autres suites sont aussi bien mais elles n'ont pas l'option régie. Comme je ne compte pas filmer notre nuit de noces, cet hôtel fera très bien l'affaire.

Ce que je préférais, c'était l'architecture. C'était un ancien château qui surplombait la ville, et auquel on avait ajouté une structure moderne, qui respectait très bien le dénivelé de la colline. C'était très harmonieux.

Le duplex était dans la partie ancienne : avec ses murs de deux mètres d'épaisseur bien insonorisés, sa magnifique porte d'entrée en bois massif et surtout ses grandes fenêtres donnant sur le vide de la colline, ça pourrait être utile si notre plan devait mal tourner...

J'avais prévu de fixer un rendez-vous avec le jeune premier un matin à 10 heures, et d'arriver avec Alain la veille au soir... histoire d'avoir le temps d'installer et de tester l'ensemble du matériel fixe.

J'ai toujours senti des bonnes ondes à Lièges et encore plus dans cet hôtel, mais je devrais vérifier, comme à chaque fois, le retour son et image pour être sûr qu'il n'y ait pas de larsen. Il faudrait aussi que je forme mon apprenti régisseur.

Fin prêt pour reprendre la pêche, j'ai ressorti ma ligne belge pour joindre mon asticot :

« Bonjour Jordan, c'est Monsieur Baldier. Je reviens vers vous comme convenu pour vous proposer une date de rendez-vous : mercredi à 10 heures, à l'hôtel Les contes de Grimm de Liège. »

Sa joie était palpable : son pigeon ne s'était pas envolé (dans cette histoire, j'allais à la pêche et lui à la chasse).

Le plus grand des hasards a voulu que malgré son planning chargé, il ait un créneau de libre ce jour-là.

Avec mon sens démesuré de l'hospitalité, j'ai proposé de lui réserver une chambre à mes frais dans mon hôtel de prédilection... histoire que mon gardon soit bien frais pour le rendez-vous matinal.

Il a décliné mon offre, préférant un départ de Paris à l'aube. A priori, ce n'était pas pour me faire faire des économies : un type qui vient pour vous soutirer 150 000 euros peut bien vous en faire dépenser 250 de plus sans trop de scrupules...

Peut-être avait-il un peu trop regardé les séries policières américaines, et ne voulait pas risquer de laisser son ADN dans les draps ? A moins qu'il ne soit superstitieux, et qu'il n'ait pas voulu arriver en avance sur les lieux du crime...

Alain avait été averti de notre départ prévu le mardi, nous nous approchions un peu plus de l'argent qu'il avait perdu.

Dans cette histoire, il était en pleines montagnes russes émotionnelles. Lui qui avait, pendant dix-huit mois, subi tout à tour le stress, l'angoisse, la colère, la haine, l'impuissance et le désespoir, venait soudain de connaître, en l'espace de quelques semaines, des sentiments totalement contraires : de la vengeance peut-être, comment aurait-il pu en être autrement après s'être fait escroquer et devoir porter ce poids au quotidien ? Mais désormais surtout de l'espoir...

Il entrevoyait enfin la possibilité de maîtriser à nouveau son destin, après avoir vécu un vrai calvaire.

Et lui qui avait couru après des fantômes pendant des mois, allait enfin en voir apparaître un sous ses yeux...

On ne sait pas ce qu'est capable de faire une victime quand elle se retrouve devant celui qui l'a escroquée...

Même le type le plus zen a le droit de perdre les pédales. Imaginez-vous vous retrouver, du jour au lendemain, à quelques mètres du sale type qui a bousillé une partie de votre vie !

Je devais aussi tenir compte de tout cela dans mon scénario.

Donc même si Alain serait posté à l'étage pour gérer la régie, je devrais quand même l'enfermer à double tour pour éviter une improvisation...

D'habitude, je ne m'entoure jamais des victimes (que généralement je nomme mes clients) pour ce genre d'affaires. Mais là, on n'avait pas les moyens d'engager des pros : bien qu'on ait réservé une suite dans le plus bel hôtel de la ville, ça restait une mission low cost.

J'avais briefé Alain. Je lui avais bien fait comprendre que cette rencontre n'était qu'une mise en bouche. Les autres rendez-vous, et notamment celui lors duquel je récupérerais les fameuses garanties, seraient bien plus déterminants.

Il avait compris l'enjeu – c'est un gars intelligent, qui arrive à gérer ses émotions. Le seul désir qu'il avait exprimé concernant ce voyage, était complètement hors sujet :

« Manu, tu crois qu'on pourrait passer par Bruxelles pour revoir tes potes Léon et Natacha ? J'ai passé un trop bon moment avec eux la dernière fois. »

C'est vrai que ce genre de moments avec des personnages hauts en couleur, ça change de la vie quotidienne, souvent monotone. Un après-midi passé auprès d'eux vaut bien plus que toutes les séries Netflix et leurs centaines d'épisodes réunis.

Si la marginalité ne court pas les rues, elle comporte aussi des risques compliqués à assumer : notre Léon nous faisait rire avec son parcours de vie, mais il ne nous racontait que le bon.

Le mauvais, à savoir les longues années passées en prison, l'attente au parloir, sa femme de l'époque qui un jour l'avait oublié, il n'en parlait presque pas.

Sa femme était passée à autre chose, enfin surtout à un autre, que Léon connaissait d'ailleurs très bien : c'était son garagiste.

Léon était un gars fidèle, lui : ça faisait dix ans qu'il achetait toutes ses voitures de luxe chez le même garagiste.

Ce dernier a donc hérité de la villa et des voitures que Léon lui avait vendues ; sans compter les costumes et les chaussures, tous deux ayant le même gabarit.

Concernant ses fringues, Léon s'était fait une raison : après quinze piges derrière les barreaux, elles seraient de toute façon démodées. Mais sur le principe, il en avait mis du temps à digérer ! Il avait pris très cher.

Imaginez-vous à sa place : bloqué dans une cellule de neuf mètres carrés, se lavant les fesses à l'eau froide dans une cuvette, tout en ayant en tête qu'au même moment, son garagiste préféré se pavanait avec sa chère et tendre dans le jacuzzi de sa salle de bain, enfilant son propre peignoir et ses chaussons. Avouez que c'est dur à encaisser.

Pendant ses cinq premières années de détention, il pensait juste à s'évader pour les tuer. Avec le temps, sa rage et sa douleur s'étaient atténuées. Et désormais, le peu dont il nous faisait part, il nous le racontait avec une dérision incroyable. Celle qui était la plus remontée c'était sa nouvelle fiancée, la fameuse Natacha, qui, pourtant ne connaissant ni l'ex-femme, ni le garagiste. Elle leur donnait de drôles de noms d'oiseaux.

C'était à croire qu'un jour c'est elle qui irait les tuer, ou les noyer dans leur jacuzzi. Certes elle n'avait pas du tout le profil, mais je pense qu'elle aurait été capable de passer à l'acte : son Léon, c'était l'homme de sa vie, elle en était fanatique. Ils formaient un couple atypique, mais ils rayonnaient d'amour.

On a donc pris la route le mardi midi en direction de Liège, sans escale à Bruxelles : on avait du pain sur la planche.

Lorsqu'on est arrivés devant le château, Alain en a pris plein les yeux. J'ai confié la voiture au voiturier, le concierge a pris nos bagages et on s'est retrouvés dans notre suite. Alain a confirmé :

« Ça en jette grave ! »

Il m'a félicité pour le choix du lieu de tournage. Il n'en était qu'à ses débuts de régisseur qu'il félicitait déjà le producteur ! J'ai pris, ça fait toujours plaisir...

Je n'avais pas dit à Alain que nous coucherions ensemble ce soir-là : je ne voulais pas le faire fuir. Mais il a vite constaté qu'il n'y avait qu'un grand lit de deux mètres, et que les canapés d'un autre siècle n'étaient pas convertibles.

On avait la suite nuptiale. Avec sa galanterie légendaire, il m'a demandé si je préférais dormir côté gauche ou côté droit. Je lui ai répondu :

« Côté gauche, chéri, si cela ne te dérange pas… »

La chambre était splendide et prolongée d'une gigantesque salle de bain de luxe, avec douche et grande baignoire. Je ne comptais pas y faire monter mon invité, n'ayant prévu de le noyer ni de le torturer.

Ce n'était pas encore le moment : je n'avais pas fini de remonter la ligne. Et puis ce n'est pas si facile de noyer un gros poisson...

Nous avons fait la reconnaissance des lieux – du salon surtout : c'est là que seraient effectuées toutes les prises fixes de son et d'image.

Nous avons envisagé plusieurs scénarios. Après tout, je n'étais pas à l'abri de voir sortir du bout de ma ligne un vieux loup de mer de l'escroquerie, accompagnant son petit têtard de fils...

Le salon ressemblait plutôt à un bureau de ministre avec ses deux gros fauteuils, son coin cosy avec sa table basse et son petit canapé baroque.

J'ai expliqué à Alain que j'allais jouer le décorateur plateau et les déménageurs afin d'alléger les lieux : il y avait trop de combinaisons possibles pour recevoir mon ou mes hôtes et les asseoir à la bonne place, face caméra. Le jeu de la chaise musicale devait commencer avant l'arrivée de mon invité.

J'ai gardé le gros siège de bureau, et j'ai posé sur son dossier une veste de costume. Puis j'ai installé mon ordinateur portable ouvert sur le bureau, avec le cendrier et un paquet de clopes, au cas où l'un de nos invités aurait l'idée de s'y poser – auquel cas ce serait très malvenu : il était assez évident que cette place était celle du boss Baldier.

J'ai ensuite épuré le coin cosy en plaçant deux petits fauteuils face à la table basse. J'ai mis le canapé de l'autre côté de la table, légèrement plus bas que les deux fauteuils : j'avais décidé d'asseoir mon Jésus en hauteur, histoire qu'il ait un meilleur tremplin pour commencer son ascension.

Dans les grands rendez-vous, le siège du big boss est toujours plus haut, afin qu'il domine la séance ; mais moi, je n'ai pas de problème d'ego. J'allais questionner mon hôte en position basse, limite avachi dans le petit canapé.

Nous avons dégagé le reste des meubles à l'étage.

Nous préparions le lieu de tournage dans la nuit naissante et sous les lumières feutrées de cette demeure d'une autre époque. Mais je n'étais pas inquiet quant à la luminosité matinale de la pièce, vu la taille des baies vitrées : la qualité de la prise de vue était assurée.

À présent il me restait à régler les angles de prise de vue ainsi que la pièce maîtresse : le radio-réveil très haute performance, équipé d'une caméra en couleurs et haute définition, avec angle de 180 degrés, et hauteur de champ minimum de 1,50 m.

Le micro aussi était bon : il pouvait enregistrer sur un rayon de 10 mètres, et était doté d'une carte mémoire de 128 gigaoctets, le tout relié à la régie par la Wi-Fi.

Il pouvait être autonome grâce à sa batterie ou relié au secteur : pour plus de sécurité, je préférais le brancher sur le 220 volts – en cas de panne de secteur, la batterie prendrait le relais automatiquement.

S'il y avait bien une prise à proximité de là où je souhaitais installer le radio-réveil, il n'y avait pas de support. Nous avons donc déplacé un petit guéridon et quelques accessoires de décoration. Le tout s'est très bien noyé dans le décor.

Sur mon bureau de ministre, j'ai posé une belle petite horloge de manière à obtenir une prise de vue de profil. Elle était dotée d'un matériel certes moins sophistiqué mais très fiable, fonctionnant sur batterie et comportant une belle option « détecteur sonore et de mouvement » : dès que quelqu'un entrerait, elle lancerait le mode « enregistrement ».

Pour ce qui est du matériel mobile – qui me permettrait de suivre mon hôte à la trace tout au long du rendez-vous depuis la réception de l'hôtel –, je serais équipé de deux stylos dotés de micros, placés dans la poche en haut de ma veste de costume. J'aurais juste à les enclencher manuellement d'un petit clic avant son arrivée.

Pour la meilleure prise de face, j'aurais ma cravate fatale, dotée d'un œil et d'oreilles redoutables, ainsi que ma magnifique montre imitation luxe, enregistreuse de son et d'image, avec autonomie de plus d'une heure.

Avec tout ce dispositif, je ne pouvais pas le rater. Alain se prenait pour 006, assistant de l'agent 007. Il faut dire que j'avais mis le paquet. Quand on envisage de faire chanter quelqu'un, il faut se donner les moyens...

Dès les tests terminés, nous sommes montés dîner dans le super resto panoramique de l'hôtel. Nous n'étions pas peu fiers : non seulement nous avions la ville de Liège illuminée à nos pieds, mais nous avions le privilège de voir débarquer le lendemain Jésus multiplicateur de pains. Le service fut comme les plats, digne d'un vrai palace.

De retour dans la suite, nous nous sommes couchés comme un vieux couple, dans le même lit et chacun très près du bord – moi à gauche, lui à droite…

Alain s'est senti obligé de m'avouer que ça lui faisait bizarre qu'on se retrouve dans le même plumard. Je lui rappelais que nous étions en low cost... et que si ça tournait mal, nous risquerions de dormir à nouveau ensemble, mais sur des lits superposés, avec de vulgaires matelas en mousse : dans une cellule de prison, non étoilée.

Je lui ai donc conseillé de bien profiter du confort du confort 5 étoiles.

On s'est réveillés très tôt. Avant d'aller déjeuner, j'ai refait un tout dernier contrôle, cette fois avec les rideaux ouverts : la luminosité était OK.

On était à moins de deux heures du harponnage. Ce sont toujours ces heures qui paraissent les plus longues, celles où on cogite le plus, espérant n'avoir oublié aucun détail. Parfois on a même des doutes injustifiés, jusqu'à se demander si le poisson va bien venir se prendre dans le filet qu'on a tendu.

À 10 heures pile, ma ligne belge a frétillé :

« Bonjour Monsieur Baldier. C'est Jordan : je suis à la réception de votre hôtel. »

Quel instant jouissif : il était à moins de 20 mètres ! C'était l'aboutissement de kilomètres de remontée de ligne sans avoir cassé le fil...

C'est comme dans la pêche au gros : on tire, on tire, on mouline, on donne du mou, on remouline, on tire à nouveau sur la canne, pendant des heures... jusqu'à voir enfin la tête sortir de l'eau et pouvoir estimer la taille de la bête. Un record peut-être, avec lequel on s'affichera sur le port pour prendre une photo souvenir.

C'est donc en arrivant devant la réception que j'ai découvert ma prise. Elle ne ressemblait pas à un requin de la finance, mais plutôt à une crevette : 60 kilos toute mouillée !

Jordan avait bien une tête de premier de la classe, mais une gueule plutôt enfarinée. Ma prise était emballée dans des fringues sorties tout droit des années 1980, avec la petite sacoche de postier datant des mêmes années.

Elle paraissait bien frêle, cette crevette ; trop frêle pour être vraie. Pourtant ce ne pouvait être qu'elle : il n'y avait qu'une seule personne devant la réception.

Il s'est présenté et je l'ai invitée à me suivre dans ma suite, puis à s'asseoir sur le fauteuil le plus en vue.

Jordan était pris de face, de profil, par tous les objectifs. Du radio-réveil à l'horloge de bureau, en passant par la cravate et la montre, la crevette était tout entière dans la boîte. C'était la star du jour à Liège.

Posé sur son trône, ce petit roi de l'escroquerie semblait fort à son aise, sûr de lui. Il a commencé son discours, regardant à droite et à gauche – pas pour chercher les caméras, mais visiblement parce qu'il était bercé par ce lieu magique, par cette atmosphère qui lui faisait sentir l'oseille...

À ce moment-là, il devait penser que 150 000 euros ne représentaient qu'une bagatelle pour son Baldier ; à peine de quoi alimenter ses enfants en argent de poche chaque mois. Il commençait à décoller alors que je n'avais pas encore ouvert la bouche, à part pour lui offrir un café qu'il accepta.

J'ai fait appel au concierge qui envoya une jeune et jolie serveuse pour nous servir les boissons.

Il n'avait pas l'air habitué aux cinq étoiles : j'ai vu son regard se poser successivement sur le plateau en argent, les belles tasses, les petites mignardises qui accompagnaient les cafés, et sur la liasse de billets que j'ai sortie de ma poche pour glisser un pourboire de 50 euros à notre charmante hôtesse.

Cette scène était prévue dans mon scénario : j'ai toujours besoin d'analyser celui qui me prend pour un pigeon. J'ai tenté de lire dans ses pensées, qui semblaient dire :

« Si Baldier distribue ce genre de pourboires pour un café, ce ne sont pas les 150 000 euros que je vais lui escroquer qui vont l'empêcher de le sucrer. » J'avais à peine commencé à parler qu'il avait déjà décollé : il était en lévitation à cinq centimètres au-dessus du fauteuil. Rassurez-vous : dans la suite d'un château, les plafonds sont très hauts, il avait donc de la marge avant de se cogner la tête.

Il m'a bien rassuré sur son honnêteté et celle de son père, jurant par tous les dieux qu'en 20 ans d'expérience ils n'avaient eu que des clients satisfaits, et insistant sur le 100 % sûr et garanti.

Il devait sûrement parler de l'ancienneté de son paternel, car sinon cela voulait dire qu'il avait démarré son activité d'escroc à l'âge de dix ans. Concernant le risque zéro, c'était surtout pour eux, ils lavent votre argent plus blanc que blanc de père en fils…Par moment j'avais envie de le gifler, tellement je sentais qu'il se fichait de moi.

J'ai donc surenchéri, histoire qu'il monte encore de quelques centimètres. J'ai d'abord rappelé que son père m'avait promis une faveur : un rendement de 4 % par mois. Il a acquiescé : il en avait été informé par son père, quelle belle entreprise familiale !

J'ai ajouté que j'avais trois enfants majeurs très dépensiers, qui faisaient fondre comme neige au soleil les sommes que je leur prodiguais chaque mois et qu'il en était de même pour ma maîtresse.

Je préférais donc placer de grosses sommes chez lui et laisser chaque mois à ma progéniture les intérêts gagnés, de manière à leur laisser au chaud un capital bloqué…

Le sang de la crevette n'a fait qu'un tour : il est monté à quinze centimètres. Il a commencé à me donner un cours de philosophie, m'expliquant que lui aussi avait été jeune et que son père aussi l'avait bien cadré... C'est pour cela qu'aujourd'hui il était aussi posé et responsable, conscient de la valeur de l'argent.

Quel champion du monde ! Ça faisait à peine deux ans qu'avec son père il avait escroqué Alain et cinq autres clients (sans compter ceux que je ne connaissais pas). Comme si ça ne suffisait pas, ce guignol comptait en remettre une couche avec moi, tout en m'expliquant le plus sereinement du monde ce qu'était la vie d'un homme honnête !

Je suis monté d'un cran dans sa connerie : si cela était possible, il était probable que je place 4 fois 150 000 euros sur 4 contrats différents. Ainsi chacun de mes enfants et ma maîtresse auraient chaque mois 6 000 euros nets d'impôt en argent de poche.

C'était trop : il a dû s'agripper aux accoudoirs du fauteuil pour ne pas monter encore d'un mètre. Il a bien fait, car mes caméras n'étaient pas équipées pour un tel angle de vue. Puis il a repris ses esprits :

« Bien sûr, Monsieur Baldier ! A savoir par contre que comme nous sommes déjà début décembre, il va falloir concrétiser avant la fin du mois, si vous souhaitez bénéficier de notre offre promotionnelle de 4 %. »

Je l'ai rassuré de suite :

« Oui, je comprends, sachant que nous ne sommes pas dans le besoin : ma chère et tendre épouse était la quinzième fortune de Belgique... Sans compter que j'attends une grosse commission sur une vente que j'ai réalisée en Afrique pour une multinationale. Elle devrait arriver en euros, mais surtout en espèces. Or comme mon épouse n'est pas dans l'histoire, je dois dire que ça m'arrangerait de placer cet argent-là. En effet, je lui ai seulement expliqué que j'avais servi d'intermédiaire pour vendre des hélicoptères... »

Je me suis donc engagé à faire activer l'arrivée de cette commission de 600 000 euros. À ce moment-là, il a dû enrouler ses pieds à ceux du fauteuil pour ne pas décoller d'un coup sec, la crevette avait des yeux de poissons-chat qui lui sortaient de la tête.

Mais pour mon scénario, il était important de faire encore monter la température. J'ai donc dû expliquer que la société en question allait me livrer ma commission en coupures de 500 euros, comme à chaque fois. Je lui demandais donc s'il pouvait recevoir les 600 000 euros sous cette forme.

Il a pris un air songeur et mystérieux :

« Oui, oui, je pense qu'il n'y a pas de problème, nous sommes habitués. Je vais quand même appeler papa à Saint-Martin pour vous rassurer. »

Même avec le décalage horaire, papa a répondu vite fait et par un grand oui. Ils sont donc du style à tirer sur tout ce qui bouge : 500, 200, 100, c'est la même !

C'est là que je me suis mis à lui parler des garanties : généralement ça calme un escroc... Là, non.

Il a sorti un vieil ordinateur de sa sacoche usagée, et m'a montré sur l'écran le type de contrat qu'il allait me faire : je devais juste lui donner les noms et prénoms de mes bénéficiaires. C'était à mourir de rire : un vulgaire copié-collé du papier qu'ils avaient fait à Alain ! Seule une lettre faisait la différence : le « y » du nom de la société.

J'ai fait le mec qui avait besoin de réfléchir, répondant que j'aimerais signer ses contrats dans ses bureaux du 16ème.

J'avais vraiment envie de voir comment il comptait me faire entrer dans sa boîte aux lettres de 30 cm².

Ça ne l'a pas démonté : il m'a expliqué qu'il était en plein déménagement, car ils avaient besoin d'une plus grande surface pour leurs bureaux avec toutes les secrétaires qu'ils avaient embauchées ces derniers temps. Tu m'étonnes, me suis-je dit, il fallait déjà que ses premières secrétaires soient contorsionnistes au cirque Bouglione pour réussir à tenir dans sa boîte aux lettres.

Alors qu'il m'assurait pouvoir me recevoir sur Paris malgré son « déménagement », j'ai lancé le coup de grâce : mes avocats à qui j'en avais touché deux mots m'avaient conseillé de prendre des chèques de garantie de la société égaux au montant placé sur chaque contrat établi.

Or vu que la durée de validité d'un chèque français ne peut dépasser un an et huit jours, à chaque date d'anniversaire du contrat, si on le renouvelait, on pourrait le déchirer et il pourrait m'en signer un nouveau.

J'attendais la réponse du clown : j'étais curieux de voir quelle pirouette il allait pouvoir faire. Je savais en effet que jusque-là, ils n'avaient jamais laissé de garantie à leurs contrats bidon. Et pour cause...

« Je dois y réfléchir Monsieur Baldier ».

Il est redescendu de quelques centimètres.

Je suis redescendu du même coup. Cette réponse allait changer la donne : je devrais écourter la partie de pêche.

Cela dit, le lieu s'y prêtait plutôt bien : murs et porte insonorisés, grande baie vitrée pour lui faire faire le grand saut, et cette magnifique baignoire...

Papa répondant au téléphone, il ne resterait plus qu'à lui expliquer qu'il allait devoir faire un virement vite fait pour solder ses dettes des années 2016, s'il voulait garder son rejeton en bonne santé.

Ce n'est pas très catholique, et je le déconseille fortement à tout le monde, mais je risquais bien de botter les fesses à Jésus en attendant que le père effectue son virement miracle...

Après plusieurs minutes de silence, Jésus cloué au fauteuil, les bras en croix a fini par me les promettre, mes chèques de garantie de sa société :

« Il n'y a pas de problème, on va s'arranger Monsieur Baldier. »

Pour 600 000 euros, qui ne serait pas prêt à déposer le bilan ? Ou faire exploser la banque si les pigeons se montraient rares. Mais eux, le père et le fils, sont très fins dans leurs analyses. S'il y avait litige avec ce pigeon de Baldier, comment pourrait-il allait porter plainte pour de l'argent non déclaré sans s'attirer les foudres du fisc et de sa femme, pour sa maîtresse, elle aussi non déclarée.

De toute les manières, ils pouvaient déclarer le chéquier volé pour se couvrir, puis fermer la société, et en remonter une autre en 48 heures. Ils n'auraient qu'à licencier leurs secrétaires et les renvoyer jouer les contorsionnistes.

J'étais vraiment une proie de choix pour ces escrocs, Alain était un rare client à placer de « l'argent légal » venant de la vente de sa maison via son notaire. Même avec ces traces, les actions en justice qu'il a menées ont fini étouffées sous la pile de dossiers qu'ont les tribunaux.

Dans tous les cas, pendant que Jésus et dieu partiront à la chasse d'une nouvelle structure, je poserai le chèque de garantie rempli par la main du fils à la banque dès sa signature. La banquière, au fait de l'histoire, car c'est elle qui a fait les premiers virements ne pourra nier. En bonus, les plus belles vidéos qu'on pourra étaler dans médias et à envoyer à la justice. Le scénario allait prendre une nouvelle tournure : au tour du « chasseur » de se faire traquer par sa proie.

Après s'être entendus sur tous les détails j'ai raccompagné le petit Jordan jusqu'à la porte de l'hôtel, filmant cet instant mémorable ou cet apprenti escroc avait réussi à m'épater.

J'ai rarement vu ou vécu une scène aussi surréaliste : comment cette petite crevette à peine sortie de l'eau pouvait avoir un tel aplomb, débitant autant de mensonges à la minute, et surtout, pensant que j'allais boire ses paroles comme de l'eau bénite.

Ce Jordan, aussi jeune qu'il soit, avait-il pu croire un instant qu'un riche pigeon comme Baldier pouvait être le perdreau de l'année ? À un moment, j'avais même cru que mon matériel d'espionnage n'allait pas résister, que ma cravate allait s'enrouler de rire autour de mon cou, et ma montre exploser.

Le seul qui a craqué, c'est le régisseur Alain. Il était sonné, abasourdi... Mais fier et heureux de notre partie de pêche.

CHAPITRE 4

Si vis pacem, para bellum

Après le départ de mon hôte, je me suis mis à la technique afin de récupérer tous les enregistrements.

Ludo m'avait bien expliqué : j'avais juste à dévisser mes accessoires de tournage et à les relier à mon ordinateur via des câbles spéciaux, afin d'en télécharger les contenus sur mon ordinateur. Pour certains, il fallait retirer les cartes mémoire et les insérer dans des pseudo-clefs USB.

J'ai pris mon temps, histoire de ne pas effacer des éléments cruciaux. Ludo m'avait filé des clefs USB de grosse capacité, pour stocker mes informations en double voire en triple. J'en ai donné une à Alain, l'invitant à se repasser le film en famille pour se faire plaisir le soir-même, et qu'il m'excuse auprès des spectateurs car je n'avais pas encore trouvé de titre.

J'avais enregistré un dossier par accessoire, titré façon Manu : « escroc montre », « escroc radio-réveil », « escroc cravate ».

Comme elle était loin mon époque, celles des VHS et des minicassettes ! J'avais pris un sacré coup de vieux...

On a pris la route du retour, plutôt contents de nous. J'avais planqué le matos dans un sac de sport placé dans le coffre : même si les frontières sont ouvertes, on risque toujours un contrôle des douanes inopiné.

Cela dit, même si jusque-là il n'y avait rien d'illégal sur la forme – j'aurais pu leur expliquer que je bossais pour Marcel Béliveau et que nous faisions des caméras cachées. Mais sur le fond, au vu des sommes évoquées sur les enregistrements, ils auraient plutôt cru à des affinités avec Jérôme Cahuzac...

Alors que nous roulions depuis une heure, nous avons entendu une sonnerie inhabituelle dans la voiture. Elle ne venait pas de nos portables. J'ai jeté un œil sur le tableau de bord pour voir si un voyant ne s'était pas allumé, il y a tellement d'électronique dans les nouvelles bagnoles, mais le bruit s'est arrêté... avant de reprendre. Soudain, mon copilote a été pris d'une illumination :

« Je pense que c'est ton téléphone belge ; on dirait que ça vient du coffre. »

Effectivement, je l'avais mis dans le sac de sport avec les autres objets, ses complices. On s'est arrêtés sur la bande d'arrêt d'urgence. C'était notre petit Jésus, à croire qu'on lui manquait déjà, il nous avait appelé trois fois. Il avait dû faire un point avec son père, quant à ce qu'il pouvait nous vouloir, ce n'était certainement pas pour refuser nos 600 000 euros en fraîche. Son père lui aura sûrement dit de revenir à l'attaque vite fait pour être sûr que le pigeon ne s'envole pas ou change de direction.

Je ne voulais pas le rappeler tout de suite : il fallait faire monter la pression et surtout, trouver une aire de repos pour être au calme et rester dans mon rôle. Car Baldier ne conduisait pas, Baldier avait un chauffeur, bien sûr.

D'ailleurs ça aurait été amusant de le croiser avec ma petite BMW sur la route vers Paris ! Le petit Jésus avait en effet quitté Liège juste une heure avant nous.

Étant donné que je lui avais parlé de la Rolls de mon épouse, de ma Bentley cabriolet au Maroc, de ma masseuse et de mon chauffeur à Paris, j'aurais dû me lancer dans une histoire pas piquée des hannetons, comme il aime les gober…

J'aurais prétendu que c'était un cadeau pour ma bonne à Paris, car il m'arrivait de la voir elle aussi en mode extraconjugal. Il aurait mis cela dans son dossier de pièces à conviction pour mieux me la faire à l'envers, au cas où j'aurais un jour l'idée de me retourner contre lui pour récupérer mon fric.

Lorsqu'il décrocha à mon appel, il m'expliqua qu'il s'était permis de me joindre pour me donner l'adresse de son nouveau bureau dans l'Oise. Ce dernier était en travaux mais d'ici quelques jours, nous pourrions nous y retrouver.

Ensuite – et alors que je ne lui avais rien demandé – il s'est mis à me donner des éléments sur sa nouvelle installation : elle se situait au sein d'une grosse société de récupération de métaux, avec laquelle il brassait des millions de tonnes chaque mois.

A ce moment-là, j'ai bien compris qu'il était ferré, et grave. Je lui avait bien aspiré le cerveau et on avait un ou deux coups d'avance sur lui : les deux escrocs tenaient à me rassurer en répondant à mes petites exigences de garantie. Ils avaient donc très peur de me perdre...

A ce stade de mes investigations, il était clair que père et fils était associés dans les dossiers d'escroquerie, et que ce dernier était formé comme une marionnette. C'était bien le papa qui tenait toutes les ficelles.

Je n'avais plus qu'à attendre qu'il finisse la rénovation de son nouveau bureau. Qu'il soit loué à la journée ou qu'il s'agisse d'une seconde boîte au lettre, peu m'importe, j'irai juste en remettre une couche sur ma fortune et produire un nouvel épisode pour ma série de télé-réalité.

Pendant ce temps, Dominique, notre apôtre marocain, avait remonté à Alain quelques informations au sujet de dieu le père, qui lui avait fait un compte-rendu depuis son paradis.

Il lui avait vanté la fortune du Belge, la Rolls, la Bentley, la suite de luxe, mon projet de placer 150 000 euros, et redit de ne surtout pas s'inquiéter pour sa commission...

Étant donné qu'avec son fils nous nous étions presque entendus sur 600 000 euros en coupures de 500, je me suis dit que le pauvre vieux devait avoir les poches percées : 450 000 euros s'étaient volatilisées entre Liège et Agadir, en passant par Saint-Martin. En plus d'escroquer ces clients, monsieur escroquait ses apporteurs d'affaires.

Mais Dominique le gentil commençait à avoir des scrupules vis-à-vis de son dieu en nous ayant aidés à lancer notre hameçon avec le mail que je lui avait dicté. Il avait l'impression d'avoir décroché le rôle de Judas dans mon film. J'ai donc dû rétablir la vérité : son Jean-Pierre avait menti, il avait divisé par quatre le pactole qu'il comptait m'embourber ; et ça, c'était visiblement pour l'entuber sur sa commission par-dessus le marché.

Dominique était si gentil qu'il a d'abord eu du mal à me croire. Mais mes révélations ont vite anesthésié sa conscience, c'était le but recherché.

Je constatais aussi que si moi je n'avais cru aucun des mensonges de la crevette, elle avait plongé la tête la première et à pieds joints. À ce stade je me disais que le jour J ou Jordan arriverait avec ses beaux chèques de garantie, il risquait fort de plonger la tête la première sur le sol, les pieds et les poings paralysés par un ruban adhésif... jusqu'à ce qu'on trouve un arrangement pour encaisser les chèques sur le compte d'Alain. Cela permettrait de faire le solde de tout compte après ces deux années de cavale financière.

Je gardais toujours ma ligne belge à portée de main, prêt à répondre à mon escroc pour fixer le rendez-vous à son nouveau bureau. J'avais déjà le scénario en tête, les accessoires, la montre, les stylos, la cravate, il ne me manquait plus que le carrosse, mais j'avais une piste, je voulais une fois de plus enfoncer le clou de ma fortune sur Jésus.

Pourtant, c'est sur ma ligne française officielle que j'ai eu du nouveau : un mail mystère d'un inconnu. C'était plutôt rare que l'on me contacte par mail, sans compter que dans ces périodes de crise, je faisais tout pour rester discret : avec ma gueule d'enfant de chœur sur le Net, et vu ma récente prise de bec avec Hanouna, certaines vidéos étaient remontées en haut des pages des moteurs de recherche. Or j'étais parti à la pêche à visage découvert, je devais me montrer prudent.

Le nom de famille dans l'adresse mail ne sonnait pas français mais plutôt allemand ou belge, ce qui n'arrangeait rien à mon inquiétude. La peur n'évitant pas le danger, j'ai ouvert le courriel. Ça commençait par un « Bonjour Monsieur Caldier Emmanuel ».

Il n'y a que l'administration ou les huissiers pour commencer des missives de cette façon. C'était tellement bien écrit que j'ai dû relire deux fois, le Larousse en main.

C'était en fait un journaliste intello, qui travaillait pour l'émission du grand philosophe Raphaël Enthoven, sur Arte. Il voulait m'inviter pour que je témoigne du regard que la société portait sur l'ex-gangster et détenu que j'étais.

Par principe je ne refuse jamais une invitation journalistique : débattre ou faire passer un message, c'est toujours utile – et si le récit de mon parcours pouvait éviter à ne serait-ce qu'une seule âme de partir à la dérive, c'était toujours ça de gagné.

Je dois avouer que j'étais également très flatté d'une telle invitation.

Après avoir regardé en replay quelques émissions de ce Raphaël philosophe, j'ai appelé l'auteur du mail pour lui poser franchement la question : pourquoi moi ? Pourquoi pas un politique épinglé par la justice, ce n'est pas ce qui manque en France ? Lui, au moins, se serait facilement intégré à ce salon intello mondain...

Mon interlocuteur, qui parlait aussi bien qu'il écrivait, m'a indiqué avoir découvert, en parcourant la presse, que j'avais porté plainte contre un hôpital et un médecin, et cela l'avait intéressé pour son sujet.

J'avais en effet porté plainte contre un docteur ayant hospitalisé ma fille sans m'en avoir informé, violant les droits de l'autorité parentale, et sans qu'aucune urgence médicale ne le justifie.

Le Parisien de l'Essonne avait couvert l'événement.

Si le médecin m'en avait informé, j'aurais suivi ses conseils, mais il devait considérer sans valeur mon opinion d'ancien taulard, même lorsque ça concerne ma propre fille.

Quand je lui avais demandé des explications, il m'avait envoyé sur les roses, affirmant qu'il était intouchable. Faux : j'aurais tout à fait pu le toucher physiquement.

Mais en bon citoyen honnête, j'avais préféré me rendre à la gendarmerie. Le comble c'est que je fus très bien reçu, par des agents très compétents et n'ayant aucun a priori sur ma personne.

Corbeil-Essonnes : Manu le Gitan dépose plainte contre le centre hospitalier sud-francilien

Manu le Gitan est en colère. Mais plutôt que de faire parler la poudre comme il y a une dizaine d'années, cet ancien gangster au parcours atypique, désormais directeur des ressources humaines dans une entreprise employant 80 personnes, vient de rendre visite aux gendarmes pour déposer plainte contre le Centre hospitalier Sud francilien (CHSF).

Il reproche à l'établissement de soins d'avoir permis l'hospitalisation de sa fille de 14 ans sans qu'on lui demande de signer un accord. L'atteinte à l'exercice du droit parental est un délit puni d'une peine maximale de 1 an de prison et de 15 000 euros d'amende. « J'ai été tenu à l'écart de tout alors que je suis père et j'ai encore autorité sur elle » dit-il aujourd'hui. Du côté de l'hôpital, on justifie cette admission par une « raison médicale ». On explique aussi : « M. Caldier a été reçu par le responsable du pôle mère enfant. »

Le 21 mai dernier, l'adolescente commet une tentative de suicide au doliprane. Elle avale 31 g de ce médicament qui calme les douleurs et les états fiévreux. L'effet de cette prise massive peut être dévastateur sur le foie. Elle est d'abord hospitalisée au Kremlin-Bicêtre (Val-de-Marne) puis, une fois qu'elle est tirée d'affaire, transférée au CHSF de Corbeil-Essonnes où elle est admise en pédiatrie. Le personnel soignant conseille alors à Manu de faire placer sa fille pour qu'elle aille mieux. Elle refuse de rentrer au domicile familial.

« Aux yeux de l'hôpital, je suis un Thénardier »

« J'ai tout accepté » poursuit Manu. L'adolescente est alors placée en Foyer à Viry-Châtillon où elle reste suivie par un pédiatre. De son côté, le père signe un projet avec l'aide à l'enfance du conseil départemental de l'Essonne. Durant son séjour, elle se retrouve au contact d'enfants atteints de la tuberculose. Manu est alors sollicité pour signer l'autorisation de soins.

Tout se passe bien jusqu'au 27 juillet dernier. Ce jour-là, la fille de Manu rencontre un médecin qui juge qu'elle ne va pas bien et qui décide de la faire hospitaliser à nouveau mais sans accord parental. « A l'hôpital, ils ont mon numéro de téléphone, mon mail. Ils savent où me joindre mais rien. Elle n'est pas placée sous tutelle. J'ai mon mot à dire » tempête-t-il encore.

Le 1er août, c'est donc de lui-même qu'il se rend à la gendarmerie de ▓▓▓▓▓▓▓▓▓▓▓▓▓▓ pour déposer plainte. Aujourd'hui, il estime que sa réputation le précède. « Aux yeux de l'hôpital, je suis un Thénardier » livre-t-il. Si le quadragénaire est désormais rangé des voitures, le passé criminel de Manu qui a médiatisé sa retraite ne plaide pas en sa faveur (lire par ailleurs). « Je n'ai rien à cacher, se défend-il. Dans l'entreprise où je travaille, tout le monde connaît ma vie. »

Le 7 août, la situation se débloque finalement et il signe une autorisation de sortie de l'hôpital pour sa fille. « Les médecins se sont excusés mais je ne compte pas en rester là » assène Manu. Le dossier est désormais sur le bureau du procureur de la République qui décidera des suites à donner à cette affaire.

Nicolas GOINARD, « Corbeil-Essonnes : Manu le Gitan dépose plainte contre le centre hospitalier sud-francilien », *Le Parisien*, 6 Septembre 2017 https://www.leparisien.fr/essonne-91/corbeil-essonnes-91100/corbeil-essonnes-manu-le-gitan-depose-plainte-contre-le-centre-hospitalier-sud-francilien-06-09-2017-7239639.php (Consulté le 01/08/2024)

QUI EST INNOCENT ?

Le débat télévisé serait orchestré par Raphaël lui-même. J'aurais en face de moi une certaine Anne Lécu, bonne sœur et médecin-cheffe de la prison de Fleury, également philosophe et autrice d'un livre.

J'allais donc, dans la même semaine, naviguer entre deux mondes totalement opposés : sur une rive aurait lieu mon propre tournage avec deux escrocs – le dieu de la finance et son Jésus – , et sur l'autre, je serais moi-même filmé avec une vraie bonne soeur et un grand philosophe, Raphaël Enthoven.

Comme toujours avant de partir dans une nouvelle histoire, quelle qu'elle soit, je consulte mes pères spirituels. J'ai eu la chance dans ma vie d'être adopté par des familles d'accueil complètement hétéroclites.

J'ai donc commencé par contacter mon père génétique, grand intellectuel. Il avait non seulement l'avantage de bien me connaître et de prodiguer de bons conseils, mais aussi celui de vivre en couple avec une femme également très cérébrale.

Je les imaginais très bien, lors de ces soirées d'hiver, admirer le joli minois de premier de la classe de Raphaël, et le feu d'artifice d'idées jaillissant de sa tête.

Mon père ainsi que ma belle-mère m'ont vivement félicité : ils étaient fiers que leur fils soit choisi pour une telle émission. Ils appréciaient effectivement ce grand philosophe. Ils me détaillèrent le principe de l'émission et le profil du public. Ce fut une communication téléphonique très riche – franchement, moi qui n'avais jamais été à l'école et n'avais jamais eu de diplôme, j'avais l'impression de me préparer pour le bac littéraire.

J'en ai ensuite touché un mot à Xavier Beneroso – nous étions en contact permanent, car nous préparions un reportage pour M6, basé sur un de ses projets fous et très explosifs, malheureusement en stand-by à l'heure où j'écris ces lignes – étant momentanément bloqué à Fleury-Mérogis (vous en connaîtrez les raisons ultérieurement), par une certaine Elsa : pas la chanteuse, la juge d'instruction la plus perverse du tribunal de Paris...

Xavier n'a pas caché sa joie : il était fier de son pote Manu. J'ai eu droit à un déferlement de conseils, à commencer par la tenue vestimentaire :

« Là mon Manu, tu vas devoir sortir le costard, pas forcément la cravate, mais soignes ton image ! »

À ma grande surprise, mes frangins Pascal, Stan et Polo connaissaient eux aussi l'émission. Mais lorsque j'ai commencé à les interroger sur les détails, un certain flou s'est fait sentir dans leurs réponses. Ils sont vite passés aux aveux : c'était leur femme qui regardait.

Le jour de l'enregistrement est arrivé. J'ai passé le costume. La production m'avait proposé un taxi pour m'y rendre, mais, déformation professionnelle oblige, j'ai décliné l'offre : je préfère être libre de choisir mon arrivée et mon départ, surtout lorsque je suis en mission.

Le studio, qui se tenait au cœur de Paris, était plutôt atypique : il ressemblait à un ancien atelier transformé en loft.

Le grand Enthoven est venu m'accueillir et me briefer un peu. Un grand moment : j'avoue avoir flashé sur le personnage, entouré par une équipe de vrais pros.

J'ai entendu le fameux « Silence, on tourne » et j'ai envoyé la purée comme prévu : 100 % vérité, 100 % Manu. Notre Raphaël a mené son interview d'une main de maître.

Lors des promos de mes livres et autres passages TV, j'avais eu la chance de croiser le fer avec plusieurs animateurs, de Dechavanne à Évelyne Thomas, en passant par Cauet, Delarue et bien d'autres. Mais là, c'était vraiment particulier : j'avais vraiment le sentiment de passer le bac – mon scénario de recouvrement avec les deux escrocs père & fils ayant chuté au niveau primaire.
L'examen passé, il allait falloir attendre le 17 février 2018, jour de la diffusion, pour savoir si j'étais reçu et diplômé par notre grand philosophe.

J'ignore comment Raphaël Enthoven aurait réglé le différend philosophique qui opposait sa vision de la vie à la mienne. J'avoue que je n'ai pas pris le temps de lui demander lors de notre rencontre. Au fond de moi je pensais que ma philosophie, issue d'années de pratique dans le recouvrement, n'était pas trop mauvaise pour mon futur scénario.

Sorti de là, je me suis posé à l'Avenue, une de mes tables préférées de Paris. C'était mon grand ami Pierre Falcone qui me l'avait fait découvrir en 2002, situé à deux pas de chez lui, avenue Montaigne, ce restaurant lui servait de cantine. Pour ma part, j'y allais me ressourcer de temps en temps, histoire de m'ouvrir les chrakras avant de passer à l'action ou après une grosse mission.

Il fallait que je me concentre à nouveau sur mes préoccupations existentielles : quelle allait être la prochaine étape pour faire cracher au bassinet ceux qui avaient dépouillé mon ami Alain ? Ceux qui ont fait basculer sa vie, celles de son ex-femme et de leurs enfants en cauchemar.

Maintenant, j'allais devoir leur garantir ma totale confiance et mon futur placement de 600 000 euros en coupures de 500 – soit ma remise entre leurs mains de 1 200 billets, en vue d'obtenir 24 000 euros net par mois d'intérêts non déclarés.

Pour cela, il me faudrait bercer le marmot avec de nouvelles histoires à dormir debout. J'avais bien médité pour créer de beaux contes de fées qui l'amèneraient au bout de ses rêves.

J'allais aussi devoir dégoter un somptueux carrosse, afin de maintenir mon standing lors de notre futur rendez-vous dans ses nouveaux locaux.

Je me suis à nouveau mis à l'assaut sur Leboncoin, cette fois en tapant les mots-clefs : « Voiture de luxe région Île-de-France ».

Malgré le caractère low cost de l'opération, j'ai décidé de mettre les petits plats dans les grands. Après tout, la mission ne durerait que trois petites heures et 100 kilomètres aller-retour de Paris jusqu'à Beauvais. J'ai donc opté pour la Maserati quatre portes dernier modèle, avec chauffeur.

J'ai appelé le loueur, un mec super sympa, avec qui je suis tombé d'accord en moins de 10 minutes, il m'a donné ses disponibilités. Tout en restant en ligne avec lui, j'ai pris ma ligne belge pour fixer mon entrevue avec mon escroc en herbe, il m'a une fois de plus répondu : « Monsieur Baldier, votre date et votre heure seront les miennes. »

J'ai donc fixé le rendez-vous pour 10 heures le mardi suivant à Beauvais, et pour 8 heures 30 aux portes de Paris à mon chauffeur. Tout était en place côté logistique, il ne me restait plus qu'à informer

Alain que je l'invitais à faire un tour en Maserati. Nous allions pouvoir tourner l'épisode numéro deux de cette série « Action Investigation ».

Nous étions début décembre, dans les délais, donc, pour bénéficier de la super promo 4 % d'intérêts mensuels... et 100 % escroquerie. L'affaire serait bouclée à temps pour pouvoir souffler en famille pour Noël...

Plus j'avançais dans mes investigations et mon infiltration, plus mes clefs USB se remplissaient de contenu audio et vidéo compromettant à l'encontre de ces escrocs. J'en arrivais à penser qu'ils n'iraient jamais porter plainte auprès des autorités, tant cela serait suicidaire, c'était se tirer une balle dans le pied.

Cela dit, il ne faut jamais négliger le facteur grosse panique et comportement irrationnel.

Si c'était le cas, le premier qui atterrirait sur la liste serait Alain, et les services de police n'auraient pas de mal à le trouver pour l'interpeller. Mais Alain est clean, il a une adresse, un travail, et paie ses impôts. Les escrocs ont ses coordonnées, lui ne se cache pas, il n'a rien a se reprocher. C'est une victime, une vraie.

Quant à moi, je serais plus difficilement identifiable – même si sur ce dossier j'avais travaillé en toute déontologie et donc à visage découvert, ne changeant qu'une seule lettre à mon nom de famille.

Évidemment je ne laisserais pas mon ami, mon petit frère assumer la chute tout seul. Je lui donnerais des consignes simples : dire toute la vérité, rien que la vérité ; balancer mon nom, et donner la clef USB avec tous les éléments.

Cela dit, je ne tenais pas à me faire arrêter à 6 heures du matin à mon domicile, comme un vulgaire délinquant : ce n'est jamais agréable pour votre femme et vos enfants de se faire réveiller à l'aube par des bras musclés, qui vous retournent la maison en mode perquisition.

Je devrais donc m'assurer, si cela devait arriver, d'être averti en temps et en heure si Alain se faisait interpeller à son domicile. Je saurai alors qu'il faut lever le camp et mettre ma famille à l'abri, le temps de trouver une solution avec les forces de police.

Depuis quelques années, Patricia du CSA m'avait déclaré, témoignant que j'étais en pleine réinsertion. Mais l'adresse de mes fiches de paie n'était pas spécialement valide : elle correspondait plutôt à un de mes points de chute, un appartement tampon en cas de crise.

Idem pour celle figurant sur la carte grise de mon camion et de mes voitures. Déformation professionnelle oblige, toujours avoir des adresses fusibles…

Et puis, comme je n'avais pas de problème d'ego vis-à-vis de ma chérie Namiz, je la laissais tout mettre à son nom, j'étais un SDF hébergé par une jeune et jolie princesse africaine diplômée. Lorsque j'étais sage, j'avais le droit d'utiliser sa carte bancaire, ce n'était pas du proxénétisme… juste une sécurité vis-à-vis des huissiers et des administrations diverses.

Le passé nous poursuit et nous rattrape toujours, je fais partie des hommes qui n'ont pas envie d'être rattrapés trop vite.

Alain lui-même ne connaissait pas mon adresse, donc même sous la torture, il ne pourrait rien lâcher. Et même s'il l'avait connu, il ne l'aurait pas craché.

Je me suis retourné vers mon fournisseur officiel, Ludo pour les intimes. J'avais une idée précise en tête : j'avais utilisé dans le passé un matériel généralement destiné aux chasseurs, pour les gibiers. Moi je l'utilisais pour les miens, et les poulets.

Ce type de matériel est un peu encombrant, mais j'avais bon espoir que Ludo arrive à me joindre l'utile à l'agréable surtout avec l'évolution de la technologie et la réduction de la taille des composants.

Arrivé chez lui, je suis parti dans des explications un peu laborieuses. Il a résumé en quinze secondes ce que j'avais mis quinze minutes à essayer de lui faire comprendre :

« Tu veux un mini-appareil photo numérique grand angle de vue, avec déclencheur de mouvement et système GSM, qui t'expédie par MMS les photos en temps réel sur ton téléphone. C'est ça ?»

Il comprend très vite le Ludo. J'ai tout de même ajouté un petit détail d'importance :

« Tout cela incrusté, caché dans un détecteur de fumée classique qu'on trouve dans les habitations. »

Il a rigolé, avant de m'annoncer que mon gadget m'attendrait chez lui d'ici une semaine, pour la modique somme de 400 euros. Je devrais venir accompagné d'une carte SIM pour le tester, et surtout vérifier en amont que l'opérateur téléphonique que je choisirais capte bien à l'endroit où j'installerais mon jouet.

Comme j'étais sur Paris en fin de journée, j'ai proposé à ma belle de me rejoindre après avoir fini son travail, pour une sortie en amoureux dans la capitale. Quand belle-maman était en vacances chez nous et pouvait garder notre petite princesse Aliyah, nous pouvions profiter de ces quelques rares moments de liberté.

N'ayant pas le courage de traverser tout Paris aux heures de pointe, je lui ai commandé un VTC pour me donner bonne conscience. Elle avait du mal avec ça, déformation professionnelle dans la finance oblige, alors qu'elle qui avait déjà payé sa carte de transport pour le mois. C'est toute une éducation qu'elle avait reçue, donc des fois cela nous menait à des batailles d'arguments.

C'était Patricia du CSA qui m'avait installer Uber sur mon téléphone, et surtout qui m'avait expliqué comment cela fonctionnait. Il fallait des références bancaires, une carte bleu, or ou black. Personnellement je préférais aller au tabac et recharger une de ces CB à coupons, un système vraiment révolutionnaire.

Généralement pour mes achats légaux, je prends la CB de Namiz, mais là je ne tenais pas à ce qu'elle voie le montant des courses sur ses relevés bancaires. Avec une femme économe, il faut éviter le double effet Kiss Cool.

Nous nous sommes donc fixé un rendez-vous dans un bistrot très sympathique près des Champs-Élysées, le Salvy face à RTL : Namiz raffole de ses pâtisseries maison, moi de l'accueil et des belles rencontres qu'on y fait.

Une fois en tête à tête devant nos belles tartes Tatin maison, nous nous sommes raconté nos journées respectives : Namiz ses petites anecdotes, et moi – qui ne lui cache jamais rien –, ma visite sur Paris chez mon vieux pote Ludo, qui devait me donner quelques conseils sur un petit logiciel, histoire de faciliter ma gestion du planning du personnel.

Je ne mens jamais, je déforme la réalité afin de ne pas l'inquiéter. De toute façon, même lorsque je lui parlais de certains événements de ma vie d'avant, j'avais l'impression que même si elle m'écoutait, elle n'imprimait pas, tellement c'était loin de sa vie et de son éducation. Elle paraissait vivre ça comme si je lui racontais un film que j'avais vu au cinéma– c'était limite si elle ne m'en demandait pas le titre.

Après les mots chocs de ma fille Valérie au début de notre relation, qui lui avaient fait sans filtre le récit de ma cavale en Afrique, mon papa génétique avait passé la seconde couche.

Un vieux monsieur de près de 70 ans, c'est encore plus crédible ; et il n'y avait pas été avec le dos de la cuillère. Tout y était passé depuis les années 1980 : le juge pour enfants, la prison, le parloir, les évasions, les armes, les kidnappings, les opérations de recouvrements.

Tout cela avait semblé tellement surréaliste à ma belle, que son cerveau n'avait pas réussi à enregistrer.

En revanche, la réalité de mes affaires légales, ça elle l'enregistrait, et elle en était fière. C'est pourquoi lors de nos discussions, je légalisais chaque fait et geste : c'était plus simple et ça convenait à tout le monde.

Lorsque j'étais allé en Belgique pour voir mon escroc, c'était pour acheter des lots de jouets chez des soldeurs ; lorsque je m'étais rendu au Maroc pour rencontrer Dominique, c'était pour voir comment commercialiser l'artisanat marocain dans nos magasins.

Nous avons quitté notre bistrot et nous nous sommes baladés, tels des touristes, sur la plus belle avenue de Paris, avant de finir notre soirée au restaurant. À quelques jours de Noël, les vitrines des magasins étaient magnifiques ; tout scintillait autour de nous.

Pour finir la soirée, nous avons été dans un bon petit resto, puis retour au bercail, où notre petite princesse Aliyah et la mamie dormaient profondément.

CHAPITRE 5

Tas de ferraille et ordures

Comme tous les matins à 5 heures, le réveil a fait ses premiers bips. Je l'ai stoppé dans son élan, histoire d'éviter les petits gémissements de Madame Caldier, dont le sien était programmé pour 7 heures.

Pas facile de vivre avec un homme matinal. Bizarrement, je me lève toujours avant l'heure légale d'interpellation.

Réglé comme du papier à musique, j'ai pris ma douche, mon petit-déjeuner diététique, passé mon heure de sport à l'étage – en prenant soin de ne pas réveiller la maisonnée – puis j'ai repris ma douche.

Généralement, c'était la tête de mamie que j'apercevais en premier, elle se levait pour faire sa première prière de la journée.

Ce matin-là, je suis parti avant le lever de ma belle. Je l'avais informée que je quitterais le domicile conjugal très tôt pour jouer les experts automobiles : je devais essayer une Maserati pour conseiller mon ami Alain, qui voulait en acheter une.

Pour elle c'était très crédible : Alain était chef d'entreprise, et l'automobile était l'une de mes passions. Elle était loin d'imaginer qu'il était ruiné, suite à une escroquerie savamment organisée par un duo familial d'escrocs démoniaques.

Comme prévu, j'ai retrouvé Alain à 8h30, Porte de Vincennes. Notre chauffeur nous attendait, il était classe et sympathique, il ne lui manquait que la casquette. Il nous a ouvert les portes, et nous avons pris place à l'arrière de la Maserati, direction Beauvais.

Alain était habillé en mode sport décontracté, lui resterait dans le carrosse en tant qu'observateur, tandis que Monsieur Baldier sortirait sur son trente-et-un : costume cravate, belle montre au poignet, stylos dépassant de la poche, etc. – le tout, évidemment, équipé de micros et de caméras dernier cri.

J'ai dû m'expliquer sur notre métier auprès de notre chauffeur : nous étions journalistes d'investigation, d'où nos dernières manipulations pour tester notre équipement. L'idée d'être le complice de deux journalistes de choc semblait l'exciter, alors il a commencé à engager la conversation. J'ai précisé que nous allions piéger un escroc – je ne mens jamais, sur le fond du dossier je disais vrai.

Sur la forme, je ne m'étendais pas, le scénario ne prévoyait pas à ce stade des investigations que Jésus finisse dans le coffre. De toute façon, vu le nom et prénom de notre chauffeur, il ne devait pas avoir d'affinité avec Jésus, car son éducation avait plutôt été bercée par la Torah.

J'avais fait mon enquête sur la société en question. Mon petit escroc m'avait indiqué qu'il avait basé ses nouveaux bureaux au sein de ce complexe pour des raisons de gros partenariat professionnel avec le gérant.

Son profil était propre : père de famille, propriétaire de plusieurs SCI (Sociétés Civiles Immobilières), donc solvable ou brûlable en cas de gros litiges : il n'avait aucune raison de prendre le risque d'arnaquer les gens. Selon toute vraisemblance c'était juste un type naïf prêtant ou louant ses bureaux à ceux qu'il croyait ses amis, et qui allaient l'entraîner dans une sale histoire.

Ce Monsieur X (je ne balance pas son nom car je lui accorde le bénéfice du doute) connaissait Jean-Pierre et son fils, et travaillait bien dans la récupération de métaux depuis des années, mais rien de plus inquiétant à ce stade. Pour son cas en revanche, c'était inquiétant. Qu'arriverait-il quand ces derniers auraient embourbé 600 000 euros à un Belge ? Ces deux fumiers s'évaporeraient avec le magot et ce serait ensuite le gérant, le seul à avoir pignon sur rue, qui serait la tête sous l'eau! Sympathiques les amis escrocs.

Remarquez, qui d'autre que nos proches est plus susceptible de nous trahir ? On accepterait plus facilement de prêter 500 euros à un ami qu'à un inconnu dans le besoin.

C'était donc sans scrupules que le duo père et fils était prêt à sacrifier leur vieux pote de Beauvais pour pouvoir vivre au soleil. D'ailleurs le père y était déjà, il fait beau du côté Hollandais à Saint-Martin. Petite particularité de cette île, elle avait aussi une partie Française, une frontière vraiment facile à passer. Cet escroc de Jean-Pierre s'y était sûrement installé par le plus grand hasard…

Nous avons fini par apercevoir l'enseigne de la société dans une petite zone industrielle, au fin fond des champs de l'Oise. Plutôt classique : quelques lettres en gros caractères, de jolis logos indiquant les agréments légaux ISO 2016 et les licences d'exploitation.

Rassurant pour le badaud, et pour les voisins écolos : dans ce genre d'activités où on stocke du plomb, du cuivre et autres métaux sensibles, une pollution du sol est si vite arrivée.

À y réfléchir, c'est assez drôle de placarder de tels logos pour signaler un agrément, que ce soit sur la porte d'un hôtel ou sur la camionnette d'un artisan plâtrier qui veut nous rassurer sur la qualité de son travail. C'est si simple de se procurer une telle plaque métallique ou des autocollants du même genre. Qui ira vérifier qu'on est réellement dans les clous ? Les contrôles sont si rares...

J'avais moi-même expérimenté la chose durant les années 2000. J'avais ainsi pu mener ma barque paisiblement durant 24 mois sans aucun effort sanitaire, avant que les douanes ne viennent enfin mettre leur nez dans mon affaire.

Dans une impulsion de retour aux sources, je m'étais installé à la campagne, dans un petit village au calme, à deux heures de route de Paris. C'est très agréable le monde rural, et les gens y sont si cool.

J'étais là-bas comme dans mon élément, contrairement à ce que disent certains juges à mon propos, je suis quelqu'un de très sociable. J'avais donc notamment sympathisé avec la petite épicière du village, dont le commerce battait de l'aile – désertification rurale oblige...

Eh oui : combien de gens laisse-t-on crever là-bas ? Ceux-là même qui ont trimé comme des chiens quinze heures par jour durant des années ?

Elle était à une ou deux piges de la retraite et cherchait à vendre depuis un moment, quitte à se lancer dans un viager. Sauf que personne ne s'était manifesté. Personne ne voulait prendre le risque de relancer un commerce dans un trou à rats. Alors oui, j'aurais pu contacter Jean-Pierre Pernaut pour la faire passer dans *SOS Villages*... mais j'avais décidé de l'aider à ma petite échelle.

La vente de son commerce comportait une clause exclusive : l'acheteur devrait reprendre la vendeuse en tant que salariée jusqu'à sa retraite.

Son prix représentait la valeur d'une voiture de milieu de gamme – comme je travaillais dans l'automobile à l'époque, je comptais en voitures.

La clause ne représentait à mes yeux que le prix des options de confort – de la climatisation à l'intérieur cuir. Alors je me suis mis à réfléchir à la proposition : si j'avais acheté un taxi pour faire bosser un ami sortant de prison, j'aurais pris plus de risques. À coup sûr, une épicerie pilotée par une super mamie représentait un meilleur placement.

Le jour où elle m'exposa ses conditions au détour d'une conversation, j'étais dans une bonne phase, en mode hypersensible :

« C'est bon, ne vous inquiétez plus ma petite dame, c'est vendu ! Je vous l'achète. Vous n'avez qu'à me donner le nom de votre notaire, et mon avocat fera le nécessaire. Ah oui ! Une précision : si je deviens propriétaire, vous devrez tout gérer tout seule jusqu'à votre retraite. »

Ce fut la fête au village. Et nous sommes entrés en collaboration.

Souvent, lors de mes rendez-vous avec mes potes gitans et autres copains receleurs à Paris, j'achetais des petits lots de marchandises pour dynamiser le commerce.

À ce moment-là, je crois bien que mon petit bled était le plus branché de l'Yonne profonde.

J'avais expliqué à Bernadette, mon employée et ex-proprio, que tout ce qui tombait du coffre de ma voiture était déjà tombé du camion : côté factures et autres, il n'y aurait donc rien. J'avais ajouté qu'on doublerait la logistique et qu'il y aurait deux caisses.

Bernadette, qui bossait à l'ancienne – crayon à papier et carnet à la main – et pratiquait le black depuis 42 ans, avait très bien réagi. Elle avait juste fait remarquer que bien qu'ils soient tombés deux fois, mes articles restaient en excellent état.

Tout était bon enfant. Je passais à l'épicerie en fin de soirée : c'était devenu le QG du village. Régulièrement, je chopais en rayon une bouteille de vin et un saucisson et je payais l'apéro à mes potes paysans.

Bernadette, elle, n'oubliait jamais de me faire payer mes tournées : elle me tendait le ticket au moment où j'allais quitter les lieux – c'est le problème, quand on a de trop bons employés.

À force de générosité démesurée, j'ai fini par proposer à Bernadette de faire un coin bistrot. Et la Bernadette, effondrée, de m'expliquer qu'elle essayait en vain de le faire depuis des années : il n'y avait pas de Licence IV pour la vente d'alcool – la dernière du village étant une licence transportable ou autre chose du même nom, bref un plan trop alambiqué.

J'ai consolé ma Bernadette : ce n'était pas un problème, on ouvrirait juste notre bar en mode discret ! Ce serait un bistrot, mais sans enseigne. De toute façon, le bouche-à-oreille suffisait au village.

Elle a un peu flippé. Je l'ai rassurée, lui demandant juste de faire courir le bruit que j'avais obtenu une licence par l'intermédiaire du préfet, qui était un de mes amis proches et qui avait appuyé mes démarches. Visiblement, j'ai eu l'air sincère car elle m'a cru.

Pour rassurer tout le monde, y compris les élus, je me suis arrêté au magasin des pros, METRO, pour acheter une vulgaire plaque de fer indiquant « Licence IV ».

J'ai aussi acheté les tableaux avec les textes de loi et l'interdiction de vente aux mineurs. Puis, armé d'une perceuse sans fil avec mèche béton numéro 6, j'ai percé le mur de façade, enquillant deux petites chevilles et vissant la plaque.

Ni vu ni connu je t'embrouille, et au premier regard je suis en règle. Je n'avais pas fait appel à TF1, mais Bernadette aurait du Pernod à servir à l'apéro.

Lorsque les douanes ont fini par débarquer un beau matin, Bernadette et moi avons ressenti un certain soulagement. Elle était en retraite depuis trois mois mais toujours en poste – l'équivalent du cumul des mandats pour nos politiques – et cela me donnait la désagréable impression de la tenir enfermée dans cette épicerie-bar.

J'ai fait 48 heures de garde à vue – assez amusantes en fait –, suivies d'une présentation devant un juge, qui lui aussi, trouvait cela « drôle » : il a instruit plus à décharge qu'à charge.

Il avait surtout compris que je n'avais aucun regret : plus de deux ans de bonheur et de bonne humeur, pour une simple garde à vue de deux jours, un jugement financé et une fermeture administrative : ça valait plutôt le coup.

De toute façon, nous aurions fini par fermer. Ils pouvaient bien réquisitionner les lieux pour en faire un poste de douane ou un commissariat, je n'en avais plus rien à cirer et Bernadette qui était désormais à la retraite non plus.

Donc, pour avoir testé les beaux logos d'appellation et d'agrément, je n'ai pas été impressionné par la clinquante enseigne de la société hébergeant mon Jordan.

J'ai même vite compris qu'il s'agissait d'un très modeste chantier de récupération de métaux, dont le bénéfice annuel, net après impôt, ne devait pas dépasser les 10 000 euros.

Donc si je comptais sur le gérant pour me rembourser les 600 000 euros que ses grands amis voulaient m'escroquer, j'allais devoir vivre à ses côtés pendant plus de 60 ans pour lui prendre son bénéfice annuel.

Si c'est cela qui devait rassurer l'idiot de Belge de Baldier, une fois de plus je constatais que j'avais vraiment affaire à des pieds nickelés. Ils auraient pu placer la barre plus haute ces guignols, moi je joue le jeu au moins, j'arrive en Maserati, je les respecte ces escrocs à deux balles.

Lorsque nous sommes entrés dans la cour, stationnés face aux bureaux, le moteur du supercarrosse a réveillé les secrétaires, le bâtiment était tellement vétuste qu'il n'y avait pas de double vitrage.

Alors que toutes les secrétaires avaient leurs yeux collés aux vitres, une tête a attiré mon attention. Un barbu, de forte corpulence, je connaissais bien cette tête pour l'avoir croisée dans mes recherches. Il s'agissait de Monsieur X, le gérant.

Bien sûr, sans attendre, j'ai ensuite vu surgir de derrière les fagots d'aluminium de récupération mon pied nickelé de niqueur de Belge : le petit Jordan, comme toujours le bon sourire d'escroc aux lèvres.

Mon chauffeur est descendu pour ouvrir la porte au grand Baldier en costard cravate, ça en jetait pour les spectateurs. Imaginez le décalage, la drôle d'apparition, au beau milieu de tas de ferraille !

D'un pas décidé, Jésus s'est approché de moi. Alain et lui se connaissant, ils ne devaient absolument pas se croiser pour le moment...

Les vitres de la Maserati n'étant que légèrement teintées, le chauffeur – qui avait très bien compris notre scénario et qui, visiblement, sentait monter en lui un instinct de mission – a enclenché une des options. En un tour de main, les rideaux intérieurs des vitres arrières sont remontés, ni vu ni reconnu.

J'ai prétexté être accompagné d'un ami très proche remontant avec moi en Belgique. Lui aussi voulait faire de gros placements, mais il préférait attendre de voir le déroulement de nos propres affaires et surtout rester discret, étant quelqu'un de très médiatisé.

Mon simulateur de Jordan n'a pas réussi à dissimuler sa joie. Je le voyais déjà en train d'imaginer la tête de mon ami sur son tableau de chasse à côté de la mienne.

Il m'a invité à le suivre, m'indiquant que nous n'entrerions pas par l'entrée principale : son QG était situé au premier étage. Nous avons emprunté un semblant d'escalier miteux, collé sur la gauche du bâtiment.

Puis nous sommes arrivés dans son super bureau de près de 120 mètres carrés, magnifiquement vide.

Au milieu de la poussière, seuls siégeaient deux chaises des années 1980, un fauteuil usé en faux cuir et un petit bureau ; ainsi que quelques dossiers vides posés pour l'occasion dans les étagères du fond. Il n'y avait ni téléphone, ni fax, ni photocopieuse, ni ordinateur, un vrai bureau de clochard ou un squat, faites votre choix. C'était très rassurant pour quelqu'un qui veut confier 600 000 euros.

J'ai même commencé à scruter les recoins pour chercher des caméras cachées, je finissais par me demander si ce n'était pas *Vidéo gag*. Je n'ai jamais eu de problème avec Bernard Montiel, mais je me demandais, sur le moment, s'il ne voulait pas me piéger tellement c'était surnaturel.

Tellement sûr de lui, ce petit escroc en herbe ne s'était même pas donné la peine de mettre un peu d'artifice autour de son escroquerie... même pas quelques grammes de vaseline pour m'enfiler mes 600 000 euros.

Il m'a tendu une chaise sur laquelle je me suis installé, et nous avons entamé notre discussion. Je ne devais pas trop bouger pour ne pas perturber l'angle de prise de vue, et surtout ne pas attraper le tétanos sur sa chaise toute rouillée.

C'était à mourir de rire : Jordan jouait les grands PDG sur un fauteuil de récupération que même Emmaüs n'aurait pas voulu prendre au bord de la route...

Il avait quand même fait l'effort de prendre un figurant pour montrer qu'il était en travaux : un type en bleu de travail, recouvert de plâtre pour faire plus réaliste, qui faisait des allers-retours tournevis à la main...

Dommage pour le petit Jordan, cette comédie ne trompait ni moi ni la chaise en train de se déboulonner sur laquelle j'étais assis. Son figurant brassait du vent ! Il n'avait rien vissé ou dévissé pendant toute la durée de notre rendez-vous.

Côté négociations, je me suis mis à jouer les peureux. Je lui expliquais que la commission sur la vente de mes hélicoptères en Afrique me serait versée à l'ambassade du Gabon à Paris, pour des raisons de sécurité. Or les 600 000 euros en espèces représentaient vraiment une grosse somme à déplacer.

Je lui ai alors demandé, si cela ne lui posait pas de problème de venir les récupérer là-bas, le jour-même. Cela m'éviterait de me déplacer avec cette somme. L'ambassadeur étant un ami, il pourrait nous mettre un bureau ou un salon à disposition pour effectuer notre transaction.

Zen, l'escroc en herbe a accepté, se vantant en bombant le torse d'avoir l'habitude. Essayez un peu d'imaginer, un guignol de 60 kilos, mesurant 1m70 et fringué pour trois sous qui vous explique les pectoraux gonflés qu'il n'y a pas de problème pour venir à l'ambassade du Gabon. Que d'en repartir en se promenant avec une valise remplie avec 600 000 euros en espèces dans son petit sac, c'était banal pour lui. Il en rajouta dans sa foulée chevaleresque, m'annonçant qu'à peine deux semaines plus tôt, il avait récupéré un million d'euros en espèces auprès d'un de ses gros clients, en seulement dix minutes.

J'ignore ce qu'il fumait ou qui lui avait écrit son texte, mais le scénario valait franchement le déplacement. Il ne lui était visiblement pas venu à l'esprit que rien que pour vérifier et recompter une aussi grosse somme, qu'elle soit en coupures de 20,

50 ou 100 euros il faut un sacré temps. Et les billets de 500 euros ne courent pas les rues, l'Imprimerie Nationale n'en a pas imprimé des wagons.

Or je connais peu d'hommes d'affaires qui ne vérifient pas les billets dans ce type de transactions. J'en savais quelque chose, ayant dû, à un certain moment de ma vie, jouer les porteurs de valises pour des gens de tous horizons, jamais je n'avais vu un mec qui ne recomptait pas.

Lorsque je déposais les espèces sur le comptoir d'une banque helvétique, les agents recomptaient deux fois, tout en faisant du « piquage », c'est-à-dire en retirant quelques billets au hasard des liasses afin de vérifier leur authenticité.

Les seuls types que j'avais vu compter vite fait de grosses sommes d'argent en fraîche, c'était les braqueurs de fourgons ou de banques, pour le partage au volume et à la taille des tas : ils n'avaient pas de temps à perdre, étant amenés à se volatiliser au plus vite dans la nature. Il faut aussi reconnaître qu'ils n'avaient pas besoin de vérifier l'authenticité des billets, vu d'où ils provenaient.

Mon gentil interlocuteur n'avait pas le profil d'un braqueur. Il n'avait certainement pas ce qu'il faut dans le pantalon pour aller jouer de l'explosif sur un blindage de fourgon ni pour ouvrir le coffre d'une banque. Mais pourtant, il semblait partager la même philosophie de comptage que mes vieux potes.

Il fallait bien lui reconnaître quand même qu'il détenait une petite paire d'amygdales bien gonflées, pour escroquer les gens. C'est génétique dans la famille.

J'étais très pressé d'enregistrer le troisième épisode de cette série où il allait découvrir la vie et voir sa petite paire d'amygdales se dégonfler.

Pour lui montrer combien j'étais honnête et combien je tenais à mon argent, je lui ai demandé s'il avait une compteuse de billets ainsi qu'un détecteur de faux. Je tenais à être transparent, ne serait-ce que par respect pour lui et pour les quatre chèques de 150 000 euros qu'il allait me laisser en garantie, je trouvais en effet normal qu'il vérifie et compte les sommes que j'allais lui confier.

Toujours égal à lui-même, il m'a exprimé sa totale confiance. Mais il a ajouté qu'il s'arrangerait avec un ami pour se faire prêter une machine. J'ai pris soin de lui rappeler que la confiance n'exclut pas le contrôle.

Pour m'apaiser, il m'a de nouveau encore montré ses beaux contrats de prêts en chocolat – pour reprendre une expression de notre Président Emmanuel Macron.

Je lui ai donc transmis les noms des bénéficiaires, comme dans le jeu des sept familles : un contrat au nom du père, Baldier Emmanuel, du fils, Baldier Mathieu, de la fille, Baldier Marie, et de l'autre fille de la famille, Baldier Léa. Les trois premiers noms, c'était pour le côté bon catho belge ; le dernier, pour le côté branché show-biz.

CONTRAT DE PRÊT

Entre les soussignés : BESINGUE JORDAN, président de la Société I.T.R. 103 rue de Sèvres 75006 PARIS, 802 492 983 RCS PARIS, ci-après désigné comme « le débiteur »

et

BALDIER EMMANUEL, né le 01/06/1966 à Bruxelles, Belgique, ci-après désigné comme « le créancier »

Il a été convenu ce qui suit :

Article 1 – Objet

Par la présente, le débiteur reconnaît devoir bien légitimement au créancier la somme de 150000 euros (cent cinquante mille euros), qui lui a été remise à l'instant par chèque ou par virement le créancier pour permettre au débiteur de les capitaliser dans la trésorerie de sa société dont l'objet est le négoce de tous déchets recyclables.

Article 2 – Durée

Le créancier a prêté cette somme pour une période de deux années, tacitement renouvelable qui commence à courir à ce jour pour se terminer le 20/12/2019.

Article 3 – Remboursement

Le débiteur s'oblige à rembourser cette somme au créancier un seul versement de 150000 euros (cent cinquante mille euros) à la date de fin de prêt visée au paragraphe « durée ».

Article 3bis – Intérêts

Jusqu'au remboursement intégral de ladite somme de 150000 euros (cent cinquante mille euros), le débiteur s'oblige à servir et à payer au créancier des intérêts au taux de 3% le mois, payable mensuellement à la date anniversaire des présentes.

Les intérêts non payés à l'échéance et dus pour une année entière, en produiront eux-mêmes de nouveaux, de plein droit, au taux ci-dessus fixé.

Pour se conformer aux prescriptions des articles L. 312-2 et suivants du code de la consommation, les parties déclarent que le taux effectif global contenu dans le présent acte ressort à 3% le mois.

Article 4 – Remboursement par anticipation

Le débiteur aura la faculté de se libérer par anticipation à tout moment, soit en totalité, soit par fraction au moins égale au $1/10^{\text{ème}}$ du principal, à condition de prévenir le créancier au moins 30 jours à l'avance par simple courrier.

Un remboursement partiel anticipé n'aura pas pour effet de réduire la durée de prêt visée à l'article 2 des présentes.

Article 5 – Exigibilité immédiate

En cas de non-respect de l'un de ses engagements par le débiteur, suite à un défaut de paiement à son échéance ou d'un paiement incomplet à son échéance, tout ce qui restera dû par le débiteur au titre du présent acte deviendra immédiatement exigible et de plein droit, 8 jours après une simple mise en demeure du créancier, notifiée par lettre recommandée avec accusé de réception et restée sans effet.

Article 6 – Déclarations

Les parties confirment qu'elles ont la capacité de s'engager dans les termes ci-dessus, notamment le débiteur déclare ne pas être en état de redressement ou de liquidation judiciaires, ou procédures similaires, ou en voie de l'être.

Article 6 bis – Enregistrement

Le présent acte sera enregistré aux frais et à la diligence du débiteur, lequel s'engage en outre à en notifier la copie, dans le délai légal, aux services fiscaux dont relève son domicile.

Article 7 – Frais

Les frais et droit du présent et ceux qui en seront suite seront à la charge du débiteur qui s'y oblige.

Article – Élection du domicile

Pour l'exécution du présent acte et de ses suites, les parties font l'élection du domicile à leur demeure respective ci-dessus indiquée.

Fait à Paris, France, le 20/12/2017 En deux (2) exemplaires

    Signature du créancier   **Signature du débiteur**

Le rendez-vous s'est enfin terminé. Jusque-là j'avais réussi à échapper au tétanos et à la crise de rire, il me restait encore à affronter son escalier tout branlant. De peur que son pigeon Baldier fasse une chute mortelle, il m'a conseillé de bien tenir la rampe. J'étais touché de cette petite attention pour moi, ou peut-être était-ce plutôt pour mes 600 000 euros.

Je suis enfin remonté dans mon carrosse, de façon aussi spectaculaire qu'à mon arrivée, à la Belmondo. Le moteur se mis à peine à vrombir qu'à nouveau les visages de mon fan-club de secrétaires étaient collés aux vitres.

Sur le chemin du retour, j'ai transféré et vérifié mes enregistrements sur mon ordinateur : tout y était, le son comme l'image. Alain découvrait avec stupeur les dialogues. Notre chauffeur, qui entendait le son mais ne voyait pas les images, jubilait de plaisir. Il a fini par nous demander s'il pouvait faire un commentaire.

De suite je lui ai dit :
- Volontiers, votre analyse m'intéresse
- Si je peux me permettre, votre escroc est vraiment un gros mytho : même mon fils de six ans n'aurait pas cru à ses conneries ! Personnellement, je vous déconseille de placer ne serait-ce qu'un euro.

Comme il me regardait dans le rétro, je lui ai fait un clin d'œil. Il a souri : il avait tout compris pour la suite, et surtout que nous n'étions pas des journalistes d'investigation.

C'est drôle, les rencontres dans la vie. Une fois arrivés Porte de Vincennes, il nous a quittés avec un petit pincement au cœur. Nous aussi, nous serions bien restés plus longtemps en sa compagnie.

Nous avons papoté avec lui un petit quart d'heure : c'était un chic type. La Maserati était à lui : il était le boss d'une petite société de location de voitures de luxe. Généralement il louait pour des mariages ou à des chefs d'entreprises qui le prenaient comme larbin. Or ce matin pas comme les autres, il était parti en mission avec les agents 006 et 007, ça le changeait de sa routine habituelle.

Un dernier copié-collé sur mon ordinateur, et la clef USB d'Alain était chargée du deuxième épisode. Nous étions dans les temps, il était juste midi. J'ai demandé à mon ami s'il était partant pour déjeuner avec moi, afin de lui expliquer le déroulement du prochain et dernier épisode.

Question bête : Alain avait toujours le temps pour moi, enfin pour son dossier. Et là, c'était avec d'autant plus de plaisir que le solde de tout compte avec ses deux escrocs approchait : il commençait à reprendre goût à la vie...

J'allais fixer le rendez-vous suivant pour le 20 décembre – j'aime bien cette date : c'est l'anniversaire de ma fille aînée. Si l'affaire se terminait comme espéré, j'aurais une pensée pour Alain chaque fois que ma fille chérie soufflerait ses bougies.

Si elle se terminait moins bien, ce serait toujours une belle journée car ma fille grandirait d'un an et nous partagerions un bon gâteau en famille.

Mais si ça se terminait vraiment mal, l'année prochaine, le 20 décembre serait un très mauvais jour. Non seulement ma fille fêterait son anniversaire sans son papa, mais je le célébrerais seul, dans un quartier d'isolement d'une prison en Ile-de-France, devant un paquet de Pépito. Et même si j'ai toujours de bonnes relations avec le personnel pénitentiaire, il ne me fournirait pas les bougies : le règlement l'interdit.

Petite question d'Alain :
- On va vraiment faire la transaction à l'ambassade du Gabon à Paris ? Je sais que tu es attaché à l'Afrique, alors je me demandais si c'était de l'info ou de l'intox…

Je lui ai répondu d'une voix posée :
- Non, nous n'aurons pas cet honneur. J'ai juste balancé un leurre dans l'océan de bêtises qu'il racontait. Histoire que notre bébé requin de la finance continue à frétiller.
- J'ai enchaîné sur les enjeux logistiques :
- Peux-tu trouver sur le Net un appartement de luxe à louer à la journée, pour la nuit du 19 et celle du 20 décembre ? Il faudrait que ce soit dans les beaux quartiers de Paris, si possible vers Porte d'Auteuil. J'aime bien ce quartier. J'y ai mes repères. On aura juste besoin d'une petite location de vacances, en mode touristes : un trois-pièces tout équipé nous suffira.

En réalité je n'estimais la durée de notre rendez-vous qu'à une petite heure : le temps de faire comprendre au père comme au fils que c'était très chaud pour eux. Les 600 000 euros n'avaient été qu'un appât très virtuel pour les faire venir à moi et casquer leurs dettes.

Je voulais investir les lieux la veille, le temps d'y faire un bon repérage complet et d'installer le matériel de tournage. Logiquement, l'affaire serait bouclée le mercredi 20 vers 13 heures. Mais je calcule toujours large, au cas où mes interlocuteurs fassent la sourde oreille. On ne sait jamais si le petit Jordan se trouvait soudain abandonné par son paternel, peut-être aurait-il envie de passer la journée complète avec moi, voire la nuit : un syndrome de Stockholm est si vite arrivé…

Et puis, ai-je expliqué à Alain, comme j'avais apprécié l'effort de composition de Jordan, avec son figurant en bleu et son tournevis à la main, j'avais vraiment l'intention de lui rendre cette délicate attention.

Mais moi je ne prendrais pas un, mais deux figurants. Et eux aussi seraient en tenue de travail : cagoulés, casqués, gantés, avec une arme à la main. Peut-être même avec un sécateur à rosier, si on ne trouvait pas de solution il gagnerait une jolie manucure.

Alain m'a regardé avec des yeux exorbités. Je pense que c'est à ce moment-là qu'il a réalisé que nous n'étions pas dans un film. Et que j'allais monter d'un cran sur l'échelle de l'intimidation. Ces deux escrocs qui avaient ruiné sa vie vont passer un sale moment.

C'est vrai que jusque-là, toute cette histoire avait un scénario plutôt doux pour lui. Nous jouions les James Bond, en mode investigation avec micros et caméras cachés. Alain, le citoyen lambda, le chef d'entreprise, le père de famille, n'avait jamais connu une telle situation. Il n'avait vu ce genre de scénarios qu'à la TV et d'un seul coup il réalisait que d'ici quelques jours, il se retrouverait acteur dans ce film à 100%. C'était pour lui comme basculer dans un autre monde.

Il savait qu'à ce stade il ne pouvait plus reculer. Et pas que techniquement : moralement. Après s'être fait ruiner deux ans de sa vie et de celle de sa famille, après avoir vu la justice ne rien faire pour l'aider, il se devait, au nom de sa famille, de son ex-femme et de leur enfant, de récupérer coûte que coûte cet argent, fruit d'une vie entière de travail.

Et puis, comment pouvait-il dire à un ami, qui avait raccroché les gants 15 ans plus tôt et repris du service uniquement pour lui, à titre gracieux, qu'il voulait tout arrêter ? Il ne lui restait plus qu'à croiser les doigts pour que le film se termine bien...

Pour les deux figurants, j'avais ma petite idée : pas la peine de faire appel à des gangsters chevronnés avec une grille tarifaire trop élevée ; ni à de petits délinquants juvéniles qui risquaient de fanfaronner d'être montés sur un coup avec moi. Leur rôle serait de toute façon très limité.

Lorsque j'avais besoin de bras pour décharger un camion ou faire des petits travaux, j'allais en général faire un tour dans les grands magasins de matériaux de construction : il y avait toujours une bonne cinquantaine de types attendant devant l'établissement que quelqu'un les embauche à la journée.

C'était probablement des clandestins cherchant à s'en sortir. Ils étaient prêts à bosser dur pour cela, et sont trop souvent exploités. Ils demandaient 60, 80 ou 100 euros par jour. Chacun avait sa spécialité, du maçon à l'électricien. Moi, j'allais prendre deux grands bien balèzes, si possible ex-militaires des pays de l'Est. Je leur paierais leur journée puissance 10.

Avec ce genre de types, on n'est jamais déçu : ils respectent leurs contrats. Et puis, en leur donnant 1 000 euros chacun pour 2 heures de présence, ils seraient efficaces à coup sûr. Cela représentait deux à trois mois de salaire chez eux.

Alain, reprenant ses esprits, m'a proposé trois lieux du crime possibles près de la Porte d'Auteuil. L'un d'entre eux a tout de suite retenu mon attention : il était collé à la Villa Montmorency.

Cela ferait de nous les voisins éphémères de Nicolas Sarkozy, ça devrait nous porter bonheur. Et s'il y avait des flics en planque dans le coin, ça serait surement la Brigade financière, ça pourrait être utile.

J'ai demandé à Alain de valider la réservation et j'ai dégainé direct ma ligne belge pour informer Jordan de notre futur rendez-vous : mercredi 20 décembre à 11 heures, devant la Villa Montmorency. Belle adresse pour un milliardaire belge.

Nous étions à J-6 de ce petit rendez-vous guet-apens et à J-10 de Noël. J'avais du pain sur la planche, et surtout un impératif : finir mes achats de Noël, au cas où...

Quoi qu'il se passe dans mon scénario, il fallait que le Père Noël passe aux pieds du sapin de ma princesse Aliyah le 24 décembre à minuit. Même si j'étais en garde à vue.

Et même si le Père Noël est bien gentil, pour ne pas qu'il arrive les mains vides, il fallait bien que je fasse le stock de cadeaux pour toute la petite famille.

De toute façon, sur le papier, les poulets mettraient un peu de temps à me localiser : un mois peut-être. Même libre, je couvre toujours mes arrières comme si j'étais en cavale – déformation professionnelle oblige.

Mais dès qu'on a un pied dans le système ou la réinsertion, on laisse bien vite des traces derrière soi. Et je n'ai jamais sous-estimé les enquêteurs de police ni la gendarmerie : ils ont le temps et les moyens ; et avec l'expérience, ils arrivent à cogiter en mode voyou.

Dans mon cas, si je m'étais recherché moi-même, je me serais dit : Manu en réinsertion, donc Manu déclaré, donc numéro de Sécurité Sociale – le fameux qui vous suit durant toute votre vie comme un traître. Avec ce numéro, ils auraient accès à l'adresse de mon employeur, mais surtout à celle mon domicile avec bien d'autres informations en prime.

Dans un premier temps, un flic de base aurait mis en place une surveillance des points de chute. Un autre, plus fin, serait resté le derrière collé à son fauteuil devant un ordinateur, creusant plus loin : il se serait notamment dit qu'à ce numéro de Sécurité Sociale seraient potentiellement liés des enfants.

Et là pour moi, c'est fatal. Ma fille aînée chérie, malheureusement orpheline de mère, m'est officiellement rattachée. La scolarité étant obligatoire jusqu'à seize ans en France, sur cette piste le bon flic serait remonté jusqu'à son école, et de là, jusqu'au domicile de celui qui paye la cantine et le reste.

L'école de ma fille l'aurait mené vers une adresse tampon. Un petit appartement meublé où il serait tombé sur deux ou trois étudiantes africaines que je logeais pour un loyer symbolique, histoire de couvrir les frais. La suite logique, le prélèvement pour payer les curés de cette école privée était effectué sur le compte de Namiz. Re-numéro de Sécurité Sociale, ils auraient débarqué chez nous, un matin à 6 heures, pour m'interpeller. Ce serait juste une question de temps.

Soit on vit à 100 % dans la légalité, soit on décide de vivre en cavale : auquel cas il faut être seul de chez seul, sans aucun point d'attache. Quand j'étais jeune, j'étais sûr de moi et je me croyais invincible. Mais très vite, avec les années, j'avais changé mes analyses sur mes chances de survie en cavale.

Avec ce que la police et la gendarmerie m'avaient enseigné tout au long de ces années de marginalité, j'étais sûr de deux choses : je ne crois plus au Père Noël, et même s'il n'y avait que 4 jours entre le moment où j'expliquerais la vie à mes deux escrocs et le soir de Noël, j'allais faire mes emplettes pour m'assurer que le Père Noël passe pour ma raison de vivre, ma petite princesse Aliyah.

CHAPITRE 6

Derniers préparatifs de tournage

19 décembre. J-1. J'étais dans mes derniers préparatifs. Comme toujours, je me suis levé à l'aube.

Un proverbe dit que l'avenir appartient à ceux qui se lèvent tôt : on allait bien vérifier s'il disait vrai et ce que cet avenir me réserverait.

Après mon petit rituel – douche, petit-déjeuner, sport et re-douche –, j'ai pris la direction de la Plateforme du Bâtiment, sur la Nationale 7, à la hauteur de Viry-Châtillon.

Mission : recrutement des deux figurants.

Comme toujours, il y avait foule. J'étais à peine arrivé que tous les mecs m'ont sauté dessus pour proposer leurs services. Cette devanture de magasin est une vraie boîte d'intérim, un Pôle emploi à ciel ouvert. Il n'y avait en revanche ni ticket, ni guichet, ni contrat écrit, juste une tape dans la main comme à l'ancienne.

Il faut les comprendre : ils ont faim et ils doivent nourrir leur famille. Alors, qu'il vente ou qu'il neige, ils sont là, attendant souvent depuis l'aube avec l'espoir de trouver un travail pour la journée.

Ces gens sont vraiment courageux. Quand on les voit, on ne peut s'empêcher de penser à ceux qui, même à 8 heures du matin et en CDI, arrivent à rater leur réveil et à se mettre en retard... Ça fait réfléchir.

Surtout, ça fait réaliser à quel point un véritable monde parallèle nous entoure chaque jour. Pourtant, la plupart des gens ne le voient pas. Bien souvent, on ne prend ni le temps ni le courage d'ouvrir les yeux. Et puis, si toutes les vérités ne sont pas bonnes à dire, certaines sont surtout mauvaises à regarder...

Après dix minutes de discussions et de négociations, j'ai trouvé mes deux perles rares : deux Yougoslaves de Belgrade, des colosses ex-soldats, enfin plutôt miliciens que de l'armée officielle.

En fait, j'aurais pu les croiser quand j'étais dans cette même ville, durant mes années pays de l'Est…

C'était les années 1990 : je travaillais auprès d'un certain Arkan, un gars super qui aimait les petits tigres et le foot, mais qu'on disait proche de la mafia... disons qu'il avait servi son pays à sa manière. Pour ses bons et loyaux services, on l'avait d'abord décoré, puis abattu en pleine rue pour le remercier définitivement.

Je leur ai expliqué que j'avais un souci avec un entrepreneur qui me devait de l'argent, et que je lui avais tendu un petit piège : pour bien l'impressionner, je voulais le bousculer un peu, mais cela ne prendrait qu'une petite heure.

Les deux types m'ont répondu par un grand « oui », précisant que pour casser une jambe ou un bras, c'était 500 euros. J'ai dû mettre les points sur les i :

« On ne va rien casser du tout, les enfants. On va être zen sur ce coup-là. Je vous donne à chacun 1 000 euros pour 1 ou 2 heures de présence. La partie se jouera à Paris demain, vers 10 heures du matin, Porte d'Auteuil. Je fournirai les faux flingues et les cagoules. »

J'ai vu une énorme déception dans leurs yeux : l'action allait être moins intense que prévu. Par contre, ils n'ont pas caché leur joie côté financier. Au point qu'ils m'ont demandé et redemandé de pouvoir casser un bras ou une jambe pour justifier leur salaire. J'ai dû passer plusieurs minutes à les raisonner.

J'ai glissé à chacun 200 euros d'acompte, pour être sûr qu'ils se pointeraient le lendemain. On s'est tapé dans la main : je n'avais aucun doute sur le fait qu'ils seraient au rendez-vous.

Je leur ai filé le numéro de ma ligne belge, au cas où ils auraient un contretemps. Ce qui me paraissait impossible, pourquoi se sauver avec juste deux cents euros alors qu'il reste huit cents euros à toucher pour un simple numéro de baby-sitter.

Le plus expressif des deux m'a lancé, avec son fort accent :

« Tou es belge Manou ? Tou a pas numéro français ? C'est mieu ! »

Je n'allais pas prendre ce risque : ma ligne française était susceptible d'avoir été mise sur écoute par un juge soupçonnant que je ne sois pas totalement à la retraite.

Je vous laisser imaginer la scène : « Allô Monsieur le juge, pour ce que vous nous avez demandé dans telle affaire on n'a rien, par contre votre client vient de kidnapper un mec porte d'Auteuil, ça vous intéresse ? ». Moi qui encourais déjà le risque que les deux escrocs aillent pleurer leur mère, enfin peut-être pour un sa mère et l'autre sa grand-mère, on se sait jamais dans les histoires de famille.

Je leur ai donc donné le numéro d'Alain – de toute façon, il serait avec moi ce matin-là.

J'avais expliqué à ma belle que je resterais dormir chez Alain ce soir-là : non seulement je risquais fort de finir tard mais j'avais un rendez-vous tôt le lendemain matin sur Paris, avec un financier et des amis yougoslaves de passage en France. Je ne mens jamais : je brode...

Je me suis arrêté chez un pote à Juvisy-sur-Orge qui tenait depuis des années un magasin de motos et de scooters. La conjoncture étant rude pour les petits commerces, j'avais décidé de me fournir ici en cagoules pour amener ma petite pierre à son édifice.

Comme toujours, il était content de me voir. Lorsque je lui ai demandé deux tailles XXL, il m'a demandé en rigolant si j'avais repris du service. Je lui ai rappelé qu'on était en décembre et qu'il faisait très froid en moto.

Avec son humour légendaire, il a enfilé une paire de gants de moto et a pris deux cagoules dans une boîte dédiée sur son étagère. Puis, posant les produits sur le comptoir, il m'a lancé :

« Je préfère quand même éviter de laisser mon ADN. On ne sait jamais... »

J'ai repris la route pour déjeuner avec mon Stan, le roi du bricolage. Après avoir taillé le bout de gras et alors que nos desserts arrivaient, j'ai lui ai expliqué mon problème :

« Je suis en train de refaire le jardin à la maison. Tu aurais bien un sécateur à rosiers pour moi ? »

Mais avec Stan, tout ce qui est simple devient souvent compliqué. Comme il s'y connaissait particulièrement bien en jardinage, il a commencé par protester :

« Mais, ce n'est pas la saison pour tailler les rosiers ! Il faudrait plutôt que tu les emballes avec du plastique et de la paille pour ne pas qu'ils gèlent... »

Et il s'est lancé dans tout un tas d'explications – très intéressantes cela dit. Mais les conseillers ne sont pas les payeurs, c'est bien connu.

Si je lui avais raconté que c'était pour faire croire à un escroc que j'allais lui faire une manucure de choc, il aurait vomi illico son repas. J'ai regretté quelques instants de ne pas être allé chez Truffaut, comme tout bon jardinier qui se respecte. J'aurais évité le cours de jardinage.

La leçon terminée, il a fini par me filer un beau sécateur, et c'était bien là l'essentiel. Je suis tout de même reparti avec de la paille, du film plastique et surtout un gros et puissant ruban adhésif, histoire de bien tenir le plastique autour de mes rosiers.

Il ne restait plus qu'à me procurer le dernier accessoire, et pas des moindres : le flingue. Il me fallait une réplique parfaite.

Je devrais taper dans le haut de gamme en vente de l'airsoft, même si ces armes tirent des billes en plastique inoffensives, elles ont le mérite d'être en vente libre. Mais ça, mon invité du jour J ne pourrait pas le savoir.

J'ai pris la direction du cimetière de Thiais dans le Val-de-Marne : à 50 mètres sur la gauche, il y a un super magasin spécialisé, où j'étais sûr de trouver mon jouet.

Je me suis fait passer pour un bon père de famille voulant offrir un beau cadeau de Noël à son rejeton. J'ai joué les débutants naïfs jusqu'à ce que le vendeur finisse par me proposer le must : une belle réplique en acier d'un CZ. Mes Yougoslaves allaient être heureux : ça venait de chez eux, ça leur rappellerait de bons souvenirs…

Tranquillement, je me suis rendu sur le futur lieu du crime. J'y avais rendez-vous avec Alain : il devait me remettre les clefs ainsi que le badge de la porte d'entrée.

En bon régisseur plateau, il m'a fait découvrir le studio d'enregistrement. C'était très luxueux et très bien agencé : porte d'entrée face au salon, petite chambre idéalement située sur la gauche pour y placer un Yougo, tandis que le second serait à droite, dans la cuisine.

Côté logistique, tout contribuerait à créer un effet de surprise à mon invité le lendemain. Les grandes baies vitrées donnaient au salon une superbe luminosité, idéale pour la capture d'images de mes minicameras ; le canapé avait l'air très confortable : mon invité allait apprécier.

J'ai aussi découvert la belle chambre où j'allais passer la nuit en solo. Alain, lui, rentrerait chez lui à quelques stations de métro : il préférait dormir dans les bras de sa chérie que partager à nouveau le lit avec moi.

Je lui ai proposé de m'accompagner vite fait pour grignoter un petit plat dans le quartier, histoire de faire les dernières mises au point. Comme toujours, en grand seigneur, il a accepté… mais à la condition que ce soit lui qui invite, et que nous mangions un super plateau de fruits de mer au Dab, un grand restaurant situé Porte d'Auteuil. Géographiquement nous étions assez proches de ma proposition initiale ; économiquement, cela nous coûterait une fortune. Mais Alain fait partie de ces grands hommes qui aiment tellement faire plaisir à leurs amis qu'ils sont prêts à dépenser l'argent qu'ils n'ont pas.

Même si nous étions à moins de 24 heures de récupérer son pactole, rien n'était sûr, et en bon joueur de poker il misait toujours sur sa carte bancaire à débit différé.

J'ai connu pire que lui dans ce domaine : un ami, Stéphane pour ne pas le citer. Il nous donnait des sueurs froides à chaque fois qu'il jouait au loto. Et il jouait tout le temps.

Il cochait ses grilles et, quand il les validait à 16 heures au bar-tabac, il se sentait déjà millionnaire : dans sa tête, il n'y avait aucune raison pour qu'il ne gagne pas le gros lot ! Alors il se rendait chez Mercedes à 17h pour commander le dernier cabriolet ; puis, vers 18h, il faisait couler le champagne à flots dans le bar le plus chic de la ville, histoire de fêter sa future victoire.

Et comme toujours, à 20h40, lors du tirage officiel, le monde s'écroulait… Et pas que pour lui : le tenancier du bar ne pouvait qu'ajouter le champagne sur sa note ! Puis le lendemain matin, c'était le concessionnaire automobile qui voyait Stéphane débarquer avec son air de chien triste, suppliant le vendeur d'annuler la vente de la veille… tout en précisant que même le chèque d'acompte ne passerait pas à la banque.

Les motifs qu'il revendiquait étaient variés : tantôt c'était les impôts qui avaient bloqué son compte ; tantôt c'était sa femme, pour qui il avait commandé la voiture, qui s'était tuée dans un très grave accident de la route. Il ne mettait jamais rien sur le dos de sa mère, de peur que cela ne lui porte la poisse. Comme quoi, il avait un peu de morale.

Certains chefs de ventes des concessions de voitures de luxe de la région de Montpellier avaient dû le voir cinq ou six fois perdre sa femme. Ils devaient vraiment penser qu'il avait la scoumoune avec ses mariages ou bien que c'était un tueur en série. S'ils avaient des filles majeures, ils les planquaient quand Stéphane rôdait dans les parages.

En près de 20 piges, j'avais tout vu avec lui. Il avait fait pas mal de victimes collatérales, et pour cause : il n'avait jamais gagné au loto, pas même 100 euros.

Pourtant, j'aimerais du fond du cœur que cela lui arrive : autant pour lui que pour l'ardoise qu'il a chez moi... Pendant près de quinze ans, il est arrivé à jongler, dépenser, partager avec sa cour de potes, tout l'argent qu'il avait rêvé de gagner un jour : il tapait Pierre pour payer Paul, Jacques pour payer Pierre, etc.

Sauf que depuis quelques années, la boucle de ses prêteurs et de ses débiteurs s'était bouclée. Je l'affirme de source sûre : je sais que la justice lui court après, ainsi que ses débiteurs. Le passé nous rattrape toujours, c'est ce que m'a appris la vie.

Le vent, la chance, le monde, tous ont tourné pour lui mais je continue à espérer que quand il découvrira ces quelques lignes à son sujet, il sera allongé sur un transat face à la Méditerranée, et non sur un lit en prison.

Toujours très bien reçus, nous avons été placés à une magnifique table. À notre gauche dînait un couple de retraités ; à notre droite, un couple de centenaires.

J'aime ces ambiances calmes et feutrées, autant que j'adore regarder les vieux couples : je suis toujours nostalgique et admiratif dans ces moments là. Je me demande souvent combien d'années de mariage ont ces beaux couples à leur actif : 30, 40 ou un demi-siècle ?

Et quelle est leur recette dans ce monde où la majorité des couples explosent après quelques années ? Ils ont souvent le sourire aux lèvres, alors que leur génération a sûrement subi la guerre, la peur et les restrictions ; quand ce n'est pas la déportation.

Que penser de nous autres, jeunes de 30 à 50 piges n'ayant rien connu d'aussi dramatique, qui avons souvent déjà perdu notre sourire ?

Tandis que j'admirais discrètement le papy à ma droite dégustant sa sole meunière, je me mis à l'imaginer à 20 ans… Est-ce qu'il démarrait sa première bagnole à la manivelle, avec la seule force de son poignet ? Est-ce qu'il avait mis des années avant d'acquérir un frigidaire ? Parcourait-il des kilomètres à pied pour passer ne serait-ce qu'un appel hebdomadaire ?

Et dire que parfois, cela me gonflait de tourner la clef dans le Neiman ; que je me prenais la tête avec le vendeur quand le distributeur à glaçons de mon frigo américain ne marchait pas ; et que j'étais perdu au bout de dix minutes quand je n'avais pas mon téléphone sur moi. Il fallait en vouloir et y croire à leur époque, ces moments de méditation me font vraiment penser que notre génération est née avec une cuillère en argent dans la bouche.

Alain s'est rendu compte que mon esprit n'était plus là. Comme je me voyais mal lui expliquer que j'avais fait un bond de plus de 80 ans en arrière, j'ai prétendu que le vieux ressemblait étonnamment à mon grand-père.

Puis je me suis remis dans le présent : « Si ça peut te rassurer, mon Alain, je ne me fais aucun souci pour le rendez-vous de demain. J'ai tout le matériel, et surtout deux supers figurants. » Et je l'ai briefé en long et en large sur les deux lascars. Il était un peu sceptique :

« Tu es sûr qu'ils ont bien compris leur mission ? Vu le tarif qu'ils t'ont annoncé au début, 2 000 euros, ça fait quand même deux bras et deux jambes cassées… » Alors que j'allais sortir mon argumentaire pour calmer son angoisse – tout à fait justifiée dans ce genre de moments –, il a ajouté :

« En fait, j'ai payé près de 2 000 euros de caution pour l'appartement. Du coup, j'aimerais bien les récupérer... »

Il m'a scotché : j'ai éclaté de rire.

Puis il m'a demandé comment j'allais payer les deux figurants. À ce stade, j'ai jugé plus justifié de le taquiner :

« J'espère que notre invité aura des liquidités sur lui, sinon on va devoir se battre avec les Yougos. »

Il a rigolé à son tour, mais jaune.

On n'avait pas encore passé commande que mon téléphone français a sonné. C'était ma grande pote, mon amie, mon artiste Jessica. Difficile de ne pas décrocher quand ça fait plus d'un mois qu'on se ratait à cause de nos plannings surchargés.

Elle était tellement cool qu'on a fini par taper la discussion à trois. J'expliquai à Jessica qui était Alain et inversement, et puis à la bonne franquette il m'a pris le téléphone pour jacter avec elle en direct.

C'était décidé pour lui, il fallait ajouter une touche de féminité à notre tête-à-tête. Après lui avoir vendu un plateau de fruits de mer à distance, Alain lui a envoyé un VTC, en homme galant, pour qu'elle nous rejoigne au plus vite, bien sûr comme notre invitée.

Des purs moments de vie, l'imprévu, il n'y a que ça de vrai. Et je savais qu'ils s'apprécieraient : tous mes amis ont des ADN compatibles.

Jessica est une grande artiste : elle est autrice-compositrice-interprète. On s'est rencontrés un soir par hasard dans un restaurant corse détenu par des amis communs. C'est toujours un plaisir d'y aller, d'autant que le tavernier, Marius, vaut à lui seul le déplacement. À la base, ce soir-là je devais y retrouver Olivier Marchal, mais à cause d'un contretemps il n'avait pas pu venir.

Cette soirée s'annonçait belle : j'étais avec mon ami Polo et un frère de cœur du Marius. Donc même si l'Olivier s'était porté pâle, la soirée allait être joyeuse et haute en couleur.

Parmi les invités d'honneur, il y avait Jessica et surtout son cousin, lui aussi créateur, qui exposait dans ce lieu magique. Lui ne faisait pas dans la musique mais dans la maroquinerie. Ses confections étaient très originales et n'avaient rien à envier à celles de certaines grandes marques. Ce soir-là, il exposait et vendait ses oeuvres dans ce lieu magique qu'on appelle La Table Corse.

C'est dans cette ambiance si agréable, où il ne manquait que le bruit des vagues de la route des Sanguinaires pour se croire à Ajaccio que j'ai croisé le grand esprit de Jessica.

Nous avons parlé musique puis elle m'a raconté sa vie, son parcours, son amour pour l'Afrique, avant de me faire écouter ses compositions, sa voix… Séduit par son style, je me suis laissé aller à la confidence : depuis près d'un an, je voulais créer une chanson pour ma princesse Aliyah.

Mais voilà : entre écrire une autobiographie et une chanson, ce n'est pas la même. Déjà, je chante comme une casserole : à part du fusil à pompe ou du 38 spécial, je ne joue d'aucun instrument.

La seule chose que je savais, c'était ce que je voulais exprimer : l'histoire fusionnelle que je vivais avec ma fille du haut de mes presque 50 balais. Avec l'âge, on devient vraiment gaga devant des êtres si purs, si innocents.

Après trois heures de discussion, l'artiste a semblé emballée par le projet. Mais la femme, elle, a dû se poser des questions profondément féminines. Peut-être a-t-elle prié pour ne jamais avoir d'enfant avec un fou furieux comme moi, fanatique de sa fille. Je l'avais tout de même rassurée sur la juste et ferme éducation prodiguée à ma fille par la maman et la grand-mère.

Depuis quelques mois, Jessica m'avait bien torturé l'esprit : une vraie psychologue. Elle voulait pénétrer mon cerveau et mon cœur pour faire ressortir ce qui s'y cachait dans les paroles.

Elle avait déjà enregistré de très belles maquettes piano et voix. Moi je trouvais ça parfait, mais selon elle, il y avait encore du travail. Il fallait affiner…

Cela faisait à peine 20 minutes que nous l'avions appelée que Jessica était déjà bien installée à notre table, pimpante et rayonnante. Elle nous a quand même traités de barjots : elle avait dû annuler une répétition pour honorer notre invitation. Mais elle était heureuse d'être avec nous. Alain, lui, était impatient de découvrir la maquette.

Elle était surprise de me voir sur Paris un soir de semaine. J'ai dû lui expliquer les raisons de ma présence dans la capitale : ma journée du lendemain commençant très tôt pour la tournage d'un petit clip publicitaire et le producteur m'avait pris une chambre d'hôtel à proximité.

Ravie de constater que je me lançais dans la pub, elle m'a proposé ses services à titre gratuit pour la bande-son, s'il y avait besoin. J'apprécie vraiment son cœur de femme et d'artiste, je lui ai dit que j'en parlerais au producteur.

Mais surtout, je l'ai sermonnée : il fallait vraiment qu'elle arrête de travailler gratuitement ! Tout travail, quel qu'il soit, même artistique, mérite salaire. Souvent ce sont les meilleurs qui ne savent pas se vendre.

Quelques minutes plus tard, Alain découvrait la déclaration d'amour paternel mise en chanson par Jessica. C'est ému, les larmes aux yeux qu'il a retiré les écouteurs et posé le téléphone sur la table. Il devait sûrement penser à ses filles, lui aussi un peu gaga...

Heureusement, il a pu reprendre ses esprits grâce à l'arrivée en fanfare des énormes plateaux de fruit de mer, et au passage féliciter Jessica.

Vers minuit, chacun pris son chemin. Je suis rentré tranquillement dans mon super appartement de luxe. Avant de me coucher, j'ai installé mon radio-réveil et mon horloge de manière à avoir les meilleures prises de vue possibles pour notre futur tournage.

Je savais que lorsque mon invité ferait le rapprochement entre le radio-réveil et l'horloge de l'hôtel de Liège, il serait trop tard pour lui. Il serait déjà immobilisé sur le confortable canapé, pieds et mains scotchés. J'aurais même pu ajouter un écriteau : Souriez, vous êtes filmés. En garde à vue chez Baldier, le bon pigeon de Belge, chez qui la présence de l'avocat n'est pas possible.

Le jour J est arrivée, 20 Décembre 2017, H-4. Ce matin-là, je n'ai pas fait de sport à l'aube. J'ai juste envoyé un SMS à ma fille Valérie pour ses quinze ans.

Je me suis souvenu qu'au même âge, j'étais en prison au Centre des Jeunes Détenus de Fleury-Mérogis. Puis je me suis rassuré en me disant que j'avais bien élevé ma fille : elle aimait l'école, elle. Au point qu'elle était la première de la classe. Cela me rendait très fier, moi qui avais quitté l'école après le cours préparatoire.

Pour dire vrai, je pense qu'elle tenait de sa maman et de son grand-père paternel, eux avaient fait de grandes études. Il fallait se rendre à l'évidence, la génétique scolaire saute parfois une génération.

J'ai pris ma douche sereinement. Sur le fond, j'étais chez moi et sur la forme je n'avais aucun problème à laisser mon ADN ou mes empreintes sur les lieux du crime ou du délit.

Si les techniciens de la police scientifique en venaient à pénétrer dans l'appartement, cela signifierait que les deux escrocs seraient allés pleurer dans les jupons de la police française pour balancer leur victime Alain... le comble.

De toutes les façons, je ne laisserais jamais mon ami plonger seul, quoi qu'il m'en coûta, je me présenterais auprès des services de police. C'est d'ailleurs pour ça, que pour une fois j'ai laissé le maximum de traces derrière moi.

Les nouvelles technologies de la scientifique allaient me permettre de prouver ma culpabilité face à mon juge d'instruction, dans le cas ou celui-ci ne voudrait pas croire à mon implication totalement amicale.

Je ne rêvais pas les yeux ouverts, pensant que la justice, les yeux bandés, me félicite pour cette bonne action. Je ne croyais pas non plus en son égard pour un délit d'amitié. C'était un scénario simple, ça passe ou ça casse.

Il était huit heures du matin, H-3. Je devais rejoindre Alain pour le petit-déjeuner dans un café au coin de la rue. J'espérais qu'il avait bien dormi malgré la lourde pression qui pesait sur lui.

Ce n'est pas tous les jours qu'on se lève, en se disant : aujourd'hui je vais jouer les justiciers pour récupérer mon argent, et je vais franchir la ligne blanche. Franchement son courage m'avait impressionné, grand respect, mais avait-il une autre solution pour retomber sur ses pieds, et relever sa famille ?

Je crois que non, la seule issue aurait été de baisser les bras et de se tirer une balle dans la tête de désespoir, et malheureusement cela arrive bien plus souvent qu'on ne le croit. Si au dernier moment il changeait d'avis, s'emparant de l'arme que j'avais achetée pour le sale gosse de Jordan, il ne se mettrait au front qu'une petite bille en plastique, rien de bien méchant. Un peu d'arnica pour calmer la douleur, et sa chérie ne le récupérerait qu'avec un léger pansement.

Ainsi, je pouvais bien prendre le risque, de ne pas l'enfermer dans le placard lors de notre rendez-vous.

Lorsque je l'ai retrouvé, il était frais, rasé de près, et serein : fin prêt à harponner en pleine mer ! On s'est enfilé tranquillement nos deux bons cafés et nos croissants beurre. Dans cette brasserie haut standing de la Porte d'Auteuil, où diplomates et hauts fonctionnaires dégustent leurs mignardises avant de démarrer leur journée, nous nous fondions plutôt bien dans le décor. Après tout, nous aussi allions au boulot, chercher plus de 200 SMIC pour une heure de travail. Enfin je devrais dire retrouver vingt ans de travail et d'économies d'Alain, si tout se passait bien.

Alain a commencé à se poser 1 000 questions : devrait-il déposer les chèques un par un ? Que ferions-nous s'ils revenaient impayés ?

Ces interrogations étaient légitimes et symptomatiques de sa tension qui montait, je me suis mis à chercher une réponse intelligente pour le rassurer. M'est alors venu à l'esprit une réplique de Jean Gabin dans l'un de ses célèbres films.

C'est le film où Gabin s'apprête à faire un casse avec un jeune voyou. Comme ce dernier lui demande combien ils prendront, notre Jean national lui répond : une quinzaine de piges en réclusion criminelle, si ça se passe mal.

50 ans plus tard, on était, mon frère et moi, dans le même cas de figure.

H-2. Le téléphone d'Alain a sonné. On a entendu un grognement à l'autre bout du fil :

« Allô allô Minou, nous arrivés chez le marchand de fleurs, boire café à côté. »

Alain ne comprenait rien. J'ai dû lui expliquer :

« On doit décoller pour retrouver Batman et Superman. »

Comme Alain ne captait toujours pas, j'ai traduit en français :

« Mes deux Yougos nous attendent quelques centaines de mètres plus haut, au café à côté du fleuriste de la Porte d'Auteuil. »

J'ai aperçu mes deux molosses. Casque au bras, équipés comme des supers motards, ils n'avaient pas lésiné sur la tenue. Ils étaient équipés pour chevaucher de la grosse cylindrée, bosser au black dans le Pôle emploi de la Plateforme du bâtiment avait finalement l'air de rapporter...

Mon intuition s'est pourtant arrêtée net. Alors qu'ils avaient décidé de rapprocher leur véhicule dépourvu d'antivol de notre point de chute, je les ai vus enfourcher une espèce de vieux scooter d'une autre époque. On aurait dit deux crapauds sur une boîte d'allumettes. Tout à coup, ils paraissaient beaucoup moins méchants, voir inoffensifs. Comme quoi, le véhicule joue beaucoup dans la vie et la séduction.

Entre nous, ils auraient pu laisser sans problème leur mobylette d'avant-guerre garée devant la vitrine du fleuriste sans antivol : qui aurait pu vouloir d'un tel engin ? Cela dit, grand respect quand même : il fallait vraiment en vouloir pour venir de l'Essonne jusqu'à Auteuil à deux sur un bolide pareil. Imaginez un peu la détermination pour franchir l'autoroute A6 et le périphérique avec ça, il fallait en vouloir !

Nous sommes montés tous ensemble à l'appartement. Il fallait que j'explique mon scénario à mes acteurs : déroulé, positionnement, textes. Pour cette dernière partie, ça serait très simple : juste trois mots, quatorze lettres, bien criés à répéter deux à trois fois.

Tous deux avaient l'air heureux des petits cadeaux que je leur avais faits : comme je l'avais imaginé, le pistolet CZ leur rappelait le pays. Ils semblaient juste déçus que ce ne soit qu'une réplique.

Les cagoules aussi allaient leur être bien utiles, surtout pour le chemin du retour en deux-roues. Le vent à vite fait de s'engouffrer dans le casque, même à 45 km/h, surtout avec les véhicules qui les doublent.

Ils ont très vite investi leur rôle : des acteurs nés et jamais révélés jusqu'à ce jour. Quel gâchis...

J'ai demandé à Alain de participer aux répétitions : il a joué le rôle de Jordan l'escroc. Il visualisait ainsi le décollage et le vol plané depuis le pas de la porte d'entrée jusqu'au canapé moelleux prévu pour notre petit entretien de réconciliation financière, sans jamais toucher le sol.

En effet, par respect pour la caution d'Alain, il ne faudrait surtout pas que notre invité raye le beau parquet de l'entrée. J'étais très prudent, car depuis quelques mois il m'avait montré qu'il avait les dents longues pour croquer mes 600 000 euros.

Puis je me suis lancé dans l'opération bourrage d'enveloppes. Je les ai remplies avec les belles pochettes plastique de la Banque populaire garnies de papier toilette. Je les ai toutes posées sur la table basse du salon, face canapé. Elles étaient belles et bien gonflées. J'avais vraiment l'impression d'avoir 600 000 euros à portée de main.

Avec mon téléphone belge, j'ai pris une belle photo-souvenir. Disons plutôt une photo-choc, histoire d'impressionner mon escroc en herbe. Comme on dit, une image vaut mille mots, quelle plus belle invitation à me suivre que de la lui montrer dès son arrivée au portail de la villa Montmorency ?

J'y ajouterai le récit de ma dernière histoire du jour, histoire de bercer sa mythomanie congénitale et le faire transpirer encore quelques gouttes. Il pourra les essuyer dans peu de temps avec les feuilles de PQ qui l'attendent à la place des beaux billets mauves de 500 qu'ils vient chercher. Un petit cadeau du bon pigeon belge.

À moins de quinze minutes, tout était bien calé pour notre rendez-vous. J'attendais que ma ligne belge frétille, que mon bon Jordan, frais comme un gardon, m'informe qu'il était bien arrivé devant les luxueuses grilles d'entrée de cette luxueuse résidence en plein Paris.

Depuis notre première rencontre, je montais chaque fois la barre un peu plus haut : je voulais une chute finale vertigineuse. Je devais lui en mettre plein les yeux et les oreilles, sachant qu'il retransmettrait tout immédiatement à son paternel.

11 heures tapantes. L'heure du crime a sonné sur mon Samsung belge. Que du bonheur, notre invité m'indiquait qu'il venait d'arriver, j'ai enclenché tous mes accessoires : stylo-micro, montre, réveil… C'était parti.

D'un pas décidé, je me suis rendu au point de chute. Une fois en bas, j'ai jeté un regard à 360 degrés, histoire de voir s'il était venu seul – j'avais un petit espoir que son paternel d'escroc me fasse l'honneur de sa visite pour une aussi grosse somme. Mais non : Dieu était encore resté sur son petit paradis et avait juste envoyé son fils Jésus collecter les offrandes du gros pigeon belge.

Avec eux c'était comme à l'église, mais à l'envers. À la messe, il y a l'argent que les fidèles déposent dans la corbeille pour s'assurer potentiellement une place au Ciel. Avec eux, il y avait celui qu'on donnerait au petit Jésus. Mais cette offrande ne garantirait pas notre place, mais assurerait celle du père sur son petit paradis insulaire.

Le petit Jordan était vraiment insignifiant devant cette magnifique entrée ! Un vrai petit moineau tombé du nid qui tout tremblant attend que sa mère le récupère.

Comme toujours, il s'était déguisé avec ses fringues dernière mode des années 1980. Il avait juste ajouté une touche de modernité pour la somptueuse occasion : un beau sac de sport Adidas en bandoulière... ce qui le rendait encore plus pitoyable.

Je me suis empressé d'aller à sa rencontre car vu le quartier, si une patrouille de police venait à passer par là, elle aurait pu croire que c'était un roumain faisant la manche et importunant les bourgeois. Ils l'auraient sûrement embarqué au poste pour un contrôle d'identité approfondi.

Le moineau étant tellement sûr de lui, qu'il aurait donné aux forces de l'ordre des explications totalement surréalistes :

« Non, non, monsieur l'agent, je ne fais pas la manche ! Je suis PDG d'une société financière, avec des produits miracles qui vous rapportent 4 % par mois. J'ai rendez-vous avec un client belge : il va me confier 600 000 euros en espèces... »

Là, j'étais en droit de penser que le brigadier-chef l'aurait embarqué non pas au commissariat du 16ème, mais directement au service psychiatrique de Sainte-Anne. Même si la police est un peu formée en psychologie, devant ce genre de cas elle allait être dépassée.

Il n'y a qu'un seul type au monde qui peut supporter le baratin du petit Jordan, c'est moi. J'y suis obligé pour arriver à mes fins, pouvoir récupérer toute la vie de travail de mon petit frère Alain.

Le petit moineau était ravi de retrouver Monsieur Baldier : il avait le sourire au bec. Il a commencé à piailler ses petites phrases-clés.

Acte 1, petit grain pour l'oisillon : je lui ai expliqué immédiatement que mon grand ami l'ambassadeur du Gabon avait préféré que je gère cette affaire privée hors de l'ambassade. Alors il m'avait fait escorter par son service d'ordre avec l'argent jusqu'à chez moi.

Acte 2, deuxième grain dans l'engrenage : mauvaise surprise de dernière minute. Ma femme avait débarqué la veille de Liège avec une amie, et elles avaient élu domicile dans notre villa, juste derrière les grilles. Il serait donc difficile de faire la transaction dans notre demeure familiale ce matin-là.

Le bec s'est refermé : premiers signes d'inquiétude.

Acte 3, du grain à moudre : c'est à ce moment précis que j'ai montré la photo choc. Comme dans *Paris Match,* le poids des mots, le choc des photos.

« Les 600 000, ça représente cela en volume : je les ai pris en photo pour vous montrer. Vous pensez que ça tiendra dans votre sac de sport Adidas ? »

Soulagement pour le moineau, qui s'est remis à siffler. La transaction allait se faire, malgré l'arrivée du boulet de femme milliardaire de ce con de Belge à Paname avec sa pétasse de copine : ce sont les mots que ses yeux ont exprimés.

« Oui oui, ça va tenir dans mon sac de sport, j'en ai rentré bien plus, Monsieur Baldier. »

Acte 4, petit oiseau tu vas découvrir ton nid : j'allais pouvoir honorer notre rendez-vous à deux pas de la demeure familiale : je disposais d'un autre bel appartement. Je l'avais acheté à l'époque de l'acquisition de notre villa, afin que nos enfants soient indépendants. Je lui ai aussi avoué m'en servir pour mes petites aventures extraconjugales, une petite graine supplémentaire pour nourrir sa connerie.

Nous sommes partis limite main dans la main vers le petit nid douillet où je cartouche mes maîtresses, ça c'était dans sa tête. La réalité allait bientôt être tout autre.

Le petit moineau allait faire une belle chute, et le bon pigeon lui clouer le bec. Et surtout l'empêcher à jamais de voler. Mais sans lui casser une seule aile...

CHAPITRE 7

Kidnapping en direct

Plus que dix mètres, nous arrivions à la future cage éphémère de l'oisillon escroc. J'ai passé le badge magnétique sur le petit support mural, et la porte du palais s'est ouverte comme par magie.

Poliment, je l'invitais à rentrer le premier. Les yeux ébahis, il découvrit ce hall d'entrée haussmannien magnifique et accueillant, ça rassure et met dans l'ambiance. Nous avons ensuite pris l'ascenseur, histoire que mon piaf ne s'essouffle pas, je le voulais frais et lucide pour son arrivée au nid.

Comme nous étions collés l'un à l'autre, j'ai pu constater que sa pingrerie ne se limitait pas aux peu de moyens mis dans l'aménagement de ses bureaux de fortune : son eau de toilette bas de gamme m'était déjà montée au cerveau, laissant présager une bonne migraine pour la journée. Il avait décidément des goûts de chiottes sur toute sa ligne de vie, j'allais bientôt le combler avec le PQ qui l'attendait dans les enveloppes plastique de la Banque populaire.

Six étages plus tard, nous nous sommes retrouvés devant la porte du confessionnal. Jésus n'allait pas tarder à expier ses péchés et faire appel à dieu avec son portable.

Loin de s'imaginer que derrière cette porte, deux Yougos l'attendaient, une sainte croix faite de quelques vieux clous rouillés en main, afin de le crucifier.

Et qu'un ange, Alain, priait pour que tout se passe bien, sans violence et que son problème soit résolu. Il ne lui souhaitait même pas une chute prématurée vers l'Enfer.

J'avais diagnostiqué que mon petit moineau souffrait d'un syndrome assez rare, et très dangereux pour lui-même. Il avait le « OK » facile, il disait « oui » à tout pour bien me niquer. J'ai donc appliqué dans ce scénario un conseil de médecin, il lui fallait une grosse frayeur pour stopper son « OK ».

J'allais bien le soigner, c'est mon côté bon samaritain. D'ailleurs, après réflexion je me demande même si ça ne relève pas plus du remède de grand-mère que du médical.

Bref, il n'aurait bientôt plus qu'à croiser les doigts pour qu'au moment d'appeler le père sous mes ordres, les voix du seigneur soient pénétrables…

J'ai glissé la clef dans la serrure, tourné un tour, puis un deuxième. Puis je lui ai lancé la phrase fatale :

« Après vous, Jordan. »

Il est resté figé sur le seuil. De l'entrée, il avait une vue directe sur la table basse du salon et sur les belles enveloppes de la BRED gonflées d'argent qui lui souriait. On aurait dit un jeune rapace visant sa première proie.

J'ai refermé la porte derrière lui.

Dans la seconde d'après, comme par enchantement, deux diables sont sortis de leur boîte. La porte de la cuisine à droite, puis celle de la petite chambre à gauche, se sont ouvertes sans que mon invité n'y prête attention.

Ce fut le décollage immédiat, mon Jordan a fait le vol plané de sa vie. Direction le canapé, dix mètres plus loin.

Cet instant a marqué le dernier vol de mon oisillon.

Mes deux acteurs avaient hurlé leur texte :

« Police : ne bouge pas ! Police : ne bouge pas ! »

Heureusement, sa chute a été amortie par les moelleux et luxueux coussins de mon généreux canapé qui l'attendaient.

J'ai constaté avec beaucoup de regret que l'un des Yougos était sorti de son rôle : il avait flanqué une petite claque derrière l'oreille de mon invité lors de son atterrissage. Il avait sans doute voulu vérifier que la réplique du pistolet CZ était solide.

Il avait fait ce que depuis le premier jour je m'étais retenu de faire, car je voulais 0 % de violence dans la résolution de ce dossier.

Il venait d'avoir affaire aux deux méchants, alors au tour du gentil de rentrer en scène, mais gentil n'a qu'un oeil c'est bien connu.

J'ai commencé à lui scotcher les mains derrière le dos, puis les pieds avant de le retourner comme une crêpe, afin de l'asseoir face caméra.

Le ciel venait de tomber sur la tête de mon oisillon.

Pourtant, j'avais opté pour la méthode douce dans mon scénario : l'interpellation était peut-être musclée, mais effectuée par la police, non par des gangsters. Il y avait ainsi aucun risque de rébellion de sa part, quand on est un escroc et que la police vous tombe dessus vous faites profil bas. En bonus, ça me plaisait pour le côté psychologique de lui faire penser quelques instants que ce n'était que la police. J'allais faire les présentations plus tard…

Malgré tout, et bien qu'il soit un peu con, il devait savoir que les flics utilisent des menottes et non du gros scotch adhésif...

Pour qu'il se remette de son dernier vol aérien, et de sa tentative de vol d'argent terrestre, je lui ai offert un petit verre d'eau qu'il puisse s'hydrater la gorge et le bec. Mais comme il avait les deux mains ligotées, j'ai dû lui donner la becquée.

Je lui ai aussi proposé une petite cigarette, la nicotine détend paraît-il. Je lui tenais la tige dans le bec, le temps qu'il la fume.

Peut-être qu'à ce moment, il a pensé que je lui offrais la dernière clope du condamné à mort.

Après cette petite pause, nous sommes passés aux choses sérieuses. En bon officier de police judiciaire, je lui ai fait une fouille par palpation, des fois qu'il ait des objets susceptibles de lui faire du mal.

Il avait juste son trousseau de clefs et son téléphone, sans oublier son petit portefeuille sans envergure, dont le cuir s'effritait entre mes mains.

En approfondissant la perquisition, j'ai découvert à l'intérieur deux cartes bleues se battant en duel. Je me serais attendu à plus brillant, du gold ou du platine !

Sa pièce de maroquinerie Made in China contenait aussi un permis de conduire. Il avait une drôle de pose sur la photo : on aurait pu croire qu'il avait remplacé le fameux tabouret qu'on tourne pour régler la hauteur par un manche à balai, tellement il avait l'air crispé dessus.

Malgré tout, cette fête des fonds de tiroirs allait se finir en beauté : quel bonheur, quand j'ai ouvert la tranche arrière, de trouver quatre chèques de la BNP m'attendant bien sagement, remplis et signés, chacun pour un montant de 150 000 euros !

Je savais que quand il les avait remplis et signés, il n'était pas trop stressé. L'expert graphologique mandaté par la justice pourrait nous le confirmer, si un jour le petit avait l'idée de dire qu'il les avait faits sous la menace...

J'ai terminé ma pêche déjà bien fructueuse par son sac de sport : m'y attendaient un chéquier, le tampon encreur de sa société, ainsi que les quatre contrats de prêt pour la famille Baldier.

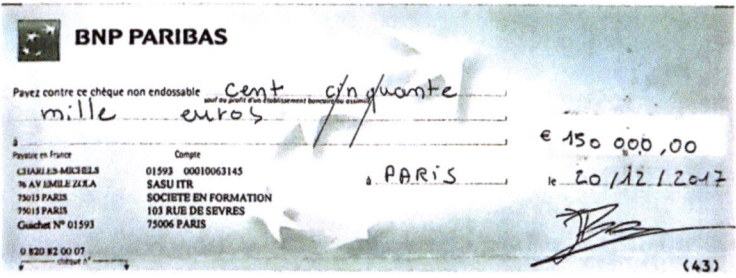

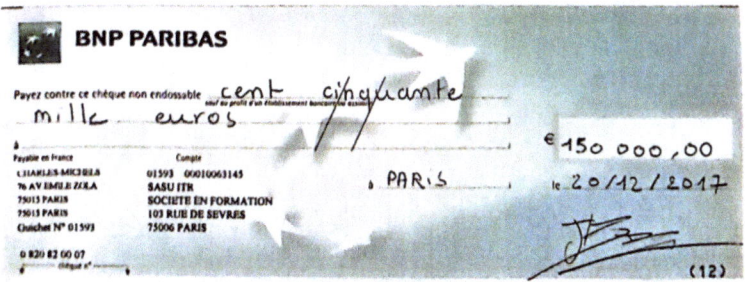

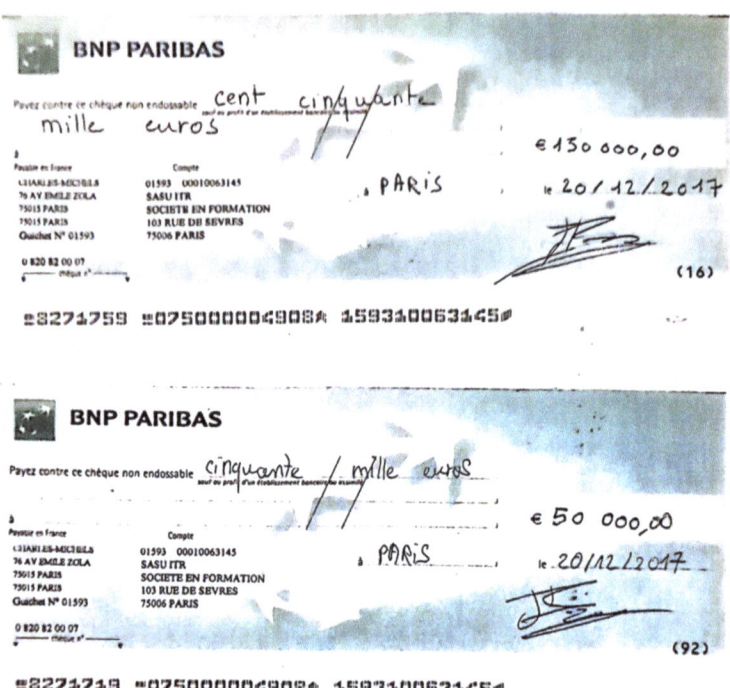

Une fois la perquisition terminée, je suis passé aux présentations tant attendues :

« Je ne suis pas belge. Je ne suis pas abruti non plus, pour croire à tes conneries ni à celles de ton paternel, sur des placements à 4 % par mois de rendement. Je voulais juste te faire venir ici avec tes chèques de garantie afin de les déposer en banque. C'est ce que je vais faire d'ici deux heures : ils serviront juste à solder ton découvert, à payer tes dettes et celles de ton associé de père. »

Grand moment de solitude pour le Jordan.

Pour lui le scénario devenait dramatique…

Après l'avoir fait planer dans le luxe de Liège, le chauffeur, la Maserati, l'ambassade, la villa à Montmorency, l'atterrissage, ou plutôt le crash en enfer, était compliqué.

Les beaux billets violets de 500 s'étaient transformés en vulgaire PQ.

Il a commencé à plaider sa cause, je lui ai demandé de ne pas perdre de temps, que s'il était venu jusqu'à moi c'était pour me plumer 600 000 euros rien d'autre.

Il devait voir le gros pigeon de Baldier s'envoler et se transformer en aigle royal prêt à s'abattre sur le petit rongeur qu'il était, afin de le saigner financièrement. Le prédateur était devenu la proie.

« Financièrement ou mathématiquement, personne ne peut donner un rendement de 4 % par mois, autrement dit 48 % à l'année : personne ! A moins que tu donnes avec ton père dans le trafic de drogue, ce qui n'est géographiquement pas impossible, puisqu'il est dans les Caraïbes. »

D'un commun accord afin de sauver ses petites fesses, on a composé le numéro de son complice, son paternel ou dieu le père (c'était du trois en un) :

- Allô papa !
- Ça va, mon fils ?

J'ai mis le téléphone en haut-parleur. Croyez-moi, l'intonation du paternel en disait long. Il avait beau n'avoir prononcé que quatre mots, ils résonnaient dans l'appartement comme un :
« Ça va mon fils, tu t'es fait le Belge ? Ça va mon fils, tu l'as eu ? Ça va mon fils, on les a les 600 000 euros ? »

Mais à ce moment-là, les seuls mots que la voix venue du ciel a reçus dans la tronche – et sans écho –, ont été :

« Non, papa ça va mal, ça se passe très mal, papa... »

Là, je lui ai ordonné de bien expliquer la situation à son paternel : de bien lui faire savoir qu'il était pieds et mains scotchés, gardé par quatre malfaiteurs – dont trois fous furieux cagoulés, casqués, armés d'un pistolet et d'un sécateur à rosier, en vue d'une manucure express.

Et je lui ai dit de bien lui faire comprendre que, s'il ne trouvait pas une solution pour rembourser Monsieur Alain, son ex-femme et les deux autres victimes, ça allait vraiment mal tourner...

D'une voix désespérée, le vieux perché sur son île a prétendu ne rien devoir à personne, ne rien comprendre à ce malentendu.

Alors j'ai pris le téléphone et la situation en main et j'ai expliqué au vieux sourd amnésique qu'il avait intérêt à retrouver la mémoire et l'audition.

Très vite, à force d'entendre son rejeton crier et pleurer sa mère, le son lui est revenu. L'image aussi, quand je lui ai rappelé en détail sa vie professionnelle, son beau restaurant, sa vie familiale à Saint-Martin et quand je lui ai fait comprendre que j'étais prêt à casser sa paire de jumelles.

Là, j'ai entendu un grand cri en fond sonore. Il venait de la femme de dieu. J'ai vite compris qu'elle était loin d'être une sainte Vierge : même passive, elle était complice.

J'ai continué sur le sujet en lui expliquant qu'il aurait mieux fait d'utiliser les jumelles que sa sainte femme et sa petite paire de valseuses en or, faites sur le dos d'Alain, avaient pondu pour voir plus loin dans son avenir.

Je l'ai aussi averti que je pouvais, même à des milliers de kilomètres, savoir à quelle heure il allait pisser, et que si l'envie m'en prenait je pourrais sans difficulté piéger ses chiottes pour m'assurer qu'il ne se reproduise plus !

Si je n'avais pas pris la peine du déplacement à Saint-Martin lors de mon enquête, c'était avant tout pour respecter l'objectif low cost de cette opération, mais surtout parce que j'avais déjà plusieurs de mes organes vitaux sur place : mes yeux, mes oreilles, accompagnés de mon bras droit armé !

Mon frère siamois Francis résidait en effet sur place, nous avions été séparé contre notre gré, et non par la médecine il y a plusieurs années. Bien que nous ne nous ressemblions pas physiquement et encore moins esthétiquement, son épiderme étant bien plus bronzé que le mien, nous avions les mêmes pulsions cardiaques.

Quand l'un appelle l'autre, c'est qu'il y a une tension élevée chez l'un de nous deux : l'amour et la fraternité qui nous lie transforme automatiquement l'autre en son bras droit armé, jusqu'à ce que l'électrocardiogramme revienne à la normale.

Il me demande régulièrement des petits services sur Paris, évitant de se déplacer, non pas par manque de temps, de moyens ou par peur de l'avion mais plutôt en raison d'une certaine allergie aux contrôles de douane et de police, en particulier ceux susceptibles de l'immobiliser contre son gré pour plus de dix ans dans une prison française.

Dieu comprenait alors que les choses devenaient très compliquées pour lui.

Je lui ai annoncé que j'allais mettre momentanément fin à notre communication, le temps pour lui de méditer et de me proposer une solution acceptable pour Alain, et vivable pour lui et son fils.

Il faut savoir que le scénario et chaque élément du décor et du dialogue avaient été pensés pour déclencher une émotion de stress et de peur sur mes deux invités du jour : le fils les vivait en direct live, et son père, en duplex à plusieurs milliers de kilomètres de là.

Pour l'instant, il n'y avait eu que le son. Si la situation le nécessitait, nous monterions d'un cran émotionnel avec l'image, grâce à nos amis Skype et WhatsApp.

Depuis le début de ce dossier, j'avais opté pour la méthode douce. Elle requiert une longue préparation et un gros travail cérébral : c'est bien plus complexe que la méthode physique et brutale souvent préconisée dans ce type d'histoires.

Mais mon objectif ici était d'aboutir à du recouvrement financier, pas à celui d'un macchabée.

Or j'avais appris à bosser de manière chirurgicale lorsqu'il s'agissait de cerveaux tordus, et c'était bien le cas du père.

J'avais été formé sur le sujet par l'un des plus grands neurologues, Monsieur Z (souvenez-vous, je vous en ai déjà parlé), qui avait fini négociateur spécialisé en prise d'otages auprès d'un groupe d'intervention de la police, avant de prendre sa retraite. Notre devise : 99 % de psychologie, 1 % d'action.

Question cerveau tordu, j'avais vraiment touché le gros lot avec le paternel ! Mes investigations me l'avaient confirmé un peu plus chaque jour, mais à ce stade de l'action, j'avais la confirmation avec ses propres mots.

À ce moment-là, j'espérais vraiment qu'il profite des petites minutes de silence que je lui avais imposées afin de réaliser qu'à ce stade, il était au pied du mur, et que c'en était fini des lamentations.

Il allait vraiment devoir trouver une solution pour rembourser Alain et les autres victimes qu'il avait escroquées, volées ou détournées (quel que que soit le mot employé, le résultat est le même).

S'il avait commencé par nier les faits et les évidences, il s'était vite repris, avouant sa culpabilité et m'indiquant qu'il pourrait rembourser Alain, son ex-femme et les autres... Mais à condition que je place mes 600 000 euros comme prévu !

Son cas était à un doigt, sûrement celui de son fils, de dépasser mes compétences psychologiques et médicales, ce qui ne profiterait à personne.

Je lui ai demandé ce qu'il fumait sur son île ou ce qu'il s'injectait pour avoir loupé autant d'épisodes.

J'ai ajouté que s'il avait le secret pour transformer le papier toilette, il pourrait en faire part à son fils immédiatement, puisque les enveloppes contenant les 600 000 euros qu'il espérait m'escroquer ce jour-là en était remplies.

Acculé, il s'est mis à jouer sur la corde sensible, m'expliquant qu'il avait le cancer et qu'il était sur le point de mourir.

Je l'ai rassuré sur ce dernier point en lui apprenant que son diagnostic vital était déjà prononcé : s'il ne payait pas ses dettes, il mourrait de toute façon, les balles étant plus rapides que le cancer.

Et si d'ici son décès, il ne rendait pas l'argent à Alain et aux autres, il devrait les mettre sur son testament – et il avait tous leurs éléments d'état civil grâce aux contrats bidons qu'il leur avait faits. De toute façon, même à deux doigts de la mort, il pourrait faire un copié-collé : clic droit avec l'un et clic gauche avec l'autre !

Le temps que mon invité se remette de ses émotions et qu'il cogite, je lui ai proposé de faire un jeu. Certains auraient tapé une belote avec leur otage, j'avais quant à moi un jeu plus original et amusant à lui proposer : le jeu de la vérité, mais version pays de l'Est !

Dans ce jeu, si le joueur ment et que les autres peuvent le prouver, alors la partie se transforme en roulette russe... avec un CZ automatique. Déjà qu'avec un pistolet à barillet 6 coups, quand on met une seule balle c'est chaud mais avec le CZ c'était la mort assurée. Je trouvais ce jeu de circonstance compte tenu des partenaires qui nous accompagnaient !

Honneur à l'invité. Je lui ai annoncé sympathiquement :

« Jordan, tu vois ces deux jolies cartes : donne-moi les codes. Je vais envoyer le méchant cagoulé au distributeur le plus proche pour voir si tu dis la vérité. »

J'avais décidé que mon invité participerait aux frais de tournage de son film – c'était la moindre chose, d'autant qu'Alain avait tout assumé jusque-là : hôtels, billets d'avion, location de voiture et j'en passe... Il était donc temps que le petit Jordan mette la main à la poche (tant qu'il en avait une), car je comptais bien payer les figurants avec sa vérité.

Sa réponse fut courte mais claire – vu la tronche qu'il faisait, c'était sûr qu'il disait la vérité – et c'était d'ailleurs la première fois qu'il me prononçait des chiffres plausibles :

« La BNP société, c'est 1044. La perso, 5574. »

Après avoir rendu hommage à mes escrocs avec ces quinze minutes de silence – et alors que je ne les avais pas encore tués moralement – j'ai repris contact avec le père.

Dès la première sonnerie il a décroché !

À sa place, j'aurais laissé passer plusieurs sonneries, histoire de ne pas paraître trop aux aguets. Le vieux avait compris mes messages (mes « menaces », dirait plutôt un juge d'instruction).

Ces minutes de silence avaient envoyé dieu le père de la finance traverser l'Enfer ! Il était revenu à la raison – comme quoi la résurrection ça a du bon.

On dit que Jésus savait multiplier les pains, eh bien lui voulait bien pouvoir diviser les chèques. Il s'est donc proposé de rembourser sa dette par tranches de 50 000 euros, que son fils rédigerait sur place et encaissables tous les dix jours. Cela se ferait en remplacement des quatre chèques de 150 000 euros, que nous devrions déchirer.

Pourquoi pas : c'était une proposition comme une autre – après tout, mieux vaut 50 000 tout de suite que 150 000 rejetés pour manque de provision.

Mais qu'est-ce qui nous garantissait que ces 50 000 passeraient plus que les 150 000 ? Il était difficile de prendre en garantie la parole de dieu le père pour argent comptant, au vu de ses antécédents !

Et puis, pourquoi détruire des chèques de 150 000 euros que j'avais mis tant de semaines à obtenir ? Le vieux avait-il vu la Vierge pour croire que j'allais me livrer à ce petit jeu-là ? J'allais les garder en double garantie...

J'avais beau m'être un peu forcé à devenir croyant – bien que non pratiquant –, je n'avais pas l'intention de retenir Jésus trop longtemps. Il était déjà pétrifié, il ne fallait pas qu'il finisse crucifié sur le canapé...

Mais il fallait que je consulte un ami avant de répondre à leur proposition : mon frère Alain. Après tout, c'était son argent, je me devais d'obtenir sa bénédiction.

Alain !

Je m'étais tellement investi dans mon film que je l'avais oublié, lui qui jouait l'invité lors des répétitions mais n'avait reçu aucun rôle sur ce dernier tournage ! Où était-il ? Je ne l'avais plus dans mon champ de vision.

Mes yeux le retrouvèrent enfin, posé sur une chaise. Il était raide comme un i, pâle, pétrifié, le regard vide, l'air absent.

Je me suis souvenu que pour lui, jusqu'au jour J et à l'heure H, tout n'avait été que virtuel, imaginaire. Là, il était en train de vivre un véritable choc.

Comme ce n'était plus l'heure de demander des bénédictions, j'ai accepté l'offre du dieu de la finance, préoccupé de soulager mon ami au plus vite en libérant notre invité du jour.

Quoi qu'il arrive, j'avais tout dans la boîte : les images et le son. Si besoin, je pourrais rappeler sans difficulté dieu le père et son fils Jésus devant certaines paroisses.

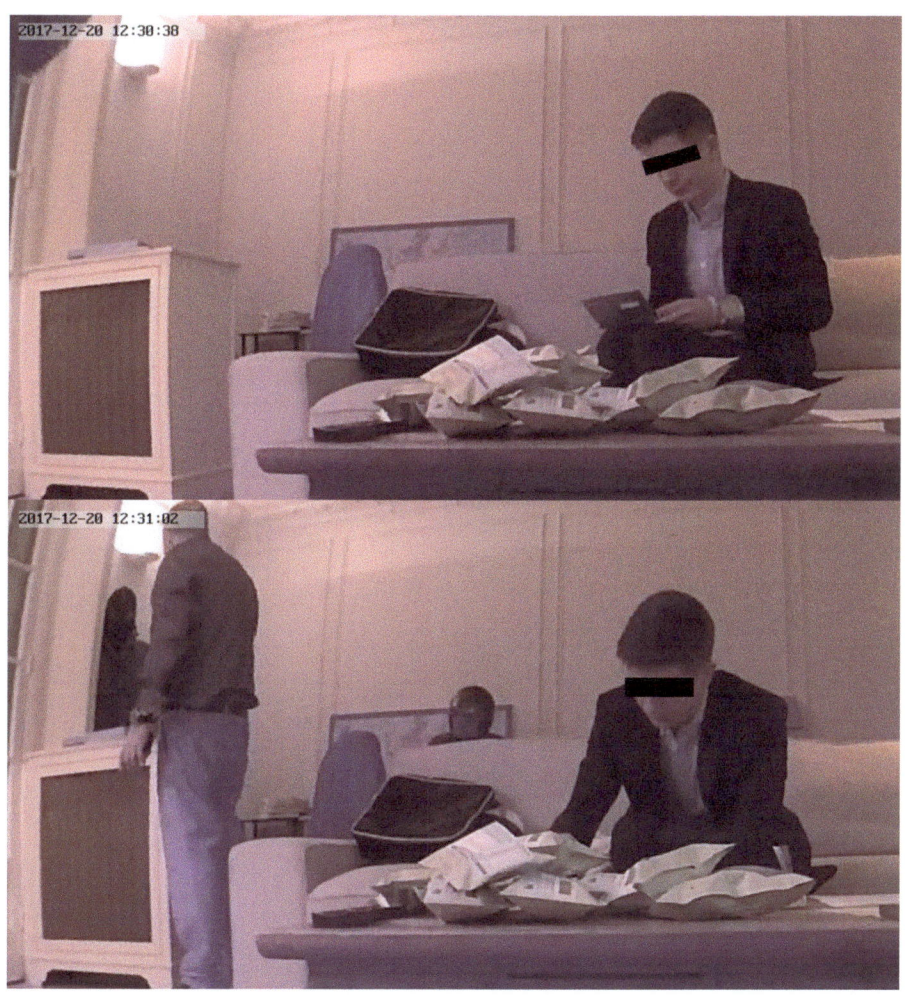

J'ai organisé la sortie discrète de mes figurants, tout en leur donnant rendez-vous deux heures plus tard en face de la gare de Lyon, pour leur solde de tout compte : il me restait 1 600 euros à leur donner.

Je me suis approché d'Alain en lui posant une main fraternelle sur l'épaule. Je lui ai fait un signe de la tête pour lui indiquer qu'il était temps pour lui de retrouver l'air et la lumière extérieure.

Il a remué la tête, encore étourdi par toute la scène, comme pour se réveiller d'un mauvais rêve. Après quelques secondes, il s'est dressé presque machinalement et est arrivé à l'ascenseur juste avant la fermeture des portes.

J'avais fixé le point de chute de la gare de Lyon au cas où Jésus m'ait raconté une messe à propos de ses codes : si sa carte bleue ne crachait pas le salaire de mes deux acteurs, j'avais mon plan D comme Didier, dont le restaurant était juste à côté.

De toute façon, j'étais sûr à 200 % que ses cartes bancaires passeraient. Et même si j'avais dû faire un solde de tout compte à un commando d'une trentaine de mercenaires, elles auraient répondu présent et Didier aussi !

Plus de figurants, plus de spectateurs : le petit Jordan pouvait souffler. La seule intervention médicale qu'il aurait aujourd'hui serait une petite épilation gratuite des poignets et des chevilles, lors de la phase de « déscotchage ».

Il affichait un sourire perplexe et un regard encore plein de la terreur due à sa partie solitaire de roulette russe (sans roulette).

En moins d'une heure, il était passé d'un gain de 600 000 euros en liquide pour une matinée de travail, à la perte du même montant en chèque de leur société. L'ascenseur émotionnel de la Villa Montmorency l'avait fait monter, comme propulsé par des pains de C-4 et allait le faire redescendre avec la même violence.

Ça m'a donné envie de lui offrir une dernière cigarette avant de prendre la route.

Les portes automatiques de l'ascenseur se sont refermées. Nous nous sommes à nouveau retrouvés collés l'un contre l'autre et j'ai pu constater qu'il avait bien transpiré : fini l'odeur nauséabonde de son parfum premier prix ! Mon moineau tout juste descendu du nid sentait désormais l'homme viril.

Je suis sorti en premier, en le saluant et en lui précisant qu'il ne me suivrait pas tout de suite... Puis j'ai pressé le bouton du huitième étage, lui indiquant que le deuxième tour d'ascenseur, lui, serait gratuit. Et mon moineau est reparti vers le ciel.

C'était juste une dernière sécurité d'usage, prévue dans le scénario. Après un choc émotionnel, il ne faut jamais redescendre sur terre tout de suite, c'est dangereux. Il est bon de prendre un peu de temps et de hauteur pour analyser. L'ascenseur serait sa première cellule psychologique de décompression.

Matinée chargée, et peut-être affaire classée... Enfin Dieu seul le savait, et c'était peu de le dire.

Une fois dans la voiture, j'ai appelé Alain pour lui proposer de me rejoindre chez Didier pour déjeuner et débriefer. Avec 4 chèques de 150 000 euros et de nombreux autres de 50 000 à venir, nous ressortions millionnaires de cet épisode... enfin, sur le papier : à ce stade, on en était toujours au même point qu'au départ, avec près de 5 000 euros de frais dépensés.

Pour l'instant, j'avais juste transformé du papier toilette en chèques papier BNP. S'ils revenaient impayés Alain pourrait, comme dit l'expression, se torcher le cul avec ou les faire encadrer et accrocher dans ses toilettes.

Pour ce qui est du positif, on avait réalisé, filmé et mis en boîte plus de dix heures de vidéos-choc, dignes des meilleures séries policières – si ce n'est plus croustillantes encore.

Quoi qu'il arrive, cela aurait une valeur, que ce soit pour ramener nos escrocs à la raison ou me permettre de tout faire exploser médiatiquement... en d'autres termes, pour exposer dieu à la lumière du jour.

Je serais alors passé au plan B comme Besson, M comme Marchal, R comme Rénier, et bien d'autres... Il y a 24 lettres dans l'alphabet et certaines peuvent être bien plus redoutables que d'autres.

J'ai précisé à Alain que concernant le prochain épisode, je n'étais plus en mesure de maîtriser la totalité du scénario. Plusieurs titres pourraient être alors être envisagés :

« Les escrocs la bouclent et crachent leurs dettes gentiment. »

« Les escrocs l'ouvrent chez les poulets pour ne pas cracher. »

J'ai ajouté que si le second recevait l'Oscar, nous ne monterions pas les marches de Cannes, mais celles du palais de justice de Paris, escortés par les flics.

Entre le plat de résistance et le fromage, j'ai fait un aller-retour au distributeur, afin de tester les chiffres du loto. Le tirage a été le suivant :

1044 : gagné, 800 euros ; 5574 : idem.

J'avais déjà aperçu au loin mes Yougos sur leur engin. Je suis allé les rejoindre pour éviter qu'ils ne rôdent près du distributeur de billets, ces machines font souvent office de photomaton pour les client...

Ils étaient tout heureux. L'un deux m'a demandé une faveur :

« Manou, dérange pas toi offrir CZ pour fils moi, car bon jouet enfant ? »

Attendri devant un tel vœu, je me suis rendu à la voiture pour l'exaucer. C'était émouvant, père et fils allaient jouer du pistolet CZ.

Mon Alain n'avait pas bougé d'un millimètre de la table – juste pris 0,8 grammes d'alcool dans le sang, et il en avait bien besoin après cette rude matinée. Nous avons bu un dernier café pour la route et j'ai pris le chemin du retour.

Confiant que mon rendez-vous avec le petit Jordan n'allait pas durer toute la journée, j'en avais fixé un autre avec Stan à 17 heures à son magasin.

Nous étions à J-4 de Noël et Stan, notre génie de l'informatique, qui contrôlait tous les stocks de décoration, devait me donner la liste des articles à transférer d'un magasin à l'autre pour les vendre avant le jour J : dans ces périodes il ne faut pas se rater, sinon le stock vous reste sur les bras pendant un an.

Cette fois j'aurais affaire à des Pères Noël, des sapins, des boules et autres guirlandes électriques. Je devrais bouger des petits manèges et des crèches animées avec des ânes, des bœufs, des Vierge Marie... et j'aurais à nouveau affaire à Jésus.

En grand professionnel – et craignant probablement que je ne me plante dans les transferts de marchandises – Stan m'avait préparé une super feuille de route. À un moment, alors qu'on passait devant ma voiture, j'ai dû me lancer dans une petite improvisation :

« Je vais te rendre ta bâche plastique et ta paille : finalement, j'ai rentré mes rosiers au chaud dans mon cabanon pour être sûr qu'ils ne gèlent pas. Merci pour tes conseils ! »

Ravi, il m'a suggéré de garder le sécateur jusqu'à la bonne saison, pour la future taille – Stan est la personne la plus prévoyante que je connaisse. J'ai profité de ce moment pour le solliciter à nouveau :

« Aurais-tu un manche à balai et une ventouse pour déboucher mon évier ? »

Il m'a demandé quel était le problème, voulant faire court je lui ai dit que j'avais juste un évier bouché. Sauf que Stan est aussi un pro de la plomberie... Il s'est donc mis à me parler de démontage de siphon, de goupillon et de tout un tas de choses du même genre. Son cours semblait durer des plombes... J'avais envie de lui crier : « Stan, mais tais-toi ! File-moi ma fichue ventouse à déboucher les chiottes et mon manche à balai ! »

J'ai fini par obtenir mes deux articles. J'allais les transformer en outils redoutables, mais je ne pouvais malheureusement pas l'expliquer à mon frère Stan, de peur de le voir tomber dans le coma.

J'ai ensuite repris ma voiture direction chez Ludo, afin de récupérer mon dernier petit jouet planqué dans le détecteur de fumée. Mais mon téléphone m'a rappelé à une autre réalité :

« Bébé, je vais finir très tard, probablement vers 21 heures : on a un problème informatique sur le réseau. »

Même si dans ces cas-là des taxis sont apprêtés par la société pour ramener le personnel, j'aurais le temps de venir chercher ma belle en voiture après mon passage chez Ludo. Belle-maman gérant la petite à la maison, Namiz a même accepté mon invitation à dîner dans la capitale.

Je l'ai amenée au quartier des Halles, lui indiquant que j'avais une bricole à déposer chez une vieille tante de Stan. Namiz est quelqu'un de simple et pose rarement des questions.

Une fois stationnés devant chez la tante, j'ai ouvert le coffre et me suis mis à scotcher la ventouse au manche à balai. Intriguée par le bruit du ruban adhésif, Namiz a fini par se retourner. J'ignore ce qu'elle a dû penser en m'apercevant monter l'immeuble avec une ventouse géante à la main…

Arrivé sur le palier du premier étage, j'ai sorti mon jouet. J'ai retiré les petites protections des carrés adhésifs de fixation et je l'ai placé tête la première dans la ventouse. J'ai calculé l'angle de prise de vue, et d'un coup sec et précis, j'ai collé l'objet au plafond.

Je me suis mis en pose mannequin devant la porte d'entrée de l'appartement visé, et... bip : j'ai reçu les premiers MMS avec ma tronche en gros plan.

Il était 21h30 et j'avais désormais un détecteur de fumée opérationnel au domicile d'Alain, apte à assurer une surveillance permanente : si la police venait lui rendre visite, je serais tout de suite informé.

J'ai balancé mon outil de fortune dans le local poubelle, puis j'ai retrouvé ma belle pour un petit dîner aux chandelles.

CHAPITRE 8

Souriez, c'est la G.A.V.

Nous étions à quelques jours de Noël. Ce serait un grand jour pour ma petite princesse : du haut de ses trois ans, elle pourrait enfin apprécier les festivités à leur juste valeur.

Les parents qui veulent leur photo-souvenir ne se rendent pas toujours compte du traumatisme que peut vivre leur petit rejeton d'un ou deux ans, lorsqu'il se retrouve flanqué de force dans les bras d'un grand inconnu en rouge, avec sa vilaine barbe blanche.

Et puis il y a le providentiel : « Si tu n'es pas sage, le Papa Noël ne passera pas ! » Enfin, ça c'était plutôt les méthodes de Namiz. Moi, j'étais trop gaga.

Et puis, pour ce Noël 2017, je me sentais obligé de mettre le paquet. Il fallait bien lui faire saisir l'échelle des valeurs. Ça fait partie de l'éducation : si papa dépose très souvent un cadeau à ses pieds, le Père Noël, lui, en déposerait des milliers dans ses souliers vernis.

Comme Namiz et moi nous étions mis d'accord pour acheter les cadeaux de notre fille ensemble, histoire d'éviter les excès (cela faisait partie de ma thérapie), j'avais dû stocker mes propres achats parallèles dans une cachette secrète, au fond de la cave familiale.

Ce jour-là, nous sommes revenus à la maison avec six beaux cadeaux. Ma femme était très fière de moi. Pourtant, nous n'avions pas du tout les mêmes goûts. Elle privilégiait le côté éducatif et créatif ; et moi l'interactif, le bruyant, le volumineux et le dernier cri.

Dans ma hotte secrète, il y avait notamment une poupée de 50 centimètres qui marche, qui parle et qui chante ; sans oublier sa garde-robe, sa maison tout équipée de plus d'un mètre de haut, et son chien de 20 centimètres qui court, qui aboie, qui lève la patte, etc.

De toute façon, je mettrais tous mes achats compulsifs sur le dos du Père Noël : il aurait les épaules très larges cette année. Je ne pouvais pas me justifier auprès de ma belle en prétextant que je compensais le fait d'avoir manqué de tout étant petit : elle connaissait très bien mon paternel, ex-directeur de banque et notable connu.

Souvenez-vous. J'en ai parlé au tout début de mon livre : le 24 décembre 2017, j'ai passé ma journée en cuisine pour préparer un festin de Noël inoubliable.

Entrées multiples, plats divers, jusqu'au plateau de fromages : tout devait être parfait. La seule chose pour laquelle j'avais triché en commandant chez mon artisan, c'était la bûche.

Les jours précédents avaient eu leur lot de signaux de fumée par MMS : Alain qui rentre et qui repart ; sa chérie qui revient ; le couple qui ressort, etc.

Ce soir-là, le signal de 19 heures fut annonciateur d'un réveillon sans dérangement : l'image indiquait clairement un couple de sortie pour la soirée : robe fort élégante pour madame, smoking très chic pour monsieur.

Jusque-là, les poulets n'avaient pas pointé leur bec. De toute façon, si la police venait à faire irruption en cette soirée sacrée, il y aurait largement de quoi les inviter à notre table. Le seul enjeu serait de les convaincre de rester un peu avant de m'embarquer en garde à vue.

Et puis, le contrôle d'identité effectué auprès de mes convives auraient allongé leur temps de présence : ce n'est pas en Manu le Gitan qu'ils m'auraient trouvé, mais en Manu l'Africain blanc, avec toute sa petite tribu.

Ma belle-mère, hurlant à l'erreur judiciaire et défendant son gendre à grands cris, aurait dû présenter un passeport avec visa officiel de l'ambassade de France.

La voisine, blanche comme une colombe et super mamie également, était une bonne catholique. Mais c'était surtout une bonne vivante : elle aimait multiplier les rasades de sang du Christ les jours de fête. Or, en célibataire qu'elle était depuis dix piges, elle aurait lourdement insisté pour qu'on lui fasse plusieurs fouilles au corps.

Les policiers auraient également dû vérifier l'identité des copines et de leur tripotée de bambins : Sénégalaises, Maliennes, Gabonaises, Ivoiriennes, chacune avec leurs histoires de vie –

certaines plus ou moins hors la loi selon le mode opératoire de leur venue en France et l'évolution de leur demande d'asile.

Bref, la procédure se serait compliquée : il aurait fallu réquisitionner un bus pour amener tout ce petit monde au commissariat.

La cerise sur le gâteau aurait été mon fils adoptif Abdoulaye. Étudiant de 24 ans au sein d'une grande faculté parisienne, lui aussi aurait dû sortir son passeport ivoirien orné d'un joli visa.

Abdoulaye, c'était une longue et belle histoire de vie et d'amitié, mais qui aurait pu s'avérer dangereuse. Et elle révélait de drôles de failles dans le système... Il avait souhaité venir en France pour obtenir ses diplômes et travailler.

Il aspirait vraiment à devenir la fierté de sa famille. Et celle de son vrai papa, ingénieur en Côte d'Ivoire, qui se saignait aux quatre veines depuis des années pour financer les études de son fils.

Une fois de plus, la belle histoire était arrivée par Leboncoin. Après le départ de deux des trois étudiantes africaines logeant à titre quasi gratuit dans mon appartement tampon, j'avais dû me lancer dans des recherches sur mon site de prédilection. Cette fois, mes critères de sélection avaient été les suivants : jeune, étudiante, africaine, sans histoires.

En effet, il restait une Malienne dans le logement, et la promiscuité entre diverses cultures n'est pas toujours aisée au quotidien. Par exemple, je ne tenais pas à installer une gazinière à six feux ni un frigo américain, et encore moins agrandir la cuisine.

Si d'un côté j'avais une étudiante asiatique qui roulait ses nems tout en cuisant son canard laqué, de l'autre une marocaine qui s'étalait pour préparer ses bons tajines, et ailleurs ma petite fée malienne préparant son tiep au poisson, ce serait l'embouteillage et donc l'embrouille assurée. Ce n'est pas être communautariste ni raciste de penser à ça, ce sont juste des détails pratiques.

Je ne voulais pas non plus de sexe masculin : la plupart des occupantes m'ayant été confiées par leurs parents – lesquels étaient bien souvent des amis – j'avais des us et coutumes à observer. Ça s'appelle le respect.

Après moult réponses plus ou moins sérieuses, j'avais rapidement trouvé deux jeunes étudiantes satisfaisantes. Mais j'avais aussi reçu, par WhatsApp, un message d'un jeune homme, très bien rédigé et surtout très touchant.

J'avais dû lui rappeler que cette colocation ne pouvait accueillir que des filles. En guise de réponse, il m'avait fait part de sa situation et de sa tentative désespérée.

Ivoirien, il se trouvait depuis trois ans en Tunisie dans une très bonne université, mais il était contraint de venir en France pour poursuivre son cursus. Une faculté avait retenu sa candidature, il s'y était inscrit pour commencer d'ici un mois. Mais il fallait décrocher un logement ainsi qu'un visa, or il n'avait aucune relation en France.

Avec toutes mes années passées sur le continent africain, j'en avais déduit que ce brave garçon se lançait dans une mission impossible. Dans ces cas-là en effet, la pression est énormissime : on ne peut plus faire marche arrière.

Vis-à-vis de la famille, c'est non seulement une question d'honneur mais de survie sociale : si on échoue, on est comme banni, puis renvoyé au village chez ses grands-parents. Et dans ces cas-là, la seule perspective en général, c'est de finir gardien de chèvres ou porteur d'eau.

Ce fut une belle rencontre virtuelle. Nous avons commencé une longue série d'échanges WhatsApp. Abdoulaye m'avait parlé de son père, de sa famille et de son parcours. À ce stade, j'étais resté en mode DRH dans nos échanges.

Lorsque j'évoquais nos correspondances autour de moi, certains pensaient qu'Abdoulaye était une belle africaine dont je m'étais entiché, d'autres que j'étais sous l'emprise d'un escroc, ou encore d'un terroriste en train de fomenter un attentat sur notre territoire. Tous clôturaient nos discussions par un :

« Ne compte pas sur moi pour t'aider à le/la faire venir en France. »

J'étais seul à vouloir lui tendre la main. J'avais vu sa petite tête d'intello grâce à la technologie WhatsApp, et lui ma tête de gangster, qui ne semblait pas l'avoir effrayé.

Un matin, je lui ai fait la promesse qu'il serait à son rendez-vous en temps et en heure à son université : j'allais tout faire pour le faire venir en France... mais à la condition qu'il ait dit vrai depuis le début de nos échanges.

En réponse, j'ai reçu l'intégralité de son dossier scolaire, son inscription officielle à l'université et ses papiers d'identité.

Je lui ai demandé s'il m'autorisait à me rapprocher de son père. Alors qu'il venait de me faire parvenir le numéro de téléphone de celui-ci, je suis monté d'un cran :

– Abdoulaye, donne-moi aussi son adresse : je vais passer le voir.

– Mais mon père est à Abidjan. C'est en Afrique et à 6 000 kilomètres de chez vous !

– Je sais. Et je sais où est Abidjan. Il se trouve que j'y ai une maison avec ma femme, qui est ivoirienne elle aussi. Mes beaux-frères vivent là-bas, alors je vais envoyer l'un d'entre eux pour rencontrer ton père, et le rassurer sur ton avenir en France. Par contre, ici, j'ai une vie un peu particulière. Il faut que tu saches que tous les papiers que je vais te fournir pour ton visa seront des photocopies : certes plus vraies que des originaux, mais sans aucune garantie financière. C'est un risque à prendre. C'est à toi de décider. Pour ton logement, on en trouvera un quand on aura obtenu ton visa. Mais ne t'inquiète pas, tu ne dormiras pas dehors, il y a des chambres d'amis à la maison. Dès que mon beau-frère Asso aura l'aval de ton père, je me lancerai dans ton histoire.

Il n'en revenait pas. Sa réponse écrite ressemblait à un saut de joie :

« Moi je n'ai rien à perdre. Je ne peux pas revenir au pays, je suis bloqué en Tunisie. Au pire, je referai une année de cours comme si je redoublais. Peut-être aurai-je plus de chance l'année prochaine si le visa est refusé avec vos papiers. »

Ensuite, tout s'est enchaîné très vite : mon beau-frère a rencontré le bon papa, qui nous a remerciés 1 000 fois.

J'ai acheté un bail de location pré-rempli spécial particuliers, sur lequel j'ai indiqué que je louais un appartement meublé tout équipé avec eau et électricité comprise, depuis deux ans. Ainsi on ne pourrait pas me demander un justificatif basé sur une facture.

L'adresse, je l'avais : c'était celle de mon appartement tampon (pour laquelle je n'avais aucun document puisqu'il s'agissait d'une sous-location). Je me suis fait de belles quittances de loyer sur le Net – on y trouve tout – sans oublier, en bas de chacune, la mention :

« réglé ce jour ». J'ai également fait une attestation d'hébergement et une copie de mon passeport.

Puis j'ai expédié le tout à mon futur fils adoptif, pendant que son papa biologique faisait parvenir toutes les attestations financières. Il n'avait pas de problème d'argent : Abdoulaye avait été élevé avec une cuillère en or dans la bouche.

L'étudiant a déposé son dossier complet à l'ambassade de France. Dans un premier temps, celui-ci n'est pas passé. Les fonctionnaires ont eu un doute sur les attestations financières du papa, malgré l'en-tête d'un notaire et d'une banque. Ils ont réclamé les originaux.

Dans l'urgence, nous avons fait appel à DHL. En moins de 48 heures, le visa étudiant d'un an renouvelable était délivré et collé sur le passeport par les autorités.

Quelques jours plus tard, Abdoulaye a quitté le sol tunisien pour se poser à Orly, où l'attendait son nouveau père blanc. Vu l'heure tardive, il a filé dans la chambre d'amis. Dès le lendemain il était installé dans sa nouvelle collocation masculine. Il était même en avance pour son rendez-vous universitaire.

Depuis, son visa est renouvelé chaque année, et surtout, il prend du grade côté diplôme. J'espère que mon fils adoptif finira ministre en Côte d'Ivoire : j'aurai beaucoup de services à lui demander.

En tout cas, depuis cette expérience, je reste très sceptique quant à l'efficacité de nos frontières.

Minuit allait sonner : le Père Noël n'allait pas tarder à arriver. Une magnifique décoration de circonstance, digne des plus grands magasins, illuminait la terrasse. Il y avait même les fumigènes pour recréer l'effet brouillard.

Ma tendre épouse a demandé à ses sœurs, ses cousines et ses copines d'occuper les plus jeunes, le temps d'installer les présents. Elle était très heureuse de constater que les six cadeaux que nous avions choisis ensemble n'avaient pas fait de petits – on avait prévu le même nombre de cadeaux par enfant pour éviter les crises de jalousie.

Puis ce fut le déballage des paquets, les cris de surprise et les effusions de joie. Nous avons passé un magnifique moment.

Et comme toutes les bonnes choses ont une fin, chacun est reparti chez soi les bras plein de paquets. Aliyah dormait debout, mais elle était si excitée par la fête qu'elle a eu du mal à trouver le sommeil. La maman, au contraire, s'est très vite enfoncée dans les bras de Morphée.

Pour une fois, cela m'arrangeait que ma belle s'endorme sans me faire de câlin : j'avais une dernière mission à honorer.

À pas de loup, je me suis rendu discrètement dans la cave. Puis je suis remonté au salon pour installer tous les cadeaux au pied du sapin. Je savais que ce Noël bis allait faire crier ma fille adorée de joie... mais aussi faire hurler ma femme chérie de désespoir.

Je savais déjà ce que je dirais à ma fille pour justifier ce surplus inattendu :

« Tu as été tellement sage que le Père Noël est revenu dans la nuit ! »

Le 25 décembre au matin, afin de commencer à me faire pardonner, j'ai disposé tasses, café et croissants sur un joli plateau, et j'ai pris la direction du lit conjugal.

Notre princesse était déjà levée et buvait son bol de lait, auréolée de la douce lumière du matin filtrant à travers la fenêtre donnant sur la terrasse. Mamie était installée auprès d'elle. Le matin était paisible et calme, jusqu'à ce qu'un hurlement de joie perce le silence :

« Maman, papa, mamie, le Père Noël est revenu cette nuit ! »

L'œil vif de ma fille était tombé sur le pied du sapin. Criant et courant, elle a monté les marches de l'escalier quatre à quatre pour nous rejoindre dans notre chambre.

J'ai commencé mon laïus sur l'excès de zèle du Père Noël. Puis maman a rationalisé la situation :

« Aliyah, c'est juste les emballages des jouets que le Père Noël a déposé hier soir pour vous… »

La petite n'a pas lâché le morceau – elle tient ça de moi – au point que sa mère a dû sortir du lit plus tôt que prévu pour constater les faits.

« Faire le mort », « mettre la tête dans le sable », sont des expressions qui expriment bien le positionnement que j'ai lâchement choisi d'adopter... Ce qui n'a pas empêché la soupe à la grimace lors du repas de midi et la privation de sexe le soir-même. Mais il paraît qu'il est bon de manger léger et de faire abstinence les lendemains de fête...

Lorsqu'on dort à l'hôtel des culs tournés, on a le temps de se remettre en question. Alors, après une longue nuit de réflexion, j'ai fait mes excuses et je me suis engagé à changer et à mûrir… sans toutefois indiquer de date précise.

J'ai dû être crédible, car au réveil elle était blottie contre moi. Vu les circonstances, j'ai décidé de faire faux bond à mon rituel sportif afin d'honorer ce beau moment de réconciliation… jusqu'à ce qu'un bip intempestif se fasse entendre.

Les MMS avaient repris. Cette fois, ce n'était pas Alain. Trois types et une nana en civil avaient été flashés à 6h45, sur son palier. Voilà qui sentait désagréablement le roussi.

Après la dinde et le chapon de Noël, je risquais donc fortement de devoir me farcir les poulets. J'ai surtout compris que dieu et son fils avaient péché.

Les autres MMS ont confirmé ma funeste intuition : Alain était en train de sortir menottes aux poignets.

Le réveil a été très dur...

Les deux escrocs avaient déposé plainte contre mon ami. Mon petit frère était parti pour 24 ou 48 heures de garde à vue. Cela allait être long pour lui...

Et court pour moi... le temps de tout mettre en place pour tenter d'assurer nos arrières.

Je devrais d'abord trouver un bon avocat disponible de suite, et une bonne feinte pour le faire entrer dans la partie. Car officiellement, c'était à Alain d'en désigner un pour l'assister tout au long de sa garde à vue.

Dès 7h30, j'ai envoyé un SMS à Philippe van der Meulen :

« Bonjour papa. Excuse-moi pour l'heure : j'ai un ami qui a besoin d'un avocat en urgence. Sa GAV a commencé il y a moins d'une heure sur Paris. Appelle-moi dès que tu peux. Merci. »

C'était à double tranchant. Si mon papa défendait Alain, il ne pourrait pas me défendre... Conflit d'intérêts oblige.

Ma bouée de sauvetage est arrivée quelques minutes après :

« Bonjour Manu, sur le principe il n'y a pas de problème : je suis à Paris pour les fêtes de fin d'année. Peux-tu m'indiquer son nom et le lieu de la garde à vue, ainsi que les faits qui lui sont reprochés ? Par contre c'est à lui de me désigner pour sa défense, je ne peux pas me pointer comme cela : il y a des lois en France. »

C'était un peu délicat de lui avouer que j'ignorais où il avait été emmené, vu que l'info m'était parvenue via un MMS envoyé par un détecteur de fumée collé au plafond, grâce à une ventouse à chiottes géante...

Cela ne m'a pas empêché de lui expliquer l'affaire au millimètre près, et de reconnaître – ce qui ne fut pas très agréable – avoir joué le premier rôle. Je fus sauvé par le gong de mon téléphone :

« Salut Manu, c'est Pascal. Je viens d'avoir la femme d'Alain. Elle est en panique : les flics sont venus l'arrêter ce matin chez lui ; elle me dit que c'est pour l'affaire où on lui a volé son fric. C'est pas normal, c'est lui la victime ! Toi, tu en es où sur son dossier avec tes amis avocats ? C'est louche car les flics lui ont dit qu'Alain en avait kidnappé un ! »

J'ai acquiescé :

« C'est vrai, c'est très louche, ça. De mon côté les avocats n'ont pas trop avancé. Déjà, il faut que la femme d'Alain appelle Philippe, je sais qu'il est sur Paris pour les fêtes. Je te donne son numéro : qu'elle se présente de ma part. Elle peut l'appeler dès maintenant. »

Pascal était ravi de ma réactivité. De mon côté, j'ai pu répondre sereinement au SMS de mon papa :

« Notre ami s'appelle Alain, sa femme te téléphone dès maintenant pour te donner tous les éléments. Merci beaucoup de toujours répondre présent... »

À 9 heures, papa Philippe était en entretien avec Alain à la première DPJ à Paris.

Pascal m'avait donné rendez-vous dans une brasserie près de chez Stan vers 11 heures, pour débriefer sur tout ça. Tous deux étaient abasourdis.

Pascal s'était informé sur l'avancement de l'affaire depuis le début. Chaque fois, Alain lui avait répondu qu'il avait bon espoir et que j'avais été de bon conseil, mais que ça ne progressait que lentement. Il y est allé de sa petite hypothèse :

« Alain a dû péter un câble, en choper un des deux, l'enfermer dans son bureau et le bousculer un peu pour récupérer son fric. C'est normal ! Qui ne l'aurait pas fait, même pour moins que ça ? »

Stan avait plus de peine à imaginer Alain agir de la sorte. Il le voyait plutôt se tirer une balle dans la tête.

Quant à moi, je faisais profil bas… jusqu'à ce que je commence à craquer.

Ce n'était pas tant leur réaction que je craignais, que leur tristesse à l'idée de ce qui pourrait m'arriver. Et puis, j'avais toujours été honnête : certes je m'étais rangé dans la société, mais je ne répondais de rien en cas de légitime défense – et je leur avais bien exposé ce que j'entendais par ce terme.

Et ils en avaient eu un aperçu lors de l'opération du cheval aux pattes trop grandes...

J'ai commencé par leur demander ce qu'ils feraient si un type leur volait toute une vie de travail. Après délibération, tout le monde a presque donné raison à la réaction d'Alain.

Je leur ai alors assuré que si eux-mêmes rencontraient ce genre de problèmes, je serais à leurs côtés. Ils ont répondu à l'unisson :

« On le sait frère, on n'a aucun doute là-dessus : tu ne parles jamais dans le vide. »

Stan a renchéri en évoquant à nouveau l'histoire de son canasson. Alors j'ai senti que je pouvais me jeter à l'eau. Comme dit le proverbe : « Faute avouée est à moitié pardonnée »...

CHAPITRE 9

Elsa et le 7ème art

Ce n'est pas évident de passer aux aveux et de reconnaître les faits reprochés devant un grand jury de cour d'assises. Mais c'est beaucoup plus simple de parler à cœur ouvert à ses frères autour d'un café. Je n'avais aucune peur d'être jugé.

Toutefois, je devrais les ménager psychologiquement. Car il y aurait d'autres ondes de choc, notamment quand la femme d'Alain rapporterait à Pascal le compte rendu de l'avocat. Le connaissant, j'avais une petite idée des mots qu'il emploierait :

« Madame, votre mari est inculpé pour faits graves :
- Séquestration suivie d'une libération volontaire avant le septième jour, au préjudice de Jordan Besingue ;
- Extorsion avec arme au préjudice de Jordan Besingue ;
- Tentative d'extorsion avec arme au préjudice de Jordan Besingue et Jean-Pierre Besingue.

« Il faut envisager la possibilité que votre mari soit maintenu près de 48 heures en garde à vue, puis déféré devant un juge d'instruction ; je serai à ses côtés pour défendre ses intérêts. »

Je décidai de remplacer les mots « séquestration » par « invitation », « extorsion de fonds » par « remboursement de dettes », « violence » par « bousculade », « kidnapping » par « baby-sitting ».

Même si j'ai pris des pincettes, tout y est passé : Dominique, le Maroc, la Belgique, Liège, la Maserati, Beauvais, le rendez-vous porte d'Auteuil, les Yougos, la réplique du CZ, le matériel d'espionnage, le stylo, la montre, le sécateur, le scotch, le détecteur de fumée, etc.

Je leur ai promis de leur offrir un coffret des trois épisodes de la série.

Ça a duré presque une heure – ce qui était beaucoup, vu le temps supposé qui me séparait du moment où les policiers viendraient me chercher.

J'avais en effet calculé environ 48 heures. 48 heures chrono entre l'arrestation d'Alain et la mienne...

On avait perdu Stan. En bon cinéphile, il avait dû bien analyser le scénario. Et celui-ci avait dû se mélanger avec le dernier film qu'il avait vécu en direct sur Deauville.

Les images avaient dû se télescoper dans sa tête : un canasson conduisant une Maserati direction Liège, deux Yougos assis sur la banquette arrière, une vieille bourgeoise de Deauville dans le coffre, pieds et mains liés par du ruban adhésif...

La réaction de Pascal fut complètement différente. Il faut dire qu'il avait plus de trois heures d'avance sur Stan : il avait eu le temps d'encaisser le premier coup depuis l'aube, quand la femme d'Alain l'avait informé... Et puis, nous étions amis depuis plus de 20 ans : il me connaissait par cœur.

Lorsqu'il m'avait téléphoné le matin pour m'informer de la garde à vue, un mot avait retenu toute mon attention : « kidnapping ». Je savais qu'au moment où mon frère Pascal avait entendu ce mot, il l'avait inévitablement associé à ma personne.

Il y a des mots, comme ça, qui vous collent à la peau toute votre vie. Si on me dit « vendeur de pinces à linge », mon subconscient répond : « Pascal ». Si on me parle de « vendeur de clous », il répond « Stan ». « Deauville » donne « week-end en amoureux avec Namiz » ; « cheval », « Stan », et ainsi de suite.

Entre Pascal et moi, c'était une histoire sans parole. Depuis près de trois heures, une partie de son cerveau avait tout compris, tandis que l'autre tentait d'assimiler et d'accepter. Dans son cœur, c'était la tristesse totale, car s'il avait bien intégré une chose, c'était que ses deux frangins risquaient de se retrouver derrière les barreaux.

Pascal est un guerrier. Il fait partie des rares hommes équipés d'un mental d'acier, d'un cœur en or et de couilles en titane. Il est dur au mal.

Il faut dire qu'il n'a pas toujours eu la vie facile : il a fréquenté l'école de la rue, connu des hauts et des bas. C'est tout à fait le genre à se faire poignarder dans le dos, à saigner et souffrir le martyre, mais à regarder le traître avec un sourire en lui balançant un :

« Même pas mal. »

Pour la cautérisation et la cicatrisation, c'est plus compliqué : les vieux démons, ça chatouille, ça picote pendant longtemps...

Sa réponse a donc été aussi posée que mes explications :

« Ok frère, pas de problème. Maintenant on fait quoi pour sortir de ce bordel ? »

Il a ajouté que cela ne changeait rien à notre amitié, qu'il serait toujours là pour moi, à la vie, à la mort...

Quant à Stan, il a fini par revenir à lui et à pousser son cri de guerre, en écho à son frère :

« Alors, à présent on fait quoi pour sortir de ce bordel ? »

Modestement, il a précisé qu'en tant que simple marchand de clous, il nous suivrait quoi qu'on décide. J'ai alors eu le plaisir de constater que Pascal n'avait pas perdu son humour :

« Marchand de clous... et conseiller en jardinage et en plomberie ! Pour suivre, tu vas le suivre le rythme : c'est quand même toi qui as fourni les armes du crime ! J'espère que tu n'as pas laissé tes empreintes sur le scotch ou la ventouse à chiottes. Sinon, tu es bon pour la case prison ! Remarque, tu pourras demander à l'administration pénitentiaire de t'attribuer un poste aux espaces verts... »

En plein drame inextricable, il a réussi à me flanquer un fou rire mémorable. C'était les nerfs...

Je suis donc reparti dans mes explications, étant le seul à connaître les rouages de la justice française – il fallait bien que je tire un bénéfice de ces plus de 30 années d'expérience dont j'étais si peu fier, et de ces plus de 25 diplômes décrochés entre 1981 et 2012.

Certains avaient été obtenus auprès des premières instances, d'autres en appel. Mes formations avaient été variées : de la finance à l'imprimerie, en passant par l'armement, l'automobile, l'escalade ou les sports de combat.

La liste de tous mes diplômes est consultable sur un document officiel, nommé « casier judiciaire ». Mais je n'ai pas le même lexique que les hommes de loi :

« Curriculum vitae » est devenu « casier judiciaire » ; « finance », « escroquerie » ; « imprimerie », « activité de faussaire » ; « armement », « trafic d'armes » ; « automobile », « trafic de voitures » ; « sport de combat », « violence » ; « escalade », « évasion » ; « parcours scolaire », « parcours judiciaire », etc.

Lors de ce parcours, j'avais eu l'occasion de faire plusieurs stages non rémunérés de 48 heures en gendarmerie ou au commissariat, et d'autres de quelques heures dans les bureaux des grands juges français.

J'y avais été si assidu que j'avais eu le droit d'assister aux débats devant les juges et leurs assesseurs. Certains m'avaient gratifié de quelques mois ou années de vacances à Fleury ou à Fresnes.

Je savais que dans un premier temps, notre petit frère Alain offrirait aux enquêteurs de la première DPJ de Paris une belle clef USB flambant neuve, contenant les trois épisodes des délits qui lui étaient reprochés.

Certains des téléfilms policiers sont inspirés de faits réels, les meilleurs ont même droit au grand écran. Les producteurs doivent alors négocier les droits d'adaptation. Alain allait leur faire découvrir un ovni cinématographique : un chef-d'œuvre anonyme, sans aucun nom défilant au générique, réalisé en prises de vue directes et dont le scénariste/réalisateur/interprète était l'auteur du crime lui-même. Du jamais vu !

En bons fonctionnaires de police, ils mèneraient l'enquête pour retrouver ce dernier ; pas forcément pour qu'il soit rémunéré à sa juste valeur, mais pour lui régler son compte, à la demande d'un juge d'instruction armé du Code de procédure pénale.

Je savais que dans un second temps, mon frère Alain insisterait pour inscrire mon nom au générique : tout travail mérite reconnaissance... Mais ce serait surtout en vertu de la consigne que je lui avais donnée :

« Si tu te fais serrer par les flics, tu donnes la clef USB et tu me balances. C'est un ordre. »

- OK, OK, a repris Pascal, avec son sang-froid bien à lui. Donc à l'heure qu'il est, les flics ont déjà vu tes enregistrements et savent qui tu es. Donc ils doivent te rechercher. Qu'est-ce que tu comptes faire ?
- J'y réfléchis. Je vais improviser en partie. Mais une chose est sûre et certaine : je ne me mettrai pas en cavale.

Je leur ai expliqué que depuis le début de cette histoire, je m'étais préparé psychologiquement à cette éventualité.

J'étais prêt à payer le prix fort s'il le fallait. Malgré tous les dégâts collatéraux que cette situation entraînerait sur mes chères Namiz, Aliyah et Valérie, sur notre trio fraternel ainsi que sur notre business, j'étais prêt à retourner à la case prison.

Sans compter qu'il était impensable de laisser Alain se dépêtrer tout seul. Dans toutes les missions que j'avais eu l'occasion de remplir, je n'avais jamais laissé un homme derrière moi, encore moins à terre... même s'il fallait le porter sur mon dos pendant de longs kilomètres.

Certes, je lui avais déjà envoyé les premiers secours en la personne de Philippe van der Meulen. Mais mon Alain manquerait vite d'oxygène une fois arrivé devant le juge.

La femme d'Alain a appelé Pascal pour lui résumer le compte-rendu de l'avocat : son mari avait un coauteur qui se trouvait en fuite, et cela risquait de compliquer l'affaire.

J'ai fait savoir à mes frères ma préoccupation du moment : trouver un bon avocat qui puisse assurer ma défense dans le dossier.

Une idée avait déjà germé dans mon esprit : faire entrer dans la partie Maître Maude Marian, une belle et chic femme, honnête et très compétente. Bien que nous ayons une faible différence d'âge, Maude Marian avait été ma belle-mère virtuelle par le passé.

À l'époque, je m'étais présenté sans avocat à la convocation d'un juge, pour une menue affaire financière. Ce dernier m'avait alors proposé de choisir entre la case prison et une caution bien salée.

Bien sûr, je n'avais pas manqué de pimenter ma réponse, lui demandant d'abord pourquoi il parlait en francs alors que nous étions passés à l'euro, puis s'il voulait que je braque la Société générale ou le Crédit agricole pour honorer sa requête...

Ma proposition, bien que très raisonnable, n'ayant pas eu l'effet escompté, j'avais dû me résoudre à appeler papa Philippe. Celui-ci ayant une affaire de meurtre sur les bras m'avait orienté vers Maude Marian. Elle avait plaidé ma cause dès le lendemain...

Elle fut le rayon de soleil qui perça la fadeur de cette ennuyeuse journée d'audience. Développant ses arguments de défense d'une voix douce, posée, presque sensuelle, elle fit craquer le juge, qui se mit à la draguer ouvertement.

En réaction, Maude changea de ton immédiatement. D'une voix devenue sèche et sévère, elle démonta son raisonnement méthodiquement. Tout y passa : les arguments fallacieux du magistrat, les éléments à charge – qu'elle avait décortiqués en étudiant le dossier ligne par ligne – et l'intime conviction du juge.

Je sortis du tribunal fier comme un pape, au bras de mon avocate. Je ne manquai pas d'appeler mon papa Philippe, pour le remercier et le féliciter affectueusement.

Tous deux avaient formé un couple d'avocats redoutable durant des années. Et aussi un couple dans la vie... Malheureusement un jour, leur belle histoire dut prendre fin.

Je décidai donc de les remarier momentanément, comme au bon vieux temps. Philippe aurait Alain comme témoin, et moi je serais celui de Maude. Toutefois, je ne devais pas m'emballer : il fallait obtenir les consentements respectifs des ex futurs mariés.

Papa Philippe avait répondu par un grand « oui ». Belle-maman aussi... mais son « oui » venait de très loin, étant en vacances en Inde. Je me suis donc contenté de lui demander de brûler de l'encens pour moi aux pieds du grand Bouddha.

C'est bien connu : ce sont surtout les enfants qui trinquent lors des divorces. J'en étais d'ailleurs la preuve vivante.

Plus de 24 heures, sur mes 48 estimées avant l'arrestation, avaient déjà été consumées… Il fallait que je m'active.

J'avais expliqué avec des mots simples à ma chère et tendre que je risquais de m'absenter durant quelque temps pour régler des affaires judiciaires. Elle ne manqua pas de le vivre comme un choc : second gros effet collatéral...

J'avais contacté plusieurs amis avocats, et obtenu les réponses classiques des périodes entre Noël et le jour de l'An :

« Désolé Manu, ça aurait été avec plaisir, mais je suis à 5 000 kilomètres… »

Au fur et à mesure de mes prises de contact, un nom était ressorti plusieurs fois :

« Tente de joindre Hiba Rizkallah : c'est une bombe. Elle est peut-être sur Paris en ce moment… »

« J'ai peut-être une idée : appelle Maître Rizkallah : vous allez vous entendre… »

J'avais un nom, un téléphone, mais je préférais avoir l'avis du paternel :

« Très bon choix. Tu dois la connaître, elle a travaillé dans notre cabinet. »

J'ai lancé le coup d'envoi en composant le numéro. Elle a répondu aussitôt :

« Ok Monsieur Caldier. Je suis à Paris et disponible pour vous. Par contre, tant que vous n'êtes pas en garde à vue, je ne peux pas faire grand-chose. »

J'ai tout expliqué en détails. Par moment, j'ai pensé qu'elle devait me prendre pour un fou. Je lui ai précisé que mon ami était défendu par Philippe, qui pourrait lui confirmer mes dires.

Elle a proposé de reprendre contact vers 14 heures pour débriefer à nouveau et évoquer une possible stratégie.

« Parfait, lui ai-je répondu : à 14h30, je tiens une conférence de presse afin d'obtenir une couverture médiatique. En effet, je ne voudrais pas que certains écrivent tout et n'importe quoi... Alain a donné les vidéos à la police, moi je vais les donner aux médias. »

J'avais fixé le lieu de rendez-vous avec les médias à moins d'un kilomètre de la première DPJ : je comptais bien m'y rendre dans l'après-midi.

J'avais demandé à Pascal de rester avec moi pour mes dernières heures de liberté. J'avais choisi un lieu rempli de charme parisien : une bonne brasserie. C'est probablement à cet endroit que je dégusterais mon dernier repas d'homme libre...

Mon choix de me constituer prisonnier me semblait le plus judicieux. Cela impliquait de m'organiser méthodiquement pour sécuriser ma situation...

Les flics pouvaient en effet s'imaginer des choses fausses, notamment que je projette de libérer de force mon petit frère Alain. Or nous étions en plein plan Vigipirate, et tout le monde était sur les dents. Ça aurait été idiot de se faire flinguer devant un commissariat pour un malentendu...

J'ai donc pris contact avec la première DPJ, mais surtout avec le commandant de police Christine Follette, via sa ligne directe – mieux vaut éviter de passer par le standard dans ce genre de cas :

« Bonjour Commandant. Excusez-moi de vous déranger, mais je pense que vous me recherchez. Je ne tiens pas à vous faire perdre votre temps : je suis Emmanuel Caldier, alias Manu le Gitan. »

Long silence…

« C'est une plaisanterie ? »

J'ai dû me livrer à une seconde explication pour dissiper son incrédulité. Pendant qu'elle m'écoutait, la commandante voyait ma tête défiler sur son écran : elle avait mis certains passages de mes caméras cachées.

Elle a fini par réaliser qu'elle tenait bien Manu en chair et en os au bout de sa ligne. Elle n'en revenait pas.

Je lui ai rapidement fait connaître ma volonté de me constituer prisonnier pour m'expliquer sur les faits qui m'étaient reprochés.

- Sérieux, Manu ? Tu es vraiment sérieux ou c'est un leurre
- Absolument sérieux. Et je peux le prouver. Maître Hiba Rizkallah a d'ailleurs l'intention de m'accompagner.
- Très bien, je t'attends dès maintenant.
- Je suis tout à fait disposé à venir... à ceci près que je suis actuellement dans le 77.

Je n'ai pas menti : j'étais bien assis sur une banquette au fin fond de la brasserie située au numéro 77 ou 78 d'une rue parallèle à son bureau…

Nous avons discuté un long et bon moment : franchement, c'était une super commandante, une grande dame. Respect.

Nous étions tous les deux pris par le temps, moi par mon dernier repas et ma conférence de presse, elle par le cadre juridique dans lequel elle traitait le dossier : d'ici quelques heures, la garde à vue d'Alain toucherait à sa fin. Or on ne triche pas avec le timing, sinon c'est le vice de procédure.

Nous avons coupé la poire en deux et fixé notre rencontre à 16 heures.

À ce stade, j'avais encore la possibilité de changer d'avis. J'avais deux options : me constituer prisonnier avant 16 heures, histoire de bénéficier de deux ou trois heures pour mon interrogatoire avant le départ légal d'Alain ; puis nous faire emmener tous les deux au tribunal de grande instance de Paris devant un juge d'instruction. Ou alors attendre janvier 2018...

En effet, je n'avais encore aucun mandat d'arrêt officiel délivré contre moi, ni par un juge d'instruction, ni par un procureur de la République. On se trouvait en réalité au beau milieu d'un imbroglio judiciaire…

Autant dire que si je voulais faire la peau à ces deux salopards d'escrocs puis partir me planquer en Côte d'Ivoire durant quelques jours, c'était encore possible.

Je préférais de loin aller à la rescousse d'Alain. Et puis, j'avais donné ma parole à la commandante Christine : je n'allais pas faire marche arrière et rater ce rendez-vous galant.

Pascal avait assisté à ce coup de téléphone mémorable. Pour lui, c'était surréaliste. De stoïque, il était devenu stupéfait. Malgré le choc, avaient filtré de sa bouche quelques commentaires judicieux :

« Putain frère, rien n'est simple avec toi ! Depuis le début tu savais, c'est pour ça que tu voulais te pointer juste avant la fin du bal… »

Je lui ai répondu qu'avec un curriculum vitae comme le mien et mes années d'expériences sur le terrain, je pouvais être mon propre avocat. Il a souri :

« Oui, c'est sûr. Mais je t'avoue que je serais plus rassuré si c'était Maître Hiba Rizkallah qui te défendait. Elle, au moins, elle a de vrais diplômes. »

Nous avons déjeuné en tête à tête comme prévu. Puis j'ai appelé Hiba à l'heure convenue, lui rapportant ma discussion avec la commandante de police. Nous avons confirmé notre rendez-vous de 16 heures devant la première DPJ.

La conférence de presse a bien eu lieu, dans la bonne humeur comme à chaque fois. Tous les invités étaient présents et chacun a eu droit à sa petite clef USB bien chargée. J'allais partir en paix avec moi-même : j'étais assuré que si la justice m'enfermait, la vérité, elle, sortirait dans les kiosques à journaux.

Pascal m'a déposé le cœur triste devant la DPJ. Nous avons échangé une dernière bise de frangins. Ses yeux brillaient... Avant que ses premières larmes ne coulent, j'ai tenté un :

- Allez file, mon frère. Ça va aller…
- Ok j'y vais, frère. Mais avant, sache que quoi qu'il arrive, je suis là pour toi, pour ta femme, pour tes enfants. Vous ne manquerez de rien s'ils te gardent… »

Quand l'ancien braqueur Manu le Gitan joue les justiciers

Emmanuel Caldier, dit Manu le Gitan, est impliqué dans une rocambolesque affaire de séquestration. Avant de se rendre aux policiers, mercredi, il nous a assuré qu'il voulait seulement récupérer l'argent d'un ami escroqué.

D'un trait, Manu le Gitan nous livre sa vérité et descend un Vittel dans le même élan. Puis il déserte ce café populaire du XVIIIe arrondissement, sans un regard pour sa décoration : des photos noir et blanc des « Tontons flingueurs ». L'ancien braqueur va se rendre, comme promis, non sans avoir pris rendez-vous au 1er district de police judiciaire. Sa garde à vue commence mercredi à 16 heures précises. Ponctuel...

Emmanuel Caldier, 49 ans, dit Manu le Gitan, reprend ainsi le fil de son histoire contrariée avec la justice, telle qu'il l'a relatée dans un livre*. En février dernier, il eut droit à son quart d'heure de célébrité virale après avoir tenu tête à l'animateur Cyril Hanouna *(lire encadré)*.

Digne d'un film de gangsters

Le voici rattrapé par une affaire d'enlèvement et séquestration. Mais Manu voit les choses autrement : il voulait, dit-il, rendre justice à un ami escroqué d'une belle somme. La police fera le tri entre les versions. Mais d'ores et déjà, il apparaît que ce recouvrement n'a rien à envier à un film de gangsters.

Un soir de juin, Manu, responsable du personnel dans une importante société de solderie, dîne avec son patron. Celui-ci lui présente son ami Antoine. Au cours du dîner, la conversation glisse sur les déboires de ce dernier qui fait dans le photocopieur couleur mais dont les affaires palissent. Pour se refaire, Antoine aurait placé 140 000 euros chez un banquier occulte contre la promesse d'un rendement de 2 %... par mois ! Antoine aurait touché les dividendes jusqu'à ce que l'homme providentiel disparaisse avec le restant de ses économies. Voilà des mois que, proche du *nervous breakdown*, Antoine tente de récupérer sa mise. Manu propose alors ses services pour « mettre un petit coup de pression ». Encore faut-il retrouver l'escroc présumé. D'où son voyage à Agadir, au Maroc, là où vit l'intermédiaire ayant facilité le placement. En novembre, le chargé de recouvrement frappe à sa porte et lui laisse le choix : soit collaborer, soit collaborer.

Selon le piège imaginé par Manu le Gitan, l'intermédiaire devra le présenter comme un homme d'affaires, « cinquième fortune de Belgique », bien décidé à frauder le fisc. « J'ai dit que mes 600 000 euros en liquide provenaient d'honoraires sur la vente d'hélicoptères à un pays africain », témoigne l'intéressé. C'est ainsi qu'est retrouvée aux Antilles la trace du banquier occulte. Celui-ci charge son fils, jeune directeur d'une société parisienne spécialisée dans le recyclage des déchets, de rencontrer l'investisseur et de formaliser le contrat.

De son côté, Manu le Gitan soigne sa mise. Il commence par louer une Maserati avec chauffeur avant d'inviter le fils à le rencontrer dans l'un des plus grands hôtels de Liège, en Belgique. Le 1er décembre, la discussion s'engage dans une suite devant une imposante cheminée. Pour prouver le caractère frauduleux de la transaction, tous les échanges sont enregistrés grâce à... une montre caméra et à une horloge munie d'un minuscule objectif posée sur un meuble !

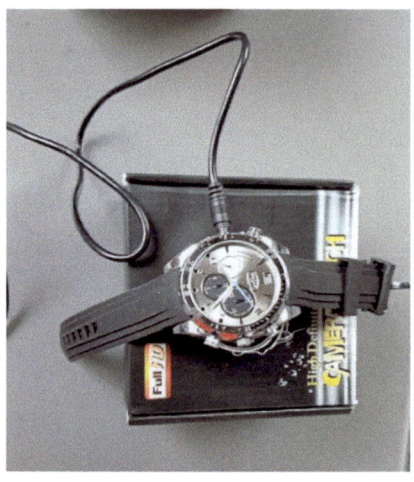

Une victime pieds et poings liés

La remise d'argent doit avoir lieu à Paris dans un luxueux appartement de la porte d'Auteuil (loué pour l'occasion). Là encore tout est filmé. Le 20 décembre, à 11h45, le jeune homme se présente avec son sac de sport noir destiné à accueillir les coupures de 500, 200 et 100 euros. A peine a-t-il franchi les portes du salon à la lumière tamisée que trois hommes cagoulés l'immobilisent sur le canapé, lui liant les membres avec du ruban adhésif. Dans la mêlée, la victime est blessée à l'oreille par la crosse d'un pistolet (il s'agirait d'une arme factice). Le fils est maintenant contraint d'appeler son père :

« Allô, Papa, ça se passe très mal. Ça se passe super mal... »

Manu le Gitan confisque le téléphone.

« Tu vas savoir comment je m'appelle ! Moi, c'est pas les oeuvres sociales ! Tu veux vraiment qu'on se fâche ? » Et d'égrener les sommes dues à l'euro près.

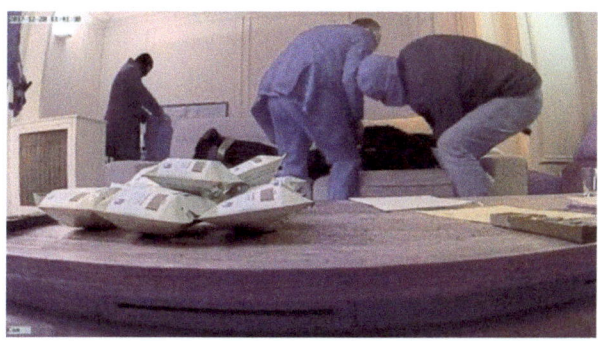

Le fils signe finalement quatre chèques de société en échange de sa liberté, le temps d'une dernière Camel fumée avec ses tourmenteurs. Mais, peu en phase avec les codes du milieu, il dépose aussitôt plainte au commissariat. Le lendemain de Noël, Antoine, l'homme du prêt initial, est arrêté par la PJ pour son implication présumée dans le rapt. Manu, lui, se livre le lendemain après un dernier Vittel.

Jeudi, il a été présenté à une juge d'instruction manifestement peu convaincue du caractère chevaleresque de ce recouvrement. Quant au parquet, il demandait l'incarcération d'Antoine et de Manu le Gitan. Ce dernier a été écroué dans la soirée.

* « *Moi, Manu le Gitan* », d'Emmanuel Caldier, Ed. Flammarion.2004.

Eric Pelletier (avec Hugues Pascot), « Quand l'ancien braqueur Manu le Gitan joue les justiciers », *Le Parisien*, 29 Décembre 2017 https://www.leparisien.fr/faits-divers/quand-manu-le-gitan-joue-les-justiciers-29-12-2017-7475424.php (Consulté le 01/08/2024)

Manu le gitan raconte son dernier "bon plan" à notre reporter Michel Mary…

Arnaques, séquestration et caméras cachées

Il a encore voulu rendre service, Manu le gitan au grand cœur. Mais il n'a pas les bonnes manières…

C'est un sacré personnage qui s'installe en face de moi ce soir de décembre, dans un restaurant parisien. Crâne dégarni, épaules larges, Emmanuel Caldier n'a pas trop changé depuis notre dernière rencontre, il y a deux ans. A l'époque, celui que l'on surnomme "Manu le gitan" m'avait expliqué s'être définitivement rangé des voitures. Visiblement, il n'a pas tout à fait tenu sa promesse.

Manu a la tête des mauvais jours. Il a des ennuis, de gros ennuis. Et quand Manu le gitan fait des bêtises, il ne fait pas les choses à moitié ! Les lecteurs de *Détective* se rappellent peut-être de l'article que je lui avais consacré en 2003, alors qu'il livrait un véritable guerre à la mairie de sa ville.

A l'époque, sa compagne avait été renversée par une voiture devant chez lui. Manu réclamait l'installation d'un ralentisseur. Et comme il trouvait que ça trainait un peu, il avait lui-même fait couler plusieurs tonnes de béton, pour fabriquer une "chicane artisanale" sur la chaussée ! Du Manu tout craché. Un type au grand cœur, intelligent, mais du genre à "foncer dans le tas" sans songer aux conséquences.

Ce soir de fin d'année, attablé devant une belle pièce de viande, il me raconte sa dernière mésaventure. En commençant par la conclusion " Demain soir, Michel, je dormirai sans doute en taule…"

Le type lui explique qu'il est au bord du gouffre

L'affaire débute en juin dernier. Manu rencontre un certain Alain lors d'un dîner. Au cours du repas, Alain évoque ses déboires. En difficulté dans ses affaires, il a placé de l'argent chez un soi-disant banquier, qui lui promettait un rendement de 3% par mois. Il a misé 140 000 euros, encaissé ses dividendes pendant quelques mois, puis l'homme providentiel a disparu du jour au lendemain. Depuis, Alain est au bord du gouffre, moral et financier.

Manu, dont le caractère chevaleresque n'est plus à prouver, est révolté par l'arnaque. Il enfile son armure, monte sur son cheval blanc, et promet à Alain qu'il va l'aider à récupérer son argent. Le début des emmerdes pour notre "Robin des bois de l'Essonne".

Prêt à aligner 600 000 euros !

En septembre, après une petite enquête, Manu retrouve la trace non pas du fameux "banquier", mais d'un de ses intermédiaires, au Maroc. Deux heures d'avion plus tard, on frappe à la porte d'une chambre d'hôtel d'Agadir. C'est Manu le gitan ! L'intermédiaire est gentiment secoué. Puis Manu lui explique son plan. Fermement. C'est ainsi que dans la foulée, le banquier reçoit un coup de fil de son homme de main, qui lui dit avoir ferré un nouveau pigeon pour la combine des 3%. Et du tout premier choix ! La cinquième fortune de Belgique ! Le nigaud serait prêt à aligner 600 000 euros !

Par l'odeur du fric alléché, le "banquier" met son propre fils sur le coup. Rendez-vous est pris à Liège. La suite est digne d'un film d'espionnage…

Persuadé de tenir le coup du siècle !

Dans la suite d'un palace liégeois, voici donc nos deux personnages. D'un côté, le faux pigeon, à savoir Manu le gitan. Et de l'autre l'apprenti-escroc, avide de marcher dans les traces de son père. Pour l'occasion, Manu a sorti le grand jeu, jusqu'à louer une Maserati avec chauffeur, pour mieux se fondre dans le personnage ! En face, le jeune homme ne mord pas seulement à l'hameçon, il avale toute la ligne ! Un nouveau rendez-vous est pris pour finaliser la transaction, le 20 décembre, dans un appartement de la porte d'Auteuil. Le jour J, le fils du "banquier" se rend sur place, persuadé de tenir le coup du siècle. Là, mauvaise surprise. En guise de comité d'accueil, trois gros bras cagoulés !

Dont Manu, qui tombe le masque et exige l'argent de son pote Alain. Tout de suite. Dépassé par les événements, l'otage appelle son père en pleurant : "Allô papa, ça se passe mal, super mal…"
Venu avec un sac de sport, dans l'espoir d'y empaqueter 600 000 euros en petites coupures, le jeune homme se retrouve à plat ventre sur un canapé, les mains ligotées derrière le dos, et une arme (factice) sur la tempe…

A cet instant du récit, j'interromps Manu. Tout cela commence à faire beaucoup. Je lui demande gentiment s'il n'en rajouterait pas un peu, histoire d'offrir au reporter que je suis une "bonne affaire". "Tu ne me crois pas ? Bah regarde !"

Puis il pose sur la table une tablette numérique, et lance une séquence vidéo. Sur le film, tout y est. Les trois hommes cagoulés, l'otage ligoté. Les dialogues sont savoureux, notamment lorsque Manu prend le téléphone, et s'adresse directement au banquier.

"Tu vas savoir comment je m'appelle ! Moi, c'est pas les œuvres sociales ! Tu veux vraiment qu'on se fâche ? Si tu payes pas, on coupe les doigts de ton rejeton avec un sécateur !"

La séquence dure près d'une heure, au terme de laquelle l'otage signe plusieurs chèques de société, avant d'être libéré. Il ira porter plainte au commissariat, quelques heures plus tard.

"Tu as passé l'âge de partir en cavale…"

Manu s'interrompt un instant.
Nous en sommes au dessert. Je repose la tablette et le regarde, un peu stupéfait.
- Et alors, on en est où ?
- Alain est en garde à vue depuis ce matin

Puis il me demande mon avis sur ce qu'il devrait faire désormais. Moi, je ne vois qu'une seule solution : se rendre.

"Ça ne t'évitera sûrement pas une escale en prison, mais tu as passé l'âge de partir en cavale, non ? Pour le reste, il faudra déposer plainte contre les escrocs, mais pour l'heure, c'est toi qu'on recherche…"
Le lendemain Manu, s'est présenté à la Police judiciaire, il a été placé en garde à vue, puis déféré et écroué à Fleury-Mérogis.

Avant de me quitter, ce soir-là, il a tenu à me préciser qu'il n'avait rien touché pour aider Alain, pas de commission, pas d'intérêts. Mais qu'il ait agi par pure générosité ou non, Manu a franchi la ligne rouge une fois de plus. Ce n'est pas seulement sur la route devant chez lui qu'il aurait dû installer un ralentisseur. En mettre un dans sa vie, ça aurait peut-être été une bonne idée…

Michel Mary, «Arnaques, séquestration et caméras cachées»,
Le nouveau Détective, 10 Janvier 2018

J'avais face à moi une forteresse gardée par trois plantons armés jusqu'aux dents. Par les temps qui courent, avec les fous furieux qui ont déclaré la guerre à notre France, la police censée nous protéger a visiblement elle-même besoin d'être protégée. Tout devient si compliqué de nos jours…

J'ai scruté autour de moi, à droite, à gauche, pour tenter d'apercevoir Maître Hiba. Elle était d'autant plus difficile à repérer que je n'avais jamais vu son visage et qu'elle n'avait pas de raison de venir en robe noire.

Pas possible non plus de lui envoyer un SMS : j'étais venu les mains vides, sans téléphone, ni même un trousseau de clefs. Seuls étaient venus avec moi mon passeport, un petit sac de voyage avec quelques fringues, et quelques clopes. Quand on a un peu de bouteille, on sait qu'après la case GAV vient souvent la case prison, alors on est prévoyant....

Maître Hiba devait avoir du retard. À moins qu'elle ne soit déjà entrée dans la forteresse : je décidai de franchir la porte de celle-ci.

Mais je fus arrêté net par un garde hiératique. Je devais montrer patte blanche.

– Bonjour, je suis Monsieur Caldier. J'ai rendez-vous à 16 heures avec la commandante Christine Follet de la première DPJ.
– Avez-vous une pièce d'identité, Monsieur Caldier ?

J'ai tendu mon passeport. L'accueil était assuré par une joyeuse équipe de gardiens de la paix : ça rigolait dur. J'avais raté le début de leur conversation, mais ils avaient l'air de se remémorer une soirée passée tous ensemble.

Ils me laissaient végéter dans un coin de leur poulailler, visiblement peu pressés de prévenir la Commandante de mon arrivée. Je suis revenu à la charge quelques minutes plus tard, mais en mode Manu le Gitan :

« Excusez-moi, monsieur : pouvez-vous prévenir le service de la première DPJ que je suis arrivé ? C'est très important, je suis là pour une histoire à 600 000 euros, avec séquestration, extorsion de fonds, arme et compagnie. »

Avec une assurance toute juvénile, le gardien de la paix a rétorqué :

« Écoutez Maître, ici les avocats sont à la même enseigne que tout le monde. Votre tour va arriver, vous voyez bien que nous sommes occupés. »

Cela me fit très plaisir d'être reconnu à ma juste valeur. Cependant j'estimais que ce jeune-là avait encore du chemin à faire. Pour être un bon flic, il faut développer son sens de l'observation. Or il faut bien admettre qu'un avocat débarquant avec un sac de sport à la Première DPJ, c'est plutôt rare.

Cas de force majeur oblige, je lui ai parlé avec mes mots :

« Écoute, si tu ne tiens pas à te faire muter à Lamotte-Beuvron, décroche ton putain de téléphone et préviens de suite la Commandante que Manu est là pour s'expliquer sur le kidnapping qu'il a commis. »

Grand silence dans le poulailler...

L'aile tremblante, il a fini par s'exécuter. Un des officiers du service est venu me chercher, et nous nous sommes rendus dans les bureaux de la première DPJ où, enfin, il m'a été indiqué que ma garde à vue commençait.

Étant rompu à l'exercice, je n'ai pas attendu qu'ils me demandent mon état civil pour tout débiter. L'officier m'a demandé de ralentir le rythme... Puis j'ai eu droit à deux heures d'interrogatoire, auquel j'ai répondu avec le plus de clarté possible.

Enfin, après quelques signatures en bas des procès-verbaux, nous avons pris la direction de la cellule d'attente.

J'y ai retrouvé mon Alain avec le plus grand bonheur. Le pauvre était en vrac, froissé des pieds à la tête. Il était là depuis près de 48 heures...

Il m'a demandé ce qui allait se passer. Vu l'heure, je prévoyais un petit repas offert par la police, et, si nous avions de la chance, un café. D'ici quelques heures nous signerions la fin de notre garde à vue et embarquerions à bord d'un taxi équipé de gyrophares, direction le Palais de justice de Paris.

Comme le juge serait probablement en famille lors de notre arrivée, on se ferait sûrement offrir une chambre dans la souricière du palais.

C'est exactement ce qui s'est passé. On a négocié une chambre pour deux, avec des lits en duplex. On était loin de notre suite nuptiale de l'hôtel cinq étoiles de Liège : notre mission s'était bien terminée en low cost.

Comme dans tout hôtel qui se respecte, on nous a demandé de libérer notre chambre le lendemain avant midi. Vers 11 heures, les escortes du palais sont venues nous chercher pour nous amener auprès du juge d'instruction.

Et c'est là que je me suis retrouvé pour la première fois face à la personne qui allait décider de mon destin.

Immédiatement, j'ai compris que cela se passerait mal pour nous.

De ce bureau sinistre émanait l'odeur de la mort, la juge d'instruction me tirait une tête d'enterrement.

À sa gauche, la greffière, tenant sous ses mains un clavier – ou une faux, question de point de vue –, semblait prête à faire couler l'encre (ou le sang ?) sur un faire-part contenant tous les détails de mon état civil.

C'était tellement glacial que l'on se croyait dans une morgue en Antarctique, à ceci près qu'il n'y avait clairement plus rien à pêcher. Il ne manquait plus que le médecin légiste pour examiner les restes éparpillés que lui laisseraient de moi la juge et son acolyte la faucheuse...

Peut-être la juge était-elle attristée de constater que je n'avais aucune ressemblance physique avec ceux qui avaient tenu le premier rôle dans *James Bond* ? Elle avait dû tellement fantasmer en regardant tous les 007, et espérer en vain se taper un beau mec... Après avoir lu et relu, pendant près de 48 heures le scénario avec grande attention, elle avait donc dû se dire que le casting concernant l'acteur principal n'était pas à la hauteur.

À moins qu'elle n'ait rêvé de me voir débarquer en collants moulants, arc et flèches à la main, après avoir lu certains articles de presse me décrivant comme un Robin des Bois des temps modernes ?

Mais non : il n'y avait au programme de ce jour que moi-même, venu en Emmanuel Caldier alias Manu le Gitan et contre mon gré...

Heureusement pour moi, j'étais très bien accompagné – sur ce coup-là, la juge pouvait bien admettre qu'ils ne s'étaient pas plantés sur le casting.

C'est ainsi que, digne d'avoir le premier rôle aux côtés de 007, belle, intelligente, redoutable et vêtue de noir pour coller à l'ambiance, celle qui était à mes côtés répondait au doux nom de maître Hiba Rizkallah alias ma *James Bond girl*.

Indiquant d'emblée que je l'avais désignée pour assurer ma défense, Hiba fit comprendre qu'elle ne laisserait personne m'enterrer vivant.

Au début, je me suis senti un peu soumis à l'appeler « Maître » – mais comme pour beaucoup de choses, cela ne fait mal que la première fois.

L'autre image qui me frappa violemment l'esprit allait déterminer toute la suite de ma vision de l'instruction : la dame assise en face de moi, aux antipodes de ma justicière, ressemblait fortement à une mère fouettarde vêtue de latex.

À une chose près : sa gaine couleur chair semblait plutôt avoir été achetée chez Damart ou *Les 3 suisses,* section « Spécial grands-mères » supplément « Culottes d'avant-guerre ».

Cette petite perverse vicieuse, aussi aimable que la porte de la cage où elle voulait m'enfermer, me précisa que tous nos ébats et débats seraient filmés, non pas dans un but cinématographique pour public majeur mais parce que c'était conforme à la loi.

Puis elle demanda à ma justicière et avocate, maître Rizkallah, de ne pas nous interrompre : elle lui donnerait la parole à la fin de nos actes.

J'avais vraiment l'impression d'être arrivé, menottes aux poignets et accompagné de mon maître, à une soirée sadomaso nommée le « Club d'Elsa la dominatrice ».

Nous n'en étions qu'à notre premier rendez-vous, les présentations à peine faites, qu'elle me dévoila les trois services offerts par son club :

« Vous pouvez faire une déclaration spontanée. »

Ou « Vous répondez à mes questions. »

Ou « Vous pouvez garder le silence. »

Des noms de code pour les non-initiés signifiant :

« Je la domine et elle se tait. »

Ou « Je suis soumis et lui réponds. »

Ou « Je reste muet et bâillonné. »

Il ne fallait pas se tromper, sous peine d'affronter le mauvais fantasme !

Il appartiendrait ensuite à mon maître de conclure.

Quelle que soit la manière dont la séance allait se dérouler, une chose était sûre : avec Elsa la dominatrice, je me retrouverais dans la cages des supplices.

Seulement, elle s'était trompée de client : ma seule envie à moi était de la dominer elle, façon barbare du Moyen Âge sur la peau de bête recouverte de sang devant la cheminée...

Mon maître Hiba Rizkallah finirait le travail en la faisant couiner de colère jusqu'à l'extinction de voix à vie.

J'étais impatient de voir la maîtresse des lieux sortir de ses gonds et rougir à prendre feu. Peut-être serait-ce cela, son apothéose...

J'ai donc enfilé ma plus belle tenue de dominateur pour soumettre Elsa la dominatrice à mes déclarations spontanées.

Alors, mon organe vocal s'est mis à débiter, sur un rythme puissant et viril, le déroulement du film que je tenais à lui imposer. Il fallait absolument qu'elle m'écoute jusqu'au bout, que je lui pénètre le cerveau pour qu'elle enregistre bien...

À plusieurs reprises, je fus interrompu dans mon action par les gémissements de la greffière. Jalouse, elle semblait elle aussi désirer mon attention et vouloir se joindre à nos ébats pour former un trio.

Si mon organe avait de quoi les satisfaire toutes les deux, ses petits doigts n'arrivaient pas à suivre – sûrement par manque de pratique. Alors elle me supplia de ralentir pour ne pas en perdre une goutte : n'ayant jamais assisté à une scène aussi pénétrante, elle se devait de tout retransmettre par écrit dans le procès-verbal d'audition !

J'ai donc ralenti ma cadence, lui laissant l'occasion de savourer chaque instant et de bien coucher mon récit sur le papier.

Elsa la dominatrice reprit ensuite les rennes avec un claquement assourdissant. Verdict : elle allait m'envoyer derrière les barreaux !

Après une telle prestation, j'attendais au moins qu'elle me place à l'isolement, au VIP. Mais droite comme la justice, sèche comme un coup de trique, elle me répondit que cela n'était pas de son ressort.

Je commençai à me poser des questions sur sa formation en droit : en sept ans d'études n'avait-elle pas eu le temps de tourner les pages du Code pénal ? À moins que ce ne soit une simple dyslexie passagère lui faisant confondre le P avec le V de Vénal.

Je commençais à être un peu inquiet sur la suite du programme que me réservait Elsa la dominatrice : Bienvenue au club !

CHAPITRE 10

Réincarcération

Mon maître avait plaidé ma cause, mais face à Elsa la dominatrice, ça avait été compliqué. Difficile de faire entendre les choses à une personne qui fait la sourde oreille et nie l'évidence.

Malgré ses efforts et ma prestation, mon maître n'avait donc pas pu m'éviter la cage des supplices.

Le juge des libertés et le procureur suivirent sans détour les consignes du juge d'instruction, m'amenant donc à quitter le Palais de justice dans un carrosse cellulaire, direction la prison de Fleury-Mérogis.

Mon petit frère Alain n'avait pas eu plus de faveurs. Pourtant, beaucoup de juges d'instruction lui auraient accordé toutes les circonstances atténuantes. Pour lui éviter la prison, ils auraient proposé des solutions alternatives : bracelet électronique, assignation à résidence, contrôle judiciaire ou encore la caution, justement prévue à cet effet.

Il n'avait pour seule solution qu'un billet aller simple pour la prison de Nanterre.

Mon père spirituel Philippe van der Meulen, qui assurait sa défense, avait eu les mêmes problèmes que mon maître Hiba Rizkallah à se faire entendre.

Arrivé à Fleury, j'ai commencé le parcours du combattant : la fouille, les empreintes, la paperasse, avant d'être installé dans le quartier des arrivants où on allait m'expliquer le fonctionnement.

Ils ont bien fait car depuis 2001, les choses avaient bien évolué : plus d'humanité, je dirais même plus de courtoisie !

J'ai aussi reçu les premiers cadeaux, avec le paquetage de survie des premiers jours : un bon de cantine (pour faire notre première commande, malgré le choix très limité – ça dépanne bien, avec par exemple de la Ricoré, du sucre, etc.), un nécessaire de toilette, un timbre et de quoi écrire ; sans oublier la paire de draps rêches et la fameuse couverture qui gratte bien.

Tout cela suivi de la petite visite médicale, puis de l'entretien avec le SPIP – un service éducatif qui est là pour vous aider et vous soutenir tout au long de la détention.

Le dernier obstacle à sauter dans ce parcours du combattant : le face-à-face avec le chef responsable, qui va vous orienter vers votre bâtiment, en fonction de votre profil.

Les présentations ont vite été faites : le chef avait le journal du *Parisien* du jour posé sur le coin de son bureau.

J'ai constaté que pendant que je me faisais fouetter par Elsa la dominatrice, Eric Pelletier, lui, s'était mis au boulot et à l'écriture de mes derniers exploits.

Pendant que j'appréciais ma première nuit dans le quartier

arrivant de Fleury, les rotatives du *Parisien* avaient dû tourner dur : j'avais eu droit à une page complète avec photo relatant l'affaire : extraordinaire !

J'en ai profité pour lui expliquer que ma juge était la seule de France à oser dire que le placement à l'isolement n'était pas de son ressort. Je lui ai précisé qu'elle avait dû étudier sur le code de procédure vénale...

Notre entretien s'est avéré très positif et le chef a signé mon billet d'entrée au quartier d'isolement.

Quelques minutes plus tard, j'ai été téléporté au bâtiment D4 où se trouve le quartier VIP.

Ce n'était pas sans me rappeler ma dernière visite, qui avait été organisée par le juge Eric Halphen en 2001. Le quartier d'isolement était basé au bâtiment D5 à l'époque : j'y avais passé près de dix-huit mois et j'en avais gardé un très bon souvenir.

J'ai été reçu par une équipe de surveillants plutôt souriants – le sourire légendaire des Dom-Tom. Comme lors d'une arrivée au Club Med, tous ces gentils organisateurs accompagnés par leur chef m'ont fait la visite des lieux et expliqué le programme :

« Ici, c'est la bibliothèque, ici la cabine téléphonique, là-bas la salle de sport ; et au fond, les cours de promenade ».

Plutôt sympathique le cadre, et surtout, bien présenté...

« Ici votre cellule : on va faire un petit état des lieux ».

J'ai trouvé une cellule très propre, bien meublée façon Ikea, simple et rationnelle. Un ministudio avec kitchenette non équipée, la petite penderie, le bureau, la chaise, le lit, les WC fermés...

Moi qui m'attendais à des toilettes panoramiques avec vue sur la chambre et la cuisine, j'ai aussi découvert, à ma grande surprise, qu'une douche se cachait du côté des WC.

C'était même mieux qu'à l'hôtel Formule 1 – où on doit pisser et se doucher sur le palier, sans compter l'interdiction de cuisiner dans les chambres.

Je n'ai ni signé de bail, ni dû appeler Stan pour le dépôt de caution : ma juge Elsa Johnstone s'était portée garante !

Puis, on m'a annoncé que j'allais rencontrer le grand chef du quartier d'isolement le lendemain.

Pour l'heure, il était temps de fermer le rideau, ou plutôt les barreaux.

Lorsque l'heure de la rencontre est arrivée, j'ai pu dans un premier temps constater que le chef était grand par la taille – un bon mètre quatre-vingt-dix, et bien en forme physiquement.

Dans un deuxième temps, j'ai aussi constaté qu'il était grand par l'esprit et en très bonne forme mentale. Une main de velours dans un gant d'acier côté bras gauche, et de l'autre, une main d'acier dans un gant de velours...

Un très grand homme, ce Monsieur Gomez. Un vieux de la vieille comme on n'en fait plus. Si jusque-là on ne m'avait pas demandé de garanties pour la location de la cellule, je me suis empressé de lui donner des garanties sur mon comportement de locataire :

« Monsieur Gomez, je suis arrivé là un peu par accident, pour six mois je pense, peut-être un an. Je ne compte pas vous créer de problèmes : à ce jour je suis un papy ! Je n'ai jamais pris un rapport d'incident en près de dix ans de prison ferme... sauf en 1994 pour l'évasion de la prison de Fresnes. »

Il m'a expliqué qu'il connaissait mes antécédents, comme ceux de tous les détenus qu'il avait sous sa responsabilité à l'étage. Puis il m'a expliqué le fonctionnement, m'indiquant qu'au moindre problème je pouvais demander à le voir...

Un entretien clair et net, très humain. Top chef !

Il ne m'avait pas reçu avec le café et les petits gâteaux, il avait fait mieux.

Lorsqu'on commande un article en prison, cela peut mettre quinze jours. Dans mon baluchon, je n'avais pas emmené le café, juste les cigarettes ; et très vite, j'étais arrivé au bout de ma boîte de Ricoré achetée sur le bon de commande arrivant.

Alors Monsieur Gomez, alias top chef, m'a offert un pot de Nescafé décaféiné pour tenir le coup !

Je n'ai jamais osé lui demander s'il m'avait payé le café de la semaine en mode décaféiné, de peur que la caféine ne me monte à la tête.

Une fois le pot vide, je l'ai recyclé pour y ranger mes stylos Bic. Il m'avait donc aussi offert le premier objet déco de mon nouveau logement... Pour moi, c'était très symbolique.

Je comptais bien sortir avec lors de ma libération, en souvenir de cet homme qui avait une grande bonté d'âme et des valeurs profondément humaines.

J'ai terminé l'année 2017 à Fleury. Quelques jours après, j'allais y commencer 2018.

Samedi 30 décembre. Un des surveillants arrive à ma porte pour me demander de me préparer : je vais avoir une visite.

Cela me semble louche... Je ne vois pas Elsa la dominatrice délivrer des permis de visites en un temps aussi record.

De toute façon, j'ai déjà envisagé qu'elle traîne les pieds un bon moment sur le sujet...

À ma grande surprise, j'ai découvert Maître Hiba Rizkallah en chair et en os :

« Vous n'avez pas de mec ? Pas d'amis, pas de famille, pour venir en plein week-end de fêtes ? Vous aviez le temps, on aurait pu se voir après les fêtes ! »

Tranquille la nana, elle m'a renvoyé en pleine tronche :

« Pour votre information, j'ai un conjoint, une famille, des amis, mais aussi des clients. Mon devoir était de venir m'entretenir avec vous, Monsieur Caldier – ou dois-je dire Monsieur Manu le Gitan ?! La fête c'est le 31 décembre, j'ai le temps d'enfiler ma robe de soirée et mes escarpins ! »

J'ai pu à nouveau constater que ma jeune avocate ne lâchait jamais le morceau : très rassurant pour la suite.

Nous avons passé près de deux heures à repasser toutes les scènes au ralenti. Je lui ai dit qu'en près de 35 ans de carrière judiciaire, je n'avais jamais vécu un tel moment de solitude. Aucun juge français n'avait eu un tel comportement à mon égard : sournoise, provocatrice, castratrice.

Elle m'a tout de suite rassuré : elle non plus ne comprenait pas cette attitude vis-à-vis de moi. En sept ou huit ans de carrière, elle n'avait jamais connu cela non plus.

Je lui ai tout de suite indiqué qu'Elsa Johnstone n'avait jamais été l'une de mes concubines ou maîtresses, tout en lui expliquant le pourquoi du comment compte tenu de mon passif. Son physique typique de la petite anglaise étriquée au caractère aigri de vieille fille : un vrai antidote contre l'amour !

Je lui ai demandé de bien vouloir rassurer Namiz, Pascal, Stan, Polo et tous mes autres amis sur mon état moral et physique ; ainsi que sur mes conditions de vie dans mon nouvel hôtel, auquel j'avais déjà attribué une étoile pour le confort des chambres et deux étoiles pour le service de sécurité.

Sans faire exprès, Maître Hiba Rizkallah, *James Bond girl* par excellence, avait un peu enflammé le quartier d'isolement. Une boule de feu brûlante de féminité avait atterri dans le froid de l'univers carcéral.

Dans ce lieu où souvent toutes les sensations et émotions des hommes sont multipliées par cent, une agréable et douce odeur de parfum avait envahi le couloir. Le silence du lieu était interrompu par le bruit sexy de ses talons claquant sur le sol vers la sortie, pour le plus grand désarroi de ses occupants...

Ce fut l'occasion, pour certains de mes anges gardiens venus prendre leur service avec leur sang chaud des îles, d'ajouter une belle touche d'humour : « Caldier, je vais vous faire une grosse fouille de cellule aujourd'hui afin de trouver le 06 de votre avocate !!! C'est un ordre venu direct du ministère de la Justice. »

Contrairement à ce que certaines personnes racontent, qu'on les appelle « surveillants » ou « matons », ce ne sont pas à 99 % des vilains tortionnaires. Ce sont des hommes, avec leur sensibilité avant tout, et qui ont choisi de bosser là.

C'est sûr que dès le premier jour, on n'allait pas se faire la bise. Ni pendant la durée du séjour d'ailleurs. Mais il y avait de grandes chances pour que je leur serre la main le jour de ma libération en leur disant :

« Au plaisir de vous revoir autour d'un café : mais pas ici les mecs, à la terrasse d'une brasserie parisienne ! »

Comme dans toutes les situations où il y a une réglementation, quelle qu'elle soit, il y a une hiérarchie. Que ce soit dans l'armée ou dans un autre monde professionnel, on dirige ou on est dirigé. Or bien souvent, soit on dirige l'échelon inférieur, soit on est dirigé par l'échelon supérieur. Sinon ce serait l'anarchie complète.

Lorsqu'enfant on partait en colonie de vacances, on écoutait les moniteurs. Celui qui fait de même en prison n'aura jamais de problème : il y a un règlement, je le respecte.

Les temps ont évolué. Aujourd'hui, même un flic à qui on reproche d'avoir fait une arrestation un peu brusque a vite fait de se retrouver au tapis vert et devant un juge. Et pendant ce temps, un de ses collègues se fait caillasser lors d'un contrôle de routine et c'est tout juste si sa hiérarchie ne lui reproche pas d'avoir pris un pansement dans la boîte à pharmacie du commissariat pour se soigner... au prétexte de restrictions budgétaires.

Côté pénitentiaire, pour eux c'est la gare terminus de la longue ligne de la délinquance. Comme des chefs de gare, ils sont juste armés de leur bite et de leur couteau, « fourni » par le ministère de la Justice.

Par moment, ils doivent faire face à des individus que le ministère de l'Intérieur a dû interpeller en envoyant des armées du type GIGN, tellement les mecs sont dangereux...

Pour les arrêter en marche sur leur ligne de conduite, il a fallu un commando armé... mais pour les garder en pension complète à l'année, on déguise des surveillants avec des panoplies d'agents SNCF !

C'est déjà dur d'éviter les conflits, de régler les problèmes avec un jeune adolescent de quinze ans qui fantasme d'aller rejoindre sa petite copine peut-être encore vierge ; alors je vous laisse imaginer le mec qui rêve et fantasme d'aller retrouver quarante vierges qui l'attendent au paradis...

Ça doit être très compliqué à gérer, surtout quand on n'a qu'une bite – car les surveillants n'ont même pas le droit au couteau : ce dernier est réservé aux détenus.

Un grand homme m'a dit un jour, lorsque j'étais un tout petit petit homme :

« Si tu veux être respecté, respecte les autres. »

Or très souvent mes anges gardiens étaient habitués à ce qu'on leur leur attribue des surnoms pas très glorifiants, à consonances volatiles. Moi, si je devais en distribuer à mes geôliers façon Manu, ils seraient plutôt flatteurs et bon enfant :

- « Top chef Monsieur Gomez » pour le big boss du quartier, alias « Le Géant bleu ». Lui aussi avait du grain à moudre (et pas du tendre et doux maïs), pour arriver à gérer ceux qui avaient un grain de folie afin de les mettre en « boîte »... avec diplomatie, et sans les avoiner. Il avait un planning bien plus chargé que le Géant vert.
Sans oublier ses trois fidèles lieutenants :

- « Barrette rouge » : ça fait pirate, mais c'était juste son grade. Il n'avait pas de crochet en guise de main mais plutôt la main sur le cœur ; et encore moins de jambe de bois pour le freiner lorsqu'on avait un problème ! Difficile en effet de s'accrocher avec lui : il tentait toujours de faire de son mieux...

- « Le Petit Barbu » : il n'avait rien du bobo qui a suivi la dernière mode de la barbe, ni du terroriste – même si on disait de lui que c'était une bombe. Toujours agréable, calme et posé : c'était le frère jumeau de barrette rouge ! Si, en sortant de Fleury, notre Président m'offrait un poste au ministère de la Justice, je lui expédierais discrètement un liseré rouge car il l'avait mérité sans aucun doute.

- « Monsieur Règlement » alias « Monsieur Géo Trouvetou » pour le troisième gradé. C'était le frère triplé des deux jumeaux – c'est de famille : ils avaient les mêmes qualités humaines. Profil typique du militaire : grand, sec, collier de barbe, ça doit être carré.

Avec lui, une demande donnait à tous les coups une réponse remplie d'explications sur la réglementation... avec en prime les petits alinéas, voire la date d'application du décret.

Et son fameux « mais » qui tue ou fait flipper ! Mais on s'y faisait, car le « mais » voulait dire oui, parce qu'il trouvait toujours la solution... « mais » dans le règlement !

Sans oublier, derrière le trio de tête, l'armée de soldats de l'ombre :

- « Musclor le garde du corps » : c'était pas de la gonflette de chez Michelin ! Celui qui veut le coucher ferait mieux de tenter de lui offrir un Coca light avec 200 grammes de somnifères, pour être sûr et certain qu'il tombe. Une force de la nature, avec des bras aussi gros que le cœur !

- « Le Séducteur de femmes » : lui, il roucoulait. On l'entendait arriver de loin dans le couloir. C'était aussi le détecteur d'intrus, d'infirmières et d'avocates : en leur présence, il roucoulait si fort qu'on se croyait dans un pigeonnier. Juste après, il se transformait en paon. Ses collègues le tenaient de peur qu'il fasse la roue sur la coursive pour séduire les intrus féminines !

- « Le Faux Méchant » alias « Le Vrai Gentil ». Lui avait les yeux revolvers cachés derrière les lunettes. Mais sa mâchoire crispée était toujours prête à dégainer un sourire, un conseil ou une bonne parole. Il avait vraiment l'air du grand méchant mais n'avait pas la chanson dans son répertoire ! Grand mélomane, classé dans mon top 10, il suivait sa partition sans jamais faire de fausse note !

Et puis il y avait le mec du nord, l'Antillais, le Réunionnais, le grand chauve, le jeune, le petit rondouillard, et j'en oublie…

Tous étaient dans le même état d'esprit : aucune provocation, tout dans le respect et toujours à l'écoute. De très bonnes mentales, des vrais bonhommes.

Je contredis un peu le proverbe qui dit : « Il vaut mieux être seul que mal accompagné ». Car j'étais bien seul, enfermé dans mon quartier d'isolement, mais très bien accompagné.

Dès les premiers jours de mon incarcération, tout s'était organisé dehors. Il y avait eu une petite réunion de crise avec Pascal, Stan, Polo, Patricia et Namiz, pour tout mettre en place afin que la vie continue et que je ne manque de rien.

À l'ordre du jour ils avaient mis les courriers, les mandats, les fringues à venir me déposer, les demandes de parloirs ; et les besoins matériels et financiers pour le confort de vie de la princesse Aliyah et de Namiz.

Tout avait été validé à la majorité absolue et mis en place immédiatement.

De mon côté, je m'étais mis dès les premiers jours à l'écriture de cinq ou six lettres quotidiennes, afin de rassurer Namiz et tout le staff qui était derrière moi.

Le temps passait et à ma grande surprise, je ne recevais pas de courrier de l'extérieur.

C'est alors qu'après plus de dix jours d'attente insupportable, toujours sans nouvelles de ma femme Namiz, de ma princesse Aliyah, de mes frères ainsi que de mes amis, j'ai lancé un SOS auprès de mon top chef, Monsieur Gomez.

Il m'informa que La Poste n'était pas en grève et que le vaguemestre de la prison était lui aussi bien à son poste.

Mais il m'apprit surtout qu'Elsa la dominatrice était en train de fantasmer sur mes courriers. Toutes les lettres que j'envoyais ou celles qui m'étaient destinées passaient entre ses mains pour y subir une lecture approfondie, suivie d'une censure...

Elsa commençait à dévoiler son petit côté voyeur.

J'étais aussi sans réponse concernant la demande que j'avais dû lui adresser afin d'obtenir son autorisation pour l'achat d'un ordinateur : lorsqu'on est en instruction, c'est la juge qui refuse ou autorise. Si j'avais été « jugé définitif », j'aurais dû adresser ma demande au directeur de Fleury et l'affaire aurait été réglé en moins de 24 heures !

Je m'étais mis au bricolage et à l'art pour faire de belles petites cartes : une, romantique, pour fêter la Saint-Valentin à ma petite femme et une autre pour l'anniversaire de ma princesse.

Et sur des petits cahiers d'écolier, armé d'un stylo Bic, j'ai commencé à écrire cette autobiographie.

Je me suis aussi lancé dans la bande dessinée en série limitée. J'avais acheté *Le Journal de Mickey* et j'y découpais des images, pour les recoller sur des feuilles en y créant de nouveaux textes... spécialement destinés à ma petite Aliyah : des messages d'amour paternel en bande dessinée.

Mais très vite, j'ai compris qu'Elsa, en plus d'être une petite voyeuse, était une grande perverse : non seulement, depuis deux mois, aucune lettre ne me parvenait, mais aucune de celles que j'écrivais n'arrivait à destination !

Non seulement elle avait privé une enfant de trois ans de sa carte d'anniversaire, de ses petites bandes dessinées faites maison par son papa… mais aussi une jeune femme de sa carte de Saint-Valentin.

Elle était allée jusqu'à séquestrer les photos de famille de ma princesse, expédiées par Namiz dès le premier jour.

Pire encore : Elsa s'était aussi permis de séquestrer, au motif de la censure, des lettres administratives m'étant adressées par des organismes reconnus et respectables : conseil général de l'Essonne, direction de l'Aide à l'enfance ou encore pédopsychiatre.

Ces derniers géraient ma jeune adolescente et devaient obtenir mon accord pour tous leurs faits et gestes, car je détenais l'autorité parentale exclusive.

Du jamais vu dans les annales de la justice.

Son seul motif était bien de nous laisser dans l'angoisse pendant près de soixante jours. Si cela n'est pas avoir un comportement pervers, je me demande bien ce que c'est !

La loi autorise bien le juge d'instruction à avoir un regard sur la correspondance d'un détenu… mais pas sur son courrier administratif et médical.

Et c'est compréhensible : celui-ci pourrait très bien communiquer avec les coauteurs de ses méfaits, préparer son évasion ou encore menacer et faire pression sur des victimes.

Dans le texte de loi, le délai précis qui est accordé au juge d'instruction pour effectuer ce genre de contrôle n'est pas établi par le législateur. En pondant la loi, ce dernier avait dû penser qu'un juge d'instruction normalement constitué et sachant lire et écrire, mettrait quelques jours, tout au plus une semaine, pour appliquer la procédure.

Donc, qui dit pas de délai stipulé dans la loi dit aucune réelle possibilité de faire appel devant une autre juridiction.

Autrement dit : c'est au bon vouloir du juge.

Jouissif pour Elsa la dominatrice ! Elle pouvait torturer moralement et en toute impunité une famille entière...

Peut-être qu'elle n'aimait pas les enfants ?

Peut-être qu'elle n'aimait pas les femmes ?

Peut-être qu'elle n'aimait pas les Africaines ?

Ça fait beaucoup de « peut-être »... Ce qui est sûr, c'est qu'elle l'avait fait pour se faire jouir de plaisir !

Ce qui est sûr aussi, c'est que ce qu'elle a fait est à l'encontre de la doctrine pour laquelle se battent au quotidien l'administration pénitentiaire, le ministère de la Justice, la Ligue des droits de l'homme, et j'en passe.

Cette doctrine s'appelle : le « maintien des liens familiaux ».

Une fois de plus, Elsa me confirmait qu'elle appliquait les articles qu'elle avait étudiés dans le code de procédure vénale...

La seule fois de sa vie où elle avait vraiment dû atteindre le grand orgasme, ça devait être le jour de sa consécration : lorsqu'elle avait prêté serment devant ses pairs...

Elle avait dû sentir le Droit la pénétrer violemment, envahir son corps d'une substance lui donnant toute la puissance éternelle !

Février 2018. Première victoire : première visite de mon amour de Namiz.

Le combat de maître Hiba Rizkallah avait payé. Elsa la dominatrice avait enfin dû lâcher du lest côté permis de visite : 45 minutes de parloir, le temps réglementaire.

Après près de deux mois de silence complet, Namiz avait la lourde tâche de me résumer les 60 derniers jours qu'elle avait passés loin de moi, dans l'angoisse la plus totale.

Et moi, qui attendais avec impatience qu'elle me donne des nouvelles de ma princesse Aliyah, j'allais devoir la réconforter, la rassurer.

Gros programme à réaliser en moins d'une heure chrono !

Je m'étais mis sur mon trente-et-un. Rasé de près, élégant pour ce rendez-vous parloir avec ma belle, je me devais de me présenter à elle de façon rassurante.

Namiz avait la même image de la prison que beaucoup de gens – peut-être même celle des séries américaines... Dans certains de ses cauchemars, elle m'avait sûrement vu arriver au parloir en combinaison orange, les mains enchaînées et les pieds entravés. Pour elle, c'était un saut dans l'inconnu le plus total.

Quand le chef et l'escorte de surveillants ont ouvert la porte de ma cellule pour m'accompagner au parloir, j'ai eu droit à une très bonne nouvelle : un cadeau de la pénitentiaire. Il faut savoir que la pénitentiaire se bat au quotidien pour maintenir les liens familiaux et ainsi éviter les suicides et autres actes aussi graves.

« Caldier, la direction vous a donné un parloir prolongé. Vous aurez donc 90 minutes avec votre femme. »

Super cadeau ! Certainement bien emballé par mon top chef...

Mais aussi excellent parloir avec Namiz, alias Madame Caldier.

Qui aurait dit que la petite ingénieure financière, fille de bonne famille à l'éducation stricte, encaisse aussi bien le coup, supporte l'état de crise en gardant la tête haute et bien fixée sur ses épaules ?

Elle avait super bien endossé le costume de chef de famille.

Difficile, pourtant, pour une jeune femme de se retrouver seule et de devoir tout gérer avec un enfant, du jour au lendemain.

Ça fait grandir... ou ça tue.

Devoir expliquer à Aliyah que papa est en voyage, et surtout pourquoi cette fois-ci il n'appelle pas tous les soirs…

Se remettre à la pizza au micro-ondes…

Gérer la vie de tous les jours...

Devenir électricienne pour changer l'ampoule du salon qui a grillé, ou plombière pour déboucher l'évier de la salle de bain, car la petite y a fait tomber un petit petit jouet…

Puis, en bonus pour faire plaisir à son homme, entretenir l'aquarium géant qu'il avait offert à sa fille chérie dans ses moments de folie des grandeurs…

Et en plus de tout ça, se taper les parloirs…
Ça fait beaucoup pour une seule femme.

Mais Namiz elle, l'avait fait…

Ce jour-là en 90 minutes, j'ai pu découvrir l'ampleur des dégâts collatéraux de mon incarcération.

Avril 2018. Visite de maître Hiba Rizkallah au parloir : je dois être extrait au tribunal de Paris pour y subir un interrogatoire.

Car Elsa la dominatrice, voyeuse et perverse, nous attend de pied ferme le 17 avril...

Maître Hiba voulait que nous préparions ensemble cette audition. Elle avait décortiqué tout le dossier et préparé sa copie en très grande professionnelle.

Elle était bien déterminée à en découdre avec la jeune juge Elsa Johnstone, cette toute nouvelle recrue du parquet de Paris.

Personnellement, j'étais plus en mode bombe à retardement.

Je sortais de plusieurs mois de torture morale et cérébrale, de 60 jours de séquestration de courrier, et de 90 jours d'attente pour une simple réponse d'autorisation d'acquisition d'ordinateur et d'accès à la cabine téléphonique de la prison... pour enfin pouvoir entendre la voix de ma princesse.

Avant d'enfiler sa robe noire d'avocate afin de préparer au mieux notre entretien, maître Hiba a donc dû enfiler sa blouse blanche de psychiatre afin de m'injecter une surdose de calmants...

De retour en cellule, peut-être par superstition, je me suis plongé dans le *Télérama*.

Je vous rassure : ce n'était pas pour voir si Elsa la dominatrice était annoncée pour le premier samedi du mois dans le programme tardif de Canal + ; mais pour y consulter mon horoscope de ce mardi 17 avril...

Gémeaux deuxième décan :

« - Amour : ce n'est pas aujourd'hui que vous allez rencontrer un top modèle ;

- Travail : grosse journée en perspective, vous allez transpirer ;

- Santé : vos nerfs vont être mis à rude épreuve, attention au cœur ! »

Le voyant qui avait écrit cela devait bien connaître ma juge !

Mais comme la confiance n'exclut pas le contrôle, j'ai préféré consulter un autre voyant pour ce rendez-vous interplanétaire.

« Gémeaux, du 22 mai au 21 juin :

Bonnes nouvelles des planètes, Saturne vous donne ses tuyaux.

- Mercure, la parole et Vénus, le sourire, vous donnent la possibilité de vous exprimer.

- Jupiter améliore vos rapports, les rend plus fertiles. Ne regrettez rien, ne craignez rien, ne vous culpabilisez pas, ne revenez pas en arrière, c'est vers l'avant que ça se passe…

Ayez confiance en vous. Oui, vous êtes capable de beaucoup plus que vous ne le croyez. »

Didier Blau, magazine *Elle*

Les prédictions de ce monsieur Blau me plaisaient bien plus.

J'étais rassuré de savoir que j'allais arriver à mon rendez-vous d'un autre monde accompagné de Saturne, Mercure, Vénus et Jupiter... pour y affronter l'abominable alien qui venait d'être téléporté au Palais de justice de Paris, tout droit venu de la planète 93 – où elle avait certainement déjà dû laisser quelques traînées de poudre.

Alors, promotion ou éjection ? Quel que soit le motif, j'avais déjà fait ma petite enquête, histoire de cerner la météorite qui voulait à tout prix s'abattre sur moi – ou plutôt me faire abattre.

Une simple routine, presque trop facile, vu toutes les traces qu'elle avait laissées derrière elle, dans la voie lactée qu'elle avait empruntée pour venir s'échouer sur la planète 75.

Durant mes 35 ans de parcours judiciaire, j'avais eu le plaisir de rencontrer pas mal de magistrats, lors d'instructions ou de jugements.

Or ils avaient toujours été justes et intègres. Ils avaient instruit ou jugé mes dossiers de façon équitable, tout en faisant honneur à la justice française.

C'est pour cela que je n'avais jamais développé au fond de moi quelque rancœur ou quelque haine que ce soit à leur encontre. Aucun d'entre eux n'avait pris en otage ou torturé ma famille pour arriver à ses fins !

Là, je découvrais de nouvelles sensations, plutôt compliquées à gérer pour moi...

Une violence quelconque serait-elle la solution face au vice et à la perversité d'une femme criminellement vénale ?

J'écris « femme criminelle » en raison des faits que j'étais en droit de lui reprocher :

- Séquestration et torture mentale, suivies d'une libération volontaire avant le 61ème jour, au préjudice de Namiz.

- Séquestration et torture mentale, suivies d'une libération volontaire avant le 61ème jour, au préjudice d'une personne mineure de moins de quinze ans : Aliyah, de tout juste trois ans.

- Séquestration et torture mentale, suivies d'une libération volontaire avant le 61ème jour, au préjudice d'une personne mineure de plus de quinze ans : Océane mon ado.

- Dégradation volontaire d'une procédure d'instruction, séquestration de documents pouvant mettre la vie d'une mineure en péril.

- Provocation à la haine, au préjudice de Monsieur Caldier Emmanuel, par utilisation frauduleuse du code de procédure vénale !

Faits commis en Essonne,
du 29 décembre 2017 au 24 février 2018,
en tout cas sur le territoire national
et depuis un temps non prescrit.

Faits prévus et réprimés par les articles............

Telle est la formule de politesse judiciaire utilisée en la matière.

Sur le fond de mon dossier : garde à vue, interrogatoire de police, mise en examen et mise en détention, je n'avais pas de souci particulier.

Sur la forme dont était instruit ce dossier, c'est là que j'avais un gros problème. Et je comptais bien en débattre avec la seule et unique responsable : Elsa Johnstone, ce 17 avril 2018.

La redoutable maître Hiba Rizkallah était enfin parvenue, fin mars, après trois mois d'attente imposée par les caprices d'Elsa, à obtenir l'autorisation d'achat de mon ordinateur.

Je ne lui demandais pas de me le payer, juste de m'autoriser à l'acheter.

Mais elle n'était visiblement pas trop pressée de me fournir l'autorisation d'acquérir l'arme du crime… Une arme qui allait me servir à la descendre publiquement, en écrivant, du fin fond de ma cellule, notre histoire d'Amour dans une autobiographie.

Je me ferais un grand plaisir de la lui envoyer dédicacée ainsi qu'à notre ministre de la Justice.

Elsa avait un gros problème de savoir-faire en matière de justice, eh bien moi j'allais lui montrer que je n'avais pas de problème avec mon « faire savoir » côté médias. Chacun ses armes.

Pour la mettre dans le bain avec mon « faire savoir », j'aurais même pu préparer une belle dépêche pour notre rendez-vous d'avril et la communiquer à l'AFP :

Mardi 17 avril,
Aux arènes du Palais de justice de Paris.
Le combat du siècle, à huis clos :
Elsa la dominatrice contre Manu le Gitan.

Elsa, la spécialiste des coups tordus, du vice et de la torture (25 combats gagnés par K.-O. aux affaires familiales du 93, contre de pauvres parents fébriles) affrontera Manu le Gitan, père et mari déterminé, qui ne compte pas en rester là et surtout,
qui le le lui fera savoir, dès le premier round.
Match arbitré par la grande Hiba Rizkallah !

CHAPITRE 11

Ancien ami, nouveau combat

J'allais donc devoir affronter Elsa la dominatrice et tous ses vices.
Difficile de faire des pronostics pour un tel match.
Par chance, je n'allais pas me retrouver seul contre elle : mes nouveaux amis Jupiter, Saturne et Vénus viendraient me soutenir depuis un avenir pas si lointain...
Il était grand temps de monter sur le ring. Et surtout, de montrer à cette championne intergalactique du vice et des crasseries de bas étage, avec quel bois j'allais me chauffer.
J'espère qu'elle avait bien eu le temps de répéter son crochet vénal avec sa sparring-partner de greffière. Pour ma part, j'avais bien prévenu mon manager Hiba que je n'allais pas prendre de gants ce jour-là – ou alors avec supplément lames de rasoir pour garantir un uppercut sanglant.
Dès l'entrée du premier round, j'allais la bombarder sans répit. Il fallait qu'elle comprenne que ses coups de vice, ses coups tordus,

ses coups de p...., ne m'avaient pas atteint ; je les avais encaissés sans broncher.

Si je n'avais pas de dégâts apparents, j'allais tout de même signaler ses comportements déloyaux et antijeu devant sa fédération.

Pendant plus d'une heure, Elsa, en sueur, était passée du blanc au rouge. Elle avait dû prier pour entendre le son de cloche qui lui laisserait le temps de reprendre son souffle et ses esprits.

Elle avait eu beaucoup de mal à encaisser ce que je lui avais mis en pleine tête, et encore plus à le faire retranscrire noir sur blanc et intégralement par sa sparring-partner.

A deux doigts du K.-O., la cloche a retenti, chacun retournant dans sa zone. J'ai alors consulté mon avocate pour savoir ce qu'elle me conseillait pour le deuxième *round*.

Selon Maître Hiba Rizkallah, après avoir piqué comme un essaim d'abeilles en furie, il était maintenant temps de se montrer habile comme le papillon.

La reprise a sonné : c'était reparti pour près de trois heures non-stop dont elle n'arriverait pas à voir le bout.

Mais Elsa a jeté l'éponge alors que j'avais à peine fini de m'échauffer.

Ce jour-là, je fus vainqueur par forfait. Malheureusement c'est elle qui ressortit victorieuse, sur le papier.

J'espérais sincèrement que sur mes prochains documents il y aurait des rectifications à propos de ce résultat plus qu'ambigu.

Je m'étais pourtant lourdement préparé depuis plusieurs semaines avec une grosse mise en condition mentale, grâce à un super coach. C'était un entraîneur reconnu dans le milieu, qui avait vécu ce genre de situation en mode XXL.

C'était un ami de longue date : le hasard avait voulu qu'on se retrouve voisins de palier. On l'aurait demandé à notre logeur que ça nous aurait été refusé d'office, même avec nos comportements exemplaires et nos têtes d'enfants de chœur !

Il s'était rendu à l'isolement de Fleury contre son gré, comme lors de ses nombreux déménagements. Mais cette fois-ci, c'était pour que son logement de fonction soit proche du tribunal de Paris.

Le tribunal lui avait fait un programme sportif intensif, avec rendez-vous chaque matin pendant près de six semaines, pour y être jugé en cour d'appel.

C'était sa volonté de faire appel de son premier jugement. Il y avait été condamné sans aucun aveu, sans aucune preuve matérielle et alors que des témoins très crédibles avaient certifié qu'il était à plus de cinquante kilomètres, à son boulot, au moment des faits. Il allait donc bien, comme il se dit dans les textes de lois, réclamer le bénéfice du doute.

Ce qui aurait dû être une évidence lors du premier jugement ne le fut pas en raison de ses antécédents judiciaires et surtout son nom : Rédoine Faïd... Il était coupable d'office.

On lui avait reproché, lors du jugement, de connaître et d'avoir croisé en 2010 l'un des huit autres inculpés, qui pourtant ne l'avaient jamais mis en cause, bien au contraire.

La preuve la plus accablante qu'avait trouvé le tribunal ? Il avait été aperçu en train de faire le plein d'essence, dans une station service située dans un rayon de dix kilomètres du délit !

Avec ces éléments imparables, la cour d'assises de Paris lui avait offert sans hésitation 18 ans de prison ferme. Un peu cher, les 40 litres de Super sans plomb.

Rédoine était un super mec, généreux, drôle, cultivé…

Lorsqu'on se croisait, il y en avait toujours un de nous deux qui était en cavale. Si l'on se croisait pas, il n'y avait que deux possibilités : l'un en prison dans un quartier d'isolement et l'autre libre, ou chacun dans son quartier d'isolement respectif d'Île-de-France !

Cette fois-ci, comme par magie, nous étions côte à côte dans le même quartier VIP ; seul un mur de 20 centimètres nous séparait. Jamais nous n'avions été aussi proches.

Pour communiquer, c'était le parloir fenêtre. Car le règlement est très clair : à l'isolement, un détenu ne voit que du bleu, rien d'autre que du bleu, et encore moins les amis.

Mais un soir, nous avons enfin pu nous regarder les yeux dans les yeux et nous lancer un sourire de frangins.

Un moment mémorable.

Nous étions bien tranquillement installés à nos fenêtres respectives et nous parlions de la vie, de nos enfants, de nos femmes, de politique, de musique : des bonnes discussions de bons pères de famille.

Rédoine m'expliquait que depuis quelques années la pénitentiaire avait un « service d'ordre », les ERIS (Équipes Régionales d'Intervention et de Sécurité). Une brigade créée pour intervenir dans les situations de crise.

30 secondes chrono après ces explications, j'ai entendu un léger bruit venant de l'entrée de ma cellule. La porte s'est ouverte et...

BOUM ! Face à moi, trois ninjas équipés de la tête aux pieds, bouclier en main.

Une descente de la fameuse brigade des ERIS !

Elle faisait suite à l'agression d'un surveillant par un détenu radicalisé et fiché S, avec une arme fabriquée maison. Ils vérifiaient s'il ne restait pas une arme planquée dans le coin.

Nous avons donc tous eu droit à la fouille générale du quartier, à la sortie menottée de nos cellules, et au plaquage contre le mur du couloir.

J'ai tourné la tête à gauche, Rédoine à droite. Nos corps étaient immobilisés dans le couloir. Mais nos yeux étaient libres de se regarder, et nos lèvres de se sourire.

En 2013, j'étais sorti du quartier d'isolement de Villepinte et Rédoine entrait dans celui du centre pénitentiaire de Réau. Il avait fait une petite fugue de la prison de Sequedin. Il avait besoin de prendre l'air et ça se comprend, quand on se sent harcelé par la justice.

Déformation professionnelle et très mauvaise formation de serrurier obligent, il avait ouvert les cinq portes qui le menaient vers la liberté avec des charges d'explosifs.

Après cet exploit, au lieu d'un diplôme de serrurier, on lui a offert une peine de dix ans ferme, sans possibilité de confusion.

18 ans plus 10 ans : il avait donc un bail de 28 ans, qu'il comptait bien voir réduire par la cour d'appel.

Lors de nos parloirs fenêtres, je lui expliquais ma petite vie rangée : Aliyah, Namiz, mes frères de cœur et de boulot, et il me félicitait. Il était content pour moi. Lui n'avait pas pris une ride, ni côté moral ni côté cérébral. Un vrai guerrier.

Généreux comme toujours, il me faisait passer, après un contrôle réglementaire, des cantines disponibles au centre pénitencier de Réau mais pas à la maison d'arrêt de Fleury.

En prison, tout peut devenir un luxe. J'ai eu le droit à des paquets de riz Basmati, à des épices, à des pennes Barilla – je n'oublierai jamais ces bons plats de pennes au basilic, merci Redoine !

Son jugement dernier est arrivé début mars et le verdict est tombé le 14 avril 2018 vers 2 heures du matin : 25 ans ferme.

J'étais abattu, K.-O. Le coup de massue ! De 18 ans, il passait à 25 ans ferme, pour des faits qu'il n'avait pas commis.

Lui était loin d'être K.-O. Il était bien debout sur ses jambes, en bon guerrier qu'il était.

25 ans ferme, plus 10 ans ferme pour sa fugue de 2013 : ça faisait 35 ans ferme pour un plein de 40 litres d'essence. Cela fait cher payé : plus d'un an le litre de Super Sans Plomb !

Je lui offrirai une voiture électrique à sa sortie.

Il me quitta un matin d'avril, aussi vite qu'il était arrivé : direction le centre de détention de Réau. Ce n'est pas lui qui avait sollicité notre logeur pour aller y refaire le plein d'épices, et de Penne Barilla !

Comme toujours très généreux et rusé comme un singe, il m'avait laisser un petit cadeau : un coffret double CD.

On parlait souvent musique, particulièrement des chansons à textes qui avaient bercé nos enfances mouvementées. On avait de vieux souvenirs en commun sur un titre de Michel Delpech : « J'étais un ange ». J'allais pouvoir écouter Delpech en boucle dans le silence de l'isolement… tout en pensant à mon ami Rédoine Faïd.

Alors que j'étais en train de me remettre du combat du siècle contre Elsa la dominatrice, j'ai eu un jour la surprise de voir qu'elle s'inquiétait pour ma santé.

Elle avait détaché des médecins soigneurs, et pas des moindres : de vrais experts. Elle attendait d'eux des rapports précis sur mon état psychologique et psychiatrique... peut-être en vue de s'assurer que j'étais apte à monter sur le ring de la justice.

Et comme si cela ne suffisait pas, j'ai aussi eu droit à un enquêteur judiciaire pour une enquête de moralité. Cette fois, je pense qu'elle devait me soupçonner de dopage.

Peut-être voulait-elle savoir ce que ma mère avait mis dans mes biberons lorsque j'étais petit ?

Je n'ai pas pris cela pour des mauvaises intentions de sa part : il est plutôt courant dans les affaires criminelles d'avoir affaire à ce type de procédures.

Ce qui allait être plus étonnant par contre, c'est de constater le caractère inconstant de ses préoccupations me concernant ; et que bien vite, ça allait l'amuser de me laisser crever la gueule ouverte...

15 mai 2018. Manu HS, Manu K.-O. Effondré, inconscient sur le sol glacé de sa cellule d'isolement. Un beau titre pour les médias !

Ce sont les bras d'acier de mon surveillent Musclor qui me ramassèrent et m'installèrent sur mon lit, pendant que l'équipe de choc des chefs et surveillants du quartier d'isolement faisaient les cent pas. Comme pendant le déclenchement du plan Vigipirate.

J'avais les yeux assez entrouverts pour apercevoir autour de moi dix surveillants occupés à me bichonner en attendant le médecin : le chef avait le défibrillateur en main et les surveillants s'étaient transformés en pompiers pour les premiers secours.

J'étais sonné, paralysé du côté gauche, à un pas du game over. La totale.

Les médecins décidèrent de m'hospitaliser d'urgence, direction l'unité spécialisée de Corbeil-Essonnes.

Le verdict du scanner et de l'IRM fut sans appel : c'était un AVC. Sympa, les images de mon cerveau avec des taches sombres d'hémorragie !

Mais surtout, grâce à mes sauveteurs chevronnés, nous avions gagné un meilleur titre pour les médias : « Manu sauvé par le gong – ou plutôt par le gang ! »

En vérité, ce n'était pas si surprenant : cinquantaine approchant, stress, pression, cumul et j'en passe… Mon corps avait dit « STOP ».

Maître Hiba Rizkallah s'était empressée d'aller voir Elsa la dominatrice pour lui expliquer la gravité de ma situation. Elle s'était munie du dossier médical et de deux certificats médicaux très alarmants, indiquant sans détour :

« Diagnostic vital en jeu, risque d'hémorragie, mort… »

Réponse de la juge :

« Ce n'est pas pour un petit malaise que je compte libérer votre client et le placer sous contrôle judiciaire ou sous bracelet électronique ! »

Elsa la dominatrice, qui avait déjà du mal avec le Code pénal, s'était maintenant autoproclamée docteure !

Je ne doutais pas qu'elle ait fait le serment d'Hypocrite…

Mais personne ne lui avait demandé de quitter sa tenue de dominatrice perverse pour celle d'une infirmière sexy en blouse blanche et stéthoscope autour du cou, déambulant avec ses bottes en latex entre les lignes du code vénal.

Ce qui pouvait être un fantasme pour certains était un cauchemar sans fin pour moi.

Dieu merci, elle n'avait pas poussé sa carrière au milieu des blouses blanches plus loin qu'à l'édition d'ordonnance de placement en détention à mon encontre.

J'avais échappé au traitement des migraines par le cyanure, des remontées acides par le bromure et au traitement préventif par l'injection létale !

La présomption d'innocence prévue par la loi tant que le jugement n'a pas eu lieu devenait une assurance de maltraitance.

Je n'imagine même pas comment elle devait traiter les coupables !

Avec Elsa la dominatrice c'était le forfait trois en un :
- Elle instruit ;
- Elle juge ;
- Elle vous guillotine ou vous laisse crever.

Même si le ministère de la Justice manque de moyens financiers et souffre de restriction d'effectifs, je ne pense pas qu'il lui avait demandé d'occuper tous ces postes.

C'est bien simple, elle agissait en toute illégalité.

Bientôt nous allions pouvoir rajouter à la longue liste des chefs d'inculpation que je lui reprochais déjà :

« Non-assistance à personne en danger. »

Lors du deuxième round dans le combat contre Elsa la dominatrice, j'avais pu découvrir les dépositions que mes deux escrocs père et fils avaient fait, lorsque la juge les avait entendus.

Cela m'avait confirmé que ce dossier était instruit à charge totale contre moi. C'était clair et net. J'avais halluciné…

J'imaginais Elsa la dominatrice à genoux devant le père et le fils, pompant leurs dépositions fallacieuses et avalant goulûment leurs juteuses confessions gluantes, tout en jouissant d'avance des taches que cela mettrait sur mon dossier.

Dans le Code de procédure pénale, il est indiqué qu'un juge d'instruction doit instruire à charge et à décharge.

Cela permet aux magistrats qui jugeront l'affaire au tribunal d'avoir un regard complet sur le dossier, et de leur donner les moyens, si cela est justifié, d'accorder des circonstances atténuantes à l'accusé.

Imaginons une affaire d'homicide volontaire, où une femme se retrouve dans le box des accusés pour avoir tué son mari. S'il la bastonnait tous les soirs et lui avait déjà cassé le bras par deux fois, le jugement ne serait pas le même que pour une femme qui a tué pour récupérer l'héritage familial (surtout si elle a souscrit sur son époux un supplément de trois assurances-vie…).

Si un dealer de drogue se fait agresser par l'un de ses clients toxicomanes et porte plainte pour violence ou vol de marchandise, que va faire un juge d'instruction normalement formé et constitué ?

Il lui posera quelques questions pertinentes, afin de bien décortiquer l'histoire, comme par exemple le motif de leur rencontre. Surtout si l'enquête de police lui a amené la preuve que la victime était un vendeur de drogue récidiviste et connu défavorablement des services de police.

Et bien sûr, il va réunir des éléments concrets, tels que des vidéos prises en caméra cachée, certifiant que le dealer était présent sur les lieux de l'infraction pour y commettre une transaction frauduleuse avec le toxico.

Si le juge ne le fait pas dans ce dernier cas, je suis en droit de supposer qu'il a consommé et fumé les pièces à conviction mises sous scellé dans le dossier en question.

J'étais donc obligé de trouver plus que suspect le fait qu'Elsa la dominatrice, avec sa bonne éducation à la trique, n'ait pas osé ouvrir la bouche pour poser des questions pertinentes à mes deux escrocs.

Peut-être avait-elle la bouche pleine le jour de leurs auditions – auquel cas elle aurait, pour une fois, suivi les bonnes manières (puisqu'il paraît que l'on ne doit pas parler la bouche pleine) ?

Tout grand juge impartial, représentant et défendant la justice de son pays, aurait ouvert la bouche pour demander à ces pseudo-victimes – mais vrais escrocs – le pourquoi du comment :
- Pourquoi un rendez-vous à Liège puis à Beauvais, pour finir Porte d'Auteuil ?
- Pourquoi venir le jour du rendez-vous armé de contrats de prêts et de chèques de garantie au nom de votre agresseur ?
- Pourquoi se présenter comme dieu de la finance avec un Kbis de petit récupérateur de métaux, pour venir ensuite prendre 600 000 euros en liquide à un Belge sur le territoire français ?

Et de conclure avec la question sur leurs petits secrets miracles :
- Comment faites-vous pour offrir un rendement de 4 % par mois à vos clients ? Ça ne sentirait pas l'escroquerie, Messieurs Besingue ? »

La suite logique aurait été qu'il les inculpe, probablement pour escroquerie sur personne financièrement vulnérable.

Il se serait rapproché de la brigade financière et aurait communiqué les informations aux Impôts, la moindre des choses pour un Homme de loi.

Maître Hiba Rizkallah se battait sans relâche pour me faire sortir de la cage aux supplices où Elsa la dominatrice m'avait fait enfermer. Régulièrement elle déposait auprès d'elle des demandes de mise en liberté, sans résultat.

La mise en détention provisoire permet aux juges d'instruction de bien « instruire » le dossier. Le temps de démêler le vrai du faux, de délier les langues des inculpés, d'éviter les pressions sur les témoins ou les victimes, les concertations entre les complices, etc.

Mais elle permet aussi d'avoir le retour des commissions rogatoires que les juges d'instruction ont demandées aux forces de l'ordre, via des enquêtes que ces derniers doivent mener sur le terrain.

L'avocat va donc taper le bout de gras avec le juge des libertés pour négocier la remise en liberté de son client. Pour cela, il va lui présenter les garanties de représentation et contester les motivations que le juge d'instruction invoque pour le maintien en détention.

Tels étaient les termes juridiques qui revenaient dans chaque ordonnance de refus que je recevais.

La libération et l'appréciation est au bon vouloir du juge d'instruction. La demande de mise en liberté passe entre les mains du juge des libertés. Ensuite, nous avons la possibilité de faire appel de la décision. Le procureur de la République aussi.

Mais lorsqu'un juge d'instruction noircit bien la copie avec ses motivations de refus qu'il va leur transmettre, il est rare qu'un juge des libertés ou une cour d'appel ne le suivent pas. C'est toujours difficile de désavouer l'un des siens...

Elsa la dominatrice avait très bien préparé son coup : un juge d'instruction ne libère que rarement un détenu sans avoir pu consulter tous les éléments que l'enquête de police pourrait révéler dans les fameuses commissions rogatoires (les « CR » dans le jargon).

Elle a donc appliqué une des méthodes enseignées dans le code vénal : plus c'est long, plus c'est bon.

Un bon va-et-vient, un retour systématique à l'envoyeur, histoire d'avoir des éléments concrets pour me laisser en cage. Et par là-même, l'occasion de faire perdre du temps aux forces de l'ordre. Ce temps-là, c'est votre argent, celui de vos impôts !

La dominatrice voulait à tout prix que les forces de l'ordre retrouvent les deux Yougos. Et cela, malgré le manque d'éléments, l'absence d'ADN, d'empreintes, de noms et de prénoms.

En gros, ils devaient rechercher deux hommes invisibles à travers l'Europe. C'est pire que de rechercher une aiguille dans une botte de foin...

Une aiguille au moins, on sait à quoi elle ressemble : elle brille ou elle pique !

Moins de 45 jours après le début de leurs investigations, les service de police lui avaient renvoyé les commissions rogatoires vides. Mais pendant près de six mois, elle les leur avait renvoyées, avec la mention :

« Merci de chercher encore les deux Yougos invisibles. »

De toute façon, pour motiver ses refus de libération, elle avait une phrase clef :

« Emmanuel Caldier semble être un spécialiste du recouvrement de créances sauvage, avec enlèvements et séquestrations armés. Il a dès lors démontré que seule sa détention provisoire est de nature à éviter le renouvellement des faits. »

En gros, il ne fallait pas que je sois libéré, ni pendant l'instruction, ni après la fin de ma peine.

Par ses écrits, elle me condamnait à la prison à perpétuité pour ces seuls motifs.

Une fois de plus, cette dominatrice interprétait à sa manière la lecture de mon casier judiciaire. S'il est bien, parfois, de lire à travers les lignes, elle, en écrivant de tels arguments sur ses refus de demande de liberté provisoire, prenait de vrais airs de presbyte castratrice.

C'était pourtant écrit noir sur le bleu de la couleur de mon extrait de casier judiciaire : depuis 2001, j'avais pris ma retraite dans l'enlèvement, la séquestration et le recouvrement de créances.

« Il n'est pire aveugle que celui qui ne veut pas voir. »

« Il n'est pire sourd que celui qui ne veut pas entendre. »

28 juin 2018. Elsa la dominatrice libère son premier otage.

Après six mois (jour pour jour) de détention à la prison de Nanterre – séjour offert par Elsa – mon petit frère Alain, première double victime dans ce dossier, celui dont dieu le père et son fils Jésus ont escroqué les économies de toute une vie, est enfin relâché.

Il avait eu la totale, la double peine. Ainsi, depuis près de deux ans, non seulement il courait après les deux escrocs qui lui avaient volé tout son argent ainsi que celui de son ex-femme, mais en plus :

- la justice française n'avait rien pu – ou voulu – faire pour l'aider à retrouver ces deux salopards ;
- le jour où il avait enfin fini par les coincer pour régler le problème, ces deux escrocs étaient allés directement pleurer dans

les jupons de la justice française. Cette dernière – alors représentée par Elsa la dominatrice – avait envoyé Alain, première victime du dossier, en prison pour six mois sans même chercher à comprendre l'histoire !

Et, comble pour mon petit frère : pendant qu'il croupissait derrière les barreaux, les deux escrocs étaient reçus en VIP dans le cabinet de la juge d'instruction par Elsa qui les avait bien chouchoutés !
La bénédiction fut donc accordée aux escrocs et le châtiment aux victimes.

1ᵉʳ juillet 2018. Flash infos sur BFM TV, CNEWS et LCI :

- La fameuse nouvelle réglementation sur la sécurité routière, avec limitation à 80 km/h, entre en vigueur ce jour.
- Point route : journée de grands départs en vacances. Bison Futé préconise d'emprunter les itinéraires secondaires.
- Rubrique « Faits divers » : le kidnapping dont a été victime mon ami Rédoine Faïd !
Lui qui est toujours jovial et souriant et n'ayant aucun ennemi connu, venait de se faire enlever par un commando armé !
J'étais sous le choc. Je n'en croyais pas mes oreilles. La tristesse m'avait envahi...
Je me suis donc bien concentré sur l'écran géant de ma TV fixée au mur de ma cellule – oui, un 32 centimètres dans une pièce de 9 mètres carrés, on peut le qualifier de « géant ».

J'ai bien tendu l'oreille sur ce que disaient les journalistes. Une fois de plus la signification et la similitude des mots allaient me jouer des tours.

Eux ne parlaient pas de « kidnapping », mais d'« évasion » de mon ami Rédoine par un commando armé jusqu'aux dents !

Ils précisaient qu'un hélicoptère s'était posé dans la cour d'honneur du centre de détention de Réau pour venir le chercher et que celui-ci s'était envolé dans la nature !

Si lorsqu'il était jeune, il s'était inspiré du cinéma pour commettre ses méfaits, l'élève nous prouvait une fois de plus qu'il avait dépassé les maîtres : à présent, c'était les réalisateurs eux-mêmes qui pourraient s'inspirer de son histoire pour leurs futurs scénarios.

Du grand Rédoine : il avait écouté et respecté les flash infos et les conseils de Bison Futé sur les itinéraires secondaires !

Rédoine n'est pas le style d'hommes à avancer ni à fuir dans la vie à 80 km/h non plus, donc il se devait de ne pas prendre la route.

Il fallait aussi qu'il parte avec les honneurs devant sa cour ; et vu le prix auquel on lui avait fait payer le litre de sans plomb quelques années auparavant, il avait certainement dû préférer tourner au kérosène.

Ce soir-là, j'ai écouté en boucle les deux CD de Michel Delpech que Rédoine m'avait offerts le jour de son départ. En écoutant attentivement, j'ai fini par penser que le chanteur était soit dans le coup, soit médium, vu les titres de ses chansons :

« Je l'attendais » : le 1er juillet.

« Sans remords ni regret » : je m'évade !

« Pour gagner des sous » : pour me refaire une santé.

« Mon équipage » : mes amis, mon commando.
« Loin d'ici » : la liberté !
   « J'étais un ange » : ça mon Rédoine, ce n'est pas ce que pense tout le monde de nous !

CHAPITRE 12

Torture, écriture et code vénal

Les jours commençaient à être longs, très longs. Elsa continuait à faire piétiner l'instruction.

Comme toute bonne sadique de son rang, elle n'était jamais à court d'idées pour me gâcher la vie.

Elle organisa sans raison connue mon transfert pour la prison de Villepinte, me faisant quitter Fleury-Mérogis, mon « train de vie VIP », mes formidables geôliers, ainsi que l'équipe médicale dirigée par le grand docteur Mehareb Farid, qui me suivait de près depuis mon AVC.

Un grand Homme, un grand médecin ce Farid. Il m'avait sauvé la vie en se battant au quotidien contre les rouages de la justice et de la pénitentiaire. Compliqué en effet de soigner correctement et de réaliser scanners et IRM spécifiques dans des hôpitaux ou des cliniques privées. C'était une expédition à chaque examen : plannings, escortes à prévoir, etc.

Mais Super Docteur Farid Mehareb avait mené sa mission à terme. Encore un grand merci docteur, de tout mon cœur qui bat encore en partie grâce à vous.

J'avais tenté de résister à ce transfert express, mais c'était sans compter les méthodes expéditives de la superbe brigade d'intervention des ERIS !

Rappelez-vous : c'était la même que celle qui, un soir, nous avait fait à Rédoine et moi une visite surprise, alors que nous étions en grande discussion philosophique au parloir fenêtres de nos cellules. Les ERIS nous avaient fait terminer la soirée en mode soirée pyjama ou caleçon, la tête écrasée contre le mur du couloir, mains menottées dans le dos...

Étaient-ils cousins éloignés d'Elsa la dominatrice pour partager cet attrait pour la brutalité gratuite ?

J'écris cette phrase à la forme interrogative car c'est une réelle question que je me pose – je le précise pour éviter les procès en diffamation.

Ils m'avaient fait monter vite fait bien fait dans un véhicule administratif, et expédié sous bonne escorte direction le 93.

Même si ce n'était pas un transfert disciplinaire, l'accueil ne fut pas du tout au top. Vraiment déçu par cette prison low cost. Je n'y mettrai aucune étoile.

Welcome to Villepinte ! Je pourrais en dire beaucoup sur cette prison entre autres insalubre et surpeuplée ; mais je m'en voudrais de noircir votre lecture. Aussi je ne m'étendrai pas sur le sujet.

À tout mal un bien, cette nouvelle situation et ces nouvelles conditions de vie m'ont tout de suite donné les forces pour lutter et reprendre le combat, afin de gagner la partie contre Elsa la tyrannique et sortir par la grande porte.

Je venais de fêter ma première année de détention préventive. Je ne fis pas de gâteau et n'allumai pas non plus de bougies pour l'occasion.

Bien au contraire : je décidai de me mettre au régime sec ! Il était temps pour moi d'interpeller toutes les autorités possibles sur cette prise d'otage judiciaire à mon égard, et cela de façon pacifiste !

Mon esprit rebelle allait prendre mon corps en otage, au risque d'en garder de graves séquelles ou d'y laisser ma vie.

Je m'étais donné le week-end du 19 et 20 janvier 2019 pour confectionner la bombe que j'allais lancer.

Il allait falloir bien doser les ingrédients, bien placer les détonateurs, et ne pas avoir d'hésitation : le fil bleu sur le bouton bleu, le fil rouge sur le bouton rouge...

J'ai allumé la mèche le 21 janvier 2019, en expédiant à qui voudrait bien m'entendre une soixantaine d'enveloppes format A4 timbrées au tarif en vigueur, contenant quatre feuilles bien chargées en écriture :

« Autobiographie d'une année de torture et de sévices moraux. »

Je vous offre, cher lecteur, une copie de cette bombe. Il s'agit d'une lettre ouverte, avec pour objet la mention suivante :

« Déclaration et motif de grève de la faim. »

Aucune crainte, elle n'explosera pas dans votre livre et ne s'autodétruira pas dans 60 secondes.

Monsieur Caldier Emmanuel
Écrou n° 39863, Bât. : F, Cel. :122
Maison d'arrêt de Villepinte
Avenue Vauban
93422 Villepinte Cedex

Lundi 21 janvier 2019
À Madame Elsa Johnstone,
Juge d'instruction auprès du tribunal de grande instance de Paris

Lettre Ouverte.

Objet : Déclaration et Motifs de Grève de la Faim.
Je me permets de commencer cette Lettre Ouverte en vous adressant tous mes Vœux pour cette Année 2019, vous souhaitant réussite professionnelle, et bonheur dans votre vie privée.
J'espère sincèrement, que cette lettre ouverte, que je fais suivre à mon Avocat, Maître Philippe Van Der Meulen \ 3, rue de Logelbach 75017 Paris \ Tel 01 42 89 10 77, mais aussi à Monsieur Emmanuel Macron Président de la République, ainsi qu'au Ministre de la Justice et au Procureur de la République, ainsi que d'autres Tiers qui représentent la République Française, ne vous importune pas lors de cette année 2019.
Je me dois aussi de la faire transmettre à l'AFP, et aux Journalistes d'Investigation qui suivent « cette affaire » depuis le 28 décembre 2017.
Afin de mettre au grand jour, preuves à l'appui, l'Instruction à charge que vous instruisez contre moi, ainsi que les persécutions morales que vous m'infligez, ainsi qu'à ma concubine et mes enfants, depuis les premiers jours de mon Incarcération, fin décembre 2017.
Vous avez transformé votre droit de censure, de lecture de mon courrier expédié et reçu par une « Séquestration systématique » de mes correspondances familiales pendant plus de 60 jours, allant jusqu'à vous permettre de censurer, « séquestrer » à votre bureau, des courriers officiels, vitaux, expédiés par les Services de l'Aide à l'Enfance et du Conseil Général de l'Essonne.

Ces courriers Officiels et vitaux concernaient entre autre l'Autorisation d'Hospitalisation en Urgence, dans un service fermé en Psychiatrie pour ma fille, Valérie, mineure de 15 ans, née le X décembre 20XX. Pourquoi ? Madame la Juge.

Depuis le début de votre Instruction et de mon incarcération, vous avez été informée que j'étais le seul de ses deux parents à avoir l'Autorité Parentale, car la mère de ma fille est Décédée.

Vous étiez informée que ma Fille Valérie avait déjà été hospitalisée le 27 Mai 2017, suite à une Tentative de suicide et des actes de scarification, que depuis ce jour les Services de l'Aide à l'Enfance m'aident à gérer la détresse de ma fille, avec un psychologue et pédopsychiatre.

Puis, à partir du mois de Mai 2018 jusqu'à ce jour, vous appliquez à mon égard ce que l'on pourrait « Appeler, faire Constater ou Juger », comme : des Persécutions Physiques.

Ne prenant pas en compte mon état de Santé ni mes conditions d'hospitalisation, courant Mai 2018, aux services des Urgences, utilisées par les services de Police lors des Garde à Vue !

Mon Avocat et ma Famille sont restés plus de 8 jours dans l'inquiétude la plus profonde, sans savoir ou j'avais été transféré, sans avoir aucune nouvelle, ni avoir quelconque possibilité de communiquer.

Vous avez été jusqu'à « Transformer » le diagnostic médical d'un Médecin Chef et d'un Neurologue, malgré l'imagerie à l'appui d'un IRM et d'un SCANNER.

Dans vos écrits, le diagnostic d'un AVC avec Hémorragie Cérébrale, est devenu : un simple Malaise. Pourquoi ? Madame la Juge.

Vous avez été jusqu'à « Zapper, ignorer » la demande du Juge des Libertés Monsieur Prats, dans son ordonnance du 1er Octobre 2018, qui vous sollicitait pour ordonner une Expertise Médicale, certainement suite à la lecture du dossier Médical et de ses inquiétudes, en tant qu'être Humain, Magistrat et afin de voir si ma détention était compatible avec mon état de santé. Pourquoi ? Madame la Juge n'avez-vous pas Ordonné cette expertise.

Depuis plus de trois mois et demi, soit plus de 100 jours, vous n'avez pas jugé utile de faire cette expertise. Je pense qu'en tant que Juge d'instruction vous êtes informée de la surpopulation pénale de près de 200 % sur la Maison d'arrêt de Villepinte, ce qui encombre et donne une énorme charge de travail au service médical, malgré leurs meilleures volontés. Il est très difficile d'avoir un suivi journalier, c'est une petite « annexe » d'hôpital, cela reste une infirmerie, nous sommes très loin du service Neurologique de l'hôpital Salpêtrière qui pourtant dispose d'un quartier Pénitentiaire.

Je me permets de penser que vous n'avez pas ordonné cette Expertise Médicale pour la simple et bonne raison, d'éviter un quelconque avis médical qui me permettrait d'être Hospitalisé ou le fait qu'un Médecin Expert vous déclare que mon état de santé ne soit pas compatible avec la détention.

Vous me voulez personnellement, Madame Elsa Johnstone en Prison !, et le plus longtemps possible en Détention Préventive, et ceci depuis le premier jour. Vous m'avez déjà Jugé et condamné, à une Peine « Capitale », sans même laisser le Tribunal en décider le jour du Jugement.

Vous me persécutez Moralement et physiquement en vous permettant de « Jouer » avec ma santé, et vous n'instruisez votre dossier qu'à charge complète contre moi. Pourquoi ? Madame la Juge.

Allant jusqu'à n'organiser aucune confrontation avec les Victimes au casier judiciaire chargé, je vous parle des victimes, Monsieur Jean-Pierre Besingue et Monsieur Jordan Besingue, qui venaient le jour des faits, « escroquer » 600 000 euros en espèces sur le territoire Français.

Vous n'avez même pas pris le temps d'entendre un personnage-clef identifié et mis en cause sur procès-verbal, dans votre dossier d'instruction : Monsieur Dominique Léger, citoyen Français.

Encore moins le temps de prévenir les Services de la Brigade Financière, ou du Trésor Public, des agissements frauduleux, illégaux commis sur le territoire Français et non prescrits par Messieurs Jean-Pierre et Jordan Besingue. Pourquoi ? Madame la Juge.

Il vous a été remis plus de Cinq Heures d'enregistrements sonore et vidéo couleur, enregistrements effectués en caméra cachée qui expliquent justifient les faits et prouve que les victimes sont des escrocs International, vous en avez exploité que Cinq petites Minutes, cela démontre une fois de plus que vous instruisez qu'à charge contre moi. Pourquoi ?, Madame la Juge.

Dès le début de l'instruction en décembre 2017 vous avez eu un comportement « suspicieux » envers les Avocats qui assuraient la défense de mes intérêts et de ceux du coauteur des faits, Monsieur Alain T, inculpé pour les mêmes Chefs d'Inculcation que moi mais Libéré sous simple contrôle Judiciaire par vos soins, le 28 juin 2018, il y a 6 mois soit 180 jours.

Allant lors d'un interrogatoire, jusqu'à demander à Monsieur Alain T les motivations du choix de son Avocat mais aussi à vous permettre « d'enquêter » sur le parcours professionnel de Maître Hiba Rizkallah, ainsi que sur le fait que Maître Philippe van der Meulen, avait déjà assuré ma défense dans le passé. Pourquoi ? à quel Titre ? Madame la Juge.

Dès vos premières Ordonnances de Saisine adressées aux juges des libertés, vous n'avez une fois de plus motivé vos écrits qu'à charge contre moi, allant jusqu'à m'attribuer des Qualificatifs non Fondés.

« Monsieur Caldier Emmanuel est un spécialiste des recouvrements de créances sauvages…

Dans votre manière de n'instruire qu'à charge contre moi, et dans toutes vos Ordonnances de saisine, vous « Noircissez » mon profil pour tenter d'influencer le Tribunal, les Juges des Libertés et la Chambre de l'Instruction. Pourquoi ? Madame la Juge

Début Octobre 2018, alors que j'étais incarcéré au quartier d'Isolement de la prison de Fleury-Mérogis pour des raisons de sécurité et de meilleure surveillance médicale, vous avez donné votre accord à la Direction interrégionale de la Pénitentiaire pour me transférer à la prison de Villepinte, où celle-ci n'avait pas de place disponible au quartier d'isolement, entraînant et de plus un éloignement Familial de près de deux heures de route pour avoir la visite de ma Famille.

Depuis le 6 Octobre 2018, je suis dans une situation complexe en détention, et ne bénéficie plus de parloir famille. Pourquoi ?. Madame la Juge.

Le Mercredi 27 décembre 2017, je me suis rendu « Spontanément » aux enquêteurs de Police de la 1ère DPJ de Paris, sans qu'aucune convocation ou mandat d'arrêt ne soit délivré contre moi. Je me suis expliqué en totalité sur les faits, puis le 28 décembre 2017 j'ai réitéré mes dépositions dans votre bureau lors de votre interrogatoire.

Lors de cette Instruction vous m'avez convoqué une seule et unique fois, le 17 avril 2018, pour une audition, il y a donc neuf mois environ, 270 jours, et depuis vous rejetez systématiquement toutes mes Demandes de mise en Liberté Provisoire.

Vous n'avez jamais tenu compte des nombreux éléments de garantie de représentation que mon avocat vous a fourni, certificat de concubinage, domicile, contrat de travail et autres justificatifs. En Octobre 2018, Monsieur Prats, le Juge des Libertés, a Ordonné une enquête de faisabilité pour une détention sous la mesure d'un Bracelet Électronique.

Cette enquête a été effectuée par les services du SPIP, elle est revenue favorable, vous n'en n'avez jamais tenu compte non plus. Pourquoi ? Madame la Juge.

À ce jour je suis incarcéré depuis le 28 décembre 2017, soit plus d'une année de détention préventive, dans un dossier qui a été ou qui est en cour de Correctionnalisation, mais qui le sera Définitivement et « Officiellement » lorsque vous aurez personnellement envoyé votre ordonnance en signifiant l'article 175.

Il me semble que le Législateur « préconise » dans ses textes que la détention préventive ne doit pas dépasser une période d'un an, douze mois ou 365 jours, dans un dossier d'instruction correctionnelle

Une fois de plus je constate que votre « acharnement » contre moi est bien présent, car vous vous étiez engagée à clôturer définitivement cette instruction il y a plus de Trois mois et dans un délais d'un mois. Pourquoi ? Madame la Juge.

Une fois de plus je peux me permettre de constater que le seul but de vos « Manœuvres » est de prolonger ma détention préventive au Maximum, afin que la date d'audience de mon Jugement soit la plus éloignée possible sur le calendrier Judiciaire.

Considérant qu'à ce stade de l'instruction, en rédigeant et envoyant cette lettre ouverte, je ne risque pas de nuire aux secrets de l'instruction, je me permettrai aussi de fournir « aux Médiateurs » éventuels les éléments concrets de l'instruction, que je vous avance dans cette Lettre Ouverte.

Je vous informe que vu la situation actuelle, j'entame ce jour, ce Lundi 21 Janvier 2019, une grève de la faim, afin d'attirer l'attention d'un ou plusieurs « Médiateurs » sur cette situation inextricable, ainsi que sur mes problèmes médicaux, Physique et Neurologique, suite à mon AVC.

À ce jour et vu la complexité de l'acharnement que je subis, je pense au plus profond de moi que cette grève de la Faim est la solution la plus pacifiste pour espérer être entendu.

Devant toute cette Injustice que vous m'infligez à titre Personnel Madame Elsa Johnstone, je n'ai pas d'autre solution que d'envoyer cette Lettre Ouverte et d'entamer et tenir cette grève de la Faim jusqu'au jour où la situation sera éclaircie.

Veuillez agréer, Madame, toutes mes salutations les plus distinguées.

PS : Je vous prie de bien vouloir excuser les nombreuses fautes de Français de ce courrier, enfant, je n'ai malheureusement pas eu la chance d'être scolarisé.

A l'âge de 15 ans j'ai appris à lire et écrire le Français, pour à ce jour être arrivé, depuis de longues années, à être totalement inséré en tant que Manager auprès d'une importante société Nationale et à être Auteur d'ouvrages Autobiographiques aux éditions Flammarion.

Note de l'auteur : Dans le cadre de cet ouvrage, la lettre a été corrigée partiellement afin de vous assurer une lecture agréable.

21 janvier 2019.

Dans le passé, j'avais déjà été obligé d'utiliser cette arme pacifiste pour partir en guerre froide. La grève de la faim est un exercice très compliqué où le combat est journalier et où il faut rester extrêmement fort dans sa tête. Là, on déconnecte son esprit de son corps et on se met en mode guerrier.

Acte 1

Opération blocage : à 7 heures du matin, on sort devant la porte de la cellule à l'ouverture de celle-ci, lors du contrôle sécurité du surveillant ; puis on bloque amicalement la porte.

Acte 2

En mode le plus persuasif, on ouvre le dialogue avec le surveillant – celui-ci tombe généralement de haut en voyant des sacs et des cartons de nourriture à ses pieds :

« Bonjour surveillant, voici un courrier pour votre direction. C'est une déclaration de grève de la faim. Je sors toutes les réserves de nourriture que j'ai en cellule et je vous informe que je refuserai tous les repas servis par l'administration – je garde juste les bouteilles d'eau. Vous pouvez distribuer tout le reste aux indigents, ça leur fera plaisir. »

Le gentil surveillant présent ce matin-là savait que les choses allaient être compliquées : il était au parfum de mes problèmes. Je dirais donc qu'il s'est exécuté dans le calme, bien qu'avec la boule au ventre :

« Tu es sûr Manu ? Tu as déjà de gros problèmes de santé avec ton AVC. Fais gaffe à ta santé Manu ; et tu as une famille, des enfants ! Mais t'inquiète, je sonne l'alerte auprès de la direction, des gradés et de l'infirmerie, je déclenche le plan Vigipirate. »

Un zeste d'humanité dans un monde de brutes...

Mais attention : un détenu qui entame une grève de la faim en prison n'est pas toujours pris au sérieux. L'administration va tout tenter pour le faire changer d'avis. Je le rappelle, c'est une guerre froide.

Je savais qu'il allait y avoir un problème car mes antécédents étaient là et parlaient d'eux-mêmes. J'avais déjà trois grosses et bonnes grèves de la faim à mon palmarès, que j'avais arrêtées uniquement une fois les résultats espérés obtenus :

- 45 jours à Fleury, dans les années 1988 ;
- 60 jours à Fresnes, dans les années 1994 après mon évasion, pour bénéficier d'un transfert en centre de détention ;
- 90 jours en 1997 à Villepinte, afin de clamer mon innocence sur une grosse affaire en mode barbouzerie. J'avais été interpelé dans l'avion en provenance de Belgrade (ex-Yougoslavie), sur le tarmac de Roissy, par la BRI du 93 assistée par un groupe d'intervention musclé. Certains voulaient me faire porter un chapeau un peu trop gros pour ma tête !

Pour cette dernière grève de la faim, même s'il y a prescription aujourd'hui, le message avait été clair : pour tenir 90 jours sans s'alimenter et perdre plus de 40 kilos afin de clamer mon innocence (alors que j'étais un peu coupable malgré tout), il fallait vraiment que je sois motivé et que j'aie un mental à toute épreuve.

En ce mois de janvier 2019, je n'avais aucune idée du nombre de jours, de semaines ou de mois de combat pour lesquels je partais.

Malgré mon âge plus avancé et mes problèmes de santé, je me devais de battre mes records pour ce combat.

Une seule chose était sûre : rien ne me ferait dévier de ma trajectoire.

Elsa s'était amusée pendant plus d'un an à me bourrer la poudre ras la gueule, l'ogive déjà en place. Alors là j'allais percuter le détonateur et gare aux dégâts !

Extorsion de fonds : la complainte de Manu le Gitan

Cet ancien braqueur impliqué dans une rocambolesque affaire d'extorsion assume les faits qui lui sont reprochés mais dénonce une enquête incomplète à quelques jours de son procès.

« Manu le Gitan » sera bientôt devant la justice. Le 22 janvier, une juge d'instruction parisienne a décidé de renvoyer Emmanuel Caldier, 50 ans, plus connu sous le nom de Manu le Gitan, devant un tribunal correctionnel pour « extorsion avec violences ». Le détenu, un ex-braqueur habitué des plateaux de télévision (il a notamment fait une apparition remarquée dans « Touche pas à mon poste » de Cyril Hanouna) et qui a raconté son parcours dans un livre, se trouve aujourd'hui en grève de la faim à la maison d'arrêt de Villepinte (Seine-Saint-Denis), considérant qu'il est victime d'un acharnement de la justice.

L'affaire, rocambolesque, a débuté à la fin du mois de décembre 2017. Caldier séquestre alors le fils d'un homme soupçonné d'avoir escroqué un de ses amis, via des placements douteux, à hauteur d'environ 200 000 €.

Au terme d'un guet-apens digne d'un film d'espionnage. Manu le Gitan se fait passer pour la « cinquième fortune de Belgique ». Circulant en Maserati (de location), il prétend vouloir blanchir 600 000 € en liquide provenant de la vente d'hélicoptères en Afrique.

4 chèques de 50 000 € chacun

Rendez-vous est pris avec le fils du banquier occulte dans un grand hôtel de Liège le 1er décembre 2017. La conversation est enregistrée grâce à une montre, munie d'une caméra et d'un micro-espion. La remise de fonds doit se faire dans un appartement, près de la porte d'Auteuil, à Paris. Lorsque le jeune homme arrive le 20 décembre à 11h45, il tombe dans un piège, immobilisé par trois personnes, ligoté avec du ruban adhésif, pistolet sur la tempe. La victime, à qui on menace de couper un doigt, est ensuite contrainte d'appeler son père aux Antilles. Manu le Gitan prévient ce dernier : « Moi, c'est pas les œuvres sociales ! ». Au passage, le fils doit signer 4 chèques de 50 000 € chacun.

Après la plainte du père et du fils, les policiers n'ont aucun mal à remonter jusqu'à Manu le Gitan et à son ami, lequel reconnaît avoir tenté de recouvrer l'argent perdu. Recherché, Manu se rend. « Il reconnaissait spontanément l'intégralité des faits reprochés. Il expliquait avoir voulu aider un ami en détresse tant financière que nerveuse », indique l'ordonnance de renvoi devant le tribunal correctionnel. Mais son passé ne plaide pas en sa faveur : « Le niveau d'expérience d'Emmanuel Caldier est établi par ses antécédents judiciaires », lit-on dans le même document.

Victime d'une hémorragie cérébrale

Depuis, il est incarcéré. Lui estime que l'enquête s'est arrêtée en route. En se focalisant sur des faits de violences, par ailleurs non contestés, les investigations n'ont, dit-il, pas fait la lumière sur l'arrière-plan du dossier. Le « justicier » explique ainsi avoir remis « plus de cinq heures d'enregistrement sonore et vidéo », afin de démontrer que les victimes se livraient à des carambouilles financières, ce que les intéressés contestent. « L'élément contextuel n'a pas été pris en compte, estime l'avocat du détenu, Me Philippe Van der Meulen. Manu ne renie pas son passé qui relève d'une histoire chaotique. Il a rencontré un homme à qui on a détourné les économies d'une vie et qui appelle à l'aide. S'il n'a pas pris le recul nécessaire, cela n'a rien de crapuleux. »

Eric Pelletier, « Extorsion de fonds : la complainte de Manu le Gitan », *Le Parisien*, 16 Février 2019
https://www.leparisien.fr/faits-divers/extorsion-de-fonds-la-complainte-de-manu-le-gitan-16-02-2019-8013432.php (Consulté le 01/08/2024)

Manu le gitan en grève de la faim

Connu en Alsace pour avoir séquestré un courtier, Manu le Gitan est en prison. Pour séquestration.

Manu le Gitan est en prison. Encore. Emmanuel Caldier s'était fait remarquer en Alsace lors de la séquestration d'un courtier à Horbourg-Wihr au début des années 2000. Il travaillait alors pour un couple de médecins qui cherchait à récupérer sa mise dans une société bâloise.

Emmanuel dit le Gitan avait été condamné à trois ans ferme, la peine étant ramenée en appel à cinq ans avec sursis. Dix-huit ans plus tard, il fait toujours dans la séquestration, à Paris.

Une lettre ouverte

« J'ai kidnappé des escrocs », s'est-il justifié. Il s'agit cette fois selon lui de rendre justice à une de ses connaissances, flouée par un investisseur véreux. Le quinquagénaire s'est constitué prisonnier fin 2017. Mis en examen pour enlèvement et séquestration, Emmanuel Caldier est écroué depuis plus d'un an. En grève de la faim dans la prison de Villepinte depuis le 21 janvier, après son transfert de Fleury-Mérogis, il annonce avoir perdu 8 kilos et demi.

Il vient d'adresser une lettre ouverte au juge pour dénoncer une instruction qu'il estime à charge et un « acharnement » du magistrat.

Ph.M., « Manu le gitan en grève de la faim »,
Dernières nouvelles d'Alsace, 6 Février 2019
https://c.dna.fr/faits-divers/2019/02/06/manu-le-gitan-en-greve-de-la-faim
(Consulté le 01/08/2024)

CHAPITRE 13

Le prix de la liberté

J'ai repris la plume ou le clavier d'ordinateur en ce mois de septembre 2024 pour vous écrire ce dernier chapitre.

Je n'allais pas vous laisser, chers lecteurs, sans vous dévoiler la fin de l'histoire. J'aurais aimé le faire avant, mais cela m'aurait fait prendre de nouveaux risques : il fallait absolument que je sois libre de mes faits et gestes vis-à-vis de la justice française.

Car il y a une loi respectable, que je ne voulais surtout pas enfreindre :

La loi « Perben II », en vigueur depuis 2005, interdit la publication d'un livre non pas en raison de ce qu'il contient, mais en raison de celui qui l'écrit. Elle dispose en effet de l'« interdiction pour un condamné de publier un livre relatant son affaire, dans le cadre d'une libération conditionnelle ou d'un sursis avec mise à l'épreuve. »

D'autant que mon vieil ami de 20 ans Michel Mary, le Grand Seigneur de toute l'actualité judiciaire, nous a offert une magnifique préface.

Certes je me suis isolé, mais tout seul cette fois, volontairement. Je suis dans un quartier VIP une fois de plus, sauf que là, c'est moi qui ai choisi ma cage dorée : un lieu magique où j'aurai la meilleure inspiration. Un magnifique hôtel 4 étoiles : le Cottage de France CDG, à Saint-Mard dans le 77, proche de l'aéroport de Roissy.

J'y suis arrivé hier soir. Il n'y avait aucun maton à la porte, juste deux molosses : des vigiles souriants mais méfiants, des pros, quoi ! Il y avait une soirée au club. Un truc de fou : la scène pour les spectacles, le DJ, les bars. Welcome to Ibiza.

Rassurez-vous, je suis rentré sans rouler sur les deux molosses de la sécurité, j'avais le mot de passe :

« Je suis attendu par Alain ».

Par contre, faites attention : le molosse a une oreillette, un talkie-walkie et il vérifie. À bon entendeur salut !

La journée du 20 janvier 2019 fut bien chargée, et remplie d'émotions.

La déclaration de grève de la faim avait enclenché tous les processus : visite du chef du quartier, convocation chez le directeur, et bien sûr, visite et contre-visite. Enfin un vrai contrôle technique au service médical !

Et là, à ma grande surprise et pour ma plus grande joie, j'ai retrouvé un grand Homme : le docteur Ludovic Levasseur, une vieille connaissance de prison.

Je précise : lui, c'est le docteur et moi le détenu – on n'a pas fait de coup ensemble.

Le docteur Levasseur m'avait toujours suivi au niveau médical lorsque je faisais des passages à la prison de Villepinte. C'est lui qui, en 1997, avait tapé fort sur la table juridique pour alerter les autorités que ma grève de la faim mettait en jeu mon diagnostic vital, avec des séquelles irréversibles.

« Monsieur Caldier Manu le Gitan, j'ai reçu le dossier médical de Fleury : le docteur Mehareb Farid m'a fait un point complet. On va te suivre de près pour l'AVC et là, avec la grève de la faim, ça va être compliqué. Je te connais, tu ne lâcheras pas. Donc je te convoquerai tous les jours pour te surveiller de près : tension, prise de sang et autre. Et si tu ne peux plus te lever de ton lit, c'est l'équipe médicale qui viendra à ta cellule. »

Mercredi 22 janvier, j'ai reçu les premiers éclats de la bombe à fragmentation que j'avais envoyée trois jours auparavant. Le greffier en chef de la prison est venu taper à la porte de ma cellule – enfin, c'est une expression : il était escorté d'un surveillant gradé qui avait les clefs, et ils ont ouvert la porte sans frapper.

« Monsieur Caldier, notification du TGI de Paris : signez en bas ! »

Il est gentil lui, mais avant de signer, moi je lis et je relis...

C'était un courrier d'amour de ma juge Elsa, qui me notifiait qu'elle fermait l'instruction. Cela allait enfin me permettre de pouvoir passer devant un tribunal et de m'expliquer sur les faits !

Et comme le hasard fait bien les choses, sa missive était datée du lundi 20 janvier, jour où elle avait reçu, par fax du greffe de la prison, ma lettre ouverte, ma déclaration de guerre ou plutôt de grève de la faim.

Ça aurait été difficile pour elle de tricher encore plus en antidatant son courrier du 18 ou du 19 janvier, car ça tombait un week-end !

La nouvelle était plutôt excellente : l'instruction étant fermée, on dépendait à présent du TGI de Paris. Nous allions donc avoir une date de jugement dans un délai d'environ deux ou trois mois.

En bon gréviste de la faim, je me suis bu cul sec une bonne bouteille d'eau Cristaline.

Beaucoup de personnes auraient stoppé la grève de la faim en pensant avoir gagné la partie, mais moi non. À ce jour j'avais seulement marqué un point. Un très gros point certes, mais on était loin d'avoir gagné la partie.

Les jours défilaient doucement, mon état de santé aussi. Chaque jour j'étais un peu plus affaibli.

Le journal *Le Parisien* via Éric Pelletier ainsi que le journal *DNA* avaient envoyé une belle piqûre de rappel : de beaux articles de presse, histoire d'éveiller quelques consciences bien endormies du côté de la justice. Pour moi, ces deux articles étaient quelque part des perfusions d'antidouleurs et de multivitaminés.

Côté moral, comme toujours je tenais bon. Mais le physique ne suivait plus : j'avais perdu près de 25 kilos et j'avais le sang vide.

Le docteur Ludovic Levasseur a tiré la sonnette d'alarme : on était dans le rouge ! Mon diagnostic vital était en jeu. Il m'a expédié en urgence à l'hôpital de la Pitié-Salpêtrière, où il y a un quartier sécurisé géré par l'administration pénitentiaire.

J'ai été pris en charge par une équipe médicale exceptionnelle. Comme je refusais de manger, ils m'ont branché de partout, avec des perfusions de cocktails.

J'y suis resté trois semaines, ce qui a fait du bien à mon corps. Mais je continuais à refuser de m'alimenter, je maintenais la grève de la faim.

Arrivé à plus de 90 jours de grève de la faim – nous étions fin avril 2019 –, j'ai reçu une très bonne nouvelle officielle du palais de justice : une date d'audience de jugement allait être fixée pour le mois de juin 2019.

Une très très bonne nouvelle car après, on tomberait en pleine période de vacances judiciaires – et là, rien ne bouge avant le 15 septembre, voire octobre.

Si on doit compter sur le courage des juges de permanence pour bouger les choses, on est sûr de mourir – surtout après 90 jours de grève de la faim. Autant prendre contact tout de suite avec le funérarium...

Mais déjà, une date de rendez-vous avec le président du tribunal, ses assesseurs et le procureur de la République était prise pour mi-mai 2019, en visioconférence.

Si, dans mes débuts de carrière, on m'avait dit qu'un jour j'aurais un rendez-vous de justice en « visio », avec la cour qui allait me juger ou me guillotiner, je ne l'aurais jamais cru.

De toute façon, à presque quatre mois de grève de la faim, pour m'emmener de ma cellule à la salle de la prison équipée d'un écran, il allait falloir un brancard ou un fauteuil roulant.

Le jour J de la visioconférence est arrivé. Ce matin-là, j'ai demandé à un codétenu de me faire passer du sucre pour boire de l'eau sucrée : il fallait à tout prix que j'évite de tomber dans les pommes devant la cour du tribunal de Paris.

Mon VTC est venu me chercher à 14 heures. Deux surveillants sympas, armés d'une chaise roulante, m'ont installé dessus de manière chirurgicale ; et, après quelques centaines de mètres de couloir, je suis arrivé à bon port.

Vers 15 heures, l'écran géant s'est allumé et j'ai vu apparaître la cour.

Généralement, on se lève quand la cour entre dans l'arène. Mais là, avec 120 jours de grève de la faim dans les pattes et moins 38 kilos à la pesée, j'avais le cul collé au siège du fauteuil roulant et plus de force dans les jambes.

Puis l'image et le son sont arrivés, avec un grand :

« Bonjour Monsieur Caldier, je suis le président de la dixième chambre correctionnelle de Paris. À ce jour et vu vos problèmes de santé liés à votre grève de la faim, êtes-vous en état de répondre à nos questions ? »

Tout à coup, moi j'étais en pleine forme : depuis le temps que j'attendais de me retrouver devant le tribunal pour tenter de m'expliquer et de me faire entendre ! Je leur ai lancé un grand :

« Oui, oui, Monsieur le Président ! »

J'avais les yeux rivés sur l'écran. Je savais que la vidéo était aussi projetée dans le tribunal, donc la cour me voyait aussi bien que moi je la voyais ; idem pour le son. Eux avaient à l'écran un Biafrais de 45 kilos sur une chaise roulante des année 1970 : on était très loin de l'image d'Emmanuel Caldier alias Manu le Gitan, le barbouze kidnappeur !

Mais personnellement je n'ai jamais eu de problème d'ego.

Au risque de surprendre tout le monde, j'ai trouvé que le président avait une bonne bouille bien sympathique : il avait un petit sourire en coin qui respirait l'équité, et c'était plutôt rassurant pour la suite.

Ses assesseurs étaient deux jolies femmes plutôt séduisantes. Ça passe toujours mieux quand on se fait donner la sentence par de charmantes dames...

Puis à gauche sur l'écran, j'ai découvert le visage du procureur de la République. Généralement c'est lui qui charge, qui requiert la peine au nom de l'État français, et bien souvent il a la tête de l'emploi.

Eh bien sur ce coup-là, j'avais de la chance : c'était une jeune femme au visage plutôt doux et au regard perçant. Par contre elle n'avait pas les yeux revolvers, je n'avais vraiment pas l'impression qu'elle allait tirer sur l'ambulance ou la chaise roulante.

Le président a pris la parole. Je qualifierais vraiment l'échange que nous avons eu de cordial : ses mots et ses phrases étaient posés, construits, rassurants.

Mon état de santé inquiétait toute la cour : enfin de l'humanité dans cet engrenage judiciaire de brutes aveuglées de vengeance et d'ego, et qui durait depuis fin décembre 2017 avec la juge Elsa.

Le président m'a demandé de lui faire confiance. Il m'a garanti un jugement équitable, où j'aurais tout le temps de m'expliquer. Il m'a aussi demandé de cesser ma grève de la faim pour éviter les grosses complications médicales irréversibles. Ses deux jolies assesseuses ainsi que la charmante procureure de la République se sont joints à sa demande.

J'ai bu et même mangé leurs paroles. Je les ai fortement remerciés, leur indiquant que je serais sur pied pour le rendez-vous final de juin que la cour allait me fixer. Je leur ai précisé que j'allais cesser dès ce jour ma grève de la faim. J'ai encore remercié la cour et lui ai renouvelé toute ma confiance.

Mon escorte de surveillants était sur le cul ! Souvent les visios avec les juges d'instruction ou le tribunal sont mouvementées, pleines de tensions.

J'ai demandé à être emmené à l'infirmerie avant de rentrer en cellule. Je devais voir en urgence le docteur Ludovic : d'abord pour lui annoncer la nouvelle, ensuite pour qu'il me fasse un régime de réalimentation.

120 jours que l'organisme était à l'arrêt, je n'étais pas prêt à aller manger une entrecôte frites au Buffalo de Villepinte avec le directeur de la prison ! De toute façon, je pense qu'il n'avait aucune envie de m'inviter, celui-là.

Arrivé à l'infirmerie, le docteur Levasseur et son équipe était enchantés par la bonne nouvelle : Manu stoppe sa grève de la faim !

On est ressortis de l'infirmerie une heure plus tard, avec une ordonnance de trois mètres de long, un carton de médocs et un autre de compléments alimentaires : des vitamines de la A à la Z, la totale ! Et bien sûr, la liste d'aliments à consumer mixés en soupe ou en bouillon.

J'ai demandé au docteur Levasseur, que je savais en contact régulier avec le docteur Mehareb, qu'il le prévienne dès que possible de la bonne nouvelle : il avait tellement pris soin de moi et je savais qu'il suivait mon dossier de près.

Quand je repense à tout cela aujourd'hui, en ce mois de septembre 2022, je me demande encore avec le recul où j'avais bien pu trouver toute cette détermination et cette force mentale.

Franchement, les jeunes ou les moins jeunes, si je peux me permettre de vous donner un conseil : restez tranquilles. Évitez les problèmes de justice, la prison, faites des études, allez bosser.

C'est ce que je fais aujourd'hui : je me lève à 5 heures du matin tous les jours et je suis heureux. Je vais chercher ma fille à l'école, je passe de bons week-ends avec elle… Je vis, je suis libre !

En 2017, lorsque je me suis mis à l'écriture de cet ouvrage, j'étais seul dans une cellule de neuf mètres carrés.

J'étais au VIP, or tout le monde n'a pas la chance d'y être. Car bien souvent les codétenus, les frérots, les potos sont trois, voire quatre dans les neuf mètres carrés : ce qui fait moins de trois mètres carrés par personne.

Et si on retire la surface du lit, du placard, de la table et des WC, il reste un mètre carré vivable par personne – en gros, soit on est debout, soit on se couche sur son lit.

La surpopulation, la promiscuité, c'est l'enfer. On est bien loin de ce que certains détenus fanfaronnent : ce n'est pas le Club Med.

Et si nos familles, nos mères, nos sœurs, nos frères ou nos enfants sont libres, on les a enfermés dans notre galère alors qu'ils n'ont rien demandé. Pour venir nous soutenir au parloir, ils parcourent des kilomètres en voiture, en bus, en train ou à pied. Des fois ça leur prend la journée rien que pour nous offrir 30 ou 45 minutes de bonheur au parloir.

Hier soir, j'ai pris ma douche dans mon lieu de résidence isolé.

Pour vous décrire l'hôtel Les cottages de France CDG : la salle de bain fait neuf mètres carrés et la douche à l'italienne y est aussi grande que le lit sur lequel j'ai dormi pas loin de 3 650 jours de ma vie... car j'ai bien purgé 10 ans de placard entre ma première et ma dernière peine.

Depuis trois jours, je dors sur un matelas hyper confortable taille XXL. Mais je suis obligé de repenser à cette espèce de matelas mousse bien usé et bien crade que l'on met à ta disposition en prison et qui te tue le dos.

Aujourd'hui j'ai la clef de ma porte. La nuit, personne ne hurle sa misère aux fenêtres. Le mec de la chambre d'à côté ne tape pas dans le mur à minuit pour me demander de lui faire un yoyo, pour lui passer du tabac, du sucre ou autre.

Je me répète : les jeunes et les moins jeunes, évitez les problèmes de justice et la prison. L'enfermement c'est destructeur et la prison c'est l'enfer.

Le triple J était arrivé : Jour, Juin, Jugement !

Le président et le tribunal de grande instance de Paris avaient tenu parole.

De mon côté, moi aussi j'avais tenu parole : j'avais repris près de quinze kilos. J'avais combattu en poids mi-mouche lors de la visio en mai avec le TGI, et là j'arrivais au combat en poids léger : 60 kilos à la pesée officielle du docteur Ludovic Levasseur.

Mais j'allais affronter le président, un poids lourd de la justice : 50 000 combats gagné par K.-O. dès les premiers rounds.

De plus, même si ses deux assesseuses avaient le charme des hôtesses parcourant le ring avec les pancartes annonçant le nombre de rounds, elles risquaient bien en ce jour de juin de sortir des petits Post-it avec le nombre d'années qu'elles désiraient me mettre.

Je savais aussi que l'arbitre – enfin la procureure au regard qui peut tuer– , avait déjà choisi son camp : elle était bien plus du côté du poids lourd de la justice que du poids léger que j'étais physiquement à ce jour. En effet, sur mon CV ou CJ (Casier Judiciaire), j'avais déjà 24 « défaites » inscrites, et pas des moindres. Je n'ai pas écrit « 24 victoires » car ce n'est pas victorieux d'avoir un tel casier judiciaire. Mais je l'assume, ce ne sera jamais ni une honte ni une fierté.

Le président a sonné le coup d'envoi, faisant d'entrée de jeu constater à la cour et au public que les victimes n'étaient pas présentes. Il s'est alors adressé à l'avocat qui les représentait.

Très vite, ce dernier a commencé à bégayer devant les questions du président. Ses clients escrocs, déjà condamnés à plusieurs reprises, s'étaient permis d'aller porter plainte et de pleurer dans les jupons de la justice – car cette-fois ils avaient trouvé plus fort qu'eux sur leur chemin. En plus, l'avocat qu'ils avaient choisi n'était pas très virulent ni persuasif, ce qui n'arrangeait pas leurs affaires.

Le premier qui est passé à la moulinette, c'est mon ami Alain. Vu que c'était son argent et celui de sa femme qu'on était allés récupérer en piégeant ces escrocs, il passait pour le commanditaire.

Grand moment de solitude pour Alain. C'était un chef d'entreprise, il n'avait aucune expérience des affaires judiciaires et encore moins des jugements. Il avait etrouvé sa liberté après six mois de détention préventive, pas facile de se retrouver face au juge les mains posées sur la barre.

Moi, j'étais dans le box des accusés sous forte escorte policière, à dix mètres de lui, alors je ne pouvais malheureusement pas intervenir pour lui venir en aide. J'attendais sagement mon tour de moulinette...

Après 20 minutes de tempête durant lesquelles le vent avait bien soufflé sur Alain, le président l'a invité à se rasseoir.

Cela faisait dix-huit mois que j'attendais ce jour de plaidoirie : je maîtrisais mon dossier par cœur. Mais j'avais pu constater, avec mes yeux et mes oreilles, que la cour le connaissait très bien elle aussi.

Le président m'a invité à me lever, la greffière m'a demandé de décliner mon identité. Ils savaient très bien qui j'étais : nom, prénom, etc., mais c'est la coutume.

J'étais serein, zen et je trouvais la cour encore plus belle et plus humaine que lors de la visio. De plus ils avaient tenu parole : j'étais bien en chair et en os devant eux au mois de juin.

L'été s'annonçait bien, je n'avais encore rien réservé pour la fête de la musique. Il est bien connu que c'est à la fin du bal que l'on paye les musiciens. Mais même sans être jugé je savais que j'étais proche de la porte de sortie.

Le président a ouvert le bal : questions et réponses claires et instantanées de ma part. Comme dans un match de ping-pong, les questions et les réponses rebondissaient d'un coup sec dans la salle d'audience.

En fait, on n'était pas du tout dans un match de boxe, et encore moins dans un combat où l'on se rend coup pour coup.

C'est à ce moment que j'ai compris qu'il allait falloir que j'envoie du lourd, du très lourd, et que je déroule toute l'affaire. Je devais faire mon « one-man-show » avec un mélange d'Audiard, de Manu et de pirouettes à la Belmondo. Le tout en restant pro, respectueux et drôle par moment. Tout en ne lâchant jamais des yeux mon président, ses assesseuses et ma procureure.

Mon monologue a tenu près de deux heures, sans que personne ne me coupe. Dans la salle il y avait des badauds mais aussi mes frères de cœur, mes amis. À plusieurs reprises le public, mon public, a lancé des éclats de rire. Mais ils ont vite été réprimandés par la procureure :

« Chut, messieurs-dames, nous sommes dans un tribunal ! »

J'ai été coupé par le président du tribunal, je pense au bon moment : ça ne servait à rien d'en faire trop. Là, il a demandé à ses assesseuses si elles avaient des questions pour moi.

L'une d'elles m'en a posée une qui m'a scié les jambes, séché la gorge : une question improbable, à laquelle je ne pouvais pas m'attendre. Rassurez-vous, elle ne m'a pas demandé si j'étais disponible pour dîner avec elle le soir-même :

« Monsieur Caldier Emmanuel nous avons bien entendu votre longue plaidoirie. À combien de mois de prison vous condamneriez-vous ? Quelle est la peine que vous désirez vous infliger ? »

J'étais sonné. Comment répondre à cette question piège ?

J'ai marqué un temps d'arrêt. Puis j'ai lancé des regards à 180 degrés sur la cour, du procureur au président. Et j'ai choisi de la faire à la Jean Gabin :

« Madame, Mesdames, Monsieur le Président, cette question est très pertinente. Mais je ne suis pas habilité à me juger ni à me condamner. C'est à vous, au tribunal, de prononcer une condamnation pour les graves infractions que j'ai commises. J'accepterai et subirai votre condamnation. Et, par respect pour votre tribunal et quelle que soit la dureté de la peine, je ne ferai pas appel devant une autre juridiction. »

Franchement, je crois qu'ils ont vraiment apprécié ma noble réponse.

Après c'est Madame la Procureure qui a pris la parole pour requérir au nom de la République française.

Je l'avais vue sourire pendant mon « one-man-show », mais j'attendais qu'elle fasse le sien , j'allais découvrir en quelle langue elle le prononcerait :

« Monsieur Caldier, nous vous avons bien entendu faire votre belle plaidoirie. Nous avons pu constater que vous aviez du métier, de l'expérience.

Or personne n'en doutait dans ce tribunal : votre casier judiciaire parle pour vous. À 15 ans vous étiez déjà incarcéré au CJD Centre des Jeunes Détenus. Vous avez 35 ans d'expérience professionnelle dans la délinquance et le banditisme de haut niveau.

Avec votre plaidoirie, vous avez pulvérisé du formol sur la cour de ce tribunal pour nous endormir, balayant de la main droite les expertises psychiatriques de nos meilleurs experts, et de la main gauche les faits extrêmement graves de séquestration et d'extorsion de fonds qui vous sont reprochés. Mais je dois reconnaître que vous nous avez éclairés sur vos motivations et sur le fond de ce dossier rocambolesque.

Je dois aussi admettre que vous n'avez pas eu de chance dans ce dossier, car il y avait 1 chance sur 10 000 que les victimes portent plainte vu leurs antécédents judiciaires.

Mais une fois de plus, Monsieur Caldier, vous avez fait justice vous-même, et c'est ce que l'on vous reproche à nouveau.

En conséquence de quoi, je ne vais pas requérir une peine lourde contre vous : je demande quatre ans d'emprisonnement, dont un an de sursis avec mise à l'épreuve. »

Son réquisitoire m'allait très bien. Et je ne voyais pas le président ni les assesseurs monter la condamnation.

La cour s'est retirée pour délibérer…

Après 45 minutes, elle est revenue et le président a pris la parole pour annoncer la sentence définitive :

« Monsieur Caldier Emmanuel, le tribunal vous condamne à une peine de quatre ans d'emprisonnement dont un an de sursis, avec mise à l'épreuve de deux ans.

En sachant qu'à ce jour, vous pouvez déjà bénéficier d'un aménagement de peine car vous avez déjà effectué la moitié de votre peine ferme de trois ans.

Je mettrai personnellement une note dans votre dossier pour accélérer votre aménagement de peine de façon à ce que vous puissiez être soigné ou hospitalisé libre, pour votre réalimentation et vos problèmes liés à votre AVC. »

J'avais fait les mêmes calculs que le président lorsque la procureure avait prononcé son verdict.

J'ai donc remercié chaleureusement la cour, le président, la procureure... en langage Manu, avec un zeste d'humour.

Mon escorte m'a ramené à la prison de Villepinte. Tout le long du trajet, j'ai fait mes calculs les plus savants. Dès le lendemain, j'allais déclencher le plan d'évasion officielle par la grande porte.

Mes nouveaux interlocuteurs allaient désormais être les services du SPIP de la prison, et le juge d'application des peines de Bobigny (Villepinte dépend du 93).

Dans un premier temps, je voulais obtenir une permission de sortie de deux ou trois jours, lorsque les motifs seraient justifiés : rendez-vous professionnels pour la réinsertion et maintien des liens familiaux. Quand le dossier est solide, les juges d'application des peines les autorisent assez facilement.

Idem pour les dossiers de liberté conditionnelle avec ou sans bracelet électronique : si l'on répond aux critères demandés – contrat de travail, certificat d'hébergement et autres – les choses peuvent bien se passer.

J'en suis la preuve vivante malgré mon pedigree. Le juge d'application des peines m'a fait confiance et je l'en remercie.

Moins d'un mois après le jugement du TGI de Paris, j'ai obtenu une première permission de 72 heures. Que du bonheur. J'ai pu retrouver ma princesse Aliyah, qui m'a tout de suite demandé de lui parler chinois – et pour cause : nous lui avions tous fait croire que papa était en voyage en Chine pour le travail.

Et j'ai pu enfin retrouver ma femme, mes Frères de cœur et respirer l'air libre.

Le retour à la prison après 72 heures de liberté n'est pas facile : venir taper à la porte pour être enfermé à nouveau, c'est vraiment dur. Mais c'est un contrat moral avec les autorités qu'il faut respecter.

Puis, trois semaines plus tard, j'ai obtenu une deuxième permission de 96 heures. Merci Monsieur le JAP (Juge d'Application des Peines).

Et enfin le grand jour est arrivé : jugé en juin 2019 et libéré deux mois après, en août 2019, sous bracelet électronique !

Libéré, certes avec des contraintes à respecter, mais enfin une sortie de l'enfer carcéral ! Encore merci Monsieur le JAP pour votre confiance.

Les portes de la prison se sont ouvertes vers midi. Polo et Pascal étaient là pour m'attendre.

J'avais un rendez-vous à 14 heures auprès du service du SPIP de mon département : il fallait régler toutes les démarches administratives de cette libération anticipée mais bien encadrée.

J'y ai rencontré le contrôleur judiciaire qui allait me suivre tout au long de ce parcours. Il m'avait déjà fixé un rendez-vous pour le lendemain à 10 heures, afin de poser le bracelet électronique.

Pour moi c'était un cadeau de la justice française : ces aménagements de peine sont dans les textes de loi mais ne sont pas un dû, ce sont des faveurs que le système judiciaire offre pour la réinsertion.

Il est déjà arrivé, devant la prison de Fleury-Mérogis, qu'un détenu libérable n'ayant personne pour l'attendre décide de voler une voiture sur le parking des surveillants, pour rentrer chez lui. Il avait fait fort celui-là ! Comme quoi la récidive peut arriver très vite...

La fin de la journée, les retrouvailles avec la famille et les amis, furent chargée en émotions. Mais le choc de la liberté était moins violent grâce aux permissions que j'avais déjà obtenues avant cette sortie définitive.

Même avec contrôle et contrainte, croyez-moi, le jeu en vaut la chandelle. La liberté n'a pas de prix.

Après une bonne nuit de sommeil, en homme libre ou semi-libre, j'ai petit-déjeuné avec ma fille, puis j'ai été la déposer au centre de loisirs.

Et je suis parti à mon rendez-vous de justice, au SPIP, pour poser mon bracelet électronique. J'ai eu le choix de la cheville : allons-y pour la gauche !

En fait, c'est très simple : des techniciens viennent ensuite chez vous pour y installer un boîtier électronique relié au bracelet et à la centrale de surveillance.

Le juge m'avait accordé des horaires de sorties et d'entrées de mon domicile en fonction de mes horaires de travail. Je suis resté près de six mois sous surveillance électronique, sans jamais déclencher l'alerte rouge une seule fois.

J'ai respecté les règles du contrat passé avec la justice. Je suis donc passé ensuite en mode liberté conditionnelle avec mise à l'épreuve.

C'est un contrôle judiciaire dans lequel on a un suivi dès le jour de la sortie : des rendez-vous mensuels avec un agent du SPIP, à qui l'on apporte ses justificatifs de travail, de logement, de paiement des parties civiles et de suivi médical.

Pour faire court, ce sont les yeux et les oreilles du JAP, cet agent vérifie que l'ex-détenu respecte ce qui avait été imposé dans son ordonnance d'aménagement de peine.

Et toute personne qui ne respecte par le contrat passé avec le JAP peut, comme au Monopoly, retourner à la case prison sans toucher les 20 000 euros...

Une de mes vieilles relations, Patrick, adorait chauffer le JAP : il allait régulièrement au fond de son jardin pour déclencher l'alarme de son bracelet électronique.

Alors un jour pas fait comme les autres, le JAP a convoqué Patrick Balkany pour ne pas le citer, et lui a rappelé les règles du jeu, en l'envoyant direct à la case prison VIP de la Santé.

Pendant près de 24 mois je me suis présenté devant mon contrôleur judiciaire, Monsieur Souphron Edmond. On passait une petite heure ensemble à refaire le monde et je lui amenais tous mes justificatifs. C'était un petit rendez-vous mensuel, une piqûre de rappel sympathique, peut-être un vaccin anti-récidive, à celui qui veut bien se l'injecter dans le cerveau…

Voilà chers lecteurs, mon histoire. J'espère vous avoir fait rire, sourire par moment, et vous avoir fait découvrir l'envers du décor.

J'espère que je ne vous ai pas choqués. J'ai fait, j'ai commis des délits. J'ai payé et j'assume. Mais je n'en suis pas fier.

Je pense aujourd'hui avoir réussi à me réinsérer dans la société. J'ai trouvé la volonté, la force pour ce combat grâce à l'aide de ma famille, de mes amis, de mon entourage ainsi que de toutes les personnes rencontrées sur ce chemin et qui m'ont fait confiance.

J'ai aussi une grosse pensée pour toutes les autres personnes, pour qui la réinsertion ne sera pas aussi facile, pour celles et ceux qui n'ont pas la chance d'avoir la force, le courage de lutter contre leurs démons. Pour celles et ceux qui n'ont pas la chance d'avoir une famille, des amis pour les entourer et les aider à prendre un nouveau départ.

« Même le plus long des voyages commence par un premier pas. »
Lao Tseu

Remerciements

Je souhaite exprimer mes sincères remerciements au président du Tribunal de Grande Instance de Paris ainsi qu'à ses deux assesseurs, sans oublier Madame la procureure de la République. Un grand merci pour leur écoute, leur analyse et leur équité. J'ai été jugé à ma juste valeur ! Par respect pour cette haute cour, je ne citerai pas leurs noms, mais je pense qu'eux comme moi garderons un bon souvenir de cette journée de jugement.

Mes remerciements chaleureux s'adressent également aux juges d'application des peines de Bobigny (Seine-Saint-Denis) et d'Évry (Essonne), qui m'ont permis de retrouver la liberté bien plus vite que prévu ! Avec quelques contraintes respectables, ils m'ont offert un cadeau inattendu : un bracelet électronique.

Merci également à Monsieur Edmond Souphron, mon référent auprès du SPIP (Service Pénitentiaire d'Insertion et de Probation), et mon contrôleur judiciaire pendant près de trois ans.

Je tiens à exprimer toute ma gratitude envers le personnel médical de la prison de Fleury-Mérogis (Essonne) dirigé par le Grand Docteur Farid Mehareb, ainsi qu'à celui de Villepinte (Seine-Saint-Denis) sous la direction du Docteur Ludovic Levasseur, qui ont tous veillé sur ma santé, même dans les moments difficiles de ma grève de la faim et de mon AVC.

Mes multiples remerciements au quintuor d'avocats qui m'a soutenu :

- Maître Maud Marian
- Maître Hiba Rizkallah
- Maître Philippe Van der Meulen
- Maître Jean-François Changeur, avocat aux multiples facettes, spécialiste du droit routier, surnommé "le Sauveur de points ou de permis". C'est lui qui m'a sorti d'un imbroglio juridique, car je suis une des rares personnes à avoir perdu les 12 points de mon permis de conduire... alors même que j'étais incarcéré à l'isolement.
- Maître Ivan Martin-Gros, avocat dévoué qui n'hésite pas à faire savoir à qui de droit que sept mille page pour un malheureux délit c'est bien plus de lecture qu'il n'en faut. Un ami, un frère, au service de la famille.

Mes remerciements à la mairie de Vitry-sur-Seine, et plus particulièrement à Monsieur Valentin Ierg, Maire adjoint délégué au sport et au commerce, ainsi qu'à toute son équipe.

Je souhaite aussi exprimer ma gratitude à Monsieur Laurent Auguste, Directeur Général d'une belle entreprise familiale, un homme hautement diplômé, qui, à un moment crucial de ma vie, m'a accordé toute sa confiance, m'ouvrant la voie d'une réinsertion possible. Mes remerciements vont également à tout le personnel de cette entreprise, qui a dû "supporter" l'électron libre que je suis.

Des remerciements sincères à Monsieur Chafik Miftah, grand homme de terrain doté d'une expérience hors normes dans le domaine médical et pharmaceutique. Il est le seul de mes amis capable de "chloroformer" son interlocuteur par la seule puissance de ses mots lors d'une négociation, tel un charmeur de serpent sur la place Jemaa el-Fna de Marrakech.

Remerciement fraternels à Monsieur Nathanaël Jamain qui a donné de son temps et de sa personne à l'insu de son plein grès… Sans son implication et les compétences d'éditeur que nous avons découvertes ensemble chez lui, mes deux ouvrages auraient eu du mal à voir le jour. Avec la crise dans le milieu de l'édition, les fausses promesses de certains éditeurs, le prix du papier qui a flambé, plus celui de l'énergie pour l'impression, sans oublier les soi-disant correcteurs ou correctrices, graphistes en herbe... Grand merci à toi petit frère Nathanaël pour ta détermination et ton aide précieuse.

Des très grands remerciements à l'ami, l'artiste monsieur Pascal Raes, grand navigateur. Le vrai copain de virée qui sera toujours là aussi bien à bâbord qu'à tribord pour te rendre service au nom de l'amitié le seul homme qui arrive à déchiffrer mon écritures en hiéroglyphe. Grand merci à toi et à ta Femme.

Mes remerciements à tous les journalistes, de la presse écrite, radio et télé, qui, depuis plus de 20 ans, ont relayé les vraies informations de mes combats auprès du grand public.

Un très grand merci à Mon ami Michel Mary pour le magnifique cadeau nommé « Préface ».

Un très grand merci à Monsieur Thierry Billard qui en 2004 m'a ouvert la porte de chez Flammarion pour éditer ma première autobiographie et qui depuis 20 ans répond toujours à mes appels de détresses éditoriale. Grand Homme, très grand Éditorialiste.

Remerciements chaleureux à tous les Acteurs volontaires ou involontaires qui sont cités dans ces deux livres. Certains vont être ravis, d'autres un peu moins peut-être !

Remerciements à toutes mes Amies et tous à mes Amis qui n'ont pas été cités dans mes ouvrage. Je vous ai préservés avec tendresse en vous laissant dans l'anonymat...

Très grande pensée à notre Ami et Frère le Majestueux Monsieur Fluvio Calamita qui nous a quittés brutalement le 13 Mars 2024 à l'âge de 64 ans.

Des remerciements, des pensées pour toi « PAPA » oui monsieur Jean-Pierre Caldier, j'ai cité des millions de fois ton nom, ton prénom, tout au long de ma vie lorsque je devais décliner mon identité à la justice française.
De mémoire, dès l'âge de 8 ans lors de ma 1ère arrestation par le commissariat de police d'Arpajon ! « Nom du père ? Nom de la mère ? »
Merci d'avoir toujours été là pour moi, dans l'ombre ou la lumière.
Depuis le 3 octobre 2022 , si je devais à nouveau décliner ma filiation, je le ferais avec les larmes en indiquant que tu n'es plus sur cette terre.
Merci Papa pour la Vie que tu m'as donnée.

Tables des matières

Kidnapping en direct
Livre I

Chapitre 1 : Nouveau départ 23
Chapitre 2 : Réinsertion en direct 55
Chapitre 3 : Le bon, la brute et le… 85
Chapitre 4 : Commerce et leçons de géométrie 113
Chapitre 5 : Petite annonce, grande rencontre 133
Chapitre 6 : In love en direct 163
Chapitre 7 : Brigade montée 179
Chapitre 8 : Le grand cirque 213
Chapitre 9 : Réinsertion et plus si affinité 245

Tables des matières

Kidnapping en direct
Livre II

Chapitre 1 : Première frontière 269
Chapitre 2 : Pêche au gros... escrocs 293
Chapitre 3 : Recontre du 3ème type 317
Chapitre 4 : *Si vis pacem, parra bellum* 345
Chapitre 5 : Tas de ferailles et ordures 367
Chapitre 6 : Derniers préparatifs de tournage 391
Chapitre 7 : Kidnapping en direct 415
Chapitre 8 : Souriez, c'est la G.A.V. 439
Chapitre 9 : Elsa et le 7ème art 455
Chapitre 10 : Réincarcération 487
Chapitre 11 : Ancien ami, nouveau combat 509
Chapitre 12 : Torture, écriture et code vénal 527
Chapitre 13 : Le prix de la liberté 545